黑土重洋

陈百助◎著

ZHEJIANG UNIVERSITY PRESS
浙江大学出版社

图书在版编目（CIP）数据

　　黑土重洋 / 陈百助著. —杭州:浙江大学出版社，
2020.5
　　ISBN 978-7-308-20064-6

　　Ⅰ．①黑… Ⅱ．①陈… Ⅲ．①中国经济史－近代
Ⅳ．①F129.5

　　中国版本图书馆 CIP 数据核字（2020）第 036807 号

黑土重洋

陈百助　著

责任编辑	盖君芳
责任校对	杨利军
封面设计	周　灵
出版发行	浙江大学出版社
	（杭州天目山路 148 号　邮政编码 310007）
	（网址:http://www.zjupress.com）
排　　版	浙江时代出版服务有限公司
印　　刷	杭州高腾印务有限公司
开　　本	710mm×1000mm　1/16
印　　张	22.75
字　　数	380 千
版 印 次	2020 年 5 月第 1 版　2020 年 5 月第 1 次印刷
书　　号	ISBN 978-7-308-20064-6
定　　价	68.00 元

浙江大学出版社市场运营中心联系方式　（0571）88925591；http://zjdxcbs.tmall.com

作者有话说

　　中美两国的经贸利益高度融合,彼此相互依存,互惠互利,你中有我,我中有你。毋庸置疑,中国从美国获得技术、资金和市场,是中美融合的受益者,但是,美国又何尝不是? 今天如此,以前更是这样,从当年美国独立,到早期的资本原始积累,以及后来建设的大陆铁路,从某种意义上说,都与中国息息相关。

　　1773 年 12 月 16 日夜晚,六十多个波士顿人,在塞缪尔·亚当斯(Samuel Adams)的率领下,化装成印第安人,登上了停靠在波士顿港口的"达特茅斯号"货船,将船上属于英国东印度公司的 342 箱茶叶倾倒进波士顿海湾,从此开始了美国的独立战争。很少有美国人知道,这 342 箱所谓的英国茶叶,其实来自中国。塞缪尔·亚当斯和美国第二任总统约翰·亚当斯是堂兄弟,波士顿地区的茶叶大走私商,他从荷兰东印度公司进口中国茶叶,以避免英国的征税。正是英国人和波士顿地区走私商在中国茶叶贸易上的利益冲突,导致了美国独立战争的爆发。

　　1784 年,即英国人离开美国的两年后,美国作为一个独立的国家,派出了第一艘前往中国的船,即"中国皇后号",满载着动物皮毛、脂肪、人参和许多银子,驶往中国的广州进行贸易,给美国带回了茶叶、南京秋裤和无数精美的瓷器。"中国皇后号"一次旅行带来的净利润是 3 万美元。当年中国的广州,让美国人充满无限的向往,许多美国城市以广州(Canton)命名,至今仍然有 28 个美国城市保留着这个名称。

　　和中国人做生意带来的巨大利润,强烈地吸引着新英格兰地区的商人,他们纷纷参与茶叶和瓷器的进口业务。在和中国做生意的过程中,他们发现了鸦片的巨大市场,很自然地把业务扩展到向中国走私鸦片。当年英国东印度公司垄断了在印度和阿富汗的鸦片种植和销售,美国人只能另辟蹊径,从土耳其收购被称为黑土的鸦片,然后再走私进入中国。从事鸦片走私的美国商人包括卡波特、罗素、福布斯、格林、阿斯特等家族。这些新英格兰地区的显贵家族从中国挣了钱之后,又回馈给当地的社会,建学校、办医院、做慈善,很多更是向常青藤大学进行丰厚的捐赠。比如,卡波特家族是哈佛大学的大金主,罗素家族是耶鲁大学的大金主,格林则为普林斯顿大学捐助了整个科学学院。可以这么说,常青藤大学里的每一块砖里面都含有与中国开展茶叶、瓷器贸易和向中国走私鸦片赚取的钱。阿斯特家族则成了纽约的大地主,创办了著名的华尔道夫酒店。约翰·福布斯带着当时的世界首富伍浩官投资给他的 2600 万美金回到美国,修建了芝加哥铁路,成为美国的铁路大亨,而同时代英国富豪罗斯柴尔德投资在美国的资本为 530 万美金①,福布斯后来成为林肯的大金主,是林肯问鼎白宫的主要推手。美国和中国的商业关系对当年美国的影响由此可见一斑。

我在中美大学授课二十多年,每每讲述中美之间的这段贸易史时,发现不但中国人知之甚少,就连从小学习美国历史的美国学生,对这些也是一脸茫然,闻之之后则满是惊叹。为了让更多的人知道这段历史,大约五年前,我决定写一本书。当时一些做电影的学生建议,为了增强可读性,应该用讲故事的方式,把这段历史生动地讲述出来。所以我决定不用学术著作的方式,而是用小说的形式,通过罗斯福外公戴沃伦在中国前后十五年的经历,来呈现当年中美之间的贸易史,以及在这段时间里所发生的一些大事件。

本书撰写过程中受到许多朋友和学生的帮助。我首先要感谢李威达(David U. Lee)先生,李威达是我二十年前南加州大学的学生,进入影视界后,在中美电影界颇具影响力。李威达先生为了鼓励我把戴沃伦的故事写出来,给我布置了作业,让我先从三页纸的提纲开始,再扩充到三十页,继而到一百页的故事剧本。在写这本书的过程中,李威达先生是我的老师,没有他的鼓励和指导,就不会有这本书的写成。

我还要感谢李飞先生。李飞先生阅读了整本书稿,并对之提出意见,让人感动。李飞先生通过自己不懈的努力,从一个影视界的门外汉,成为中美影视界的重要桥梁,此事本身对我就是一个很好的鞭策。

在过去的两年里,我曾为复旦大学 EMBA 班、上海交通大学文创学院、厦门国家会计学院、厦门大学、四川大学以及美国南加州大学等学校演讲中美贸易关系。演讲当中听众的提问,许多成为我故事构思的灵感,对此,我向这些学校、项目和各位同学表示感谢。

浙江大学出版社的盖君芳编辑仔细阅读了本书通稿,严谨修改稿件,并为此提出许多宝贵意见,特此鸣谢。

我还要感谢刘志宏老师,杨敏成先生,章征宇先生,鲍勇剑教授,苏智敏女士,钟东女士,莱斯莉·路易(Leslie Louie)女士,陈乐雅女士,张晓敏先生,

---

① 见"Rise and Fall of the Canton Trading System—China in the World(1700—1860)",by Peter C. Purdue, Massachusetts Institute of Technology, *Visualizing Cultures*, 2009.

陆雄文教授,朱琦先生,李明灿先生,美剧《权力与游戏》的制作人文斯·吉拉迪斯(Vince Girardis)先生以及南加州大学东亚研究所所长布雷特·席安(Brett Sheehan)教授等人的帮助和反馈。最后,我要感谢夫人慈晓蓓的鼓励和支持。

目　录

第一章

初来乍到

"中国皇后号"

1833 年初春。纽约港。

凌晨,东方刚刚开始泛白,港口一切看上去都是黑乎乎的。岸边停靠着一艘大船,船上挂着的几盏油灯,被风吹着,忽暗忽明。走到船边,可以隐隐看到船身漆着"中国皇后号"几个大字,五面高大的船帆已经扬起,船帆顶部和船尾,各飘着一面美国星条旗,迎风招展,一副马上就要出航的样子。

这艘船,长五十来米,重两百多吨,船身看上去有点瘦长。这类船被称作快艇船,因为船身瘦长,吨位稍低,因而速度相当快。这种船是美国人在美国刚独立时,为了突破英国人在北美海域的封锁而建造的。快艇船机动迅速,使得那些海上封锁形同虚设。后来英美关系改善,无须再躲避英国军舰的追逐,这类船就被用于远洋贸易,运输人和物。为了追求速度,快艇船往往建造得相对较轻,船内体积也没有普通船只那么大,因此快艇船一般用来运输体积小的货物,比如茶叶。新摘的茶叶在欧美价格昂贵,最先运到的茶叶价格最高,所以欧美商家都设法建造速度越来越快的船,用来运输茶叶这类高附加值的商品。

"中国皇后号"的船上船下,一队工人正在忙碌着搬运货物。乘客们提着行李,沿着细长的过桥上船,有些乘客站在过道边,和亲人们依依不舍地告别。一个矮胖的男人,戴着高高的礼帽,穿着燕尾礼服,戴着领结,站在过道边问候乘客,每过来一个乘客,他就和他握手,自我介绍是这艘船的船长,欢迎乘坐他的"中国皇后号"。

砰!

一个响亮的撞击声,在船长身后响起,好像是什么东西摔在了地上。船长立刻转过身来,露出一脸凶相。

"哪个操蛋?你知道你在干什么浑事?这都是昂贵的中国瓷器和茶叶。谁要是把它们弄坏了,我要把他扔到海里喂鱼去!"船长吼道。

声音还没有完全落下,船长已经转过身来,脸上重新堆满了微笑,又换成了彬彬有礼的样子,继续问候上船的乘客。

一驾马车驶了过来,来到船长边上,戛然停住。从马车上跳下来一个年轻人,二十来岁光景,瘦长的个子,穿着大衣,长脸,轮廓鲜明,浓眉大眼,脸上洋溢着青春的光芒。车夫帮着把两个小皮箱搬到地上,非常有礼貌地等在边上。年轻人给了车夫一点钱,车夫道谢后便驾着马车离开了。

年轻人站在那里,脸上满是新鲜兴奋的样子,四处张望着周边的一切。

"早上好,先生也要坐'中国皇后号'吗?"船长迎了过去。

"是的,先生。早上好。"年轻人回答。

"你要去哪里?"船长继续问。

"广州。中国的广州。"

"哦,你是今天为数不多的几个去广州的乘客,大部分人都是去欧洲的,你以前去过广州吗?"

"没有,这是我第一次去。"

"欢迎乘坐我的船,我是船长。"船长说,"在这以后的几个月里,你就是我的客人。你以前乘船远航过吗?"

"谢谢你,船长。我从来没有跑过这么远的路。"

"去那么远的地方,这一路风急浪高,盗贼横行,而且广州那个地方人生地不熟的,你不怕?"

"不怕。新英格兰地区有人去广州挣了大钱,我也想试试运气,只要能挣大钱,风浪和盗贼,我都不怕。更何况,我也是见过风浪的人,以前是水手,在船上做过很长一段时间,不过,最远也就是到过加勒比海和南美。"

"年轻人胆子大,愿冒险,是应该去外面闯一闯。你是水手,太好了。这一路要走很长的时间,要是遇到暴风雨,也许你可以做个帮手。我可以求你帮忙的,对吗? 如果真有需要的话。"

"当然。不过,我希望风平浪静,你也用不着我的帮忙。这一路要多久?"

"如果一切很顺利,大概需要四五个月。但是如果遇上暴风雨之类的,也许就需要五六个月了。我们要先到欧洲,然后经过开普敦、爪哇,在那儿的几个港口停一下,休整休整,并且补充点水和食物,也会在那里上下一批乘客。我估计在伦敦会上一批去广州的乘客,伦敦是最主要的港口,英国人去广州的比较多。"

"这一路好长啊!"

"当然了,从纽约到伦敦大约需要三十天,从伦敦经过开普敦到广州需要一百多天,再加上在港口停泊上下货物的时间,确实需要这么多天的。"

年轻人感到很新奇,他看着工人们把货物搬上搬下,说:"哦,船长,我是沃伦·德拉诺,可以叫我沃伦,我来自波士顿。那都是些什么东西? 看上去很沉的样子。"沃伦伸出手去。

船长握了下伸过来的手,他很高兴有人对这些东西感兴趣,脸上马上扬起兴奋的神色。

"啊……那是来自中国的茶叶和瓷器,这里的人很喜欢这些东西,可以卖很好的价格,这些都是高附加值的货物,获利甚多。我们每年从中国人那里进口很多茶叶和瓷器,上好的茶叶和精美的瓷器都上了富贵人家的餐桌,差一点的茶叶,就卖给了平民百姓。你知道,波士顿那边的有钱人家,都在做这些东西的生意。"

沃伦望着船边那一头整整齐齐堆着的、像座小墙似的货物说:"真是的,那么多的茶叶和瓷器。"

"哦,这些不是,这堆东西,是要运到中国去的动物毛皮、动物脂肪和人参。人参,你知道是什么吗?"

船长为了强调人参,故意加重了口气。

"人参? 这是什么东西?"沃伦从来没有听说过这个词。

"是,人参。就是那些从土里挖出来的树根,很苦,难吃死了。我们这里是没有人会去吃它的,但是,不知道中国人为什么会喜欢这东西。"

"你尝过? 中国人为什么爱吃这东西?"

"尝过。一次,那是第一次,也是最后一次,我以后绝对不会再碰它的。中国人很奇怪,不但喜欢吃,而且愿意付很高的价钱,他们都说吃了人参,会变得身强体壮。嘿,谁知道呢,只要他们愿意付钱,管它呢! 你说是吗?"船长说。

"真的? 地里挖出来的树根就能卖个好价钱? 看来到中国去还真能挣些钱回来,难怪他们都说广州那里遍地是黄金,真是太好了。"沃伦兴奋地说。

"你知道五十年前,我们把英国人赶回去之后,从纽约出发去中国广州的第一艘美国船叫什么吗?"

"不知道。"

"那船也叫'中国皇后号'。当时美国独立后,英国人阻止我们同其他英国殖民地开展贸易,欧洲其他地方又给我们设置了很高的贸易壁垒,同中国开展贸易是我们当时唯一的选择。五十年前的'中国皇后号'也是带了人参去的,整整三十吨人参呢。来回一年零两个月的时间,带回了六百多箱茶叶,还有数不清的瓷器,两万条南京裤子,你知道赚了多少钱吗?"

船长停顿了一下,故意卖了个关子。

"多少钱?"沃伦好奇地问。

船长伸出了三个手指头,在沃伦眼前晃了晃。

"三百?"

沃伦看到船长在摇头。

"三千?"

"三万多。"船长得意地说。

"什么?三万多美元?"

沃伦惊讶地瞪大眼睛,嘴张得下巴都快掉了下来。新英格兰地区一年的人均收入还不到一百五十美元,要是谁一年能挣个三千美元,那一定可以排进前百分之一的高收入人群。三万多美元的话,那得要排进哪个档次了?沃伦实在想不过来。财富的巨大诱惑,让他对广州满怀期待。

"那还是刨去所有成本的净利润哟。"船长补充说。

"唉,我真是生得太晚了,不过,希望现在还有机会。"

沃伦羡慕地看着眼前的"中国皇后号",想象着那上面都是他的货物。三万美元对他来说就像是个天文数字。他这次去广州,要是也能挣个三万美元,就真的太满意了。

"当年的'中国皇后号',是 1784 年 2 月 22 日从纽约出发的。为什么是这一天呢?因为那是我们的国父华盛顿总统的生日,我们第一艘船出航,也该选个吉利的日子,你说对吧?到了广州之后,中国人不认识我们这个新成立的国家,不认得我们的星条旗,都说上面画得像花一样,所以就叫我们的国旗为花旗,把我们的国家叫花旗国,称我们美国人为花旗鬼佬,我们的人参也就自然被称作花旗参。"船长很喜欢卖弄他对中国的知识,一说起来没个停。

"花旗鬼佬?"

"对。中国人把洋人都叫鬼佬,并没有特定的贬义,不是在骂我们。"

"原来这后面有那么多故事。船长您真是见多识广啊!"沃伦不禁感慨道。

船长得意地笑笑:"小伙子,你要是多走些地方,多看看,多留点心,你也会知道很多东西的,留心处处是学问,你要记住我的这句话。你到中国去,会讲中国话吗?"

"我跟一个在纽约的中国人学过些中文,能简单讲一点,用手势比画比画,基本能让人听得懂。相信到了那里应该会进步很快的。"

"中国话很难学,我尝试了一下,就放弃了。"

这时,轮船上有人吹了一下号子。

"船长,也许我该上船了。有人已经在吹号了。"

"再见,"船长说,"再次欢迎登上我的船。有什么事找我就可以。"

"再见,船长。"

沃伦提起两件小行李,跟着其他乘客走上了甲板。

纽约港东边紧挨着大西洋,一望无际的海平面,在早晨泛白的天空下,就像一面巨大无比的镜子,一直伸到天边。早上的太阳,从镜子的尽头缓缓地升起,海水在阳光的照耀下,波光粼粼,一闪一闪,金色的反光让人睁不开眼。

"中国皇后号"起了锚,缓缓驶出了纽约港,插在船尾的星条旗在晨阳里迎风招展。站在船甲板上的乘客们,向岸边送行的人群挥手致意,岸边的人群变得越来越小,远处的纽约市,也变得越来越模糊,隆起的曼哈顿岛,在早晨阳光的照耀下就像一座金山,这座金山的颜色,随着距离逐渐变远,也变得越来越深,最后完全变成了黑色。

甲板上,和岸边亲人告别的人群逐渐散去。沃伦缓缓走到船尾,站在星条旗下,双手扶着船尾的桅索。星条旗被海风吹得哗哗作响,海上的早晨很冷,沃伦虽然裹着厚衣服,但站在甲板上被风吹着,还是感到刺骨的寒冷。他注视着渐渐远去的纽约城,那一片隆起来的岛,变得越来越小,最后变得像远方镜面上的一个小黑点。

沃伦的祖先,一百多年前从欧洲大陆历经波折,来到这片新大陆,他们在这里辛苦耕耘,总算稍有积累,家族虽然不算富裕,但也算是无须再为温饱烦恼。今天他又要远去,到一个非常陌生的地方,离家十万八千里。他不知道这一去,什么时候才能再次回到纽约,回来的时候,也不知是会带回财富,还是落魄归来,不禁生出一丝伤感。

"刚离开就想家了?"一个低沉的声音从身边响起。

沃伦转过头来,看到一个年轻男子站在他身旁,刚才沃伦太专注于离去的纽约城,没有发现甲板上的人群已经散尽,只有他和站在他身边的这个绅士。他看上去与自己年龄相仿,圆脸浓眉,个头稍矮,微胖,穿着那个年代年轻绅士们日常穿着的衣服,脸上挂着友善的微笑。

"我在想,下次回来可能要很久以后,这个城市也许会变很多。"

"那肯定会变很多,这是一个日新月异的城市,每天那么多新移民从欧洲过来,爱尔兰人、波兰人、意大利人,据说现在来得最多的是德国人,说不定等你下次回纽约,这里大部分人讲的是德语,说英语的变成了少数族裔,或许我们都要重新学德语、讲德语。"

"有那么严重吗?"

"什么都有可能。如果不想说德语的话,也许,我们就别回来。"

"嗨,你好!我是沃伦,沃伦·德拉诺。你是?"沃伦伸出手来,炯炯有神的目光直视着年轻男子。

"我是埃比尔·阿博特·洛。你是纽约人吗?"埃比尔和沃伦握了握手。

"我出生在波士顿,现在在纽约做事,也该算是个纽约客吧。你呢?"

"当然,我生在纽约,长在纽约,长这么大,还没去过其他地方,我是典型的纽约客。这是我第一次出纽约,第一次出门就走远路,去遥远的东方。你要去哪里?"埃比尔的脸上闪过一丝作为纽约客的光芒,他有那种纽约客的自信和自豪。

"我要去广州,这是我第一次去那里。"沃伦说。

"那太好了,怎么有那么巧呢? 我也去广州,我也从来没有去过,这一路那么长时间,我还担心没人说话呢。我们正好可以做个伴。"埃比尔一下兴奋起来,"你会说中文吗?"

"我在纽约跟一个中国人学过一点,我的中国老师还给我起了个中文名字:戴沃伦。你呢?"

"当我决定去中国后,恶补了一下中文,算是学过一点吧,只是不知道到了那里还有没有用。我的老师也给我起了个中文名字,叫楼爱波。"

"到了广州,周围的人都讲中文,逼着你讲中文,自然就会讲了。"戴沃伦非常自信地说。

"你知道广州在哪里吗? 他们都说,你要是在这里的地上打个洞,从这个口钻进去,从地球那头再出来就是广州了。"

"真的?"戴沃伦半信半疑。

"我不知道,都是听别人说的。不过,这一路可长了,要快半年的时间吧?"

"是啊,时间太长了。我很高兴我们可以做个伴,海上实在太无聊了。我以前在船上做过事,我们从加勒比海走私朗姆酒进美国,一路无聊,无所事事,幸亏我们有朗姆酒,一喝上酒,时间过得飞快。可惜,现在到哪里去找朗姆酒?"戴沃伦高兴地说着,他觉得和眼前这个年轻人非常投缘。

楼爱波压低声音说:"嘿,沃伦,我带了几瓶朗姆酒上船。我们可以一起喝,解解闷。船上也卖酒,只是这里的酒太贵了,这帮混账把船上的酒搞得那么贵,你想喝酒,就逼着你向他们买,简直就是强盗,谁愿意花钱去买那些贵得离奇的伪劣假酒? 我们偷偷地喝,别让他们知道就是。"

"是吗? 太棒了,你还把朗姆酒偷带上船? 我怎么没有想到?"

戴沃伦兴奋地看着这个新认识的朋友,这个纽约客看来是个有意思的旅伴,也许这个漫长的旅途不会太无聊。

"你去广州做什么?"楼爱波问。

"我还不知道。我听说广州那边机会很多,很容易发财。我们波士顿那边好多有钱人家,都是跟广州做生意才发的大财。我想去那里找份工作先干起

来,看看有什么好的机会。我还没有找好工作,到那里再说吧。你呢?"

"我要去我叔叔的公司做事。我叔叔的公司叫旗昌洋行,是罗素先生创立的。"楼爱波说。

戴沃伦从没听说过,就问:"旗昌洋行是做什么的?"

"那可是中美之间最大的贸易公司。你看这船装的那么多东西,还有运到纽约的那么多茶叶和瓷器,很多都是旗昌洋行做的进出口贸易。你要是有兴趣,也可以去那里做,他们发展很快,业务越来越多,人手不够,是非常需要人的,我可以跟罗素先生去说说。"

"太好了,那你帮我说说吧,谢谢你。"

戴沃伦没想到,还没到广州,在去中国的船上就有了可能的工作机会,真是太幸运了,也许这是中国之行的好兆头。

"我们那里的人都说广州是世界上最富的城市,许多国家的人都到那里开办公司,应该是有很多工作机会的吧。"楼爱波很有信心地说。

"是的,可有钱了。我听说那里曾经发生过一场火灾,大火烧化了白银,流到路上,成了一条银子做的小溪。"戴沃伦附和着说,右手在空中轻轻地划过,好像划过的就是那条银子做的小溪。

"哎,你以前做什么的?"楼爱波问道。

"我们家都是水手,从我爷爷开始就跑海,我父亲也是,我从小就跟着父亲和我叔叔在船上混。经常去加勒比海和南美,跑遍了那些地方,但从来没有跑到太平洋去过。"

"我真羡慕你去过那么多地方。"楼爱波说。

"有什么好羡慕的,海上无聊至极。这次是我出海最远的地方,不过我现在只是船上的乘客而已,在船上不需要做任何事情,这是最轻松的一次出海。"

"是的,我想,水手是很辛苦的活。"

楼爱波把手搭在了船的桅索上,望着船后面被轮船犁出来散向两边的波涛。波涛散开来后,又在远处并在一起,阳光下,波浪泛着银光,照着人的眼睛,非常刺眼,楼爱波不禁把眼眯成了一条线。

"不光辛苦,钱挣得也不多,还很危险。加勒比海那边,有很多海盗出没,经过那里时整天提心吊胆,生怕碰到海盗船。我们还真有几次碰到过海盗船,有一次被海盗劫持,我们船上有几个人还被海盗捅死了。我命大,情急之下,跑到最底层的船舱,躲在酒桶里,被朗姆酒泡着,逃了过去,总算有惊无险。而且我们走私的朗姆酒要是被政府查到,就会被全部没收,还有坐牢的风险。我听说有的船走私朗姆酒,被当地政府查到,还有船员被当成海盗吊死的。"

戴沃伦想起以前的事情,心里充满了侥幸。

"所以我想去中国试试运气,也许以后再也不用当水手,再也不用去提心吊胆地辛苦挣钱。等我挣了钱,或许我可以买条船,雇一帮人当水手去走私朗姆酒,我自己不用去海上,在家里等着数钱就是了。"戴沃伦语气中充满了对未来的期待,伸出右手,做了个数钱的动作。

"对,我们都去那儿试试运气,中国那地方遍地黄金。混得好,我也不用在我们家那个小杂货店里,跟那些乱七八糟、充满着恶心气味的杂货打交道,也不用去卖那些假药骗人了,唉,那些包治百病的假药。你知道,纽约的杂货店又兼做药房的,对吧?"

"你还卖假药?"戴沃伦满怀好奇地问。

"就是往水里掺些蜂蜜、威士忌酒,还有些野草里弄出来的东西,吃不死人,也没啥用处。这些东西,你说是治肺痨的,是治疟疾的,能让男人一个晚上同女人过性生活十次都没事的,是包治百病的,能让你长命百岁,延年益寿的,还真有不少人信。"

"哇,你卖包治百病的假药,真了不起!简直不可思议,看来世界上傻人不少,很好骗。"戴沃伦向楼爱波竖起了大拇指。

"确实是,大部分人都很傻,你只要胆子大,总有人愿意让你骗。尤其是女人,最好骗。"

"女人?"

"对。蜂蜜水里多加点威士忌,说是可以让女人皮肤更润泽,能够保持青春,床上功夫更棒,更能吸引男人,女人们就趋之若鹜。不过,也难说,说不定女人就是想喝酒,女人平时要面子,要装淑女,不好意思明目张胆去大街上买酒,所以就来药房买,名义上是买药,其实是来买酒喝的。"

"卖假药应该可以挣很多钱,你还跑去广州干吗?"戴沃伦不解。

"纽约的杂货店多如牛毛,都是卖假药的,没办法把价格定很高,酒的价格很贵,政府收很高的税,所以卖假药的利润率其实并不高,除非自己酿酒或者走私酒,但是,要是自己酿酒或者走私酒,被政府抓住,风险太高。等我有了钱,我也买艘船,专门做中美之间的贸易,大家跟中国人做生意,运货总是需要船的,船运是不会错的买卖。"

"我想,我们去广州一定会混得很好。"戴沃伦充满信心地说,他看着远去的波涛,指了指头上的星条旗,继续说道,"你知道,以前我们是不能直接同中国人做生意的,有人因为同中国人做生意,被英国人当海盗抓起来,有人还因为这个原因被英国人吊死。英国人走了之后,我们才可以直接同中国人做生意。你

看,英国人走后才五十年,新英格兰地区就已经有多少人,因为跟中国人做生意发了大财,像波士顿的库欣家族,还有哈佛大学的卡波特家族。我想,为什么不是我们,你说对吗?"他直视着楼爱波。

楼爱波点了点头,没有作声,看了边上这个比他高半头的瘦高男人一眼。戴沃伦棱角鲜明的脸上闪着一种光,在太阳的照耀下,坚毅的眼光让人感到一种不可摧毁的自信。楼爱波觉得自己已经喜欢上这个人了。

"你在广州找好住的地方了吗?"楼爱波问。

"我一个朋友的朋友帮我找了个地方。他是个中国人,叫陈麦南,他们叫他麦克,我朋友约翰以前和他在一条船上做事,但我从来没见过他。你呢?"

"我就先住我叔叔那里。哎,沃伦,我可以叫你沃伦,对吗?"楼爱波问。

戴沃伦点头。

他继续说:"你也可以叫我爱波。我们到船舱里去如何?我们可以喝朗姆酒,现在这儿有点热了,太阳晒得太厉害。"

"好,那我们走吧。"戴沃伦说。

他们俩转身离开船尾向船舱走去。

"中国皇后号"船体分为三层,都在甲板以下,最上面那层有十个单独的房间,那是属于有钱人住的地方。第二层是沿船体两边,相向而建的两个大通间,每个大通间在地上放着一排地铺,这是没钱的人住的地方,那里老鼠和臭虫经常出没。两个大通间当中的空地,是一张很长的木头桌子,人们在那里吃饭、聊天、看书,在海上旅行漫长的时间里,这里是人们消磨时间最多的地方。最下面那层是用来装运和储存货物的,船工们也住在最下层。

从纽约出发,经伦敦到广州的这段东向路线,虽然也会带一些货物,但和回程相比,那要少得多,船上会带许多银圆,所占的空间并不很多,人数也比较少,船上乘客大部分是回欧洲省亲的,这条东向航线上的船比较空,一般都有空位。东向航线因为比较空,船身轻,一般还需要带些压舱石,把船压低到规定的水位,这样船体才能稳定。

从广州经伦敦到纽约的西向路线,则是一幅完全不一样的景象,从广州出发的船往往装满了货物,所有空间都被利用起来,到了伦敦,下一批货物之后,会上来很多人,人们都是拖家带口,带着大包小包的全部家当,他们都是打算离开欧洲到北美扎根下来的,大通间那一层会挤满了人,地铺上人挨着人睡觉,船舱里各种味道混杂在一起,会让人头晕气闷。当年中美之间的船就这样,从广州带货出发,再从伦敦带上乘客,然后把人和货拉到北美,这条西向的路线上的船，总是装得满满的，一位难求，必须提前买票才能保证有个位置。

戴沃伦和楼爱波没有那么多钱，自然是睡在中间那层大通间里的地铺上。那里人不多，总共只有十来个人，除了戴沃伦和楼爱波，其余人都是回欧洲省亲的。大通间里显得非常空旷，大家都自顾自，互不干扰。

晚饭后，大部分人都回到地铺上睡觉去了，楼爱波怀里揣着一瓶朗姆酒，叫上戴沃伦，他们在长桌的一头坐下。楼爱波把瓶塞拔了，把酒瓶递给戴沃伦。戴沃伦对着酒瓶喝了一口。

“这酒掺了很多水，我们以前走私的酒，纯度要高很多，有百分之六七十的酒精度。这瓶最多也就百分之三四十。”戴沃伦说。

“在纽约卖的都这样，为了卖更多的钱，酒商都拼命掺水。酒商也要挣钱，自然会掺水。”

“我们以前从加勒比海走私朗姆酒进来，卖给水兵们和酒商们的酒，纯度都很高，利润当然也高，船东挣很多钱。为了不让水兵们喝了酒之后闹事，政府规定，每个月配给的就那么一点点酒，这么一点哪里够啊？所以，每次我们船一回来，水兵都会跑来找我们，偷偷来买我们走私进来的酒。”

“你们酒的纯度那么高，水兵们喝了，不就更要闹事啦？”

“那就不是我们的事了。华盛顿竞选总统的时候，为了让大家投他的票，免费提供朗姆酒给大家喝，而且是高纯度的。你看，选票自然就投给了他。”

“这不是贿选吗？”

“大家不都是这样吗？要是有人现在竞选的时候不提供免费的高纯度朗姆酒喝，你看他能选上吗？”

两人就这样你一口、我一口地轮着喝酒。戴沃伦看到一个中国人模样的水手从对面楼梯上下来，就赶紧把酒瓶子藏到了衣服里面。

这是一个矮小精悍的中国水手，脑后的辫子盘在头上。他来到戴沃伦边上，没被邀请，自己就坐了下来。一只手朝着戴沃伦伸了出来，手掌展开，手心朝上。见戴沃伦满是疑惑的神情，他伸出的手掌又抖了一下，说：“酒呢？”

“什么酒？”戴沃伦假装不明白。

“别和我装糊涂，我知道你们在喝酒。放心，我不会去告诉船长的，我没那么傻，让船长把酒没收之后，他一个人喝，这个酒鬼。我叫强尼，大家做个朋友嘛。”

戴沃伦知道没必要再隐瞒，就把酒瓶从衣服里拿了出来，递了过去。强尼端起来，对着瓶子喝了一口，把酒瓶传给楼爱波。

“你们去哪里？”强尼问。

“广州。你当水手多久了？我以前也是水手。”戴沃伦说。

听戴沃伦说以前是水手，强尼高兴了，把酒瓶要了过去，又喝了一口。

"我就是广州人，在'中国皇后号'上一干就是十几年。专门跑中国和美国之间的这条线。你们去广州干吗？"

"找事做呗，大家都想去广州挣钱。"楼爱波说。

"跑那么远去做事？那里对你们来说人生地不熟的。"强尼说。

"你不也是一样？"戴沃伦反问道。

"你说的也是。大家都是为了生计。"强尼说。

"这一路不会有什么事吧？"楼爱波担心地问。

"你说什么事？暴风雨难说，谁也说不准。"强尼说。

"你遇到过厉害的暴风雨吗？"楼爱波问。

"当然，我在海上跑了十几年了，哪有不碰到的？吃我们这口饭的，遇上暴风雨，那是家常便饭的事。不过，我很幸运，每次都是有惊无险。"

"海盗呢？"戴沃伦问。

"这里到伦敦不会有海盗。马六甲海峡那里海盗很多，船过那里要特别小心。快到广州的时候，那里也有海盗，中国海盗，还是女的。"强尼说。

"女海盗？"楼爱波来了兴趣。

"那可是大海盗，没听说过？女的，大名鼎鼎，人称郑一嫂，手下有各种船只五百多艘，几千号人，官府多次围剿捉拿，都搞不定她。官府就悬赏拿她人头，赏金颇厚，有好几千两银子呢。不过，到现在还没人拿到过赏金。"

"有这么厉害的女海盗？我经常跑加勒比海，也见识过不少海盗，女海盗还是头一次听说，而且还是个厉害的。"戴沃伦说。

"这个郑一嫂出身卑贱，是广州的疍人，这些疍人终年生活在船上，他们没有房子，是广州最卑贱的人。郑一嫂年轻时被父亲卖到妓院当妓女，我也去过那妓院，可惜没有睡过。后来红旗帮的海盗头子郑一逛妓院，看上了她，就带一帮弟兄砸了妓院，把郑一嫂抢了当老婆，所以大家都叫她郑一嫂。"

"那怎么她当了头？不是她老公吗？"楼爱波好奇。

"她老公郑一掉海里淹死了，真是世上怪事无奇不有，一个海盗头子，整天在海上混，竟然刮风时被风刮进海里淹死了，你信不信？我就是不信，也说不定是有人害的。郑一死后，他手下的几个大头目个个跃跃欲试，想当红旗帮的头儿，还有的想把郑一嫂给占了。但人家郑一嫂，将计就计，在几个大头目之间周旋，今天跟这个睡，明天和那个睡，联手一个杀另一个，把一拨一拨人都陆续干掉，别看郑一嫂妇道人家，却心狠手辣，杀人不眨眼，把郑一的'老臣'们赶尽杀绝，同时培植年轻的海盗做自己的马仔，最后，反而是她成了红旗帮的头领。"

"这么个女人不简单，一定有许多过人之处。"戴沃伦对这个传说当中的女海盗头子满怀敬仰。

"就是千万别落到她的手里。郑一嫂武功高强，剑法又狠又准，制定的规矩特别严格，抢到的货物一律由她分配，抢到的人在十天之内要把赎金付清，如果实在拿不出钱，会再给十天的限期。这十天里，女人分给手下的马仔；男人要是被她看上，会被喂一种特别的药，是鸦片做的，然后陪她睡觉，让她搞得精尽而绝。哎，三四十岁的女人嘛，老公死了，总需要男人的。要是到时间赎金还没到，所有人都一律杀掉，扔到海里，没有任何例外。"

听到这里，戴沃伦和楼爱波都打了寒战，一股寒流从头顶流到了脚跟，两人相互对视了一下，心想，千万别落在了郑一嫂的手里。

见两人担忧的样子，强尼哈哈笑了。

"别怕，我在海上跑了那么久，还从来没有碰到过郑一嫂。尤其是去广州的船，货物少，人也少，海盗没什么兴趣打劫。从广州开出来的船倒是有被劫的可能。所以，我们应该问题不大，小心就是了。"

海盗郑一嫂

1833 年初秋的一个上午，经过近半年的航行，"中国皇后号"终于来到了中国广州的外海。船上总共二十人不到，十来个是船员，只有戴沃伦和楼爱波两个美国人，剩下的乘客，全都是去广州的英国人。这一路虽然经历了些风暴，但总算平稳，经过马六甲海峡时，也没有遇到海盗打劫，大家觉得非常幸运。

长途海上航行非常枯燥乏味，所处空间极其有限，唯一能做的，就是坐在船舱里的大长桌边上聊天，或者到甲板上放风，看着千篇一律的茫茫大海，每天的时间都觉得其长无比。所以当船长向大家宣布还有一天就要到广州的时候，大家都非常兴奋，庆幸这无聊无趣的海上监狱生活马上就要结束了，庆幸即将安全到达广州，将要开始新鲜刺激的岸上生活。

午饭过后，楼爱波拿出最后半瓶朗姆酒。他自己偷带上船的酒早就喝完了，这是他从船长那里买的，三倍的价格，平时舍不得喝，每次就只喝两口。见马上就要到达目的地，决定拿出来和戴沃伦两人把最后半瓶全部喝掉。

两人坐在大通间的长桌边。虽然心里充满着期待和兴奋，但一路漫长的旅

行,让要说的话都说完了,现在两人都觉得无话好说,他们就这样默默地坐在那里,时不时对着瓶子喝上一口酒,以这种方式消磨掉最后一天海上的时光。

不知过了多久,终于朗姆酒瓶空了。楼爱波仰着头,张开嘴,举着瓶子,瓶底朝天,瓶口对着嘴,好长的时间,终于从瓶口滴出最后一滴酒,落在了他的嘴里。

楼爱波咂了咂嘴,用舌头舔了下嘴唇。

"走,上去看看。"戴沃伦说。

两人来到甲板上,太阳已经移到西边,懒洋洋地挂在西边的天空,照在海平面上泛出刺眼的金光。

戴沃伦和楼爱波来到船头,注视前方。帆船在风的作用下,使劲地往北行进,在波浪下微微地一起一伏。阳光、波浪和酒精在一起作用着,让他们觉得有点昏昏沉沉,隐约之中,他们看到前方许多小点,随着船的起伏,这些小点也变得越来越大,等到近了,才发现那都是些小岛。戴沃伦心想,这也许就是船长说的珠江口外了。

黄昏的时候,前方又出现了许多小点,戴沃伦以为还是小岛,等到驶近了,才发现那是八艘小船,每艘小船上挂着一面小红旗,朝着"中国皇后号"方向快速驶来。戴沃伦看清楚了,每艘船上有三四个中国人。小船迅速散向两边,围住了"中国皇后号"。戴沃伦心里泛起一阵不祥的预感,脑子忽然完全清醒过来。

"不好,遇上海盗了。快去找船长。"

戴沃伦大叫一声,转身就跑。楼爱波紧跟在后面。两人疾速冲进船长的舱间,见几个船工已经在里面,正围着船长。

矮胖的船长坐在角落的地上,手里抱着一个喝空了的朗姆酒瓶,嘴里喃喃地说着什么,没有人听得懂,显然,船长已经喝得烂醉。船工们七嘴八舌激烈地说着,戴沃伦听出来,他们是在商量如何对付海盗。

"船长,有海盗。怎么办?"戴沃伦焦急地喊道。

船长没有反应。

"船长喝醉了,我们必须自己想办法,不能让海盗上来,一旦有上来的,要把他们打下去。"一个船工说。

"赶快去拿刀吧,再晚就来不及了。"另一个船工一边说,一边就往门口走去。

刚走到门口,舱门一下子被推开了,把那个船工撞了个趔趄,从门口拥进三个海盗,舱间一下子显得拥挤起来。领头的海盗紧身装束,外裹一条无袖马甲,头上戴一顶两头翘角的元宝帽,有些棱角的脸,晒得发黑,眉清目秀,手里持着一柄剑。

"郑一嫂。"有人喊了一声。

戴沃伦这才注意到,领头的那个海盗胸脯有点鼓,是个女的,三四十岁的样子,身材不高,但精悍有力,元宝帽后一个发髻在脑后凸了出来。

"正是一嫂我。这艘船今天归老娘管了。只要大家听话,不会让你们受苦的。"郑一嫂带点磁性的清脆女声,张嘴露出雪白的牙齿,她微微一笑。戴沃伦看到她眼角的鱼尾纹。

正当所有人的注意力被郑一嫂吸引住的时候,站在戴沃伦后面的一个船工,举着一把刀,朝着郑一嫂就扑了过来,呼的一声,刀就朝着郑一嫂后脑勺劈了过来。戴沃伦正好站在那个船工和郑一嫂中间,眼角看见一把明晃晃的刀朝他劈过来,以为是朝他来的,吓了一大跳,忍不住惊叫一声,跳到边上。

戴沃伦的惊叫引起了郑一嫂的注意,就在那一眨眼的工夫里,郑一嫂的头微微一侧,躲过了那把刀,她反手一挥,只见寒光一闪,以迅雷不及掩耳之势,就将那船工握刀的手砍了下来,断手握着刀飞了出去,砸在了船长的头的上方,直直地插进了木板舱壁,刀柄上那只断手还流着血,滴在了船长的头上。这时,船长的酒全醒了,鼻子上挂着从断手上流下来的血,满脸惊恐,两眼直勾勾地看着郑一嫂,身子一动不敢动。

那船工被削去了右手,痛得直跳脚。郑一嫂一个侧身,就把剑刺进了那船工的心口,然后使劲往外把剑抽了出来,船工没哼一声,像泄了气的气球,倒在地上。这个可怜的家伙,就在他挥刀扑向郑一嫂的片刻,他的命运已经被定格住了。

郑一嫂冷峻的脸,挂着略带些嘲弄的微笑,用手轻轻地抹去剑上的血,把带血的几个手指一一伸进嘴里,舔去手指上那个船工的血,然后瞥了一眼站在边上惊魂未定的戴沃伦,心想,幸亏有这个年轻人的惊叫,让她避开从身后袭击过来的这把刀。

郑一嫂慢慢转过身来,用那把带血的剑,指着船长。

"谁要敢反抗我一嫂,就是这个下场。大家都听见了,是吗?"还是那样清脆平静的声音。

众人看着郑一嫂,不知该说什么,也不知该做什么,都愣在那里。

"你是船长,对吗?"郑一嫂看着坐在地上的船长。

"是。"船长顺从地回答。

"你派一个人去通知,十天内把赎金凑齐,银到人走,船和船上货物都可以

领走,只要付银子就是。十天,赎金要是没有到,休怪一嫂不客气。我一嫂从来就是说到做到。"

"是。"船长回答。

"其他人先都在这里待着,不许乱动。到岸之后,所有人都上海龙寨。"

郑一嫂的声音像是有磁力一样,把人吸在了原地,没有人敢挪一下身子。

珠江口点缀着众多岛屿,大大小小,星罗棋布。"中国皇后号"在海盗的控制下,驶向一座比较大的岛屿,在岸边停住。这座岛屿在当地被称为烂头岛,官方称之为大屿山岛,取自岛上一座山的名字,大屿山岛的东面还有一座稍小一点的岛,称为香港岛。这两座珠江口最大的岛上,居民其实并不多,只有沿海边的几个寨子里住了不少渔民,他们沿海岸建起高脚屋,这些屋子用竹子和木头搭建,竹子捆绑在一起当作柱子,插进水里,把人住的屋子高高挑在水面上。高脚屋一个接着一个,密密麻麻,每个屋子下面停泊着小船,这些小船是寨子里住户的主要交通工具。

海盗押着众人出了船舱来到船尾,命人沿着绳梯爬到下面等候的小船上。他们分坐几艘小船,在落日的余晖里缓缓驶进高脚屋组成的水上寨子。寨子里家家冒着炊烟,空气中飘着各种混杂的香味。

小船在高脚屋之间穿梭,左拐右转,戴沃伦他们很快就迷失了方向。看来,海盗们对这个地方很熟,很显然,他们就住在这个寨子里,估计官府要来清剿的话,一是根本找不到,二是即使进了寨子,也无法很容易地出去,这是一个易守难攻的地方。想必,这里就是郑一嫂所说的海龙寨。

小船里,戴沃伦坐在强尼的对面,边上还有其他几个船工,大家都低着头,一声不敢吭,三个海盗拿着刀押着他们。戴沃伦心里忐忑不安,他四面看了看,没看到楼爱波,不知道他被押在哪条船上。戴沃伦几次想跳入水中逃跑,他对自己的水性还是很有信心的,但这里人生地不熟,要从水里逃跑,也不知道应该往哪里逃,估计这些海盗个个水性都不错,跳海逃跑的风险太高,他想了想,就放弃了这个念头。

在一个高脚屋的下面,小船停靠在竹子做的楼梯边,海盗押着他们,沿着狭窄的楼梯,爬上了楼。楼上是木板铺就的一个很大的平台,平台四周都是木头和竹子做的屋子,屋子紧挨在一起,中间没有缝隙,每间屋子门前都挂着一面红旗,估计这里就是强尼说的红旗帮老巢。

海盗把他们关进其中一间屋子里,屋子的四面没有窗户,只在屋顶上方开着一个小小的天窗,屋顶非常高,即使两人叠在一起也仍然够不着那个天窗。

天色已经变暗，屋里很黑。戴沃伦在墙边坐了下来，肚子饿得咕咕叫，他不知道明天会发生什么事，不禁抬头看着天窗，天窗上方一颗孤零零的星星挂在天空，对着他一闪一闪眨着眼睛。屋里又闷又热，即使静坐在那里，汗水依然滴了下来，一阵困意袭来，戴沃伦躺倒在地上，就这么睡着了。

"今天是第十天了。"强尼说。

"什么？"

戴沃伦睁开眼，抬起头，看着强尼。他不知道已经过了多少天，他已经开始麻木，每天昏昏沉沉，都是在闷热的小屋度过漫长的白天和黑夜，只有透过头顶的天窗，才可以看到外面的世界。一天两顿饭，早饭和晚饭都是同一样东西——用咸鱼、臭虾和鱼肚熬的稀饭，刚开始还嫌恶心，碰都不碰，到后来实在太饿了，也不再管木碗里那堆黏糊糊的是什么东西，呼噜呼噜地往嘴里灌下去。头几天，大家还有心思聊聊天，说个笑话，到后来，所有人都陷入一种浑浑噩噩的状态，在闷热的屋里大家都不愿意说话，屋子里整天静得出奇，只有外面海浪哗哗拍打的声音。

所以当强尼开口说话的时候，戴沃伦觉得特别惊讶。

"已经是第十天了。赎金再不来，今晚我们不知哪一个就要被郑一嫂搞死了。"强尼半开玩笑半认真地说。

屋里响起一阵猥琐的笑声，一下子让屋子欢快了许多。

"这么个死法也不错，至少是爽死的，还有个全尸。"强尼继续说。

"我先去，你们别和我抢。"一个船工说。

"你撒泡尿看看自己，就你那模样，人家郑一嫂要挑人也挑不到你啊，你就是被咔嚓一刀的结果。你看人家戴先生年轻，高大，人长得又帅，这才是郑一嫂的菜。我们都是刀下鬼的结局，不能保住全尸，下次我们要再聚在一起，都是手里提着头，或者拖着下面半个身子的，只有人家戴先生，才是整个在一起，完整的身子，一样的帅。"强尼说。

刚说完，强尼突然把头低下，双手捂住面孔哭了。他一边抽泣，一边说："我不想死啊，我家里还有老婆孩子，老父老母，我死了家里怎么办呢？老天哪，我强尼海上闯荡那么多年，难道今天就要栽在家门口了？"

可能是受强尼的感染，另外几个船工也开始抽泣。

戴沃伦没有理会他们，抬头看着天窗，天已经亮了，从天窗看出去什么也没有，只有一小片蓝天。

房门打开了，进来两个膀大腰圆的海盗，满脸杀气，每人手里拿着一把大的

虎头刀。

强尼停止了抽泣,从手指缝里,用惊恐的眼神望着海盗,似乎在等待命运的宣判。

"算你们命大,赎金到了,放你们走。"

强尼把手从脸上挪开,抬起头,挂满泪水的脸上显出几分疑惑,就那么片刻,双眼顿时来了精神。

"老子的命又捡回来了。"强尼咧开嘴,冲着屋顶的天窗大笑了几声。

然后他一耸身从地上站了起来,大步朝外走去。戴沃伦觉得这事情发生得太出乎意料,简直就像是在梦里,前一刻还在担忧自己的生命,现在却可以活着从这里离开,他本能地用手往地上一撑,嗖地站了起来,跟着众人也往外走去,刚走到海盗边上,海盗拔刀抵住他的胸口。

"没有你。"海盗狠狠地说。

众人都停住了脚步,不解地看着海盗。

"为什么?"戴沃伦问,他的心一下子凉到了底。

"你的赎金还没到。船东付的赎金,把船工和货船给赎了。赎金里不包括你。"

"为什么不包括我?那有谁在帮我安排赎金?"戴沃伦焦急地问,他又往前挪了一下,胸口被刀抵住陷了进去。求生的欲望,让他几乎有去抢夺海盗手里那把刀的冲动,但看到边上另一个海盗已经举起了虎头刀,对准了他,只得放弃了这个想法。

"我们不知道。这是你的事,你赶紧让人去拿赎金来。"海盗说。

"强尼,帮个忙吧,求求你,你帮我搞笔赎金来,我保证一定还你。或者,你去找我的朋友陈麦南,他在广州。我一定会报答你的。"戴沃伦恳求道,声音中带着几分绝望。

强尼答应着匆匆出了门。门又被关上,屋里只剩戴沃伦一人,四周又陷入一片寂静,还是那样闷热,汗水从戴沃伦的头上往下滴,他不知道命运会带他走向何方,是死是活,完全不由他左右,一阵阵恐惧感向他袭来。

戴沃伦看到自己赤身裸体走进一个全是红色的房间,那里放置的所有家具,甚至连墙,都是红色的。他脸无表情,木讷地走向那张红色的床,他想用手摸一下自己的脸,但手好像不是自己的,试了几下,没有成功,他又想用手去扶那张床,手还是没有抬起来,他就放弃了。他转过身来,看到郑一嫂已经站在他的身后。

郑一嫂的手臂和腿被太阳晒成紫铜色，发髻已经放下，长长的头发盖住了半边脸，雪白的前胸两个不大的乳房，有点往下垂，两颗黑红的乳头点缀着前胸，雪白的身子和紫铜色的四肢形成强烈的反差。戴沃伦看着觉得有点滑稽，忍不住想笑，但是，没有笑出声音。

郑一嫂双眼闪烁着一股杀气，她走到戴沃伦跟前，只轻轻一推，就把他推倒在床上。他仰面朝天，呆滞的目光直视上方。郑一嫂俯视着他，看了好半天。这时候的她，和白天海盗装束的郑一嫂判若两人，能看出来，现在的她，很有女人味，见戴沃伦盯着她看，她微微一笑，眼角显出不少鱼尾纹来。

"小伙子叫什么？"

"戴沃伦。"他轻轻地回答。

"哪里人？"

"美国人，波士顿的。"

"做什么的？"

"我以前是水手，在海上讨生活，到处漂泊。"

"现在要漂到哪里去？"

"广州。"

"去那里干什么？"

"挣钱。"

"干吗跑那么远来挣钱？"郑一嫂问道。

"都说这里钱好挣。"

"好挣？连你的小命都要没了，还挣什么钱？"

郑一嫂心里不禁泛起一阵恻隐之情，联想到自己年轻时候从妓院落到海盗手里的情形。

"一嫂要杀我吗？"

"杀你？杀你还不是轻而易举的事吗？看在你救过我的分儿上，或许我可以饶你一命。"

"我救过你？"

"就算是吧。"

"既然这样，那你还不放了我？"

郑一嫂呵呵笑起来，一副开心的样子，眼角鱼尾纹更深了。

"看来你还蛮机灵的嘛，顺着我的话说。我同你说，戴沃伦，不管是谁，到了一嫂手里，都没那么容易走出去。即使一嫂喜欢你，你的赎金还是要付的。"

"我的赎金会来的。或者你先放了我，我以后挣了钱再还你，我以后会挣很

多很多的钱,你想要的不就是银子吗？我加倍给你,相信我,我说到做到。"

"银子当然重要,但规矩更重要,先付赎金再放人,这是规矩。立好了规矩,就不能变。一嫂我也是说到做到。"

郑一嫂的头发时不时轻触着他的胸口,她的手臂和大腿满是肌肉,有棱角的脸让人觉得冷酷,也让人觉得有点恐惧,她的身子很有骨感,充满着力量。她和戴沃伦在纽约所见识过的女人都不一样,这点让他觉得非常兴奋,他完全忘记了自己是她的人质,他的命就握在她的手心,她随时可以把他在手心里碾成碎片,扔进大海,最后在海里消失得无影无踪。

郑一嫂的汗水滴了下来,一滴一滴掉在了他的身上。他觉得自己躺在汗水里,汗水形成的浪,上下轻轻地拍打着他的身子,他全身湿透,不知道汗水是自己的,还是来自郑一嫂,反正身子黏黏的。

他眼睛开始发直,身子变得僵硬,他看到她变成了一个火球,翻滚着冉冉升起,最后消失在空中。

海盗推门进来送早饭时,戴沃伦还躺着睡觉。海盗踢了一下他,把他踢醒了。他睁开眼,感觉头晕晕的,微微有点头痛,他四肢无力,想坐起来,又觉得没有力气,就继续躺在地上,眼睛看着那个海盗。这几天他天天睡不醒,每天早饭时被海盗踢醒,醒来后既头晕又头痛。

海盗把木碗放在他边上,还是那股非常熟悉的、又腥又臭的味道。

"快起来吃早饭吧。这可是你最后一顿早饭,吃了可以上路,别做了饿死鬼,在阴间到处找吃的。"海盗说。

"今天是最后一天?"戴沃伦有气无力地问道。

"最后一天。吃了饭送你走。"

戴沃伦使劲撑着身子坐了起来。

"赎金还没到?"显然是明知故问。

"没到。要到的话,不就把你小子给放了?"海盗回答。

"那我可以选择怎么个死法吗?"戴沃伦问。

"你想怎么个死法?"海盗好奇。

"你给我吃药,就像这几天你们天天喂我的那种。我想做着梦死,你们想怎么样杀死我都行。"

"这个需要问我们的头儿。"海盗说完,转身走了。

戴沃伦端起木碗,一口气灌了下去。他心想,不论如何,都不能做个饿死鬼。他心里有点后悔,当初要是决定不来广州,也许他现在在纽约还好好的,当年在海盗猖獗的加勒比海航行,他都安然无事,如今,来到千里之外,竟然在快要到达目的地的时候,被海盗劫持,小命都要丢了,广州见都还没见到。

不知过了多久,房门又开了,进来两个持刀的海盗。

戴沃伦心想,完了,是时候了,他们一定是要用刀砍死自己。这时候,他想起了上帝,用手在胸前画起了十字,嘴里拼命地祷告起来,好像只有这样,上帝才会接纳他一样。

"走吧,戴先生。你的赎金到了。"

"什么?我的赎金到了?"

戴沃伦不敢相信自己的耳朵,他不知道从哪里来的力气,一下子从地上跳了起来,绝处逢生的喜悦让他忘掉了头痛,快步跟着海盗,走出了这个关押了他二十天的小屋。

走出小屋时,戴沃伦看到郑一嫂站在远处看着他,她戴着两头翘角的元宝帽,穿着紧身马甲,一副利索的装扮,她手里的剑支在地上,站在那里一动不动,像一座雕像。

两人四目相视,戴沃伦朝她微微招了下手,他似乎看到郑一嫂的手微微抬了一下。

在高脚屋寨子外面的一艘小船上,海盗把戴沃伦交给了楼爱波,还把他的两个小皮箱也还给了他。楼爱波已经剪了短发,胡子刮得很干净,脸上泛着光亮,显然已经休整过。

"你付的赎金?"戴沃伦问。

"我哪里来的钱?向旗昌洋行的罗素先生借的,我送来的。等你做事情后再慢慢还他。"

"我一定要去谢谢他的救命之恩。"

"你也可以到他那里做事,钱就从你每月收入里扣就是了。"

"其他人也都赎出来了?"

"我见过那个酒鬼船长,他告诉我,你是最后一个。"

"我以为要死在这里了呢。"戴沃伦想起来还是心有余悸。

"郑一嫂怎么样啊?"楼爱波带着意有所指的诡笑。

"能活着出来就很好。"戴沃伦没有接茬,只是轻微地笑了笑。

广 州

　　船沿着珠江缓缓行驶,珠江从入海口开始,由南往北逐渐变窄,接近广州城时,变成东西走向,远处的广州城从模模糊糊变得逐渐清晰起来。展现在戴沃伦眼前的,是一个布满房子的巨大城市,城市以黑色为主要基调,盖着黑色瓦片的房子,一个接着一个,看不到尽头。

　　清乾隆年间,广州成为中国唯一的对外通商口岸,全中国所有的对外贸易,只能通过指定的广州十三家公司进行,这十三家公司,俗称"广州十三行",垄断了全中国的对外贸易。清政府自认为是泱泱大国,不屑与洋商沟通,也不知道如何同洋人打交道,就委托十三行管理洋商,有关洋商管理的规章制度,或者洋商希望官府提供什么帮助、有什么具体要求,都通过十三行传递,同时十三行也帮官府代征关税,帮洋商代缴杂费。

　　因为广州是唯一的通商口岸,这个城市便以一种前所未有的速度积聚财富,国际知名度迅速崛起,人口迅速膨胀,很快达到百万以上,成为世界第三大城市,仅次于北京和伦敦。欧美人称之为 Canton,许多欧美城市以之命名,就是希望自己的城市也像广州那么富裕。

　　广州之所以成为对外通商口岸,是因为它的地理位置。其实洋人最早设立的贸易据点是澳门,葡萄牙人最早来到亚洲做生意,因为帮官府打败了海盗,而赢得了澳门的管理权,但澳门的容量小,又直接连海不便管理。当时洋人持之以恒地寻求同中国开展贸易的口岸,希望有一个比较大的区域便于和中国做生意,皇上实在不胜其烦,就划了一个离天子最远的,又便于控制的特区作为通商口岸,那就是广州。广州并不临海,商人要到广州必须沿珠江而上,珠江的拐弯处形成了一个自然的咽喉,清政府既想对外开放,需要开出一个小口子,又怕这个口子开了之后不好收拾,而广州的地理位置恰到好处,便于官府的控制,因此,对外开放的这个口子,就非广州莫属了。

　　广州城分为老城和新城。老城四周由八米高六米宽的围墙围住,围墙周长十多公里,城的北面有一座小山作为天然屏障,其他三面城墙外有十米宽的护城河,既可以保护城市抵御外来入侵,又可以把城内废水随河道排泄出去。城墙有八个陆路城门,每边两个,还有两个水路城门。城门有士兵把守,日升而开,日落关闭。老城内建筑以一层中式为主,偶尔会见到两层的房子。清政府的各个衙门都在老城之内。

因为人口的增加,老城再也住不下了,人们就在南门外建房居住,形成了广州新城,新城从老城的南门一直绵延到珠江的北岸,然后再往两边延伸出去。因为是新城,就显得没有老城那么拥挤,这里也建了一些两三层楼的房子,一些新富们就选择在新城里居住,有的还在那里建起了占地很大的庄园。

外国人是不被允许在老城内居住的,他们一般也不选择居住在新城,除了少部分选择居住在珠江南岸,大部分外国人居住在珠江北岸新城东边沿江的一片狭长地段,北岸的这片地段,地势稍微高一点,外国人喜欢玫瑰,每家每户在房子周围种些玫瑰花,因此,当地人把这片地方称为玫瑰岗。有钱的外国人,居住在玫瑰岗地势较高的地方;没钱的,就住在岗下,或者散住在玫瑰岗四周中国人聚集的地方。

广州老城外的居住区,包括新城和外国人集聚的玫瑰岗,都没有城墙,为了防止强盗的绑架和盗贼的骚扰,一些大户和商家就雇佣私人保安,以替代清政府士兵的保护。私人保安因而成为一个抢手的职业,大凡广州本地人都学些拳腿枪棍之术,学武之风盛行,武艺高强的人总能在商家那里混口好饭吃。

广州还有些人居住在珠江的水上,这些被称为疍人的船民,终年生活在船上,以打鱼为生,在广州社会里是属于最底层的百姓,有些疍人成了海盗,干些杀人越货的事。

戴沃伦顶着蓬乱的头发,长着络腮胡子,半年多在海上的漂流生活,使他没有机会好好修理自己的边幅,显得邋遢肮脏。看着越来越清晰的两岸,戴沃伦异常兴奋,劫后余生,他要更加珍惜今后的日子。未来在这片陌生的土地上,新的生活即将开始,今后的未知数,让他既有点紧张,又充满了期待。

戴沃伦注视着北面渐渐接近的广州城,指着琉璃瓦建筑对楼爱波说:"你看,难怪人家都说,广州是最富的城市,这里的人真有钱呢,就连这里的屋顶都是用黄金铺成的,金光灿灿。"

船在珠江北岸一个叫黄埔的地方靠了岸,那是个凹进去的江湾,码头对面,在江心有一个小岛,使之形成一个天然的避风港,小岛的一头,有一个高高的中国木塔。港湾里停泊着各个国家的商船,悬挂着各国的国旗,五颜六色,非常壮观。码头上人头攒动,接人的、送人的、装卸工、马车夫、揽客的,人声嘈杂,一派忙碌景象。

"中国皇后号"也停在港湾里。上下船的过桥已经放下,过桥是一块木板。工人们光着膀子往船上搬东西,挑夫们脖子上搭着毛巾,辫子盘在头上,肩上挑

着沉甸甸的货物,沿着搭起的过桥,小心翼翼一步步艰难地挑着走上船,过桥被压得上下晃动,挑夫们也随着一晃一晃。

"船也赎出来了?"戴沃伦问。

"是。海盗有海盗的规矩,他们不乱来的,只要付钱,任何东西都可以赎回来。"

"好像船又要走了?"

"对。他们肯定想要把被耽搁的时间补回来,尽量把货早点运去北美。"

楼爱波指着正对着码头的一边,对戴沃伦说:"你看那一边。"

戴沃伦抬头看过去,码头的中间是一座很大的中式院落,门口两个大石狮,门匾上写着"钦命粤海关"几个大字,一杆大旗从中式院落里伸出来,指向天空,上面挂着一面旗帜,被风吹着展了开来,上面也写着"钦命粤海关"。戴沃伦当然看不懂,不过,他猜那一定是中国官方的海关了。海关的两边,各排着好几栋气派的西式洋房。正对着他们的,是两栋三层小楼。一栋楼的上面,用中文写着"渣甸洋行",还有一行英文字,Jardine Matheson;另一栋楼上写着"怡和行"。

楼爱波说:"渣甸洋行是英国东印度公司在中国最大的代理,这是我叔叔告诉我的。你知道英国东印度公司的,对吗?那可是世界上最大的公司。"

"它们是做什么的?"戴沃伦显然并不清楚,好奇地问。

"我也不太清楚。好像也是做进出口贸易吧,英国人的公司,和旗昌洋行类似,但比旗昌洋行大多了,不好比。"

"那怡和行呢?就是边上那栋楼。"戴沃伦问。

"不知道,没听说过。你看那边。"楼爱波指着最边上的西洋建筑。

"哪里?"

戴沃伦不知道楼爱波指的是哪里,就朝他手指的方向看去,在那排西式楼房的最末端,有一栋两层小楼,和其他西式洋楼排在一起,显得比较简陋,还有些陈旧。

"你看,那栋最边上的小楼,上面写着'Russell & Co.',那就是旗昌洋行,我现在就在那家公司做事。这些楼房可能是它们在口岸的办公楼吧。"

两人跳上码头,穿过熙熙攘攘的人群,来到一排马车边上停住,相互望了一下对方。

楼爱波伸手从口袋里掏出一张纸条递给戴沃伦说:"我要赶回公司去,就不送你了。这是旗昌洋行的地址。你一定要过来试试运气。我会同罗素先生说的。"

戴沃伦接过纸条,粗粗看了一眼,放进了口袋。他把两个小箱子放上一辆马车,突然回过身,给了楼爱波一个熊抱,还没等楼爱波反应过来,戴沃伦就已经转身跳上了马车。楼爱波在那里傻待了一会儿,看那载着戴沃伦的马车踢踏踢踏地缓缓地远去,也就跳上边上的马车走了。

载着戴沃伦的马车缓缓地在路上走着。太阳已经升得老高,初秋的广州依然很热,闷热的感觉和纽约的夏天相似。也不知道过了多久,马车在一条两边都是商家的小路上停住。车夫下来把戴沃伦的行李放到地上。戴沃伦下车,给了车夫一点钱,车夫就走了。

戴沃伦站在那里,环顾了一下四周。两边都是三层楼的中式建筑,楼上晾着衣服,这些衣服架就像凉棚一样,遮住了部分阳光,让站在那里的戴沃伦感到有点阴凉。底楼都是商家。马路一边离他最近的是家包子店,边上是家米粉馆,再边上是家卖古董的。马路的另一边,有一家鱼粥店和一家杂货铺,各种小商品和小零食都堆到了街上,杂货铺的墙上写着好几个很大的"参"字和"翅"字。因为是下午时间,商店里和马路上的人并不太多。

戴沃伦从口袋里掏出一张纸,低头看了一眼,就提着行李走到鱼粥店和杂货铺中间的一扇小门前,他把行李放在地上后去敲门。敲门许久,一位老头开门出来,戴沃伦递给老头一张纸条,老头看后,就让戴沃伦跟着进去。屋里很黑,老头提着一盏煤油灯,戴沃伦看到前面有一段细窄的楼梯。

老头带着戴沃伦来到三楼,打开房门。戴沃伦先走了进去,把行李放在了地上。屋里很闷热,黑得什么都看不见。老头提着煤油灯跟了进来,屋里一下有了点光亮,戴沃伦看到有张桌子在墙角,桌子上有盏煤油灯。老头走到桌边,点着了桌上的煤油灯,又把煤油灯捻得很亮,屋子一下子亮堂起来,老头朝戴沃伦点了点头,然后就退了出去。

屋子不大,里面摆设非常简单,木头的地板,桌子边有两把木头做的矮凳,一面墙的边上,放着一张床,床上叠着一床被子和一个枕头。床边上有个柜子,三层抽屉,可能是用来放衣服的。柜子的一边有个便桶,那是用来大小便的。另一边有个水桶,戴沃伦打开来看,见是干净的水,里面有个水瓢。除了这些东西,屋里没有其他的了,看来在接下来的日子里,楼下的餐馆会派上很大的用场。

正对着床的那面墙上有一扇窗户,戴沃伦走了过去,把木头窗户打开,外面刺眼的阳光射了进来,照得戴沃伦睁不开眼睛。他赶紧把窗户关上,然后走到床边,他觉得很累,头又开始晕起来,便倒在了床上,连衣服都没脱就睡着了。

陈麦南

不知道睡了多久，戴沃伦被一阵急促的敲门声吵醒。他翻身坐了起来，恍惚中不知自己在什么地方，一开始以为还被关在海盗的小屋里，摸了一下头，才发觉头上都是汗，汗水已经把衣服都弄湿了。他赶紧下了床，来到门边，听着外面的敲门声，稍微犹豫了一会儿，然后打开房门，只见门口站着一个中国人。他比戴沃伦矮一个头，年龄相仿，穿着一件短袖的布衫，身材显得很结实，身上的肌肉鼓鼓的，前额削得油光发亮，一根辫子盘在了脖子上。

还没等戴沃伦开口问，他就往里走，一边走一边说："你是戴沃伦吧？我想你一定是。说你应该前几天就到了，但我来这里没见到你。刚才我才听说你到了，就赶紧跑来看你。这屋子里就这么点东西？真他妈的，他们跟我说这房间什么都不缺，全是骗人的。这里热死了，你怎么能在这儿待得住，好闷呢。"

那人走到窗口，把窗打开，一阵凉风飘了进来，房间顿时凉爽起来。那人转过身来，把手伸了出来："哦，我是麦克，陈麦南，叫我麦克好了。你的朋友约翰和我以前在船上一起做过事情。"

戴沃伦赶紧和他握手，心想，这个陈麦南同其他中国人还有点不一样，没有那么多中国人的礼节。

"是的，我是戴沃伦。很高兴和你见面，麦克。谢谢你帮我找了地方住，虽然这屋子很简单，但这床睡觉还不错，比船上的强多了。约翰让我向你问好。"戴沃伦一下子高兴起来。

"你这里边上就是玫瑰岗，那里房子的条件会好一些，但租金贵，你反正一个人，就在这里凑合住吧，可以省些钱。"

"其实我二十天前就应该到广州的，但我们的船被海盗劫持了，耽搁了些时间。"

"被海盗劫了？郑一嫂？"

"是，你是怎么知道的？"

"在广州的人，没有不知道海盗郑一嫂的，广州最大的海盗，红旗帮帮主。被郑一嫂劫了，能让你活着出来，算是你的运气。今天才到这里的？"

"我下午到的，也不知道睡了多久。"

"天都已经黑了,你这么个睡法,晚上还怎么睡觉?"陈麦南说,"走,我们出去逛逛,找个餐馆吃饭,你是客人,我请你。"

陈麦南和戴沃伦下了楼梯,来到路上。天已经黑了,天空中挂着圆圆的月亮,虽然是夜里,马路上却显得很亮。商家门口的灯笼都已点亮。马路上的情景和戴沃伦下午看到的完全不同,这时候的路上,人来人往,商家的叫卖声此起彼伏,几家餐馆里人头攒动。

一个人身上穿着一个大公鸡的模具,用带子从肩膀上吊着,脸上画着红色的图案,吹着喇叭,在杂货店前来回走动。戴沃伦觉得非常新奇,不知道那人在干什么,便站在那里盯着那人看。

"这叫公鸡榄。住在楼上或者船上的人,如果想买东西,不用下楼或者下船,可以直接从他那里买。你住三楼,想买东西,对你会很方便。"陈麦南说。

这时,楼上有人伸出头来,往下喊了几声,只见那穿着大公鸡模具的人,手一甩,就将一包东西扔了上去,楼上那人接住后,又往下扔了几个铜钱。整个买卖过程瞬间完成,看得戴沃伦瞠目结舌。

陈麦南领着戴沃伦在人群中穿梭,有个讨钱的拦住戴沃伦,被陈麦南瞪了两眼,闪到一边去了。

"你要是看到讨钱的,就假装凶一点。不然他们都会来找你要钱的,你躲都躲不了。这里好多家伙抽鸦片上瘾,把家给抽穷了,就跑来讨钱,讨了钱就又去鸦片馆。"陈麦南说道。

"有这么严重?"

"当然。现在这样的人越来越多。你以前是做什么的?"

"我在船上做水手。"戴沃伦回答。

"太巧了,我以前也在船上做事情。我十五岁就上了船,一干就干了五年,我们在中美之间运货。"陈麦南说,"我在广州'快艇号'上当厨师,我菜做得好。你那朋友约翰当时也在那里做事了,他就喜欢喝我煲的鱼翅鲍鱼汤,那是我的拿手菜。"

"那你下次要做给我喝哟!"戴沃伦说。

"等我挣了钱后去开个餐馆,你到我餐馆里来喝吧。我还在船上兼当医师,有跌打损伤的、上火受寒的,他们都会来叫我帮着看。我会带好多膏药、草药上船,那些东西在船上可有用了,不瞒你说,我是船上最受欢迎的人。"

"你好能干,既会做饭,又会治病,一定很受欢迎。那为什么离开不做了?"戴沃伦问。

"船上太苦，一年半载在海上，连个女人都没有，我没女人没法活的，我们只要一靠岸就去找女人，管她是黑的白的还是棕的。这倒还不是主要原因。我不会游泳。当水手的不会游泳，说给你听，你可能不相信，我真的不知道如何游泳。有一次遇到大浪，我被摔到海里，差点被淹死，幸亏他们给我扔了块木头，我抓紧了木头，他们才把我捞起来。我在海上讨生活，成天提心吊胆，我想，我要是继续在那鬼船上做事情，保不准我早就给喂鱼了。"

"你只要和我在一起，就不会有问题，下次你要是掉水里，我可以救你，我的水性特别好。我可以不休息连续游几里路。"戴沃伦说，"船上确实太苦，所以我也不干了。那你现在做什么？"

"我在一家洋行里当保安，我会武术，会耍棍打拳，还会讲英文，所以就做了保安头儿，手下有五六个保安。这是一家你们美国的公司，不知道你有没有听说过，叫旗昌洋行，这是中美之间最大的贸易公司。"

"哇，真巧了，我不知道你也在那里做事，我朋友楼先生说起过，他已经去那里做事了，他跟我说，我也可以去那里试试运气。"戴沃伦很高兴，他觉得太巧了，看来，他和旗昌洋行是有缘分的。

"等你休息几天，我带你去旗昌洋行。这几天我带你在城里转转，看看广州的风土人情。你也可以跟我学点中文，看你这中文，口音这么重，真的应该好好跟我学着点。"

他们走到一家餐馆前停下，陈麦南拉开门，两人走了进去。里面已经坐了很多人，他们等了半天才等到一张空桌子。两人坐下，陈麦南点了几个小菜，一壶小酒。店主人拿来两个小碗。陈麦南往小碗里倒满了酒，示意戴沃伦拿起小碗。戴沃伦看着陈麦南，见他仰着脖子，把小碗里的酒一口灌了下去，就学着陈麦南的样子，也伸着脖子往下灌，才喝了一口，就喷了出来，全部吐在了地上。戴沃伦把碗往桌上一扔，说："这是煤油啊！那么难喝。"

陈麦南大笑起来，往自己碗里倒酒，一边倒，一边说："你们这帮鬼佬，真他妈的没用，这可是好东西啊。你想要在这里混，我劝你，你一定得学会像中国人那样喝酒。我们喝酒就像喝水一样。你看，就这样。"说着，又是一碗灌了下去。

戴沃伦苦笑了一下，拿起酒碗，憋着口气稍微喝了一口，只觉得食道像被火烧了一样，又好比有一把尖刀在食道里慢慢划过，他忍不住剧烈地咳嗽起来。

这时，一个中国人走到他们桌边，他满脸涨红，眼里布满血丝，红红的，一根辫子挂在了胸前，他对着戴沃伦叽里咕噜说了一串话，戴沃伦不知道他在讲什么，只觉得一股浓浓的酒气，向他扑面而来，显然这家伙是喝醉了。戴沃伦问陈麦南："他在说什么？"

陈麦南说:"他在骂你呢,骂鬼佬卖鸦片给中国人,他自己抽鸦片把家抽穷了,怪你们鬼佬把他给害的。"

陈麦南正说着,那人已经挪到戴沃伦身边,把手按在他的头上。戴沃伦把头偏到一边,用手把那人的手挡开,那人顺势使劲把手抽了一下,打在了戴沃伦的手臂上,发出非常响亮的一声:"啪!"陈麦南立刻从椅子上跳了起来,冲到那人跟前,抡起拳头,重重地打在了那人的脸上,就那么一下,那人一个趔趄倒在了地上,鼻子里流出了血,躺在地上直哼哼。

陈麦南重新坐回他的椅子,像什么事都没有发生过一样,往小酒碗里又加满一碗仰头灌了下去,对戴沃伦说:"我们继续吃。"

那醉汉在他人的搀扶下,站了起来,用手抹了一下鼻子里流出来的血,嘴里嘟囔了几声,走开了。

"他自己抽鸦片抽穷了,为什么要怪别人卖鸦片给他? 他可以不去买啊,而且又不是我卖给他的。"戴沃伦一边说着,一边摇头。

"这家伙醉了,想找茬呗。"陈麦南说。

几碗米饭和小菜下肚,两人酒足饭饱,结了账后来到街上。夜已经深了,路两旁的商店有的已经关了门。两人在月光下往回走,路上行人已经变得很少。他们看到有几个人躺在路边,人们从边上走过,好像没有看到似的,看来大家都有点见怪不怪了。

"这是怎么回事? 这都是喝醉的吗?"戴沃伦不禁问道。

"这些都是鸦片鬼,抽得太凶,把自己给抽死了。每天都有人抽死的,不过你不用担心,明天一早,有人会把他们抬走的,就像什么也没有发生过一样。"

在一个店家门口,他们看到一个抽鸦片的人坐在地上,身子靠着墙,手上拿着一杆烟枪,头朝着天上看着。他的头上,是店家的一盏灯笼,灯笼一闪一闪,照在那人脸上,半阴半明,半似人半似鬼脸,他那半边亮着的脸,一会儿苍白,一会儿灰黑,两眼睁得大大的,但看上去空洞无物,他的身子一动不动,看上去像死了一样。

陈麦南走近那人,同他说了什么,但那人没有一点反应。陈麦南弯下腰,从那人手里拿过烟枪。那人似乎想要阻止陈麦南,手微微动了一下,似乎已经用尽了全身的力气,眼睛泛出恳求的眼神,但身子没有任何表示。陈麦南拿着那人的烟枪,继续和戴沃伦往回走。

"或许明天这个烟鬼就会死掉。这样的人现在太多了。"陈麦南说。

"他们的家人不管吗?"戴沃伦问。

"怎么管? 有的是一家人全都在抽鸦片,有的偷偷背着家人跑出来抽。"

"官府不管?"

"朝廷倒是明文规定禁止鸦片买卖,但广州的官府才不管呢,官员们都靠鸦片挣钱,朝廷的禁令形同废纸,大家都睁一眼闭一眼,天高皇帝远,皇上管不到这里。而且,老百姓抽鸦片,官府哪里能管得住老百姓?"

"刚才那个家伙看上去很可怕,人不人,鬼不鬼的。"

"抽鸦片上瘾的人都会变成这样。喏,这杆烟枪就给你留个纪念吧,算你在中国上的第一堂课。"

"拿了人家的东西不好吧?"戴沃伦似乎不好意思去接受这么一件礼物。

"难道你让他继续抽鸦片吗?"陈麦南反问。

戴沃伦想想也是,就接了那杆烟枪,拿在手上端量了片刻,见做工虽然不豪华,但非常精致,竹子做的,上面还雕了些花纹,烟嘴是铜做的,里面还有些黑黑的烟灰,戴沃伦把烟枪转了个方向,在手上微微敲了敲,把里面的烟灰倒了出来。

他心想,真是滑稽,想不到在中国收到的第一个礼物,竟然是一杆鸦片枪。

旗昌洋行

旗昌洋行在珠江南岸,对着广州新城,那是一栋临街的半中半西的老式三层楼房,楼房显得很旧,一层的双开门开着,可以看到一个门警站在门口,门的外面两边,各坐一个石狮。石狮很小,远处看还以为是两个石堆。大门上用中文大字写着"旗昌洋行"。下面有一行英文小字:Russell & Co.。紧挨着三层楼房的,是两层楼高的仓库,仓库沿街的墙上,有上下两排窗户。

一辆马车来到旗昌洋行大门前停下,戴沃伦和陈麦南从马车上走下来。戴沃伦显然已经打理过自己,理了个短发,络腮胡子也不见了,轮廓鲜明的脸上泛着年轻人的光芒,他穿着西服,手里拿着文明棍,头上戴了顶西洋礼帽。

他们径直向大门走去,门警显然认识陈麦南,看到他弯腰施礼,陈麦南微微欠身作为回礼。走进大门,里面是个不大的厅,正对门的那面墙放着一个四方八仙桌,桌子两边各放一把厚实的太师椅。桌子后面是个案几,上面摆放着一尊关公像,像前有一盘桃子和几根没有点着的香,两边挂着一副对联。乍一看,还以为这是家中国人开的商行。厅的左边有个很大的窗户,窗户上竖着钉了一排木条,把里外隔开,从木条之间往里望去,可以看出那后面是个小屋,可能是个传达室之类的,有个年轻人正坐在窗下,眼睛盯着进来的人。

陈麦南告诉戴沃伦,这个年轻人会带他去见罗素先生,他自己要去办公室上班。陈麦南把戴沃伦交给年轻人后就走了。戴沃伦跟着年轻人上了楼梯,来到二楼,经过几个房间,来到一个大办公室门口。年轻人指了指里面,让戴沃伦自己进去。

"罗素先生就在里面。"年轻人说。

办公室正对门的是一个硕大的写字台,写字台上有盏煤油灯,一个中年男子正在伏案写着什么东西,边上靠墙一侧有一个小书桌,上面摆了一个打字机,楼爱波正在那里打字。戴沃伦一跨进那个办公室的门,楼爱波和那个中年男子就都看见了他,楼爱波立刻站了起来,三步并作两步地迎了过来,圆脸上洋溢着笑容。

"嗨,沃伦,你终于还是来了。这几天怎么过的?"

"是啊,本想一到广州就来这里,但我想还是先休息一下再来,就花了几天时间熟悉了一下这座城市,对广州有个粗略的概念。现在到了该挣钱的时候了。"

戴沃伦非常高兴又见到了楼爱波。

这时,中年男子也走了过来。伸手自我介绍说:"我是塞缪尔·罗素。年轻人,你一定是德拉诺先生。埃比尔说,你们一路从纽约跑到这里来找工作,走了半年多,太不容易了。欢迎来到旗昌洋行。"

罗素高高的个子,差不多和戴沃伦一样高,蓄着两撇八字胡,有点中年发福,肚子微微挺了出来。

"罗素先生,很高兴认识您。叫我沃伦好了。我要感谢您拿出赎金,把我从海盗那里救出来。"

"这是我先帮你垫的,是你自己的钱,你以后挣了钱,可以慢慢还我。"

"当然,我是一定会还您的。"

"年轻人,你也是纽约人吗?"

"事实上我来自波士顿,来中国之前在纽约工作了几年。我想来这里试试运气,找份事做做。"戴沃伦说。

"当然了,这里的机会很多,中国的市场实在太大,现在它的门只稍微开了一点点,就有挣不完的钱。这几年从美国来了不少人,都是来做事的。我也是从波士顿过来的,在这里已经好多年了。"罗素说,"你以前是做什么的?"

"我一直在船上做事,我们家都是水手。"

"你在船上做什么?"

"都是一些杂事,下锚上锚,升帆收帆,清点货物。暴风雨来时,要采取紧急措施,避免翻船;遇到海盗,还要打海盗;碰到海关官员的刁难,还要和官员周旋。"

"听上去比我们的工作难好多,我们这里的工作,只要数数银子就可以了。"罗素半开玩笑地说。

"我就喜欢数银子的活儿。船上的工作,应该没有你们的工作技术含量高,却很辛苦,还有生命危险,所以我想换个事情做,就只能千里迢迢来到中国找机会,也想找个数银子的活儿干干。"

"如果你愿意,你可以到我这里来做事,我这里正好缺人。当然,刚开始一定是比较基本的工作,慢慢熟悉起来。"

"那太好了,我什么都愿意,只要有活儿干。"戴沃伦高兴地说。

"你从管仓储开始吧,就是清点存货,记录出货和进货。走,我先带你去看看我们的仓库。埃比尔,你没有看过,也一起去吧。"罗素说。

他们三人下到一楼,经过一条长长的走道,便来到了仓库。仓库从外面看,像是两层楼房,其实是一层的,里面显得很高。仓库里放着一排排用竹子搭的货架,货架上排列着各种瓷器和茶叶盒。边上架着一把竹梯,便于工人拿取高处的货物。几个工人正在为瓷器和茶叶打包,打完包的瓷器和茶叶就放在靠门这边的货架上,等待运出。戴沃伦和楼爱波跟在罗素后面,罗素边走边给他们讲解。

"你们看,这些茶叶都来自福建,有红茶和绿茶。美国人和欧洲人可能比较喜欢红茶,所以我们仓库里红茶较多。茶叶在美国可以卖很高的价格,利润非常可观。现在大家都往城里去,在工厂做工,生产衣服、钢铁和其他东西,每周七天,每天工作十几个小时,长时间高强度的工作,人非常容易疲劳,所以,人人需要喝茶,让脑子保持清醒状态。而且,还有人说,我们欧美人喜欢吃牛羊肉,吃了牛羊肉,就一定要喝茶,否则就没法消化掉。总之,茶叶每年的消费额非常大,而且一直在增加,增长速度很快。当然最大的茶叶进口国还是英国,每年从中国进口一万五千多吨茶叶。我们美国进口的数量相比还是不多的,但是增长率很高。"罗素介绍起茶叶生意来滔滔不绝。

"茶叶只有在中国有? 其他国家为什么没有生产?"戴沃伦问道。

"中国人喝茶有几千年的历史。以前大部分欧美人没有喝茶的习惯,只有王室贵族们才喝茶,直到工业革命后,大家进城做工,喝茶才成为大多数人的一种习惯。清朝政府禁止把茶叶树种带出中国,所以到现在为止,还没有其他国家种植茶树。"

"难道没有人试过把树种偷带出境？谁要是把茶叶树种偷偷地带出去，在中国境外大面积种植，谁一定可以挣大钱。"戴沃伦问。

罗素看了一眼戴沃伦，心想："这小伙子脑子蛮灵活的，我怎么从来没有想到过这个呢？"

"我不知道为什么没有人这么做，我估计，肯定有人试过，不过到现在为止，还没有人能成功地把树种带出中国吧。"罗素回答。

罗素说的没错。当时的中国几乎垄断了世界所有的茶叶，清政府严格控制茶叶树种的出口，只是到了十几年之后，清朝政府在鸦片战争中被打败，政府的控制力被大幅度地削弱，一个叫罗伯特·福群（Robert Fortune）的英国植物学家把两万株茶叶树种，从中国偷运到了印度的大吉岭，从此开启了印度大吉岭茶叶的时代，茶树也从印度流向其他国家。中国茶叶的垄断地位从此被打破，其价格在国际上一降再降，茶叶步入普通商品之列。

"你们看，这里摆放的是瓷器，那些瓷器最终都会摆上新英格兰有钱人家的餐桌上，那些波士顿的显贵家族，都以摆放最新的中国瓷器作为骄傲，大家都比谁家的瓷器更漂亮。"罗素领着戴沃伦和楼爱波转到摆放瓷器的架子前，拿起一个瓷盘，在戴沃伦面前晃了几下。

"你看，这瓷器多漂亮，这么细腻，这么精致，除了中国，其他国家是做不出来的。"

"是，真漂亮。"戴沃伦说道，"除了旗昌洋行，还有哪些公司做茶叶和瓷器的贸易生意？"

"许多波士顿和纽约的有钱家族，都在做中美之间的贸易，像库兴家族、帕金斯家族、卡博特家族等。你可能知道，卡博特家族是哈佛大学的大金主。当然我们旗昌洋行在美中贸易的公司里是最大的。不过，和老大比，我们就小了。"

"老大是谁？"戴沃伦问。

"英国的东印度公司，我们只是它的一个零头。东印度公司控制了中国同欧洲的所有贸易。它的一举一动，都会影响我们的运作，它几乎控制了茶叶和瓷器的价格，也会影响到世界的银价。"罗素回答。

"为什么会这样呢？"戴沃伦好奇地问。

"同我们美国人一样，欧洲人从中国买很多瓷器和茶叶，但是中国人几乎不从欧洲进口什么，他们看不起欧洲的东西，所以英国的贸易逆差特别大。中国人采用的是银本位制度，只收银子，为了从中国买那么多的东西，英国人必须用

金子去购买银子,银矿主要在秘鲁和墨西哥,全球的三分之一新挖出来的银子,被英国人买走,用来买中国人的东西。这使得银子越来越贵,我们从中国买瓷器和茶叶的成本也就更贵了。"

"中国人为什么不从欧洲和美国买东西?我从纽约来的时候,看到船上装了很多货物,还有地里挖出来的人参,都是卖给中国的。"戴沃伦说。

"这些东西都很便宜,还是不够用来换瓷器和茶叶的。事实上,欧洲和美国还是有不少好东西的,但中国人好像还不太了解,他们觉得我们的东西不适合这里的消费习惯,所以他们从欧洲和美国进口的量并不多。"罗素说。

"可以卖鸦片呀。我听说东印度公司已经在偷卖鸦片给中国人。"楼爱波插嘴道。

"是啊,我这几天看到许多抽鸦片的人,晚上的时候,还看到有许多抽鸦片抽死了的人。我被海盗劫持后,他们喂过我鸦片吃。鸦片是从哪里来的?"戴沃伦问。

"鸦片来自罂粟果。罂粟开花以后,会结一个小圆球样的果子,把果子划开一个口子,就会流出一种白色液体,见风之后液体会变色,干了就是鸦片。自古以来人们用它作为麻醉剂,古代埃及人就有使用鸦片的记载。"罗素好像很懂鸦片。戴沃伦停下脚步看着他。

罗素继续说道:"鸦片很容易让人上瘾,一旦上瘾,就只能一直买了。英国人似乎找到了一样绝好的东西,中国人很喜欢。英国人希望用鸦片来改变他们的贸易不平衡。"

"那我们也搞点鸦片卖给中国人好了,既然英国人可以卖鸦片挣钱,我们也可以。"戴沃伦觉得卖鸦片是个不错的主意。

"这个嘛,不太容易,鸦片主要的种植地在印度北面和阿富汗地区。东印度公司控制了整个印度和阿富汗,垄断了鸦片的贸易,它有自己的分销渠道,渣甸洋行是它最大的分销商。我们想卖鸦片就只能从渣甸洋行买来,这样的利润就不高了。再说了,卖鸦片在中国是非法的,走私鸦片是要被砍头的死罪,这利润不高的买卖,谁会去做啊?所以,如果没有直接来自产地的鸦片,还不如不做。"罗素说道。

这几个人正聊着,陈麦南走了进来,说海关的人来检查,还没等他说完,一个清政府官员模样的人,就大模大样径直走进了仓库,他一直走到罗素的跟前。罗素一见那人,立刻堆满了笑容,弯腰作揖行中国礼:"王大人安好,敢问光临旗昌洋行有何贵干?"

那官员穿着松垮的官服,依然无法盖住挺起的肚子,官帽底下一张肥脸上留着八字胡,几根稀疏的山羊胡挂在下巴下面,满脸的傲慢神态。他应该只有三十岁出头,但那模样看起来,显得比他的实际年龄要老。他一边朝货架上张望,一边说:"海关的例行检查。我们要保证所有物品必须符合大清国规定的标识。你看你看,这包茶叶,'产地武夷山'这几个字那么小,谁看得清? 罗素先生,你觉得呢?"

"王大人可能不记得了,十天前大人已经来检查过了。上次说我们这里都符合规定的。"罗素说。

那官员瞪了一眼罗素,反问道:"罗素先生,检查过,就不能再来检查了吗?字写得大一点也是对喝茶的人的一种负责,我们国家规定,产地一定要标注清晰。你说对吗?"

"是的是的,当然对的。"罗素连忙附和着说。

那官员一边慢慢踱着方步,一边东看看西看看,说这不符合规定,那缺了什么。罗素他们跟在后边。在一个拐角处,戴沃伦看到罗素掏出几个银圆塞到那官员手上。王大人没有说什么,接住银圆顺手就塞进了口袋。王大人掏出一张纸,交给罗素说:"把刚才我讲的那些给改正了,我过几天再来看看。"

罗素忙赔着笑,说道:"一定,一定。"

罗素陪着王大人,一直把他送出了仓库。戴沃伦看着刚才发生的这一幕,觉得很有意思,他问陈麦南:"麦克,王大人是个什么级别的官?"

"小官。广东海关副主事,从七品吧,清朝官衔分九品,从七品比正七品低半级,是小得不能再小的官。"陈麦南回答。

"小官就有那么大权力,那大官就更别说了。"戴沃伦说。

"清朝的官员收入都很低。他们也是人,也要养家糊口,大家也都靠山吃山,靠海吃海。"陈麦南说,"海关是个新开的衙门,朝廷并不重视,主事官阶不高,虽然官阶不高,却是个肥缺,尤其是在广州。那么多货物进出关口,都要经过海关之手,我看这个小官比你我都更有钱多了。"

"他叫什么?"戴沃伦问。

"王发丹。不知道他爹怎么给他起了这个名字。叫起来像王八蛋。"陈麦南说。

"什么?"戴沃伦不明白。

"骂人的话,你们老外不懂的。简单讲,就像你们常说的婊子养的。"

"哦,王八蛋,王八蛋。"戴沃伦学上了,嘴里不停地在念。

这时,罗素送完王大人回来,门一关上,罗素就骂上了:"去他娘的,官不大,就知道挑刺捞钱。"

他对着戴沃伦和楼爱波说："记住，在这里，你们要随身带点银圆，有时候用银圆打点官员还蛮管用的。不要吝惜这些银圆，花点小钱，有时候会带来意想不到的回报。"

学　徒

戴沃伦开始了在旗昌洋行管理库存的工作。这份工作对戴沃伦来说，其实是太简单了，几天的工夫，他就对整个工作流程了如指掌，一天的活儿，一两个时辰就可以干完。剩下的时间，他就去找楼爱波或者陈麦南聊天。时间过得很快，戴沃伦在旗昌洋行工作一晃就快一年了。在这一年里，戴沃伦的中文变得非常流利，时不时还能讲几句成语或者俚语。

王发丹还是经常过来检查仓库，他的老婆要在老家置地，缺钱，他就隔三岔五地往戴沃伦这边跑，当然检查只是个借口而已，把旗昌洋行当成取款机才是真正的目的。一来二去，戴沃伦和王发丹成了谈话投机的朋友。每次王发丹过来，戴沃伦二话不说，先送上一小包银圆，再泡上一壶上好的茶，两人边喝茶边天南海北地聊天，检查的事，王发丹就走过场算了。在王发丹眼里，戴沃伦是个懂中国人情世故的人，讲的话，做的事，让他感觉非常舒服，一切都做得如此自然，这是个非常融入中国社会的美国人。当然，王发丹也投之以桃，报之以李，对旗昌洋行没少给好处，每次旗昌洋行有货过海关，偷税漏税的事，短斤缺两的事，都是在王发丹指点下做的。戴沃伦也觉得，有这样的海关官员做朋友，许多事情变得非常简单。

这天，王发丹又来了，陈麦南一起跟了进来。

"王大人，好久没来了。您有好几天没来了吧？我们这儿都挺想您的。"戴沃伦迎了上去，右手伸出，顺便把一小包银圆塞到王发丹手里。送银圆的人动作迅速，接银圆的人接得也非常自然。

"泡茶，泡茶。最近有新来的武夷山茶，在纽约卖很高的价钱。您看，您不来，我们好茶叶都没得喝，您来了，我们才能跟着喝上两口，所以，王大人，您应该多来这里视察。王大人每次来我这里，我就特别高兴。"

"好茶啊。"

王发丹坐下喝了口茶。他把一小包银圆放进了口袋，用手拍了两下，似乎要确定银圆已经放在了口袋里。

"王大人老家的房子建得怎样啦?"

"我老婆来信说快建完了,等建完了,你一定要去我老家房子住住,体验一下我老家的生活。那里还是非常不错的,山清水秀,鱼米之乡,很漂亮。"

"王大人是哪里人?"

"浙江湖州,离广州很远。那里盛产丝绸和茶叶。我们那里的茶叶不比福建的茶叶差,只是那里交通不便,很难运到广州。"

"以后有机会一定去您老家看看。"

"你说话算数啊。"

"是,一定。房子是个大工程,好像已经建了很长时间,总算快建好了,也算是完成一大心事。"戴沃伦说。

"不过,我还想为老家建一所学校,唉,要做的事情太多了。"

"哦,为什么呢?"戴沃伦心想,还想要钱呢。

"老家穷,私塾少,许多孩子都没机会读书。我有幸读了书,中了举才从乡下走了出来当官。我现在做了官,和乡邻们比,算是有钱的了,但也想回馈乡邻,让我老家的孩子们能有读书的机会,以后也能像我那样,中举做官,到外面的世界来看看。"

"王大人有这个想法,实在值得赞赏。捐校助学,我戴沃伦绝对支持。"

王发丹当然明白戴沃伦这个表态的意思,面露喜色,但笑容转眼即逝,眉头紧锁,一副凝重的表情。

"最近我们那里正好有点事,以后可能无法来得那么勤了。"

"这是为什么? 我这里绝对欢迎王大人经常来坐坐。"

"我们海关主事调走了,上面把他调到京城里去做事。"

"好事啊! 这不,您就可以当主事了呀。"戴沃伦说,"您要是当了主事,我们在您的照顾下,生意就可以做得更好啦。"

"我也以为主事的位置一定是我的,但是上面又派了个副主事,是正七品的官,比我高半阶,从厦门过来的,现在让他代理主事,压着我,明摆着是要让他转正当主事啊。有他在,这主事的位子就轮不到我。"王发丹有点唉声叹气的样子。

"就是那个李大人,是不是?"戴沃伦问。

"是。你怎么知道?"

"他几天前来过这里一次,是来检查的,还很认真呢。说我们漏交了不少税,让我们补,不补还要封掉我们公司。我要跟他说理都没用,好像是个不通情

理的人,不太好打交道。"

戴沃伦心里确实有点担心,这个李大人来了之后,改变了许多规矩,他试图塞银子给李大人,却被李大人挡了回来,这让戴沃伦有点摸不着头脑,他一直以为,清朝的官员都可以用银子买通,现在碰到了一个不要银子的官员,他一下子不知道如何同李大人打交道。要是李大人当了主事,以后旗昌洋行或许会有很多麻烦事。

"李大人来了之后,就把一个孩子提到副主事的位子,和我平级,把我夹在中间,显然是要给我小鞋穿,和我过不去。"

"孩子?"戴沃伦不明白。

"就是年龄比较小,乳臭未干,不知道天高地厚,升了副主事后,就开始趾高气扬,自以为是,处处和我对着干。等以后有机会了,看我收拾他。"王发丹愤愤地说。

"那新提拔的副主事叫什么名字?"

"许远,广东本地人。"

"李大人从外地调来,可能也想用本地的人作依靠吧。"戴沃伦说。

"这个李大人确实很一本正经。他一来就到处找事,既要查海关的账,又要制订规则。按照他制订的规则,以后出勤检查必须记录在案,而且同一个地方必须由不同的人轮流检查。所以,我以后也无法经常过来了。我看,李大人就是想找我的茬,把我挤走,这样好由他完全控制海关。"

很显然,王发丹对这个挡了他财路的李大人特别不爽。

"那王大人是不是可以和上面做做工作,想办法把李大人给调到别的地方去?李大人调走了,您不就可以理所当然地当主事啦?"

戴沃伦试图帮王发丹想主意,当然,他也希望是这个结果,要是王发丹当了主事,他们之间的默契,可以为旗昌洋行省不少麻烦。

"不行啊,不是那么简单的。李大人上面肯定有人,否则也不会这样从福建调到这里。戴先生你不懂,在我们中国,如果朝廷里有靠山,我要想扳倒他,比搬一座山都难,想都别想,弄不好,会把自己小命给赔进去的。"王发丹有点沮丧,"对了,你倒是可以想想,要是有什么办法让李大人调走,我一定感谢你,也许你认识朝廷里更大的官。"

"我有什么办法?你们朝廷里,我又不认识什么人。不过,我想想办法吧。"戴沃伦其实也没有什么好办法,但也只能这样敷衍着。

王发丹告辞了。仓库里就留下戴沃伦和陈麦南两人。

戴沃伦:"麦克,你有什么办法?李大人是不拿钱的人,上次来,我给他银圆,被他挡了回来,还骂了我。李大人不是好惹的主,要是他认真起来,我们这些年逃税漏税的事被他查到,不但旗昌洋行要倒大霉,而且我也要倒大霉。我们得想办法把李大人搞掉。"

陈麦南沉思了一会儿,说:"还有不爱钱的人? 人无非三种,爱钱,爱色,爱权。爱钱爱色的人,我都不怕,就怕他图的是权,想升官。图权的官最难弄,这种官最难对付,都自以为是,以为自己在做什么伟大的事业,我最怕的就是这种官。不过,李大人年龄一大把了,还只做这么小的官,再怎么升官恐怕也升不到哪里去,图的什么权? 我想,他既然不贪钱,又不大可能图权,那他一定贪色。"

"为什么呢?"戴沃伦问。

"我猜的,你想,他从厦门调这儿,一定要等转成主事后,才会把家眷弄过来,广州是个花花世界,他一个男人在这里,一定寂寞难耐,看见女人都偷偷流着口水,一定想女人想疯了。"陈麦南猜测说。

"既然这样,那我们想个办法搞定李大人吧。"戴沃伦说。

海关检查可能还真有新的规矩,自那以后,王发丹一直没有再来。等到下一次检查,来的是李大人。

李大人干瘦的样子,像个师爷,腰杆直挺,一撮山羊胡子,满脸严肃。陈麦南领着他进了旗昌洋行的仓库。像往常一样,戴沃伦陪着李大人在仓库中慢慢地转来转去,李大人踱着方步,手上拿着一支笔,在一个本子上记录着,时不时点出需要更正的东西。戴沃伦和陈麦南跟在他身后附和着,一副毕恭毕敬的样子。

"我上次让你们准备的账目,准备好了吗?"李大人问道。

"还没有呢,我们老板罗素先生正好出差,不在公司。"戴沃伦回答道,他心想,"我怎么能让你看账目,一看不就看出问题来了,要是让我们补交税金,旗昌洋行还真拿不出那么多现银,洋行破产都说不定。"

"怎么还没有准备好? 上次来检查是好几个月前的事情,你们在中国做事,必须遵守中国的法律规则,让你们把账目准备好,你们就得准备好。你们不按中国的法律法规做事,我今天就可以把你们公司给封了。"李大人对着戴沃伦厉声呵斥。

"李大人,是这样的,账目已经准备好了,但在我们老板罗素先生那里锁着,罗素先生出差前忘了把账目拿出来,我们谁都没有开锁的钥匙。您下次过来,提前告诉一声,我们一定准备好。您就看在我们是外国人的份儿上,对中国情况不甚了解,原谅我们这次吧。"戴沃伦恳求道。

"好吧,下不为例。下次来要是还没有,我就把你们公司给封掉。"

"对对,下不为例。"戴沃伦附和着说。

走到拐角处,李大人忽然停住了脚步。他注意到,在角落里,坐了一个正低头看书的年轻女人,小鼻子小眼,生得非常秀气精致。身材小巧丰润,一对饱满的乳房顶着薄薄的裙子,玲珑有致。她注意到有人过来,连忙站了起来施礼,双眼和李大人对视片刻,赶紧垂了下去。李大人两眼直勾勾地盯着那女人,上下打量。陈麦南在边上看在眼里,连忙解释:

"大人,这是红月,我老家的人,一个远房亲戚,老公在广州做事,老家已经没有人了,她就出来投奔老公,哪知道刚来城里,老公就死了,一点钱都没有,连住的地方都没有。可怜啊,毕竟是老家亲戚,我就让她暂时住在这仓库里。冒犯大人,失礼,失礼。"

"哪里哪里,没有冒犯一说。大家都是天涯沦落人嘛。"

李大人的态度一下子变得柔和起来,脸上难得有点笑容,看着这个名叫红月的女人站在那里羞羞地低着头,鼓鼓的胸部一起一伏。

"大人那里如果有需要,可以让红月去您那儿,帮您端茶倒水、买菜做饭。红月很勤快的,也很能干,她老住在这边仓库里也不是个事,去您那里,正好可以有个住的地方,还能挣点钱,暂时过渡一下。您也算是帮人个忙。"戴沃伦建议说。

"大人,这是做善事,积德的。如果不嫌弃,大人可以纳她为妾。女人总要有男人的。像她那样,年纪轻轻就死了老公的,无依无靠,回老家去,还有谁会要她?能做大人的妾室,也是她的福分。"陈麦南在边上帮衬。

"纳妾之事必须同我老婆商量后才行。"李大人非常心动,嘴里又不想就这样答应下来,毕竟在别人面前,他一直像个一本正经的人,"做事的人嘛,总是需要的。这事容我再考虑吧。"

这时,红月抬起头来,水灵灵的眼直直地看着李大人,看得李大人的心一阵慌乱,连忙转过头走了过去。

戴沃伦和陈麦南把李大人送出了旗昌洋行。刚走出不远,李大人又折了回来,对两人说:"如果红月真需要做事,我可以帮忙。我来广州尚缺个人买菜做饭,来我这里,确实可以给我帮点忙,我那里也可以帮她解决吃住。"

"好的,李大人这么帮人于危难之中,实在是菩萨心肠,这大恩大德,红月和我,都感激不尽。过几天我就送红月过去。"陈麦南说。

看着李大人的马车远去,戴沃伦问陈麦南:"麦克,你这是从哪儿领来的人?"

"就是我经常去的那个窑子。跟她说可以去给大官当妾,她巴不得呢,这可能是姑娘们最好的出路。"

李大人租了一套带小院的房子,他计划等转成主事后,才把家人从厦门接来,目前就他一人居住,院子显得有点空旷。他没有雇人帮他打理这里,一个人很简单,一日三餐都在外面吃,回家就是睡个觉而已。

李大人是个工作狂,工作起来很认真,一天的班,东奔西跑地去检查各个进出口商行,给手下布置任务,每天事情一大堆。他每天总是第一个到,最后一个离开办公室,反正回家就他一个人,下班是他最不期待的事。

今天跟往常一样,上了一天的班,他最后一个离开办公室。回到家,天已经黑了,现在他最想做的事,就是把这一身讨厌的官服先脱下来,换上舒适的便装。他推开卧室房门,刚捻亮煤油灯,就被吓了一大跳。只见红月亭亭地站在卧室的床边上。

"你怎么在这里?"李大人惊讶地问。他的心脏在胸腔里扑扑地跳得飞快。

"大人受惊了,红月冒昧,大人上次说过,需要有人帮忙做事,我自作主张来见大人,久等大人不到,见房门没上锁,就自己进来等大人,有所冒犯。红月乡下女子,不懂城里的规矩,还望大人恕罪,原谅红月年轻不懂事。"

红月微微欠了下身子,紧身的薄裙包着她大大的乳房,就像马上要绷开了一样,她气喘着,胸部起起伏伏,似乎等着她的薄裙一裂开,就会立刻冲出来。

煤油灯忽暗忽明,照着房间里的一对男女。床铺、女人,还有墙上的两个身影,让房间显得异常暧昧,有一种爆发前的安静。李大人咽了口唾沫,浑身发热,像发了烧一样。

"何罪……罪之有……那……那……"李大人不知道该说什么,有点语无伦次,显得有点尴尬,不知道下一步该做什么。

"大人,我在这里无亲无故,您能收留我,红月一辈子感恩不尽。为您端水倒茶,接尿倒屎,任何事情,只要能让大人高兴,红月一定不辞。"说着,红月扭动着小细腰,屁股一左一右晃动着朝李大人就挪了过去。

李大人的血都冲到了头皮上,浑身发烫,心跳得如此之快,以至于他觉得脑袋晕晕的,红月都说到这个程度,已经不能再明显了。他也顾不得想那么多,这么个美人胚子在眼前,又没有别人在场,完全没必要顾忌正人君子的形象。他转过身,迅速关了房门,上了门闩,两步跑过去,一把抱住红月,把脸贴在她的脸上乱蹭。红月也主动得很,一点也不怯场,双臂钩住李大人的脖子,身子直往李大人身上钻,两人站在那里,疯狂地在对方脸上乱啃。李大人一边亲着红月,一

边脱了个精光,也把红月的裙子给扯了,然后一把抱起红月放到床上,嘴里不停地叫着"宝贝、宝贝"。

两人做完事后,李大人平躺在那里觉得满身的放松,一阵困意袭来,想睡觉了。红月却一把抱住李大人,身子往李大人的怀里拱。

"大人纳我为妾吧? 能攀上大人,我这辈子给您做牛做马都愿意。"

李大人全身酥酥的,转头看了一眼边上娇柔的美人,说:"一定,宝贝。等我家人来了,就办。"

红月光着身子一骨碌坐了起来,一个翻身骑到了李大人身上,俯身趴在李大人上面对他的脸又是一阵乱亲。

李大人打起了呼噜。

李大人从此再也不是最后一个离开办公室的人了,他每天归心似箭,一旦事情处理完毕,他就早早地赶回他的温暖窝,那里有红月的身子在等着他,李大人这颗逐渐变老的心,自从有了红月之后,也变得年轻起来。

这天,李大人踏着轻快的步伐,哼着小曲儿,匆匆地回到家里,还没推开卧室房门,便叫喊上了:"宝贝,我回来了! 你想我了吗?"

一进屋看见红月已经躺在床上,被子完全盖住身体,没有应他。煤油灯把李大人长长的身影投射到了床上。

"哎呀,我的宝贝,你天天在床上等我,这样下去,我这把身子骨哪里还受得了啊?"李大人一手去掩门,一手开始扯他那身官服,急匆匆地爬上了床。

"宝贝,我来了。"

说话间李大人钻进了被窝,感觉到里面湿湿黏黏的。

"宝贝,你那么想我啊,想得把床单都搞湿了。"

见红月还是没有反应,李大人心下觉得有点蹊跷,寻思怎么这次红月睡得这么沉,当他一贴上红月的身体,马上意识到了不对劲,连忙一手把被子撂翻在地,就看见红月瞪大着双眼、光着身子仰卧在那,脖颈间、手臂上满是瘀痕,从她下体流出的血染红了身下的床单,已然没了气息。

李大人惊恐万状,翻身便滚下了床。靠在桌边浑身直打哆嗦,满脸煞白,嘴唇发紫,呆呆地看着血泊中红月雪白的身子。

"李大人,您玩得太过火了吧?"一个声音幽幽地从后面飘了过来。

李大人一听,吓得半死,心提到了嗓子口,以为有鬼来了,赶忙站了起来想逃,但是没有逃的出路。转身一看,不知什么时候卧室房门已经被推开,戴沃伦和陈麦南就站在门框底下。光线从他们身后投过来,使得两人的脸被罩在暗影下,尤其显得阴森。

"你们,你们……我……我……你……"李大人语无伦次,也顾不得裸着身子站在那里,嘴打着架似的挤出了几个字,"死了,杀的?"

"李大人不要诬陷。没想到,李大人玩性很大,还有这个嗜好,不幸的是,李大人玩房中术玩得过了头,把人家红月给弄死了。可怜的红月,那可是我的老家亲戚啊,我怎么回去和老家的人说呢?"陈麦南悲痛万分的样子,眼泪似乎就要掉了下来,"您看,您满手是血,而且人是死在您的屋里,您的床上。您恐怕是跳进黄河也洗不清了。我们要是拿您去告官,李大人,这次要身败名裂啊。"

"这,这……"李大人全身瘫了下来,一屁股坐在了床沿边。他低着头,看着他两腿间那根软塌塌垂在那里的东西,满是怨恨,心想都是它惹的祸,恨不得把它给割了。

"有一个办法可救大人。"戴沃伦说。

李大人抬起头,眼中闪过一丝看到希望的眼神,用哀求的口吻问道:"什……什么? 戴先生可救我?"

"大人立刻穿好衣服,马上坐船去南洋。"戴沃伦说。

"这……"李大人犹豫着。

"放心吧,你的家人也会坐船到南洋同你会合。我们的人会安排的。绝对保证朝廷找不到你,你在南洋和家人一定生活无忧。"戴沃伦好像猜对了李大人的心思。

李大人稍微让心情平静了一下,稍做思量,觉得这是他目前唯一可选的最佳方案。他找了块布,把手上的血擦干净,穿上便装,简单收拾了下行李,跟着戴沃伦和陈麦南就匆匆出了门。他知道,这次下南洋,是不会再回来了的。

王发丹又来旗昌洋行找戴沃伦,他已经很久没有来了,今天他心情特别爽,走起路来有点轻飘飘的感觉,他有好消息急着要告诉戴沃伦。

"沃伦,我马上要升主事了。现在上面让我做代主事,把'代'字去掉是迟早的事。"王发丹高兴得不知道如何形容。

"恭喜,恭喜。这是一个祝贺高升的小红包。"戴沃伦将一小包银圆塞到王发丹手里。他本来和楼爱波在仓库里聊天,看到王发丹和陈麦南进来,就知道是怎么回事。

"也真是意外,我本来觉得没有希望了,以为这一等又不知道是猴年马月,可好事有时候来得就这么突然,就这么快,挡都挡不住。"王发丹把银圆塞进口袋,又摸了摸,似乎在确认银圆没有消失掉。

"王大人在海关履历丰富,资格最老,在广州的洋行,谁不知道您王大人,大家只认您一个人,主事的位置,当然非您莫属。那……李大人去哪里了?"楼爱波问。

"你们不知道吗?李大人逃到南洋去了。他畏罪弃官潜逃,不光他自己跑了,而且还让全家跟着一起逃到了南洋。这家伙,我本来就觉得不是个好东西,不知道上面是谁把他派来这里的,真是长了狗眼,这下好,被狠狠地打了脸。"

"下南洋?犯了什么罪?"戴沃伦明知故问。

"他偷偷纳了个小妾,但没想到他平时道貌岸然、一本正经,竟有那种变态的癖好,不小心把小妾给玩死了。李大人害怕,举家逃往南洋。这是发给上面的报告里写的。官府已经发通知给南洋国家,让他们一起缉拿李大人归案,但南洋那么大,谁也不知道李大人躲在南洋什么地方,哪里去找?我看这事也就不了了之。"

"哦,是这样啊。"戴沃伦说,"那以后王大人可是要经常过来坐坐。你看,这是天意,你上次过来的时候,还说无法当上主事。旗昌洋行可是个福地啊,你上次一来,就当上了主事。你经常来,说不定以后升个更高的官当当。"

王发丹想着以后可以经常过来捞钱,心里高兴,嘴里却说:"能当上主事已经挺好的了,升官的事,可遇不可求,我平常心。经常过来这里看看老朋友,倒是最主要的。"

王发丹吹着口哨跟着陈麦南走了。出了旗昌洋行的大门,陈麦南问王发丹:"王大人,您有没有想过李大人的小妾是从哪里来的?"

陈麦南这样问了,王发丹自然隐约猜到点什么:"没有想过。是你们安排的?"

陈麦南笑了笑,没有回答。他继续问道:"李大人哪里有那么大能耐,跑到南洋让官府找不到?戴沃伦先生安排的,戴先生花了许多银子给郑一嫂,让人把李大人全家运去南洋,把他们安排妥当。"

"郑一嫂,就是那个女海盗?"

"对的。"

"戴先生怎么会认识女海盗?"王发丹不解地问。

"当然。戴先生和郑一嫂很熟,您别看戴先生是一个外国人,人家在中国的人脉非常广,白道的和黑道的,都有很好的关系。这些事情,王大人您自己心里有数就是了。现在海关里,王大人最大,以后旗昌洋行的许多事,还得仰仗王大人的大力支持。"

王发丹和陈麦南刚一走,罗素就进来了。他对楼爱波和戴沃伦说:"两周后伍浩官伍先生请客,他的第五房太太生日,你们俩要是有空,就跟我一起去见见世面,开个眼界。"

戴沃伦问:"有五个老婆啊? 这位伍先生是何许人?"

罗素说:"五个老婆,这在中国有钱人当中,并不稀奇,人家伍先生毕竟是首富啊!我不是说中国首富,而是世界的首富,这世界上,没有人比他更有钱。他是十三行之首怡和行的老板,富可敌国。我们一起去见识一下吧。"

伍浩官

伍府就在广州新城的江边上,那是一个占地几百亩的院子,四周全部由两人多高的围墙围着,在灰白色的围墙外,沿墙种着垂柳。从江对岸看过来,是层层叠叠高出围墙的楼台亭阁,金色的琉璃瓦屋顶,配着高耸入天的墨绿色竹林和灰白色的围墙,颇显朴素典雅,带有几分禅意。伍府有好几个大门,但朝南的正门却开在江边,要从正门进伍府必须坐船才能达到。

伍浩官的原名叫伍秉鉴,浩官是他的商名。那个年代的人做生意都会起个商名,用于商家之间称谓所用。伍家祖籍在福建,明末清初来到了广州。伍浩官接手之前家族并不发达,小本生意而已,直到他父亲一代生意才做得稍有起色,人也越雇越多,不过父亲觉得做生意太劳累,就早早把家族生意交给了他。伍浩官脑子特别灵活,善于察言观色,在官宦商贾之间行走游刃有余,而且做事讲诚信,答应的事情决不反悔,也从来不斤斤计较,有些时候还宁愿自己吃亏,他的生意因此做得越发红火。

广州作为清政府指定的唯一和外国通商的口岸,只有十三家商行拥有和外国通商的牌照,俗称"十三行",而伍浩官的怡和行则是十三行之首,主要经营茶叶和瓷器的生意。英国东印度公司每年从中国购买大量茶叶和瓷器,怡和行所占份额就高达五分之一。

怡和行在福建、安徽和江西都有自己的茶园,在江西还有好几处瓷窑。洋人不喜欢绿茶,认为中国最好的茶叶是产自福建武夷山的红茶,怡和行在福建的茶园就在武夷山。怡和行的茶叶是行业内最有口碑的,只要贴上怡和行的牌子,就能卖出最高的价格。清政府一年的财政收入大约是四千万两银子,而伍

浩官的身家应有二千万两,因此说伍浩官家族富可敌国毫不夸张。和怡和行来往的商户中,虽然英国人的东印度公司是伍浩官最大的客户,但他更喜欢同美国人做生意。美国人灵活、爽快、出价高,而且付款迅速,从不拖欠。伍浩官和许多美国商人从做生意开始,最后变成了私人朋友。曾经有一个从波士顿来的美国人,因为资金链断裂,欠了七万两银子的货款,被清朝官府关进了大牢。伍浩官知道后,二话不说帮他付了货款,保释他出狱回国。后来这个美国人挣了钱,还专门跑回广州,连本带息把钱还给了伍浩官。

傍晚时分,马车把戴沃伦、楼爱波和罗素带到了江边,三人坐上小小的摆渡船,船夫摇着船桨就朝伍府的大门进发。一路上好多小船,都是送客人去参加伍浩官的宴会的。待快靠岸了,戴沃伦看到庄园的门大开着,门上横匾写着大大的"伍府"二字,大门外两边各有一个巨大的石狮,比旗昌洋行门口的石狮气派多了。一条宽大的石阶路从水面由下往上连着大门。客人们正陆陆续续沿着石阶往大门走。戴沃伦他们从船上下到石阶上,跟在人群后面。一个矮小的年轻人站在大门口迎接客人,他穿着绸缎长袍,头戴一顶瓜皮帽,脑后拖着根细小的辫子,脸显得瘦小,皮肤非常平整光滑,看得出是富人家出来的,没受过什么苦。每当客人递上请柬,他就作揖行礼。罗素来到门口和年轻人相互施礼,年轻人和罗素有说有笑,看来很熟悉的样子。

罗素转身对戴沃伦和楼爱波说:"这位是伍绍荣,浩官先生的二公子。"罗素然后把戴沃伦和楼爱波介绍给伍绍荣:"你们年龄都差不多,以后可以经常联系。"

戴沃伦和楼爱波学着罗素的样子对伍绍荣行礼。

进大门之后,是一个很大的园子,两边有假山和鱼池,中间一条石板铺成的宽阔道路通向宽敞的大堂。远远望去,可以看见大堂中间站着一个矮小的老人,他就是伍浩官。人们站在大堂外面等候进去向他问候,有中国人,也有西方人。戴沃伦他们就跟着人群慢慢往前移动。等到走近了,戴沃伦看到伍浩官穿着一身官服,尖瘦的脸,光光的前额,眼睛深凹,鼻子挺拔,两撇八字胡从两侧一直垂过嘴角,从正面看有点像西方人,只是当他晃动头的时候,可以看到,他脑后还拖着根细小的辫子。

轮到戴沃伦他们时,伍浩官和罗素先相互施礼问候,然后罗素让随从给伍浩官递上一件小礼品,并向伍浩官介绍戴沃伦和楼爱波。戴沃伦和楼爱波随即向伍浩官作揖。

伍浩官微微欠身,问:"你们看来很年轻,二十出头?"

"是的,伍先生。"戴沃伦回答。

"到广州多久了?"伍浩官继续问道。

"我们来广州一年了。以前一直忙着工作,没有机会来拜访。"

"哦,看来跟我二儿子绍荣差不多大。来,我给你们介绍一位差不多年龄的,也是从美国来的年轻人。"伍浩官指着边上一个西方人,"这位是约翰·福布斯。福布斯先生来自美国新英格兰的波士顿。我英文不好,他是我的特别助手,跟洋人打交道,我全靠他。你们有什么事想找我,就找他好了。"

戴沃伦刚和福布斯握了手,就听见人群中一阵喧闹,两人从老远抬着一个大型的玉雕来到伍浩官跟前,他们把玉雕放在地上,玉雕足有半人那么高,雕的是一个中国美女和一只兔子。伍浩官看了看那玉雕,抬头看到后面跟过来的人,说:"查尔斯,你礼重了。"

"浩官先生,对我们东印度公司来说,这不算什么,尊夫人生日是大事情,这点是小意思,听说尊夫人属兔,玉雕上有兔。你们中国人说,兔子是好运、财运、福运三运相合,对吗?"查尔斯说着一口流利的中文,他看了看罗素给的小礼品,轻慢地说,"哦,罗素先生,好久不见。"

查尔斯看上去比罗素年轻,微胖,戴着绅士礼帽,拄着文明棍,留着胡须,一口很浓的伦敦口音,一条腿有点瘸,据说是当年在印度打仗时,被印度人砍的。

伍浩官手指着边上,对查尔斯说:"这两位是戴沃伦先生和楼爱波先生,也是在旗昌洋行做事,从纽约过来的。"

戴沃伦把手伸了出去,查尔斯却看都没看他一眼,侧过身去,对着走过来的伍绍荣,一脸不屑地说:

"绍荣,我买的那批货,怎么还没到?欧洲的店家都在等着。明天要是还没到,我要加倍收你罚款的。"

戴沃伦很尴尬,把手缩了回去。

"但是,你上次的货款还没有付啊。"伍绍荣说。

"货款没付你就不发货吗?你觉得,我们东印度公司会赖你的账吗?你要明白,我们是你最大的客户,没有我们,你根本没法把茶叶卖到英国去。"查尔斯真想对着伍绍荣破口大骂,一看到伍浩官在边上,就把满腔的火气压了下去。查尔斯看不起伍绍荣,他觉得这个富家子弟只是个花花公子而已,根本不知道如何做生意,年纪轻轻就执掌这么大家业,完全是因为他老爹的缘故。他一直认为,伍浩官把怡和行的大权交给伍绍荣是个大错误,伍家的产业,早晚会败在他的手上。

伍浩官意识到场面很尴尬,大家都有点不自在,就打着圆场:"今天是宴会,是庆生会,是喜事,大家一起轻松轻松,不谈生意。生意的事,明天再说吧。宴

会马上就要开始了,你们可以先进去。"

从伍府的大堂到宴会厅需要穿过一条长廊,长廊的两边是种着各种奇草异花的花园,长廊的上边沿廊顶两侧雕着各种图案,雕的都是些飞鸟走兽、花草山川之类的。宴会厅和大堂差不多大小,非常宽敞,足能容纳一二百人。正面墙的前面有一个戏台,宴会厅中间有一张特别大的八仙桌,两边各放了十张小一点的同样的桌子。中间那张特大的桌子明显是主桌,放置在一个平台上,所以比其他桌子要高一点,主桌四周的椅子也放在平台上,其中一把面向戏台的椅子比所有椅子都高。伍浩官在那把最高的椅子上入座,罗素和查尔斯被邀请坐在了主桌。戴沃伦和楼爱波就在边上选了张桌子坐下。客人们坐定后,用人们端上酒菜,往每个人酒杯里倒酒。等所有人的酒杯都倒满了,伍浩官拿起酒杯,向四周示意了一下,一口灌了下去,人们也照着样子一口干了。宴会就这样正式开始了。

台上的戏班子把各种乐器敲得很响,唱的戏哼啊哈的,戴沃伦一点都听不懂,不知道他们在干什么,他也无法和边上的楼爱波交谈,因为根本无法听清对方说的话,加上刚才那口酒把他的食道给烧到了,就索性埋头在那里自顾自吃菜。吃着吃着就饱了,戴沃伦坐在那里呆呆地看着众人吃饭,觉得非常无聊,这是他吃得最郁闷的一顿饭。他回头看了看四周,看到身后就是一扇开着的门,连着花园,他便起身走了出去。

花园里有一个很大的鱼池,一座小桥弯弯曲曲架在鱼池中间。天已经黑了,花园里到处都挂着灯笼,照得像白天一样。小桥的另一头连着一座人工小岛,岛上面放置着一个巨大的鸟笼,足有两人多高,像一个房间那么大,里面关着许多鸟,各色各样,飞来飞去,叽叽喳喳,甚是热闹。戴沃伦走到鸟笼驻足了片刻之后,掉头往回走,来到小桥上看着水面发呆,也许鱼都已经休息了,他一条都没有看到。

"吃饱了来看鱼?还是来看鸟?"

一个声音来自后面。戴沃伦抬头看去,见是伍绍荣走了过来。

"刚看了鸟,现在看鱼。"戴沃伦笑笑,"我虽然来了已经有一年了,但还是不太习惯中国饭菜,就出来透透气。"

"我父亲喜欢养鸟,我们家至少有五个这么大的鸟笼,关着来自世界各地的珍奇的鸟。他也喜欢养鱼,这鱼池里都是最名贵的锦鲤,可惜现在天晚了看不见,否则白天来看,池子里非常漂亮,锦鲤都是又大又肥的。"伍绍荣带着几分炫耀的口气说。

"你们家真漂亮。"戴沃伦说。

"我们家比两广总督府还要大几倍,广东全省没有比我们家更大的。"伍绍荣说。

"你真是个幸运儿,在这样优渥的环境里长大。真让人羡慕。"

"生活是不错,要什么有什么。不过活得也蛮累的,家里的事很多,规矩也多,我父亲现在又把很多事交给我处理,对我期望很高,我的压力很大,生意做起来很烦心。有时候,我特别羡慕你们,钱虽然不多,但日子过起来很踏实,没有那么多需要操心的事。"

"我有一件事不太明白,你父亲是做生意的,为什么穿着官服?"戴沃伦问。

"他买的官,还是三品的。"

"官还能买?为什么要这么做?"戴沃伦觉得有点不可思议。

"当然可以买,官府缺钱,就拿些官职来卖。"

"花钱买官一定有什么好处吧?否则大家怎么会去买官呢?"

"当然有好处。买个官当当,可以去捞钱啊,也可以获得些保护,免受某些小官们的欺负,在我们中国,有个一官半职,办起事情来就容易一些。"

"你父亲那么高的官,那你们做生意一定非常顺利。"戴沃伦说。

"会好一些。但是碰上大官,可能还是没用,中国的大官太多了。有时候一些小官也很厉害,即使你比他官大,也搞不定他,俗话说:'阎王好搞,小鬼难缠。'比如海关的官员,官级不高,权力却很大,虽然我父亲是三品的官,比海关的官要高不知道多少级,但我们也没有办法,碰到海关的人,也只好客客气气的,乖乖地被捏在他们的手里。"伍绍荣回答。

"那叫查尔斯的,是个什么人?"戴沃伦问道。

"他呀,他叫查尔斯·亨特,不认识的人叫他亨特先生,我们这里大家都叫他查尔斯,他喜欢别人这么称呼他。刚才查尔斯那家伙实在太不像话,一点礼貌都没有,还号称是英国绅士呢。"伍绍荣显然对查尔斯非常不爽。

"是,他非常傲慢。他是做什么的?"

"他是英国东印度公司在中国的首席代办,就是在中国的头头儿。但公司也管不着他,所以他在广州做的,就像是他自己的公司一样,他自己就是老大。我很不喜欢这个家伙,他非常蛮横无理。"伍绍荣恨恨地说。

"我看得出他不是个讨人喜欢的人。不过,他可是买了你们很多东西的,是你们最大的客户,老大的五分之一的货都是你们的呀。"戴沃伦说。

"他经常压我们的价,给我们的出货期也非常苛刻,时常拿其他行的货物来压我们,还拖欠我们的账款。我们问他买的东西,他却要我们马上付款。他的脾气极坏,动不动就骂人,他对我父亲还算客气一点,对我就非常没有礼貌。哦,你也要小心他,他会背地里搞小动作的。尤其是,他不喜欢你们美国人。"

"为什么?"戴沃伦问。

"他们家以前其实是美国人,他爷爷当年在新英格兰是保王党,帮着英国人做事,同华盛顿的军队打仗,被打残了,后来英国人败了,美国人秋后算账,他们家就跑到英国去住了。查尔斯虽然出生在英国,但他到现在都不喜欢美国人。"

"这么多年过去了,都是他爷爷辈的过节,还记仇啊?"戴沃伦不解。

"他看不起你们美国人。"

"那么狂?"

戴沃伦有点不屑,他其实也不太喜欢英国人,他当水手的父亲在1812年英美战争中,曾被英国皇家海军抓获,差点把命给送了。小时候,戴沃伦经常听父亲讲起那段经历。

"他当然狂啦,他的生意做得很大,近几年来又在卖鸦片,中国的鸦片都从他那里进,赚死了。一箱鸦片从印度过来价格要翻四百倍,还没有人同他竞争,这是一本万利、数银子的买卖,躺着都能挣钱。"伍绍荣羡慕地说。

"四百倍?这利润可太高了,比我们当年走私朗姆酒都高出不知道多少倍。可能没有任何其他东西可以比。"戴沃伦听了直摇头,觉得非常不可思议。

"说到这儿,过几天你有空,我带你去个好地方如何?"

"好啊!"戴沃伦很高兴认识这个富家子弟,心想,以后可以跟着他见识一下广州的好去处,"什么地方?"

"到时候我来找你就是了。"伍绍荣说。

戴沃伦回到座位的时候,楼爱波已经喝得半醉。在戴沃伦出门的一小会儿时间里,楼爱波似乎已经和同桌的其他人混得很熟,一直在和同桌人有说有笑。楼爱波往戴沃伦的酒杯里倒了点白酒,举着杯子示意戴沃伦喝了。戴沃伦笑了笑,拍了一下楼爱波,端起酒杯,一口干了。

楼爱波对戴沃伦说:"你出去的时候,我打听了一下伍家的情况。"

"什么情况?"戴沃伦问。

"伍浩官五个老婆。大老婆一直生不出孩子,过门很久才生了唯一一个孩子,就是伍绍荣,伍绍荣是次子,但他是大老婆生的,所以伍浩官让他管理所有家产。长子叫伍绍光,比绍荣大许多,已经三十出头了,是三姨太生的。二姨太早去世了,四姨太有个很小的女儿。五姨太过门没多久,就是今天过生日的那个,还没有孩子,因为年轻,很受伍浩官喜爱。"

"嘿,你真行,在那么短时间里,就把伍浩官的家事打探得那么详细,看来,你可以去当探子。"戴沃伦敬佩地说。

英国人查尔斯

查尔斯的祖上是最早一批乘坐"五月花"号船，到达美洲新大陆的新教徒，当年祖上为了躲避在英国的宗教迫害，离乡背井，跑到蛮荒之地美洲。因为去得早，他们家在新英格兰地区扎下了根，成为当地拥有不少地产的富裕显贵家庭。查尔斯的祖父老查尔斯年轻时，正好遇上美国的独立战争。当时新英格兰地区的人，分成了两派，一派就是后来被称为爱国者的那批人，这一派试图和英国脱离关系，建立一个新的国家，和宗主国英国闹独立，要赶跑英国人。爱国者的队伍由后来成为美国首任总统的华盛顿担任总司令，和英国军队打起了仗。另一派则被称为保王党，他们站在了英国那一边，希望还是认英国国王当领导，不想闹独立。保王党也组织起民团，帮助英国军队和爱国者打仗。老查尔斯当年就加入了保王党，并成为当地保王党民团的头头儿。

爱国者和保王党虽然都是新英格兰地区的居民，但是相互厮杀起来都狠着劲，就连邻居街坊七姑八叔之间都相互杀红了眼，甚至有的夫妻反目，兄弟相恶。老查尔斯带着保王党民团就杀死了好几个以前有很多年交情的邻居和远房亲戚，就因为他们跟着爱国者闹独立。很不幸的是，打了八年仗之后，有着强大军队和先进武器的英国人，居然决定不打了，这让老查尔斯异常失望和恐惧。英国人撤离美国时，爱国者对保王党展开了清算，老查尔斯的家产被没收，老婆和大儿子也被同镇加入爱国者阵营的世交所杀，在提心吊胆、东躲西藏逃避追杀了一段时间之后，老查尔斯带着小儿子，也就是查尔斯他爹逃到了英国。

查尔斯在英国出生长大，从小就听爷爷讲当年和美国人打仗的故事。爷爷讲美国人有多坏多坏，每次讲到美国人时就咬牙切齿，恨不得生吞活剥，把美国人给吃了。查尔斯听着也是义愤填膺，一副和美国人不共戴天的样子，还向爷爷发誓，长大以后一定要杀几个美国人。小学的时候，查尔斯的学校里来了个美国小孩，查尔斯找机会把那孩子狠狠揍了一顿，还警告那孩子不许告诉老师和家长，那孩子果真没敢去告状，见了他还毕恭毕敬，查尔斯很是得意，从那以后，一不高兴，就去揍那美国孩子一顿，这让查尔斯很有成就感。

十七岁那年，查尔斯加入了英国陆军，被派到了印度。查尔斯勇猛好斗，打起仗来不怕死，杀死了不少印度人，被升了个小官当当。后来一个印度的小土

王叛乱,查尔斯所在的军队被派去镇压,在这次战役中,查尔斯的腿被印度人砍伤,虽然捡回条命,但从此就瘸了腿。查尔斯从部队以上校军衔退役后,加入了英国东印度公司,从普通职员做起,一直做到高级经理。

东印度公司成立于十七世纪初,刚开始主要进行英国同全亚洲的贸易,但亚洲的贸易主要来自两大国家,中国和印度。其他地区的生意基本可以忽略不计,所以后来就集中精力专门致力于同印度和中国的生意,垄断了英国同这两个国家的贸易。东印度公司在印度拥有自己的军队,人数最多的时候,达到二十多万人的军力,印度各邦土王的继承和任命,以及土王高级官员的任命委派,都必须得到东印度公司的同意,而且东印度公司还向每个土王派出英国顾问,由此牢牢控制了印度的政治和经济命脉。

十八世纪末,为了扭转日益扩大的对中国的贸易赤字,英国政府给予东印度公司经营鸦片的垄断权,在印度的北方和阿富汗种植和生产鸦片。但是鸦片在中国属于非法商品,商家不能合法卖到中国,只能通过走私的方式。鸦片在所有英国和英国殖民地的销售也属于非法,因此东印度公司就在印度的加尔各答将鸦片拍卖给一些中间商,规定这些鸦片必须卖到中国去。Jardine Matheson 即渣甸洋行,就是东印度公司最大的中间商,它从东印度公司买来鸦片,然后走私到中国。

查尔斯做到东印度公司的高管后,被派到广州,担任公司在中国的首席代办,负责所有在中国的进出口生意,同时协调中间商之间的鸦片业务。查尔斯看到鸦片的利润丰厚,脑子灵活的他,自己立刻就搞起了副业,也做起了鸦片走私的生意。因为在东印度公司的关系,上上下下都是熟人,查尔斯往往能够拿到更便宜的鸦片;此外,他又在广州和其他城市建立了严密的分销渠道,在有些地区还成功地阻止了其他中间商的进入,垄断了当地的鸦片销售。渣甸洋行为此经常同查尔斯发生争执,还去东印度公司告状,但是因为查尔斯在东印度公司的关系,以及他在中国所建立的关系网,东印度公司发觉替代查尔斯并不是件容易的事,对查尔斯利用职权顺便走私鸦片的事情,只好睁一眼闭一眼,渣甸洋行告状的事,到后来也就不了了之了。

查尔斯在东印度公司的经验告诉他,必须有一支听命于他的武装,虽然在中国的土地上,他没法组织一支正规的军队,但是他也网罗了社会上的一帮闲散人员,这些人打打杀杀,恐吓利诱商家和中间商,帮他在中国走私鸦片迅速打开市场,老牌鸦片走私商们对查尔斯这个后起之秀也只好退避三舍,让出了许多市场份额。就这样,查尔斯用这支非正规的队伍,基本垄断了广州的鸦片走私市场,成为广州鸦片市场的龙头老大。

东印度公司在中国的总部,位于广州新城玫瑰岗的中心,这是一栋带花园的三层西式洋楼,也是查尔斯住所和他自己公司的所在地。名义上这里是东印度公司的办公地点,是由东印度公司出的钱买下的,查尔斯则在这里既处理东印度公司的事务,也打点自己的鸦片走私生意,成本是东印度公司的,走私鸦片的利润却是自己的,世界上没有比这更一本万利的生意了。

　　洋楼的一层有一间很大的宴会厅,一条长形的餐桌,餐桌上放着好几盏多层高台蜡烛,点燃后能够把宴会厅照得通亮,餐桌四周放着很多带扶手的高背椅子。宴会厅正中间的墙上挂着一幅油画,画的是查尔斯的祖父老查尔斯。宴会厅的一侧有个双开的大门,那里连着会客厅,另一侧有一小门,连着厨房。偌大的宴会厅,除了餐桌和椅子,没有其他家具,显得有点过于空旷。

　　查尔斯经常在这里宴请客人,他曾在这里请过清朝的官员,请过广州烟馆的老板,也请过他的竞争对手,甚至是死对头。今天,他在这里宴请公司的高级主管们,这些人都是土生土长的广州人,为他开拓当地的鸦片市场出过不少力,现在管着各自的片区,保障片区内的烟馆购买查尔斯的鸦片,更重要的是,保证及时付款,如果有哪家烟馆不及时付款,轻则罚款或者加倍收取利息,重则把烟馆给砸了。查尔斯坐在长桌尽头的主座,他的身后站着两位彪悍的中国保镖,一身黑服,一动不动地就站在老查尔斯的画像底下。查尔斯感觉非常好,老查尔斯的眼神,注视着宴会厅里的这一幕,肯定会为他这位孙子自豪的。

　　仆人们已经把菜上齐,把酒斟满。众人并没有动餐具,只是看着查尔斯。查尔斯知道,他不动筷子的话,别人是不会动的,这一场景让他特别觉得有种成就感,心里不禁感谢起中国来,幸亏来了中国,才造就了他的成功。

　　查尔斯端起一个小酒杯:"今天在这里,要特别感谢大家这一年来的努力。我们公司今年业务增长迅速,除广州市场增长稳定以外,又增加了好几个新的城市。烟民数量的增加,跟诸位的辛苦是分不开的。我这杯酒就是要感谢大家。"说完,就把手里那一口白酒闷了下去,顺手用筷子夹了块肉,塞进嘴里嚼了起来。

　　众人也都各自干了手中举着的白酒。

　　"老大,我们还是更要感谢你,没有你,也没有我们兄弟们今天的好日子。这杯是我敬你的。"

　　这是坐在查尔斯右手边的一个人说的,那人长得非常高大,坐在那里比其他人都高半个头,一张年轻的脸,两眼炯炯有神,脸上光光的,没有一丝胡须,前额削得锃亮,一条辫子盘在脖子上。

　　查尔斯知道这人叫林柄一,大家平时叫他阿一,是广州城最高档的烟

馆——沁云楼老板的大公子。自从阿一的父亲娶了年轻漂亮的二房,生了阿一的弟弟阿二和阿三之后,阿一的父亲就把全部宠爱给了二房和弟弟们。阿一的母亲一气之下喝水银死了。阿一恨透了他父亲的小老婆和弟弟们,一心想着有机会把他们全给捅死,但碍于父亲的脸面,表面上又不得不装得和和气气。他平时在外面同一帮不三不四的人在一起混,经常惹祸,少不了受父亲的训斥。父亲越是骂,阿一越觉得父亲偏心,于是就越叛逆,越在外面惹事,恨不得同父亲一刀两断。几年前,阿一混到查尔斯手下做事,因为人长得高大,既有力气,胆子又大,很快就混成个管片区的头儿,沁云楼就在他管的片区内,现在他父亲要进鸦片,也得看他的脸色,这让阿一在父亲面前,头抬得高高的,心里很解气。

查尔斯朝阿一点了点头,又把手中一杯酒灌进了嘴,说:"广州是中国最大的市场,我们目前做得不错,不过,也不能大意了,要时刻注意未来的动态,一旦有什么新的危险,大清政府的,或者渣甸洋行的,一定要及时察觉,决不能让别人在广州撕开一个大口子,否则到时候要填都填不过来。"

"前几天听人说,广州来过几个土耳其人,试图找买家,兜售土耳其鸦片,比我们的便宜很多,好像价格还不到我们的三分之一。"阿一说。

查尔斯心头一惊,这是他最怕的事情,渣甸洋行虽然也是个闹事的主,但在东印度公司里,查尔斯自信他有足够的影响力,所以渣甸洋行再怎么闹,也在他的控制之内。土耳其不是英国的殖民地,虽然英国人多次试图影响土耳其政局,但都没有成功,东印度公司无法左右土耳其鸦片市场。一旦土耳其鸦片进入中国,对他的生意会产生很大的冲击。

"大家特别小心了,在你们的片区要严防土耳其鸦片进入烟馆。对于那些不配合的烟馆,一定要给他们点颜色看看。"查尔斯一边狠狠地说,一边用犀利的眼光扫了一下众人,"如果土耳其人还在广州的话,一定要把他们找到,好好教训他们一顿,让他们以后不敢再来。"

"老大你放心,我们一定不会让土耳其鸦片进来的。"阿一讨好地说,"如果土耳其人还在广州,我一定让他们缺胳膊少腿地回去。"

"好。大家听见了,回去后都给我加紧防范这些土耳其人。"查尔斯猛喝了一口酒,满脸涨得通红,把杯子重重地敲在了桌上,"平时给了大家那么多好处,现在是需要大家同心协力的时候,谁要是让土耳其鸦片进入他的片区,小心我饶不了他!"

沁云楼

　　广州的四季不是很明显，虽然已经是秋天了，却依然非常闷热，只有到太阳落下，海上吹过来的微风才会让人稍微感觉到一些凉爽。

　　黄昏的时候，伍绍荣带着戴沃伦和楼爱波来到了沁云楼。伍绍荣很喜欢这两个年纪相仿的美国朋友。在他看来，楼爱波比较随和，永远是张高兴的脸，似乎从来没有发过火，待人也比较真诚，很愿意接受新鲜事物，比较容易相处，谁都愿意和他交朋友。戴沃伦则特别好奇，喜欢问问题，比较有主见，也比较固执，想清楚了，便会很快做出决定，一旦做出决定，就不太容易改变。

　　沁云楼是广州城最高档的鸦片馆。在广州，烟馆大抵分为两种。一种只提供鸦片吸食，由于大家往往相约着前去，渐渐就成了大家聚会的社交场所，这类烟馆通常定位较高，社交才是真正的目的，吸食鸦片更像是社交的道具。另一种烟馆除了提供鸦片吸食，还提供女人陪同服务，这类烟馆一般来说属于低档烟馆，更像是以鸦片烟作为陪衬的妓院。沁云楼比较特殊，它也提供女人陪同的服务，但是不带任何色情性质。那里女孩子只是教客人们如何使用烟具，陪客人闲聊，或者唱歌吟诗。最开始，一些文人骚客聚到这里，后来广州的有钱人和当官的为了附庸风雅，也都往沁云楼跑，渐渐地就把沁云楼的价格炒了起来，使得它比其他地方要贵出一大截，因此虽然来沁云楼的人不多，却个个非富即贵。想来也是，以伍绍荣的身份，自然是瞧不上那些低档的烟馆的，他能带戴沃伦和楼爱波来这里，本身就足够说明沁云楼的品级绝非一般。

　　沁云楼在广州新城的一个比较偏僻的地方，由花岗岩和麻石相间铺就的麻石板路远远地一直铺将过去，围墙也是青灰色的，墙上有些花鸟鱼虫等灰批雕塑，门口看上去并不起眼，门面不大，两扇大门边上各竖一排几何形状拼就的彩色玻璃窗，这些彩色玻璃是从西洋进口的，内外并不相透，当地人称之为满洲窗，两只张牙舞爪的石狮子立在大门两边。伍绍荣他们的马车刚在沁云楼门口停下，就有两个门童迎了过来，他们帮着打开了马车门，扶着伍绍荣他们一一下了马车。两个门童在前面带路，时不时弓着身子转过身来招呼几声。

　　走上几步台阶，进入大门便是很长的走廊，走廊两边是隔开的一个个小烟房，没有门，用纱帘挡着，从外面看过去，纱帘后面烟雾缭绕，朦朦胧胧，隐约可

以看到每个烟房里面都有一个烟榻,烟榻上斜躺着男男女女,手捧烟枪在吞云吐雾。

这一路走过去,把戴沃伦和楼爱波看得目瞪口呆,伍绍荣似乎看出他们的心思,就拍了一下楼爱波说:"我知道你们美国人讲究隐私,不喜欢让人看见抽大烟的样子。这些单间都是比较便宜的,我们的还在后面。"

一个中年男子在长廊尽头迎接他们,一见伍绍荣就高兴地说:"伍公子,您可好久没过来了。"

伍绍荣一见他,就弓着腰作揖:"林大哥好,最近生意上的事比较多,这么大的家业,我要不留点心,事情就搞不定,怡和行现在离开了我转不开的。今天我带两个美国朋友过来您这儿玩玩,让他们开个眼界。他叫戴沃伦,他是楼爱波,都是旗昌洋行的职员。"伍绍荣转身又对戴沃伦和楼爱波说:"这位林大哥是这儿的老板。"

戴沃伦和楼爱波刚想学着伍绍荣的样子弓腰作揖,林老板已经把手伸了过来。戴沃伦一见,知道这是一个经常同西方人打交道的中国人,就赶紧把手接了,两人握了握。

"欢迎啊,两位美国朋友。能光临敝馆,是我林德洪的荣幸。我这里虽然以内宾为主,但时不时也会有西洋朋友过来玩。你们放心,不会让你们失望的。"

长廊尽头是向左右伸出去的两条走道。林老板领着他们往左边走去,边走边介绍:"左边走道两侧都是包房,右边过去是我的居所,经过一道门便是。不过,我家另外还有一扇门,供我家人进出,可以避开这边,尤其是小孩子,我不让他们从这里走。"

众人走到尽头,林老板推开一扇很沉的木门,领着他们走了进去。那是一个很大的房间,靠墙放着一张雕花红木大烟榻,烟榻上面放了一个茶几在中间,茶几上有一个烟盘,里面放置了全套烟具:两杆烟枪,还有烟斗烟灯,以及茶壶和茶杯,另外还备了时令鲜果。茶几两侧各放一个枕头和靠背,还有床毡。烟榻上方墙上挂着三幅山水画纵轴。每个墙角立着很高的花瓶,花瓶上画着各种中国画,里面种着非常漂亮的兰花。

烟榻两侧靠墙的地方,各放一张高脚茶几,上面也放着全套烟具。茶几两侧各放一把太师椅,那是给人坐着吸烟的。

伍绍荣招呼楼爱波和戴沃伦躺到烟榻上去,戴沃伦拒绝了,自己跑到边上的太师椅上坐下,伍绍荣见戴沃伦不愿意躺,就拉着楼爱波来到烟榻边,自己先蹬掉鞋上了榻,楼爱波也学着伍绍荣的样子爬了上去。

林老板问伍绍荣:"伍公子,要姑娘们过来帮你们点烟吗?"

"不用了,"伍绍荣说,"美国朋友不会欣赏我们这种玩法。你就让小童过来帮着点烟好了。哦,如果我玫姐有空,可否请她来为我们弹一曲?"

"那我先去问一声,你们稍等。"林老板说着退出了房间。

稍过片刻,进来一个小伙,手上拿着一个精致的红木小盒,盒上雕着花草和小鸟。小伙走到伍绍荣的床榻边,先往每人的茶杯里沏上茶,再把烟盘里的烟斗插入烟枪,点上烟灯,又用镊子从红木小盒里取出圆圆的黑色小丸子,那就是鸦片烟了,这是经过提炼的精致烟,制成球形,浓度高,只有在高档烟馆才有。小伙把小丸子放入烟斗。然后,他走到戴沃伦的茶几边做了同样的事情。

楼爱波拿起烟枪,不知道该怎么使用,端详了好半天,最后,还是愣在那里,看着伍绍荣。只见伍绍荣熟练地拿起烟枪,把烟斗伸到烟灯上让火烧着,用嘴使劲吸了两口,一缕白烟从烟斗中冉冉升起,他深深吸了一口,在嘴里憋了一会儿,然后张开口,一股烟就从他口中冒了出来。

"就这样,很简单的,试试吧。"伍绍荣对楼爱波和戴沃伦说,"没事的,鸦片上瘾了不好,偶尔少抽一点可以安神定气。"

戴沃伦拿起烟枪,仔细端详起来。这杆烟枪由象牙制成,上面雕龙绘凤,还镶有金银珠宝,十分精美名贵。他含着枪嘴,用右手拿着枪杆,把烟斗送到烟灯上吸了几口,一股白烟从嘴里飘了出来。戴沃伦呛了一下,猛烈地咳嗽起来。少许休息后,他又吸了几下,这次他没有呛到,能闻到浓烈的烟草香味,吸进去的烟,让他有种飘飘然的感觉,他想起了郑一嫂,想起了那个冉冉升起的火球。但是,戴沃伦并不喜欢这味道,就把烟枪放在了烟盘上。对戴沃伦来说,还是南美雪茄烟的味道更适合他。

戴沃伦转头往烟榻那里看过去,见伍绍荣和楼爱波两人已经在那里吞云吐雾了,似乎非常惬意的样子。楼爱波看到戴沃伦放下了烟枪,注视着他和伍绍荣,就问:"你不喜欢?"

"我可能还是更喜欢雪茄烟的味道。也许是当年跑加勒比海养成的习惯吧。"戴沃伦喝了口茶,又摘了颗葡萄送进嘴里。

"我觉得很好,我喜欢,现在我就像在云里雾里的感觉,特别舒服。"楼爱波说,他使劲又抽了一口。

"可惜了,戴先生,这种烟叫阿富汗梦幻,人抽了会有一种在梦里的感觉,抽多了,人会产生幻觉,你不知道是真是假,是真实,还是虚幻,真真假假,虚虚实实,这种感觉,就像是神仙一般,这可是市面上最贵的上乘烟土啊!大部分客人来这里都不敢要太多,烧这烟,就好比在烧银子。"伍绍荣说,"把你的鸦片给我吧,不要浪费了。"

戴沃伦就把烟枪递给了伍绍荣。伍绍荣虽然是首富之子，但他最不喜欢浪费，从小父亲就教育他，饭碗里的米饭绝对不能剩下一粒，长大后也有同样的习惯。他可以付钱要沁云楼最贵的包房，但看不得剩下一颗葡萄或者一粒鸦片丸，他情愿把所有东西塞进肚子里，也不愿意看到它们被扔到垃圾桶。

这时，门被推开，林老板走了进来，跟在他后面的，是位年轻女人，高高的个子，在那个年代的女人当中，算是很高的了，她穿了件绣着碎花的绸子对襟长裙。一双大脚穿着平底布鞋。戴沃伦立刻被她吸引住了，他至今在广州所见到的中国女人，除郑一嫂以外，全是迈着小脚，走路一晃一晃，见人都是低眉顺眼的。而眼前这个，也是双大脚，和郑一嫂有些许相似，没有郑一嫂那样强悍霸气，但也有一脸不卑不亢的神气。她一进屋，就用眼神扫了一遍房间，打量里面的人，还同戴沃伦对视了片刻，一点都没有羞怯的样子。

"玫姐好。"

伍绍荣见她进来，一骨碌从烟榻上滑了下来，站在那里弓着腰给女人施礼。

"伍公子好。好久没见你来了，今天怎么有雅兴过来？我以为讨了新房姨太就没时间出来了呢。"女人回礼。

看来，这个叫玫姐的女人同伍绍荣一定蛮熟的，伍绍荣对她一副很尊敬的样子。

"生意忙，脱不开身。今天我特意带两个美国朋友过来，美国人又穷又土的，带他们来见识见识。"伍绍荣回答。

这话听在戴沃伦耳里，让他觉得有点尴尬，不过，他想想，伍绍荣说的也没错，和广州比起来，美国确实是落后了许多。

"好啊，非常欢迎。美国朋友需要在中国接接地气。"女人回应道。

"这是我的侄女洪香玫。"林老板把戴沃伦和楼爱波也介绍给了香玫。

"我的英文名字叫 Mary，和主耶稣的母亲圣母玛丽是一个名字，我小时候母亲给取的。但是我还有另外一个洋文名字，叫 Alganoc，我去的那个教会有个从法国来的神父，他给我取了这个名字，爱阁娜，我觉得挺好听的。怎么样，还喜欢这里的烟吗？"香玫问。

"还可以。说不上喜欢，但也不讨厌。"楼爱波说。

"我不喜欢那个味道，可能雪茄烟更适合我。"

戴沃伦很惊讶香玫刚刚说出了耶稣和圣母玛丽，他刚想问她是否信教，还没来得及，后面的对话就让他忘掉了这个问题。

"也许我们这里应该改成雪茄烟馆，对吗，舅舅？"香玫问林老板。

"是的是的，如果能弄到雪茄烟的话。但我们中国人可能还是更喜欢抽鸦片,雪茄是西洋人的东西,在中国不太合适。"林老板敷衍着。

"鸦片不是个好东西,我们家就毁在了这东西身上。"香玫恨恨地说。

林老板和伍绍荣尴尬地干笑了几声。戴沃伦忽然觉得眼前这个女人很有意思,一定有很多故事。几人正愣在那里不知道说什么好的时候,两个小伙抬来一张桌子和一把凳子,又去搬来了一架乐器放在了桌子上。

香玫坐到了凳上,稍许静思片刻后,就在乐器上弹奏起来。美妙的音符从琴弦上缓缓流淌出来,从委婉低沉开始,变得清脆薄亮,最后以悠悠扬扬的旋律结束。一曲弹完,众人拍手,香玫起身就要离开。

戴沃伦问:"这是什么乐器?我从来没有见过。"

"古筝。在我们中国有两千多年的历史了。"香玫说,"你要是喜欢,下次你来,我可以再来弹给你听。"说完对着戴沃伦笑了笑,两人对视了一下,洪香玫就退出门去,走了。

"嘿,戴先生,你看,玫姐主动说可以再弹给你听。你下次一定要再来的,她是给你特别待遇啊,我可是从来没有看到过她主动提出给人弹琴。"伍绍荣同戴沃伦打趣地说。

林老板抱拳对大家说:"抱歉了,我侄女比较当真,我同她说来弹一曲,她还真只弹一曲。"

戴沃伦说:"没关系,我下次再来就是。林老板,我有个问题不知道可不可以问?"

林老板说:"请讲。"

戴沃伦说:"鸦片在你们中国是非法的,走私鸦片又是砍头的死罪,但是广州有那么多鸦片馆,你这里还是广州顶级的烟馆,客人那么多,官府肯定是知道的,怎么没有给你带来麻烦?我实在不太明白这是怎么回事。"

"哈哈。"林老板笑了起来,"这就是我们现下的国情。走私鸦片确实是死罪,烟馆卖鸦片也确实不合法。但是大清官员也要挣钱的嘛。"

"这是因为……"楼爱波非常好奇。

"这是因为大清地方政府从烟馆收取很高的税收,官员也可以拿到不少好处费,走私贩给那么高的贿赂,比官员的收入都高,许多高官都是走私贩的朋友,甚至和走私贩合伙一起走私。连两广总督邓廷桢的儿子邓公子,都在走私鸦片。"

"他们不怕被抓吗?"楼爱波问。

"广州距北京几千里路呢。中国有句话:天高皇帝远。北京管不了那么远的事情。在这里,我们做我们的事,我们不去管京城的事,京城也顾不上这里。"

"哦,是这样,原来法律还可以商量打折扣的。"楼爱波不禁恍然大悟。

"那万一皇帝认真起来怎么办？你们中国，皇帝还是最大的，对吗？"戴沃伦继续问道。

"在中国，皇帝最大，这是对的，但皇帝远了，管的事情太多，顾不过来，真的认真起来，那也有办法对付。时不时皇上会心血来潮，想要整治一下，官府就会来搞场严打活动。官府里的人会通知广州的烟馆，那几天所有烟馆都会关门休假。官府还会绑上几个毒贩子给砍了，谁知道那是真的还是假的毒贩子，说不定本来就是牢房里的死囚犯，反正是要杀头的，就当成毒贩子给砍了。"林老板说，"当然也会砍一些小的毒贩子，不过像查尔斯那样的老大是绝对不会被抓的，两广总督邓廷桢的儿子也不会被抓，谁敢对他们动手？真要对他们动手，我看整个广州城衙门的官员都得给抓起来。"

"听说查尔斯现在卖鸦片，比渣甸洋行还要厉害，以前渣甸洋行是东印度公司最大的鸦片分销商，但这几年好像有点做不过查尔斯。"楼爱波说。

"是的。我这里的货以前都是从渣甸洋行来的，但最近几年大部分是发自查尔斯那里的。查尔斯心狠手辣，渣甸洋行那帮人搞不过他。哦，对了，今天官府在珠江里捞起了一具土耳其人的尸体，正好前几天有几个土耳其人到我这里，想卖土耳其鸦片。估计得罪了什么人被干掉了一个。"林老板说。

"你知道可能是谁杀了土耳其人？"戴沃伦问。

"我不知道。不过，土耳其鸦片比印度的便宜很多，要是土耳其鸦片进来，大家一定会买的。至少我会进一部分，这样我也不用被查尔斯拿捏着。土耳其鸦片一旦进入中国，查尔斯在广州一家独大的局面就会改变。"

"其他土耳其人还在这里吗？我怎么可以找到他们？"戴沃伦问。

"都逃回去了，别指望他们还会回来。怎么？你想做土耳其鸦片的生意？"林老板问。

"可以和他们谈谈嘛，什么都有可能。"戴沃伦说。

"小心点吧。别到时候把小命给丢了，查尔斯是不会轻易让土耳其鸦片进广州的。"伍绍荣插了一句。

"不过，你要是真能弄点土耳其鸦片过来的话，我一定会买的。"林老板说。

"放心吧，我自然会小心的。只是，不知道如何去找那些土耳其人。"

戴沃伦确实非常希望弄到土耳其鸦片，鸦片利润如此丰厚，谁见了都会心动。戴沃伦到中国就是为了寻找财富，如果有机会，他是不会错过的。但他一个土耳其人都不认识，真不知道从哪儿着手。

"也许你可以到殡葬馆去看看。那个土耳其人死了，估计尸体不会有人去认领的。"林老板建议说。

"也就是让你到死人堆里去找,那里臭气冲天,恶心死了。"伍绍荣说,"全广州每天死那么多人,怎么个找法? 再说了,人死了不会开口。我看别费这个心思了。来来来,我们不说这些晦气的事情,还是抽烟吧。"

说着,伍绍荣躺倒在了烟榻上又抽上了。楼爱波也跟着拿起了枪杆。戴沃伦回到座位上,拿了几个葡萄送到嘴里,脑子里全是土耳其鸦片。

土耳其人

戴沃伦比较喜欢喝广州的鱼粥,他住处楼下的鱼粥店已经去过无数多次,每天下班回来,要是没有应酬的话,他自己一人就会在粥店里点一份鱼粥加几碟肉菜。广州几乎没有西餐店,所以戴沃伦只好将就着吃中餐,幸好在吃的上面,他不是个讲究的人。

这天晚上,陈麦南来找他,他们就去了这家鱼粥店。两人各要了一份鱼粥,外加一份香肠、半只烧鸡和一壶白酒。戴沃伦已经习惯了喝白酒,而且他觉得中国的白酒也没有那么难喝,虽然他还是更加喜欢喝葡萄酒。

"麦克,我去了沁云楼。"戴沃伦说。

"怎么样?"

"很有意思。伍公子带我和楼爱波一起去的。"

"大烟抽得惯?"

"不太喜欢。你去过沁云楼吗?"

"去过,也是别人带着去的,我自己可付不起钱。"陈麦南说。

"我还见了林老板和他的侄女洪香玫。"

"林老板的侄女可是北京的望族出身,祖上是明朝的大官,后来背叛明朝,带着满人入关,灭了朱家的天下,是帮清世祖打下江山的汉人。后来,她爷爷因牵涉一桩案子,以图谋叛乱罪被皇帝处死。家道变故,又被婆家休了,才跑到广州投奔她舅舅。"

"原来是这样,难怪我看她不像平常之女。"

"是啊,不过,像她这样,在这里很难再嫁给一个好人家。"

"为什么呢?"

"她早过了女人出嫁的年龄,我们这里女人都是十五六岁嫁人的。我老婆

嫁我的时候十七岁,算是已经很大了的,我当时是十二岁。"

"你十二岁结婚? 太早了点吧?"戴沃伦觉得有点不可思议。

"这很平常,我们乡下都是这样的。你看我跟你差不多大,我都已经有三个孩子了。我老婆现在还在乡下帮我带孩子。"

"哇,那么厉害,已经有三个孩子了? 我到现在还是孤身一人。等我以后结了婚,也要生一大堆孩子。我不明白,像香玫那么好的女人,怎么会嫁不出去? 我就很喜欢,她要愿意嫁给我,那才是我的荣幸啊。"戴沃伦半开玩笑地说。

"她都二十多了,中国女人到了二十岁就很难嫁人了,更别说还嫁过人,被婆家休掉过,还是个大脚。而且她还挑东拣西,又不愿给人做小,我看她只有嫁给别人续弦,或者,的确可以嫁给你们外国人,你们不在乎。你可以问问她,愿不愿嫁给你。不过你得准备好一份丰厚的聘礼,像她这样家里出来的,聘礼应该少不了,否则林老板也不会答应的。等你发大财了吧。"

"我只是开个玩笑。嘿,说正经的。听林老板说,有个土耳其人过来想卖土耳其鸦片,被人杀了。我想搞点土耳其鸦片进来,但没有门道。这个死了的土耳其人,也许有些我们需要的线索。"

"人都死了,死人哪会开口说话啊?"陈麦南说。

"不是这个意思。总应该有死人信息的记录吧? 什么地方可以查得到?"

"你要找死人信息干什么?"

"或许可以从这里找到什么有用的信息啊,比如土耳其鸦片的源头。你说,是不是?"戴沃伦说。

"广州每天死那么多人,哪里管得过来? 我劝你别去浪费这个精力。"

"不,不,麦克,这事很重要。我们现在唯一的可能就是找到这个死去的土耳其人,而且越快越好。想想办法吧!"戴沃伦焦急地说。

"好吧,既然这样,我正好有一个朋友在管无主死尸的处理,我们过几天可以去问他。"

在珠江北面新城里的公馆内,查尔斯正喝着茶,心事重重地想着土耳其鸦片的事,阿一满脸堆笑着走了进来。查尔斯看阿一那么高兴地进来,就放下茶杯问道:"阿一,什么事让你这么高兴?"

"老大,你没听说吗,土耳其人都逃回去了,有一个死了? 他们在珠江里捞起了死尸。"

"你干的?"

"是。我们几个兄弟找到他们,二话没说就捅死了一个,扔进了珠江。其他的吓得都逃了,当天就上船跑回了土耳其。"

"没有人看见你们杀人,对吗?"

"没有。就我们一帮兄弟和那几个土耳其人。我看,那些土耳其人再也不敢回来这里了。"

"干得好。我不会忘记你的好处的。"查尔斯没想到,他这么担心的事,如此快地解决了,他一下子就放松了紧张的心情,觉得很舒畅。

"只是……有个美国人在打听土耳其人的事。他问我爸怎么才能联系到土耳其人,我爸来问我知不知道土耳其人的事。我当然说不知道。"

"那美国人叫什么?"

"好像叫戴沃伦。"

"哦,是旗昌洋行为罗素先生做事的。我们得小心,得看着点戴沃伦,这家伙不像是个省油的灯。"

"放心吧,老大。他去哪里找线索? 坟场? 从死人堆里找? 那死了的土耳其人不会再说话的。"

查尔斯不再说话了,他觉得阿一说的有道理,估计土耳其鸦片的事他可以彻底放心了。

陈麦南带着戴沃伦去见他的朋友老五。老五也来自广州乡下,和陈麦南同村,陈麦南把他带到广州,安排在官府里打杂,专门处理无主尸体的埋葬。老五办公的地方,是个破败的寺庙,这里因为香火不旺,和尚们都跑光了,就被老五的部门私自占了,每天老五的人天没亮就出去收尸体,然后把收来的尸体拉进这个小庙,处理完毕后,这些尸体通常当天会被拉出去,埋在寺庙边上的地方,那里充当广州官方的义冢,那些无法辨别身份或者无人认领的尸体,或者死者家属负担不起葬礼的,也都埋在这里。寺庙里的空气中,总是弥漫着一股难闻的味道,说不清楚是尸臭、汗臭,还是体臭。

一进老五的小庙,戴沃伦不禁皱起眉头,试图用手捂住鼻子,当然这是徒劳的。

老五非常惊讶今天陈麦南跑到这里来见他,还带来了一个外国人,他在这儿做事那么多年,还从来没有看到过一个活的外国人来这里。

"你怎么来了,还带了个活的鬼佬?"老五迎了上去。

"我们来找个人。"

"活的,还是死的?"

"废话! 当然是死的,活的干什么上你这里来找?"陈麦南说。

"哦,今天早上还拉进来四五个,你要不要去看看? 趁现在还没有被埋掉,

都在后面的大堂里摆着呢。"

"那人已经死了有一两周了。"

"那我这里没有,哪有放那么久的? 早埋了,现在都快成了一堆白骨。到哪里去找?"

陈麦南和戴沃伦相互看了一眼,两人有点失望。

"那是个外国人,土耳其人。"戴沃伦说。

老五想不到戴沃伦会说中文,很惊讶,回头就对陈麦南说:"这鬼佬中文讲得真好。"

戴沃伦说:"我听得懂的,你在骂我鬼佬。"

老五干笑了两声:"前一阵子,倒是有个死了的鬼佬被抬进来,不过早早就给埋了。你们想去看他的坟?"

"你这里还保存了他的个人物品吗?"陈麦南问。

"也许吧,那你们跟我来。"

老五带陈麦南两人来到边上的房间,那里放了几个大的老旧箱柜,每个箱柜上都有纸条贴着,纸条上写着日期,估计那是尸体抬来的时间。老五开了两个箱柜,翻找了一番,没找到。又开了一个箱柜,从里面拿出一个用白布包着的包裹,放到一张桌上。

"就一个鬼佬,一定是他了。"老五说。

包裹里有一条绣着星星月亮的手帕,上面有一片血迹,一双拖鞋,还有一张纸。戴沃伦打开那张纸,纸上有英文和土耳其文,显然这张纸是在水里泡过的,上面的字有点花,有的模糊得没法看清楚。

"这是奥斯曼帝国发的护照。他的名字好像叫买买特。住在康斯坦丁堡。上面这应该是他的住址。"戴沃伦兴奋地说。

"你想去那里?"陈麦南问道。

"是的。不过我要问一下罗素先生,不知道他会不会同意。"戴沃伦说,他抬头看着老五,"我们帮你把这包东西送还给他的家人好吗?"

老五正犯愁呢,那么多的无主物品,堆在那些箱柜里,日积月累,空间却越来越少,都快放不下了。现在有人可以帮着找到遗物的家人,正巴不得呢,就同意让戴沃伦和陈麦南把那包东西带走。

罗素在办公室里刚签完一个文件,就看到戴沃伦走了进来,他马上放下笔,站起来迎了过去。

"戴沃伦先生,我正好要找你谈谈。"

"罗素先生,我也有事找您。您先说。"戴沃伦回道。

"你这几天跑哪儿去了?你的工作应该是管理库存,清点货物,保障货物能够及时准确地发送。"罗素对戴沃伦最近的表现不太满意,他觉得戴沃伦有点不安本分,一旦对工作上了手,好像心就开始野了起来。

"难道我的工作没有做好吗?我都已经安排妥当,这些工作都可以按照程序进行,我给每个人都安排了事情,他们只要按照程序来做,应该不会出岔子的。要是有什么事情没做对,您就跟我说。"

"我并没有说你工作不好。事实上,自从你来以后,库存这摊事的犯错率比以前低了许多。但是既然你的本职工作是管理仓库,你就应该在仓库里待着,找你人都找不到。"

"人在不在仓库不重要,只要工作做好就是了。罗素先生,我有哪些工作没有做好,您尽管跟我说。"

"沃伦……"罗素不知说什么才好。

"是这样的,我正好要跟你说件事,罗素先生。最近有几个土耳其人来过这里,想兜售土耳其鸦片,寻找买家。"

"哦?要卖土耳其鸦片?"罗素的兴趣马上提起来了。

"一个土耳其人被杀了,其他的都逃了回去。"

"噢……谁下的手?"罗素马上显得有点沮丧。

"不知道。凶手没找到。"

"那如何找得到联系线索呢?"罗素问道。

"我和陈麦南去了趟收尸站,找到了那个被杀的土耳其人的地址。在康斯坦丁堡。"

"你想去那里?"罗素觉得有一线希望,立刻就问。

"是的。你看我和楼先生去一次如何?"

罗素犹豫了一下,看看边上正在做事的楼爱波,说:"我看你还是和陈麦南一起去吧。他会中国功夫,万一有点什么事,他也许会有用的。爱波在我这边还需要做些事情。这事得趁早,要是被其他商行抢了先机,对我们会很不利。你现在就办去康斯坦丁堡的事,护照船票什么的,这些事情需要点时间,走之前去财务拿点银两和银票。库存的事你就不用管了,我再找个人做好了。另外,这事不要张扬,让别人知道了不好。"

"你已经找到人了吗?"

"前几天,约翰·福布斯来找我,就是伍浩官的特别助理。他的小弟汤姆斯来广州发展,想在这里找份工作。我就让他来做好了。"

"那太好了。"

戴沃伦非常高兴罗素不仅同意他去康斯坦丁堡,还允许他不再做那无聊的库存管理工作。他想再去一趟沁云楼,不是去抽大烟,也不是去找林老板,而是想去看看香玫。

洪香玫

沁云楼进门长廊走到底的左侧,是吸鸦片的高档包房,它的右侧则是主人林老板家的住处。那里有一个小小的庭园,围绕着庭园建的一圈房间是林老板家人日常起居的地方。从这片私人居所穿过一个小门和一条走廊,便到了沁云楼吸鸦片的地方。

洪香玫正在庭院里给她的两个侄子阿二和阿三上英文课,他们的母亲林吴氏坐在边上看着,怀里抱着一个一岁多的女儿林可悦在吃奶。阿二今年八岁,阿三只有五岁。阿二已经有点懂事,坐在那里静静地听,跟着香玫念,时不时走个神,念得文不对题,逗得香玫哈哈大笑。阿三坐不住,一会儿就站起来跑到其他地方,东摸摸西蹭蹭,这时候,林吴氏就会跑过去把她的小儿子拎回座位,并训斥几句,有时还会在小孩屁股上抽一巴掌。

林吴氏是林老板的二房,长得不算漂亮,但是非常温顺体贴,甚得林老板的喜爱。林老板的大房是他的童养媳,就是阿一的妈妈,年龄比林老板大许多,见林老板专宠小老婆,经常和林老板吵架,越吵越让林老板嫌弃她,她就一气之下喝水银自杀死了,留下了儿子阿一。香玫叫林吴氏舅妈,虽然林吴氏的年龄比她只略微大一点。

香玫的母亲是林老板的亲妹妹,他们在广州出生,是广州的客家人。后来香玫的外祖父升了大官,就搬到了北京,把林老板和香玫的母亲也带到了京城,兄妹俩从小在北京城里长大。林老板不愿意当官,年轻时就跑回祖籍地广州做生意。香玫的母亲嫁给了北京城里一个大官的儿子,就是香玫的父亲。母亲在香玫很小的时候就过世了,父亲又娶了几房小妾。在香玫十六岁的那年,父亲把她嫁给了北京另一个大户人家。结婚才一年,香玫的爷爷就因为牵涉到朝廷的派系争斗,被人告到皇帝那里,香玫的爷爷和父亲都入狱判了死刑。香玫的爷爷动用朝里的故旧门生,运作关系,花了不少银两,总算免了香玫父亲的死罪,以部分财产充公作抵,最后皇上只砍了香玫爷爷的头。从监狱放出来之后,香玫的父亲就抽上了鸦片,而且抽得很凶,不但把家产全部抽光,还赔上了性命。香玫的婆家看她家败成那样,就休了香玫。香玫在北京没有地方去,只好跑到广州来投奔舅舅。

香玫来的时候,阿一才十岁多一点,他的母亲刚去世不久,香玫几乎天天和阿一在一起,教他英文,和他一起念诗,给他安慰。阿一对香玫特别依赖,心里对香玫总有一种说不清道不明的感觉,几天不见香玫心里就觉得空空的。在阿一十六岁的时候,林老板从农村为阿一物色了个媳妇,媳妇比阿一大两岁,农村朴实人家出身,老实厚道,相貌平常。虽然阿一心不甘情不愿,还是遵父之命把媳妇接过了门。新婚之夜,阿一和媳妇行夫妻之礼,他趴在媳妇身上,身子一动一动,脑子里一闪一闪的却全是香玫,那事做到一半,还在媳妇的身子里,竟然就不行了,恼羞成怒的阿一对着媳妇就是一阵暴打,然后就抱着枕头跑到了其他屋睡觉。可怜的媳妇,本来新婚之夜高高兴兴的,哪知道莫名其妙地就被老公打了一顿,老实巴交的媳妇也不知道错在哪里,只会以泪洗面。之后阿一更是在外面到处拈花惹草,再也没有碰过他的媳妇。

这天,阿一过来找香玫,来到小庭园,看到香玫在教书,让他想起自己小时候香玫教他读书的情景,心里很是温馨。但看到林吴氏和两个弟弟,心里的怨恨一下又起来了,他故意从阿二边上走过,趁机重重地碰撞了一下阿二,坐着的阿二一个踉跄,摔在了地上,手里的书笔和其他文具撒了一地,阿二的手掌擦破了皮,血渗了出来。

香玫赶紧跑过去扶起阿二,拿出手帕一边擦着阿二的手掌,一边说阿一:"阿一,你怎么搞的? 走路也不小心,这么大的人了,还像小时候那么莽撞。赶紧把东西帮弟弟捡起来。"

别看阿一平时在外面一副蛮横无理天不怕地不怕的样子,在香玫面前,高高大大的阿一,就像一只温顺的小猫。听了香玫的话,阿一赶紧弯下身子,把书和笔一一捡了起来,送还给了阿二。

林吴氏要给阿二清洗伤口,就带着阿二走了。阿三一看没人管他,就趁机在园子里玩上了。

"阿一,你今天来有什么事吗?"

"玫姐,我给你带了点刚采下的龙眼补补身子。"说着,阿一把手中一小口袋东西放到了桌上。

"多亏你想着姐。媳妇有身子了吗? 你爸老想着抱孙子呢。"

"没有呢,我那老婆不行。"

阿一心想："我根本就不跟她做那事,哪会有孙子?"

"那是你当老公的不是,你得多弄点好东西给媳妇补一补,补好了身体,才能给你爸生孙子。这龙眼,我看你还是拿回去给媳妇吃吧。"

"是的是的,玫姐,我一定,我一定。我家里已经留了很多龙眼。这是给你的。"阿一敷衍着。

"你最近没在外面惹祸吧?"

"惹祸? 哪里有? 绝对没有。我都乖乖地在英国人的洋行里做事情,现在是洋行干事,洋行里当官的,而且,那还是世界上最大的洋行呢。我上次有跟你说起过的,对吧?"阿一非常自豪地说。

"你好像说过,不过,我忘了,洋行叫什么来着?"

"英国东印度公司,做进出口买卖的。"

"进出口什么?"

"茶叶,瓷器,还有鸦片,我们是最大的鸦片贸易商。"

"听上去就不像是个正经的洋行。"香玫一听鸦片,气就不打一处来,脸也变得冷峻起来。

阿一堆着笑说:"人家是英国君主特别批准成立的公司,有几百年的历史啦。贩卖鸦片的执照是英国政府批的,独此一张牌照,不是谁都可以这么做的,我们可不是什么野鸡洋行。"

"英国君主批准卖鸦片的? 看来这个英国君主也不是个什么东西。"

这时,一个丫鬟领着鸦片馆的一个小童进来。

"玫姐,有客人指名要你弹奏曲子。"

"告诉他,我没空,不去。"香玫没好气地说。

"客人说你曾答应过他的。"小童犹豫了一下,又不死心,继续说道。

"这是哪个客人那么讨厌? 我不想去,就不去。"香玫问。

"一个美国人,叫戴沃伦。"

"戴沃伦? 我倒是想见见。"阿一说,"走,我去见。"

"阿一,你不要去闯祸。"香玫赶紧说,"那我还是去吧。"

香玫让丫鬟看住阿三,跟着小童就走了,阿一跟在了后头。香玫和阿一被领到一个小包间。推开门,看见戴沃伦正坐在太师椅上吃水果。戴沃伦看见有人进来就赶紧站了起来。

"你就是戴沃伦先生? 我是阿一,这里林老板的大儿子,我来和你认识一下。"阿一一边作揖,一边自我介绍。

"我就是,幸会。"戴沃伦回礼。

"我听说戴沃伦先生对土耳其鸦片感兴趣?"

戴沃伦不知道阿一为什么这么问他,就模棱两可地回答:"无所谓感不感兴趣,只是好奇味道如何。"

"我劝你打消这个念头。广州没有土耳其鸦片,想尝口味,没有地方可以找得到。有谁想把土耳其鸦片弄进来,也会像那土耳其人一样,被扔到河里去。广州的水很深,不该做的事,就不要去做。"阿一带着威胁的口气说。

"阿一,不得无礼。人家是客人,你怎么这样同人家说话? 快出去。"香玫出声打断了阿一。

阿一瞪了戴沃伦一眼,就退了出去。小童搬来琴桌、椅子和古筝,便退出了房间,然后关上了房门。房间里就留下戴沃伦和香玫两人。

"戴先生,今天怎么有心思一人过来吸大烟?"香玫坐在了椅子上,调整了一下古筝的琴弦。

"我过来不吸大烟,就想来听你弹琴。"

"花那么多钱来这里,不抽鸦片,只想听弹琴? 你这客人够怪的。"

戴沃伦的话引起了香玫的注意。她抬头看了一眼戴沃伦,发现他正盯着自己看,一双炯炯有神的目光,直视着她,像要穿透她的人一样,觉得脸上有点发烫,马上微微一笑,低下头继续调她的古筝。

戴沃伦一直看着香玫,觉得她今天特别漂亮,颈上戴着一条项链,挂着一个白玉做的小十字架。

"你是基督徒?"戴沃伦问。

"是的。你呢?"

"我也是。我们家从法国去的美国,法国人基本上都信天主教。不过我们家后来去的是新教教堂。我在纽约时,会经常去教堂做礼拜。"

听到戴沃伦也是基督徒,香玫显得特别高兴:"去教堂礼拜是我最高兴的时候,我每个周日都要去的。我母亲是天主教徒,所以我很小的时候,她就带我去,这样很自然地,我也就成了天主教徒,不过,在广州,我去的是美国人办的新教教堂。"

"广州的哪个教堂?"

"新城里有一个,叫'粤东福音堂'。下次你跟我一起去?"香玫只是随口一说。

"好啊,我一定跟你去,我们说好了。他们说你是从北京来的,对吗?"

"是的。"

"他们还说,你的身世很坎坷。"戴沃伦说。

"谁在我背后说三道四的?"

"没人说你什么。我只是想要多了解你,你一定有很多故事,可以分享一下吗?"

"当然可以,也没有什么不能说的。我的父亲是抽鸦片死的,家也败了,我被夫家休了之后没地方可去,就来广州投奔了我舅舅。幸好我舅舅可以收留我。我可以帮他做点事,给客人弹琴,给我表弟们上课,帮我舅妈带孩子。就这么简单。"

"你给他们上什么课?"

"唐诗宋词还有英文,我三个表弟的课都是我上的。"香玫自豪地说。

"那真了不起! 没想到你还会说英文。"

"我很小的时候,父亲就给我请了国文老师和英文老师。教堂里的神父们都说英文。"

"你现在还恨你父亲吗?"戴沃伦问。

香玫低头沉默片刻,抬起头直直地看着戴沃伦的眼睛,说:

"恨? 我不恨他。他遭受了那么大的变故,我的祖父被皇帝处死,我的父亲他自己也差一点被杀,家还被抄了,我想他也很苦闷的。"

"那你婆家呢?"

香玫笑了起来,摇了摇头,说:"那么多年了。嫁到他家时相互不认识,结婚也就一年,在一起的时间也不多,没什么感情。不说那些事了,好吗? 说说你吧?"

"你想听我说什么?"

"比如,你干吗跑到广州来?"

"想挣点钱啊,就这么简单。人人都说广州富得流油,我们那里好多人跟广州这边做生意发了大财。我以前是水手,一年到头漂在海上,挺无聊的,风险大,又没钱,我不想一辈子在船上混,就跑广州来了。还算顺利,一来就找到了工作。最重要的是,还认识了你,玫姐,我也叫你玫姐,你年龄比我大一点,叫玫姐没错,可以吗?"

"认识我? 我没那么重要。"香玫没想到戴沃伦会这么说。她嘴上虽然这么说着,可心里还是觉得暖暖的,想到自己在这个男人心里也许有点分量,竟然有些欣喜。

"光说话了,忘记我来这是弹琴给你听的。"

香玫才意识到,她的手一直在古筝的同一个地方调来调去,有点不好意思了。

戴沃伦也意识到自己站着和香玫说了半天话，就退回到太师椅前坐了下来，为了缓解那一刻的尴尬，他往嘴里塞了颗葡萄。

香玫端坐在那里，稍微沉思了一会儿，调整一下自己的情绪，弹了起来。一阵悠扬的乐声飘了出来，香玫随即轻轻地唱了起来：

> 杨柳青青江水平，
> 闻郎江上踏歌声。
> 东边日出西边雨，
> 道是无晴却有晴。

戴沃伦虽然不知道她唱的是什么，但那美丽的乐曲让他如醉如痴。他盯着香玫，看着她的手在古筝上来来回回地拨动着，行云流水，娴熟自如。戴沃伦正陶醉时，香玫已经收了曲尾，站了起来。

"我该走了，下次你来再弹给你听。"

戴沃伦赶紧从太师椅上跳了起来，走到香玫边上说："下次可要很久了，玫姐。"

"为什么呀？不想过来了？"香玫不解。

"我要出一次远门，可能要近一年的时间才能回来。"

香玫心里觉得有点失落，她没来得及想到底那是一种什么感觉，听了戴沃伦这么一说，就又坐了下来。

"那我就再弹一曲吧。"

香玫就真的又弹了一曲，戴沃伦站在琴边看着她。曲终，香玫站起来，说："真该走了，否则我舅舅以为有什么事了呢。"

香玫转身就要去拉，忽然觉得肩膀被人拨了一下，一股力量将她转了回去，还没等她反应过来，戴沃伦双臂已经紧紧抱住了她。下一秒他的脸凑了上来，等她意识到这是怎么回事时，戴沃伦已经吻住了她，急促的呼吸喷在她脸上，让她闻到了久违的男人气息。香玫只觉得一股热流从上一直流到了下面。自从家庭遭到变故之后，香玫再也没有和男人亲热过，这是这么多年来，首次被一个男人亲吻，埋在心底的那种渴望一下子被激活了，她脑子里面都是空的，只觉得心跳得特别快，下意识中，香玫双手也紧紧圈住戴沃伦，主动回吻了过去。

"玫姐，玫姐，老板在找你呢。"有声音从门的那头传来。两人瞬间清醒过来，分开了双唇，但手臂还紧紧地抱着对方。两人对视片刻，会心地笑了，戴沃伦还做了个鬼脸。两人恋恋不舍地松开彼此，香玫匆匆整理了衣服和头发，让

自己稍微平静了一些,随后轻轻而快速地又亲了一下戴沃伦,才推门出去,离开了。

　　房间里变得异常安静,只剩下戴沃伦一人。他愣在那里,想着刚才发生的事情,一遍遍回味着那一幕,从开头到结束,每一个细节。他觉得就像是在梦里,虽然那一幕发生得如此迅速,也如此短暂,但回想起来心里有一种温暖的感觉。

第二章

风生水起

土耳其鸦片

戴沃伦和陈麦南坐了近半年时间的船,从非洲好望角绕上去,经地中海,终于到达康斯坦丁堡。这座奥斯曼帝国的第一大城,作为其首都已经有几百年历史了,它横跨欧亚大陆,是欧亚文化的汇集地。当船从宽阔的马尔马拉海进入博斯普鲁斯海峡时,散布在海峡两边密密麻麻的房子就扑面而来,远处索菲亚清真寺的圆顶和四根塔柱,明白无误地告诉着人们,这里就是康斯坦丁堡了。

这时候的奥斯曼帝国,已经显示出老态龙钟的样子。东边的沙特人在闹独立,北面的俄罗斯帝国步步紧逼,亚美尼亚人在俄罗斯的鼓动下蠢蠢欲动,时刻伺机闹事,远在天边的英国人也试图来插一脚,派了许多间谍来帝国秘密组织民间反对力量。屋漏偏逢连夜雨,就在帝国内部风雨飘摇之时,埃及的总督起兵谋反,试图把奥斯曼苏丹赶走,自己取而代之。奥斯曼苏丹用了很大的代价来换取俄罗斯军队的援助,才挡住了埃及叛军的进攻,避免了康斯坦丁堡的陷落。为了维持摇摇欲坠的帝国,苏丹只好更加依赖秘密警察对民众的控制。

在奥斯曼帝国上千年的历史当中,鸦片一直是合法的商品。然而很长一段时间里,另一种容易让人上瘾的东西——咖啡,却是非法的,销售咖啡以死罪论处。土耳其人把罂粟当成食物原料,用于制作糕点,或者制成鸦片吸食。年轻的妈妈们甚至会吸了鸦片之后把烟雾喷在哭闹的婴儿脸上,以使哭闹的婴儿安静下来。康斯坦丁堡附近的一个省以种植罂粟出名,名字叫阿芙蓉省,阿芙蓉在土耳其语里就是罂粟或者鸦片的意思,那个省的省会城市就叫阿芙蓉黑堡。康斯坦丁堡的大街小巷遍布各类烟馆,人们在这里吸食鸦片是非常平常的,没有觉得跟喝茶有什么区别。

戴沃伦和陈麦南在康斯坦丁堡找好了客栈,先住了下来。经过多番询问,他们终于确定了那死在广州的土耳其人买买特家所在的地方。两人带上翻译去了买买特的家,显然这是一个非常贫穷的家庭,在康斯坦丁堡边缘的一个贫民窟,坑坑洼洼的土路上到处是垃圾,路的中间积着水,就好像有条小溪淌在马路的中间,积水中还能看到死老鼠。买买特家是栋低矮的小土屋,人站在小土屋边上,一手就可以够得着屋顶的茅草,似乎只要轻轻一推,小土屋就会倒下去一样,一扇歪歪扭扭的小木门算是把屋内和屋外隔了开来。

戴沃伦在小木门上轻轻地敲了几下。一位老先生推开木门出来张望,看见他们,非常惊讶。戴沃伦说明了来意,并递给老先生一个布包裹。老先生做了个请的姿势,戴沃伦他们便低头弯腰进了屋,屋里光线很暗。众人脱了鞋在中间一块破地毯上席地而坐。老先生打开布包裹,拿起买买特的手帕,眼泪唰的一下子落了下来,滴在了手帕上。老人拿着手帕把眼泪擦净,又放到唇边吻了几下,然后把手帕贴在胸口,似乎在紧紧拥抱着儿子买买特。

戴沃伦他们安静地坐在地毯上,他们不知道说些什么,就都看着老人。

"老先生,我们非常遗憾你失去了儿子,我们抱歉无法帮你把买买特带回来。"见老人哭了一阵子之后变得稍微平静些,戴沃伦开口说道。

"谢谢你们把我儿子的东西带给我。我没有钱去把买买特带回来,看到这些东西,就当他已经回到家了。"

戴沃伦安慰老人:"我保证,他们给买买特埋在了一个好的地方,他的坟,面朝康斯坦丁堡,时刻看着老家。老先生,你知道他以前给谁做事?"

老人想了一下,说:"我也不是太清楚,不过他们的大老板叫欧斯。"

"我们如何可以找到欧斯?找到他对我们很重要,有些事情,我们需要他处理。找到欧斯,我们也许能够找到杀你儿子的仇人,并为他报仇。"戴沃伦问。

"你们不可能找得到欧斯。苏丹也到处在找他,他曾为埃及叛军提供武器和金钱,所以苏丹想抓他,把他处死。在我们这里,大家都听说过欧斯的大名,但没有任何人见过他,他来无影,去无踪,居无定所,就像一阵青烟一样。不过,你们也许可以去问一下苏利曼。买买特老到他那里去。"

"那我们如何去找苏利曼呢?"陈麦南问道。

"他在索菲亚清真寺附近开了家鸦片馆,名字叫"阿里巴巴烟馆"。你们到索菲亚清真寺附近去问好了,不会找不到的。"老人说。

翻译把老人说的几个名字写在一张纸上,把纸交给了戴沃伦。戴沃伦他们向老人道了谢,留下一些银圆,告辞了。

戴沃伦和陈麦南在索菲亚清真寺附近,没费多大工夫,就搞清楚了阿里巴巴烟馆的具体位置,那是一家在附近比较有名气的烟馆。他们到那里时已经是中午时分,烟馆里没什么其他客人,他们就要了一处比较安静的角落。侍者搬来一个精致的水烟壶。

"客人是要鸦片还是哈希石?"侍者问道。

戴沃伦不知道哈希石是什么东西,正犹豫着,陈麦男解释道:

"哈希石是一种大麻提炼物,但功效比大麻要强五倍。"

"那还是鸦片吧。"戴沃伦不喜欢不熟悉的东西。

水烟壶中间有个圆鼓鼓的水箱,用彩色玻璃装饰,水箱顶上有一个圆球状的容器,侍者往容器里放入一把黑色的东西,把盖子盖上,点着焦炭,然后把吸管递给戴沃伦和陈麦南,说:"这是土耳其鸦片,又称黑土,产自阿芙蓉省,我们在里面加入了桃干,薄荷,还有其他香料。烟经过凉水吸入,会有一种清凉的感觉,非常清香爽口。请慢慢享用。"

说完,侍者静静地站在边上,等着戴沃伦和陈麦南试用。戴沃伦用力吸了一口,水烟壶的水箱里,发出水翻滚的声音,水泡一个个往上冒,一口凉凉的,带有浓浓薄荷味的烟就进了戴沃伦的嘴,他感觉这味道要比在沁云楼的鸦片烟更容易让他接受。陈麦南则拿起吸管使劲抽了起来,似乎很享受的样子。侍者看到他们已经上了手,弯了一下腰,正准备离开,戴沃伦掏出一个银圆塞给了侍者,然后拿出一张纸,指着上面的名字,对侍者说,他想找烟馆老板苏利曼问几个问题。

侍者看着纸上的名字,点点头,转身走了。一会儿,侍者又走了过来,身后跟着一位身材矮小的中年男人,非常和善的面孔,带着微笑。男人走到戴沃伦他们座边,微微欠身施礼,自我介绍就是烟馆的老板苏利曼。

"苏利曼先生,我是戴沃伦,这位是陈麦南。我们来自中国的广州。广州,知道吧?很远很远,比先知穆罕默德从山那边过来还要远,我们从那里来,花了快半年的时间。"

"先生从那么远的地方来康斯坦丁堡,到我的烟馆,真是我的荣幸。不知我有什么可以帮先生的?"苏利曼还是那么笑容可掬的样子。

"他们说你是买买特先生的朋友?"戴沃伦问。

"是的,戴沃伦先生。买买特以前经常来这里。真可惜,他那么年纪轻轻就死了,他们说他死在了广州。"苏利曼惋惜地说。

"他在广州被人谋杀了,到现在是谁杀的,都还不知道。我们知道,他到那里是去卖鸦片的。可惜他和我们没有碰上,所以我们就到这里来,我们想找欧斯。"戴沃伦说。

"你们为什么要找欧斯?"苏利曼微笑着问。

"我们想买土耳其黑土。既然买买特是欧斯派去广州的,我们想,也许我们可以从欧斯那里搞到黑土。"

苏利曼说:"谁都不可能找得到欧斯。他躲起来了,苏丹到处在抓他,想杀了他。但他却在这个世界消失了,就像这烟一样,在空气中无影无踪。我劝你们别费精力,还是回去吧。"

戴沃伦和陈麦南非常失望地相互看一眼,两人拿起水烟管又使劲吸了几口。戴沃伦站了起来,递给苏利曼一小包银圆,说:

"你要帮我们找到欧斯,我会再给你一包银圆。我们真的想买,否则我们也不会折腾半年时间到这里,而且我们要买的数量会很大,欧斯先生不会失望的。"

苏利曼微笑着说:"我想想办法吧,不敢保证。你们先坐。"

他接过银圆走了。

戴沃伦和陈麦南吸着鸦片,等了半天也不见苏利曼回来,觉得希望不大,正想起身走人。侍者又走了过来,为他们装上新的鸦片。

"苏利曼先生让两位先生再坐一会,他还在联系,可能还要花点时间。这是他赠送的鸦片。"侍者说。

两人听侍者这么一说,只好继续等着。他们一边抽着烟,一边海阔天空地乱侃起来,以消磨无聊的等待。渐渐地,两人都觉得头有点沉,讲的话也变得上句不接下句,再过一会儿,两人都趴在了桌上,睡着了。

不知过了多久,陈麦南先醒了过来。他睁开眼,首先映入眼帘的是天花板,觉得自己是平躺在地上,背部有点凉,非常难受,像是有凸出的东西顶着自己,他转过头去看,见是大块鹅卵石铺成的地,这里像是在一个房间里,自己仰面朝天地躺在了这个房间的地上。陈麦南想坐起来,发现自己双手被绑着,搭在了肚子上,脚也被绑住无法动弹。他再转头看另一边,见戴沃伦躺在离他不远的地方,也同样被绑住。

"沃伦! 沃伦!"陈麦南轻轻地喊戴沃伦,但戴沃伦没有任何反应。他就只好继续静静地躺在那里看天花板。

又过了一会儿,陈麦南看到戴沃伦动了一下,好像要抬手的样子,但因为被绑住,没有成功。他又叫了一声:"沃伦!"

戴沃伦转过头来:"麦克,我们在哪里?"

"不知道。我们一定被苏利曼害了。"

"你移过来,也许我可以帮你解开绳索。"戴沃伦说。

两人一点点朝对方挪动。这时,门开了,进来三个彪形大汉。一个走到陈麦南的跟前蹲了下来,拿出一把尖刀,在窗外射进来的光线照耀下,泛出一缕寒光,显得特别刺眼。陈麦南觉得脸上有一阵冰凉的感觉,那人已经把刀面紧贴在了他的脸上,刀尖就在眼睛的上方。

"你说,到底是谁派你过来的?"那人显出很凶狠的样子问。

"没有人。我们真的是自己过来的,我们只是想买鸦片。"陈麦南说。

"你不说,是吗?那我先在你脸上割块肉下来,再不说,我就把你耳朵割下来,然后,我就慢慢割,先把你的脸全部削平了。"

那人说着,就提起了刀,另一只手抓起陈麦南脸颊骨上的肉。

"别,别,我说。"陈麦南求道。

"我们是旗昌洋行派来的。"戴沃伦插上一句。

"什么旗昌洋行?你们不要糊弄我。"

说着,那人抓陈麦南脸颊肉的手更紧了,抓得陈麦南嗷嗷直叫。

"我们是东印度公司的查尔斯派来的。"戴沃伦喊道。

戴沃伦心想,他们可能没有人听说过旗昌洋行,但东印度公司一定听说过的,所以他情急之下,就把东印度公司搬了出来。

"放开他们。东印度公司为什么要派你们来?"一个低沉的声音从门口传来。

那抓着陈麦南脸颊的手松开了,陈麦南仍然痛得直喘气。他们转过头去,看到一个身影走了进来,但是因为在阴暗里,看不清那人的样子。

"你们要找欧斯,我就是。东印度公司的查尔斯为什么要派你们过来买鸦片?"欧斯的声音非常平静,和蔼可亲的样子,像是一个受过很好教育的绅士。

"查尔斯想要自己搞一摊事情,他自己可以控制,就设立了旗昌洋行,专门做土耳其黑土的生意,挣的钱都是自己的,不用经过东印度公司。他就派我们来这里找欧斯先生。"

戴沃伦心想,反正他们没听说过旗昌洋行,从这里去广州来回要一年的时间,派人去广州为这事去查证的可能性基本没有,要编故事,就索性编到底。

"你要是不相信,我这里还带着旗昌洋行的银票,渣打银行出的,是第一笔货的头款。"

"把他们松开吧。"欧斯示意他手下的人。

戴沃伦和陈麦南被松了绑,觉得一阵轻松,站了起来。戴沃伦从口袋里掏出一张银票,递给身边拿着尖刀的那位,那人又把银票传给了欧斯。欧斯拿在手里看了看,问道:"你们想要多少?"

"先要一百箱的货。如果顺利,以后可以再进更多。"戴沃伦说。

"你这张银票是三分之一的价钱。要一百箱,头款太少了。"

"我保证货一到,另外三分之二的钱就立刻汇给你。我们通常都是这么做的。"戴沃伦申辩道。

"跟我做生意,就不是通常的。这样吧,我先给你五十箱的货,货到了之后,你立刻把余款汇给我。如果这次成功,以后头款可以三分之一。"

"先给我五十箱也可以,我还要几把土耳其水烟壶。"

"可以。你留下,跟船一起走,到了广州就把尾款打过来。要是有一点差错,我们会把你先杀了。"

欧斯说这话的时候,一点都没有杀气,依然以非常绅士的口吻,就像平时聊天一样。然后用手指着陈麦南说:

"你就自己先回广州去吧,把尾款准备好,不要有任何差错,否则你朋友小命就没了。他跟货船走。"

说完,不容戴沃伦申辩,欧斯转身出了门,其他人带着陈麦南走了出去,关上门,只留下戴沃伦一人在房间里。

航　行

载着五十箱鸦片和其他物品的船,驶离了康斯坦丁堡后,就开始了这场漫长的航行。这是条租来的船,船上十几个人里,除了有两个持枪的是欧斯的人,其余都是船运公司的。这两个欧斯的人,其中有一个担任船的大副。

戴沃伦和这批人天天吃住在一起,时间一长也就混熟了。船长四五十岁的样子,是个久经风浪的水手,跑亚洲也有好几次,去过广州多次。因为戴沃伦当过水手,和船长有很多共同语言,船长很喜欢他。戴沃伦给船长讲走私朗姆酒的事情,讲加勒比海的风土人情,以及他在那里见到的奇闻逸事,说到自己躲在盛满朗姆酒的酒桶里躲避海盗的事时,把船长逗得哈哈大笑。船长则给他讲在海上跟海盗周旋的事。

这一路要停靠好几个港口,补充水和食物。他们虽然也遇到几艘海盗船,也碰到几次风暴,但都是有惊无险。前面就是马六甲海峡,这是个航海人一提起就打怵的地方,这里海面狭窄,货船又多,是海盗抢劫的天堂。

这天,船长在甲板上碰到戴沃伦。

"戴沃伦先生,前面是马六甲海峡,过了这里,你就快回家了。"船长指着前方对戴沃伦说。

"是的,船长先生。我们在海上已经走了好几个月的时间,我真想马上回去。"

　　戴沃伦也确实是这么想的,不但旗昌洋行有好多事情在等他,而且,他还不放心先他离开康斯坦丁堡的陈麦南,不知道他是否已经安全抵达广州,更重要的是,他已经快有一年没见香玫了,一想起她,戴沃伦心里一阵温暖的感觉,想到马上又能见到她,他心里就是一阵激动,他太想念香玫那温暖湿润的嘴唇了。

　　"今天晚上我们会进入马六甲海峡,要加倍小心。那里海盗猖獗,决不能让他们爬上船来,否则我们都要没命的。"船长告诫道。

　　"以前你在这里碰到过海盗吗?"

　　"碰到过。但是只要我们能守住船,不让他们爬上来就没事,上来了无论如何一定要把他们打下去。"船长的语气是那么平静,好像并没有把海盗当成什么大事。

　　"当然,船长先生,现在我们船上有两杆枪。"戴沃伦回答。

　　他心里对自己说,希望不要碰到海盗,在广州外面被郑一嫂劫持的经历,让他心有余悸,那次幸亏有罗素出钱把他赎了出来,要是在这里被劫持,他都不知道向哪里去要赎金。现在听船长这么一说,心里有点害怕。这一路都还顺当,千万别在这一关遇上海盗。

　　晚上,夜深了,船渐渐驶入海峡,两边的大陆变得越来越大。大家都在甲板上全神贯注地看着海平面,搜寻任何一艘可疑的船只。看看周围没有什么可疑的动静,船长让戴沃伦和一部分人先去睡觉,等下半夜再轮换值班。

　　戴沃伦回到船舱,衣服也没脱就倒在了地铺上,在船上的一天非常累,加上晚上集中精力盯着海面,神经高度紧张,这下一放松,他马上进入了梦乡。

　　"砰! 砰!"两声枪响把戴沃伦从地铺上惊得跳了起来。他揉揉眼睛,听见甲板上嘈杂的脚步声,心里一惊:"不好,海盗真的来了。"他赶紧朝舱门口跑。正当他要推开门时,门开了,大副一手提着两杆枪,冲了进来,对着戴沃伦就喊:"你会用枪吗? 我们的枪手受伤了。海盗也有枪。"

　　"以前用过。"

　　戴沃伦一边说着,一边接过枪,和大副冲了出去。大副在前面,戴沃伦跟在大副身后,两人弓着腰,摸着黑,小心地往船尾走去。远远望过去,他们看到船尾有几个黑影,还有人往船上爬。两人摆好姿势,朝着船尾黑影扣动了扳机。两声枪响,就看到有个黑影倒在了甲板上。两人继续拉膛上子弹,又是两发子弹射了出去。黑暗里他们看见海盗们开始往船下爬,一会儿就不见了。两人跑到船尾,看到甲板上留着一具海盗的尸体,水面上一只小船正在驶开,就又对着小船放了几枪。然后把那具海盗尸体扔下海去。

　　正当两人庆幸把海盗打下船去的时候,他们听见船头有人说话的声音,看到船头被火把照得很亮。他们赶紧往船头跑去。一走近,他们就惊呆了。只见十几个水手坐在甲板上,有两个海盗一手举着火把,一手提着刀,在边上看住众人。另一个拿枪的海盗,在人群的另一边,用枪指着水手们。船长面朝戴沃伦和大副站着,他身后还有一个海盗,正用枪顶着船长的脑袋。

看到戴沃伦和大副提着枪跑过来,站在船长身后的海盗对他们喊道:"把枪放下,到这里给我坐下。不然我一枪把船长的脑袋崩了。"

火光在海风的吹拂下忽闪不定,船长的脸时明时暗,戴沃伦能够看到船长惊恐的眼神。大副和戴沃伦两人一阵犹豫,不知道应该如何应付,是继续对峙下去,还是应该把枪放到地上,顺从地加入坐在地上的水手们。

海盗见他们没有放下枪的意思,又厉声喊道:"我数到三,你们要是还不把枪放下,我就把船长打死。一,二,……"

还没等他喊出"三",戴沃伦甩头示意了一下,轻轻对大副说了声:"开枪。"

就听见砰的一声枪响,戴沃伦的枪口一缕白烟,船长往后踉跄了一步,撞到身后的海盗,然后哧溜一下滑了下去,倒在了地上。所有人都愣住了,大家以为是海盗开的枪,把船长打死了。这时又是一声枪响,大副打中了那个海盗,使得他弹了出去,摔在了坐在地上的水手中间,让水手们一阵骚动。用枪压住众水手的那个海盗赶紧掉转枪来,对着戴沃伦就是一枪,戴沃伦只觉得耳朵根一阵发热,几乎同时,戴沃伦的枪也响了,只见那海盗把枪一扔,扶着胳膊退后几步,然后一屁股坐在了甲板上。就在这一阵慌乱中,水手们抱住那两个拿刀的海盗的腿,海盗们拿着刀乱挥,但终因寡不敌众,被水手们按倒在地,夺走了刀,只好束手就擒。

戴沃伦和大副在船长身边蹲下,他们发现船长已经没气了。戴沃伦那一枪正好击中了船长的胸口。戴沃伦站了起来,心里有点难受,毕竟船长对他还不错,哪知道这一枪就把船长给打死了,想想那些海盗心里就有气,就指着那几个还活着的海盗,对水手们说:"把他们,死的和活的,全部扔海里去。"

戴沃伦摸了摸耳朵根,发现那里被子弹擦破了层皮,还渗出了点血。

当船靠近黄埔港时,戴沃伦看见码头上明白无误地站着一排清朝的士兵,士兵们手拿长矛和大刀,还有几个手里握着毛瑟枪。他不禁心里打起鼓来:"难道陈麦南没有和王发丹打过招呼?王发丹人呢?这队士兵站在这里想干什么?"

戴沃伦看了看四周,发现要把船掉头开走的可能性并不大,如果那样,反而会引起更大的麻烦。只好硬着头皮,让船靠了岸。

一个军官带着两个士兵上了船。其中一个士兵一上船就喊：

"粤海关副主事，海关港口督查许远，许大人到。"

戴沃伦想起来，王发丹曾经提起过这个名字，但实在想不起来是在什么场合下提起的。他赶紧弯腰，满脸堆笑："许大人好。这里运的是旗昌洋行的货。我是戴沃伦，在旗昌洋行做事。我跟你们王发丹大人是好朋友。"

戴沃伦故意提起旗昌洋行和王发丹的名字，希望这位许大人能够知晓其中的道理，也许听到王发丹的名字，这位许大人会给他们放行。

许远是个年轻的官员，身材魁梧，比两个士兵高出大半个头，浓眉大眼，一副朝气蓬勃的样子，和王发丹的猥琐形成很强烈的反差。许远瞥了一眼戴沃伦，他似乎根本没有明白戴沃伦的意思。

"你们从哪里来？"

"土耳其的康斯坦丁堡。"

"运的什么货啊？"

"来自奥斯曼帝国的各种香料。可以用来做菜，点香。我们旗昌洋行是做国际贸易的，不管哪个国家，只要有好东西，我们都做，可以挣很多银圆。"

戴沃伦嘴上这么说着，他心里其实有点虚。他拿出一包银圆，故意拿在手上，从左手倒到右手，来回倒腾，银圆发出清脆的撞击声。不过，这位许大人好像没有看见一样。

"这是海关的例行检查，我去看看。你在前面带路。"

戴沃伦只好在前面带路，许远和两个士兵跟着来到船舱里。他们来到一个箱子前，许远让戴沃伦打开箱子，从里面拿出一包东西拆开看了一眼，又拿到鼻子前闻了闻，然后重新把那包东西放了回去。

"大人辛苦了，这是点小意思。"

戴沃伦想把那包银圆塞到许远的手里，许远板着脸，瞪了戴沃伦一眼，用手把戴沃伦挡了回去。

"走吧。"

许远挥了挥手，就走出了船舱。大家跟着许远走到了甲板上，水手们都聚在那里看着。戴沃伦提在嗓子口的心也放了下来，心想，幸亏这位许大人是个粗心的人，没有继续往下查。

"都下去吧。"

许远说着，命令船上所有人都下船。戴沃伦下到码头上，看着所有人都下了船，心里想，这许远要搞什么鬼，为什么让所有人都下船。正想着，许远已经开了口：

"我请大家到港口督查署,今天晚上就住那里。海关需要对货物彻底清查,如果没有问题,明天放大家走。"

说完,不容众人分辩,许远掉头就走。戴沃伦一听,心里马上着急起来,要是他们真的仔细检查,那一定会查出鸦片来,五十箱鸦片,再怎么伪装,再怎么藏,一定会被发现的。他摸不透许远,不知道他为什么这么认真,竟还有不收贿赂的清朝官员。但是,现在再着急也没有用,只好走一步是一步。

士兵们押着戴沃伦和水手们来到港口督查署,把所有人都关在了一个空旷的大房间里,房间只有在很高的地方有一扇小窗,所以房间里显得比较暗。士兵们把门锁上之后,房间里只剩下戴沃伦和水手们。

"戴沃伦先生,你说,这是怎么回事?"大副瞪着眼问。

"我也不知道。"戴沃伦回答。

"你不知道?你不是说广州海关你都能搞定的吗?"

"这个姓许的,我以前没有打过交道。海关的头儿是王大人,我很熟。"

大副一把揪住戴沃伦的衣领:"你搞的什么鬼?既然你能搞定海关的头儿,海关为什么还来查我们?"

"别这样,好好说。"戴沃伦举着双手。

"别这样?真要查出来,我们都活不了。不过,要是你捣的鬼,我们会先把你撕成碎片。"大副把手松开了,但眼睛仍然狠狠地盯着戴沃伦。

"我有什么理由要来捣鬼?我和你们是一条船上的,你们要是今天被砍头,我的头也留不到明天。这事,我也觉得蹊跷,不知道怎么回事,现在着急也没有用,再等等,容我想想办法吧。"

戴沃伦其实不知道有什么办法,再等等会有什么结果,他自己也不清楚,只能嘴上先这么应付着大副,现在最重要的是联系上王发丹,但如何才能联系上王发丹呢?或许陈麦南已经告诉了王发丹,过一会儿王发丹就会来解救他们?

从白天到晚上,除了看门的士兵进来送饭菜,没有其他人进来看过他们,也没有外面的任何信息。端进来的饭菜,又被端了出去,大家好像没有胃口,每个人心里都十分焦急,长途旅行加上心里焦虑,人们都低头坐在地上,房间里异常沉闷,许多人闭上眼睛,昏昏入睡。

到了晚饭的时候,房门开了,进来一个士兵,板着个脸,手里托着一个大盘子,上面放着的是大家的晚饭。王发丹依然没有出现。戴沃伦觉得不能再这样干等下去,便站了起来,等到士兵把大盘子放到了地上之后,来到送饭的士兵边上,迅速塞了几个银圆给他说:"我是你们主事王发丹王大人的朋友。"

士兵很惊讶,这个塞银圆给他的蕃鬼竟然会讲中文,而且还说是海关老大

的朋友,脸上马上和善了许多:"你中文讲得不错啊!"

"我来广州已经有些时间了,在旗昌洋行做事,以后许多事还请多多包涵。你们的老大王大人经常到我们那里去玩,我们的生意,全靠王大人罩着。我和海关应该是自己人啊,怎么今天这么倒霉,被自家人关了起来。这里一定有很大误会。"

士兵心想,既然是头儿王发丹的朋友,最好不要怠慢了:"是啊是啊,既然是王大人的朋友,一定是个误会。王大人来了就解决了,耐心等等。"

"不行啊,家里好多事情,再等下去要误事的。"戴沃伦又往士兵手里塞了几个银圆,"麻烦你去告诉王大人一声,就说有个旗昌洋行的戴先生被海关关起来了。让他赶紧来一次。我不会忘记你的好处的,王大人也会记得的。"

士兵收了银圆,转身往门外走,边走边说:"戴先生请放心,我马上就去办这事。"

士兵走后又过了很久,戴沃伦不禁焦虑起来,心想:这王发丹怎么就不见踪影了呢,要是熬到明天天亮,许远查出了船上的五十箱鸦片,这事情不免搞得不可收拾。正在忐忑不安之时,一阵急促的脚步声传来,由远而近。门开了。

"戴先生,受惊了。"王发丹人还没有跨入房间,他的声音就已经传来了。

王发丹身后跟着陈麦南,陈麦南身后跟着那个去送口信的士兵。

"王大人来了,我们就有希望了。"

戴沃伦从地上一骨碌站了起来,立刻变得精神焕发,长途旅行的憔悴一扫而光。

"戴先生,我是来接大家出去的,我一听说就匆匆赶了过来,来得晚了点,还请戴先生包涵。"王发丹说。

"王大人一来就可以把事情搞定。收到我让他带的口信?"戴沃伦指了指跟在后面的那个士兵问。

"我一天都在外面巡查,没有在海关。他专门跑来找到我,知道你们被许远这小子关了起来,我就赶了过来。"王发丹回答。

"麦克,你怎么也知道我们被关起来了?"戴沃伦问。

"我回来后,因为不知道你什么时候到,就天天派人到码头来打听消息,问有没有从康斯坦丁堡来的船。今天下午得到消息,说有一艘船从那里过来,但一直没见到你。后来一打听,说你们被关起来,船也被扣下。我就到处去找王大人,一直没有找到,刚才路上正好碰到王大人,就一起过来了。"陈麦南回答。

　　"港口督查许大人好像来者不善,硬是要把我们给扣下来,不知道他是个什么来头。我提了王大人的名字,他就像没听见一样。"戴沃伦说。

"许远这家伙整天和我对着干,他老是自以为是,不把我放在眼里。我下次一定好好教训教训他。"王发丹愤愤地说,"他们今天从船上查出来五十箱鸦片,检查报告都出来了,要是报上去,这可是死罪啊,这事,我给压了下去,把检查报告改成了五十箱药材。对别人我是不会做的,戴先生是老朋友,这点忙还是要帮的,以后很多事情,也需要戴先生的帮忙。"

戴沃伦明白王发丹的意思,马上接口道:"王大人救命之恩,终生不忘。我出去后一定重谢。"

"重谢就不必了。天已很晚,现在找地方住也不容易,水手们还是回船上去休息吧。许远这边我来处理。你们赶紧走吧,过几天我到旗昌洋行去拜访,我们再聊。我先走一步。"

王发丹转身往门外走去,边走边对卫兵说:"把人和船马上放了,就说船上全部是香料和药材。现在就去办,要是许大人问起来,就说是我这么说的。"

戴沃伦和陈麦南到码头为土耳其人送行。船上的货物已经装卸完毕,五十箱土耳其黑土全部进到旗昌洋行的仓库里,回程的船上装满了茶叶和瓷器。土耳其人在广州经历了这场惊吓,也想早点离开这个地方。

大副看到戴沃伦来送他们,很高兴,他紧紧握着戴沃伦的手说:"戴沃伦先生,和你做生意真荣幸。这次在广州,我能看到你在这里的影响力,我回去后,会马上向欧斯汇报。"

"尾款已经由渣打银行汇出去了。以后我要你们每两个月发一条船的货,在月初的第五天到广州外海。我在外海会建一个海上仓库。你们把货卸下就可以走,货到之后,尾款马上会打过去,剩下的事,我处理。你们不需要进广州,所以没有被抓的风险。全部风险我承担。如何?"

"谢谢你,戴沃伦先生。我们保证按时交货。"这次戴沃伦能够让他们化险为夷,让大副极为佩服,他觉得戴沃伦是个信守承诺的生意人。

"你们赶紧走吧,在这里夜长梦多。"

陈麦南和戴沃伦站在码头看着土耳其人的船慢慢驶出港口。

"海上仓库?"陈麦南不解地问。

"对,我们把土耳其鸦片存放在那里。运货的都是大船,每次进来,目标太大,容易被扣下,要是许远以后再捣鬼,或者清朝官场发生什么变故,直接运鸦片进来的风险太高,容易被扣下。这次让王发丹帮忙解决,以后要是再被扣,还要去找他帮忙,太麻烦。存放在海上仓库里,每晚用小船分批一次次运进来,目

标小,也可分散风险。"

"这倒是个好主意,不过,怎么建海上仓库? 你是想在外海停放一条船吗?"

"对,在外海停放条大船。"戴沃伦说。

"刮风下雨怎么办? 尤其是刮台风的时候,再大的船,都有可能被吹翻。"陈麦南担心地问。

"这倒是个问题,我没有想到。"

两人陷入沉思。还是陈麦南先开口。

"如果我们放几条大船,用铁链或者木板把它们连接起来,做成一个很大的海上平台,又大又稳,这样就可以抵御风浪,台风来了也没事。"陈麦南说。

"好主意。为保险起见,台风季节我们就不要让土耳其那边送货了,那段时间,我们可以把海上仓库拆了。台风季节也就是夏天几个月,一过那几个月,我们再把海上仓库建起来。反正这儿的人工很便宜,找几个人拆装就是了。"

许远穿着便装来到查尔斯公馆。上次来的时候,查尔斯给了他不少银子,让他看着点从土耳其来的船,一旦有从土耳其来的船,一定要彻底搜查,并及时通知查尔斯。今天查尔斯叫他过来,许远心里一直不踏实,不知道这家伙想要干什么。

许远是广东本地人,从小父母双亡,由祖父母带大。小时候不喜读书,整天在大街上和小混混们练棍拳棒腿,练得一身好武艺,和小混混们一起欺凌弱小,祖父母管不住他,只好任由他去。长大后,许远长得一表人才,身材魁梧,声音洪亮,祖父母为了不让他跟这一帮狐朋狗友学坏,就把他送到军营里。在军队里锻炼几年后,许远来到粤海关做事,后来被王发丹的前任赏识,提拔为粤海关副主事。

许远一进门,查尔斯就满脸笑容,一瘸一瘸地迎了上来。

"许大人,什么事情劳驾你到我这里?"

许远心想:"不是你叫我来的吗,怎么问起我来了?"嘴上则敷衍着说:"是的,是的,我过来看看。"

"许大人最近有没有看到从土耳其来的船啊?"

"有。最近被我扣下一艘。"

"哦? 运什么东西过来的?"

"我还没来得及亲自去检查,就被放掉了。海关记录说是药材,但我听当兵的说,好像是五十箱土耳其鸦片。"

"什么? 五十箱土耳其鸦片给放进关了? 这下麻烦大了。狗屁药材,土耳其有什么药材可以运到广州的？海关记录显然是骗人的,这些药材就是鸦片。我不是跟你说过吗,所有从土耳其来的船必须全部扣下,必须彻底检查,不能放进来任何一点土耳其鸦片,而且土耳其那边来船的话,你要立刻来告诉我？你是怎么做你的工作的?"

查尔斯的笑容一扫而光,凶狠的目光盯着许远,就在这刹那间,他就像换了一个人一样,恨不得一口把许远吞下去。

许远心里骂道:"你娘的,我凭什么听你的？你不就是给了我几个银圆吗?"心里虽然骂着,嘴上却说:

"是我把它扣下的,我把人全都关了起来,你想想,我怎么会把船放掉?"

"那是谁放的?"

"王发丹,粤海关主事。"

"王发丹？就是那个新上任的?"

"是。他是海关的头儿,是我的上司,他要放船放人,我哪里拦得住?"

查尔斯心里直后悔。当时王发丹上任的时候,手下人提醒,让他去拜访一下,顺便送点礼。当时一方面他正忙着别的事,另一方面他也没有把王发丹当回事,觉得有副主事许远掌控着港口,就把给王发丹送礼的事给忘了,现在还果真给他带来了麻烦。

"你要往上告那个姓王的杂种,告他和鸦片走私贩勾结,偷运土耳其鸦片进关,把这小子给抓起来。"

"我又没有证据,怎么去告他？海关记录上没写鸦片。"许远顶了查尔斯一句。

"你知道这船是给谁运的货?"查尔斯问。

"这我知道,是旗昌洋行的货,一个叫戴沃伦的美国人押运过来的。"

"又是旗昌洋行的戴沃伦,这家伙尽找我的麻烦,我一定要给他点颜色看看。"

"查尔斯先生认识他?"

"在伍浩官家见过一面。当时没觉得这家伙有什么能耐。想不到,竟然将土耳其鸦片运进了广州。"

"等下次他走私鸦片的时候,我们再来想办法抓他。"

"好吧,这事不能怪你。记住了,下次要有从土耳其来的船,不管是运什么的,都给我拦下来,绝对不能让姓王的那个主事又把事情搞砸了。"

许远走了之后,查尔斯又把阿一叫了来。

"阿一,你有没有听说这事,据海关的人说,旗昌洋行的戴沃伦运进来五十

箱土耳其鸦片。"

"什么？运来了五十箱土耳其鸦片？上次我警告过戴沃伦这家伙，看来我得给他吃点苦头。"

"对。这几天你要去各个烟馆给我看着点。要是有土耳其鸦片，赶紧来告诉我。我们一定要把这个口子给堵住。"

"这么多鸦片进来，我们怎么堵得住？"

"堵得住得堵，堵不住也得堵。"

"是。"阿一答应着。

"要是看到有烟馆在卖土耳其鸦片，记住，一定要想办法让它们停止销售。"

"当然。要有烟馆卖土耳其鸦片，我们就去把那烟馆砸了。"阿一回答得一点都不含糊。

上帝会同意的

第一批五十箱土耳其鸦片到港后不久就全部销完了，市场反映特别好。广州的烟市，由于被查尔斯垄断得太久，所以当价廉物美的土耳其鸦片一出现，大家都蜂拥而上，市场的热情度出乎意料。戴沃伦觉得，这个市场是找对了。

处理完公司的事务之后，戴沃伦提前下了班，他想去趟沁云楼，拜访一下林老板，林老板买了很多土耳其黑土和所有的土耳其水烟壶，是旗昌洋行当之无愧的大客户。当然，去沁云楼最主要的目的，是去看洪香玫，上次见她，已经是一年前了。

戴沃伦拄着文明棍，一进沁云楼，就看到林老板笑呵呵地迎了上来。

"戴沃伦先生，欢迎过来。怎么那么长时间没有来？快一年了吧？"

"有一年了。我去了趟奥斯曼帝国的康斯坦丁堡。"

"原来如此。我想，是你带来的土耳其鸦片，我猜得没错吧？"

"是。你的客人用的情况如何？"

"年纪大的客人还是喜欢印度来的烟土，年轻客人都很喜欢土耳其鸦片，特别是带有水果味的，使用土耳其水烟壶来烧烟，年轻人觉得非常新鲜时髦。还能再订一批水烟壶吗？"

"要等下一船，到时候会有一批水烟壶过来。"

"下次我再多要些土耳其黑土,你再给我一点折扣如何?"

"当然可以。渣甸洋行的人有没有来问过?"

"没有,我只有很少的货从渣甸洋行进来,大部分还是从查尔斯那里来的,查尔斯的东西比渣甸洋行的稍便宜些,虽然是同样的东西,但是他们的和你的土耳其鸦片比,还是要贵很多。查尔斯那边有人过来问起。"

"查尔斯的人怎么说?"

"还能怎么说?想让我不要进土耳其黑土呗。我对他们客气,口头上应付应付,不让他们为难。"

"那你现在进了这么多数目的黑土在烟馆里卖,他们会对你怎样?"

"其他烟馆,他们会去惹麻烦。我这里他们不敢。"

"为什么呢?"

"我儿子阿一是查尔斯公司的,是专门管这一片区的头儿。阿一让我不要进旗昌洋行的货,哪有儿子管老子的?只要东西好,价格合理,顾客需要,我就要了,阿一能拿我怎么样?你说是吗?"

"本来就是应该这样的嘛。"

"而且,别看香玫的爷爷被皇帝处死了,她爷爷的门生故旧都还在朝中,两广地区和北京城里都有,不看僧面看佛面,念念老爷子生前对他们的提携,有时候需要他们帮忙的话,还是可以的。我的老爹生前在京城也曾做过官,虽然官不大,好坏也是个京官,以前也提拔过一些官员,这些关系需要的话,也是可以用的。广州城里有谁要动我,得好好掂量着点。"

"还是小心为好,林老板。要是查尔斯急起来,也会给你带来不少麻烦。还是未雨绸缪的好。"

"是,那是当然的。"林老板嘴上说着,心里颇不以为然,"哎呀,我们光顾说话了,戴沃伦先生今天来沁云楼,是要……"

"可以给我要一个小包房吧?"

"当然可以。就你一人?"

"对,就一人。"

"你好久没来,我今天给你升级到最大的包房吧,就是伍公子经常要的那个房间。"

"那太谢谢了,不过,我一个人,小房间就可以,不需要这么大的包房。"

"没事,那房间今天正好空着。还要香玫过去弹琴?"

"那最好了。"戴沃伦心里想,他还正要问呢,林老板倒自己提出来了,那就免得他开口。

"我去问她一声。你知道的,她要是不愿意,我也没有办法。"

戴沃伦进了包房。一年前伍公子带他第一次来沁云楼,当时要的就是同一个房间。一个人在里面,房间显得很大,巨大的烟榻上已经放好了烟具、茶水和水果。戴沃伦心里想着香玫,觉得等待的时间特别慢,既有一种特别美妙的期待感,又有一种忐忑不安的感觉,一年不见香玫,不知道她还愿不愿见他,不知道这一年她有什么变化。想着想着,戴沃伦就在房间里来回踱起步来。

过了一会儿门开了,用人进来摆好小桌和椅子,把古筝搬来放在了桌上。戴沃伦知道,香玫已经同意过来了。他能感觉到自己的心跳得飞快。

过了好久,也没见香玫进来。戴沃伦正纳闷着,香玫穿着薄薄的白底小蓝碎花的长裙,飘飘然走了进来,闩上门就转身快步朝戴沃伦走来:"你总算来了。为什么不是一回来就来看我?"

她走到戴沃伦跟前,还没等他反应过来,双臂已经钩住了他的脖子,吻住了他。戴沃伦立刻紧紧回抱住香玫,两人站在那里疯狂地亲吻。戴沃伦能感觉到香玫凸出的胸部紧压着他,他觉得嗓子特别干燥,双手不自觉地在她后背抚摸起来,从背部到臀部,再到腰侧,开始一个一个解开她长裙的扣子。

戴沃伦一把抱起香玫放到大烟榻上,把自己的身体压了上去。这时香玫却突然推开他坐了起来,一时间戴沃伦不知道她想做什么。只见香玫拿住挂在脖子上的白玉十字架,放到嘴唇亲吻了两下,又在胸口比画了三次十字,嘴里念念有词,似乎在祷告。戴沃伦看着赤裸着身子的香玫做着这套仪式,觉得有点可笑,但他还是忍住了,只是说:"上帝会同意的,玫姐。"

香玫做完仪式后,对他笑了笑,用双手抵住戴沃伦的肩膀,一把把他推倒,跨坐了上去。

待两人好不容易平静一些,戴沃伦一手搂住香玫,一手抚摸着她的头发,温存地看着她。

"你去哪里了,那么长时间一点消息都没有?"香玫问。

"我出差去了趟奥斯曼帝国的康斯坦丁堡。坐船去的,很远的路,来回一年的时间。"

"你这一路都没有想我吗?"

"时刻在想,就连杀海盗的时候都在想我的玫姐。"

"你骗人,男人的话真不能信。"香玫嘴上这么说着,心里还是甜滋滋的,扭头亲了一下戴沃伦。

"我没骗你,别的男人的话不能信,自己家男人的话是应该相信的。我不在的这一年,你怎么过的?"

这句话让香玫听得非常受用:这个男人,是她的男人。

"还能怎么过? 跟以前一样,给我表弟们上课,帮我舅妈做事情。在这里,日子很轻松,也很无聊。"

"你嫁给我好吗? 你反正总要嫁人的嘛。"戴沃伦半开玩笑地说。

"嫁给你?"

香玫侧过上半身,盯着戴沃伦,她不敢相信她听到的。

"对,就是你们中国人说,我娶你。"戴沃伦说。

"你不知道我是被休了的? 我的年龄还比你大呢,你们洋人不都是要找年轻点的吗? 你不嫌弃我?"

"我哪里嫌弃你? 只要你不嫌弃我就行,玫姐。我现在是一个穷光蛋,不过以后我会很有钱的,一定的。"

"这要同我舅舅说。"

戴沃伦知道像香玫这样的家庭,嫁人是要很丰厚的聘礼的,看来香玫对这事并不反对,他觉得还是有希望,不过现在,他还得努力挣钱,有了钱,这一切都好说。

"我下次找机会问你舅舅。"

"我给你弹首曲子吧。"香玫心下欢喜,主动提议道。

"好。"戴沃伦半靠着背垫坐起来,仿若看着女神般,看着香玫坐到琴前。她一边弹,一边唱:

春江花月夜
江楼上独凭栏
听钟鼓声传
袅袅娜娜散入那落霞斑斓
一江春水缓缓流
四野悄无人
唯有淡淡细来薄雾轻烟
看月上东山
天宇云开雾散云开雾散

光辉照山川
千点万点千点万点
洒在江面恰似银鳞闪闪

惊起了江滩一只宿雁
春江花月夜
怎不叫人流连

　　曲终,香玫起身缓缓走到烟榻边。她随手拿起一颗葡萄,咬在嘴上,俯身用嘴对着戴沃伦的嘴,一咬,那半颗葡萄就进了他的嘴。戴沃伦马上觉得一丝甜甜的味道沁入心田,他一个纵身坐了起来,一把将香玫按倒在烟塌上,再次把他宽大的身躯压了上去。

　　香玫在戴沃伦包房里的时候,阿一也来到了沁云楼。他是吃过晚饭来找香玫的,他带着两个手下,安排他们在走廊的格子间抽鸦片等他。他自己跑到林老板住处的花园。看到用人,劈头就问:"我玫姐在吗?"
　　"玫姐给客人弹琴去了。已经去了老半天的时间。"用人回答。
　　"什么客人?"
　　"一个叫戴沃伦的美国人。"
　　阿一一听,气就不打一处来。戴沃伦不听他的警告,把土耳其鸦片偷运进来,这几天,阿一在广州四处跑动,查看有哪家烟馆进了土耳其鸦片。让阿一十分为难的是,沁云楼从戴沃伦那里进了不少鸦片,阿一为这事还跟他爹吵了一架,但林老板毕竟是他的爹,沁云楼又是他们的家产,阿一也实在无能为力,只好在查尔斯这边打马虎眼,否则,要是别的烟馆,阿一早就把它砸个稀巴烂。现在,他的玫姐还要给戴沃伦这小子弹琴消遣,阿一越想越怒火中烧。他拔腿就往烟馆里跑。
　　阿一来到大包房的门口,就听见香玫在唱《春江花月夜》。阿一用手推了一下门,门是锁着的。他在气头上,想把门撞开,已经摆好了姿势准备猛撞上去。但他马上又改变了主意,他怕这么闯进去香玫会训斥他。阿一想了想,转头就走,到他手下的格子间同他们一起抽鸦片去了。
　　他们抽了一会儿烟,阿一把烟枪往桌上一扔,说:"走。"
　　他的两个手下愣在那里,不情愿地放下抽了一半的烟枪,见阿一已经走到门口了,只好离开烟榻,和阿一一起,走出了沁云楼。

　　戴沃伦走出沁云楼时,外面已经漆黑一片。时间过得太快了,他在沁云楼里和香玫一起,从下午一直到夜晚,现在也不知道是什么时辰,连沁云楼门口的灯笼也灭了。现在他觉得肚子有点饿了,想赶紧找个地方吃饭去。他刚走到路上,就听见有人在叫他:"戴沃伦,你竟然还敢来这里?!"

戴沃伦看到前面有两个身影,转过身来,看到后面还有一个人跟着他,但看不清他们是谁。他心想:难道遇到劫匪了? 他本能地打量了一下四周,想寻找一个可逃跑的路径。

　　"你们是谁?"戴沃伦问。

　　"这要紧吗?"

　　还没等戴沃伦回过神来,一阵风过来,他的脸上就被重重地打了一拳,他用手去摸了一下脸,觉得有黏黏的东西从鼻子里出来,一定是出血了。他立刻挥手反击,一拳把前面那个打翻在地,他手还没有收回来,有人一拳打在了他的胸口,边上另一个人又一拳把他打了一个趔趄,扑哧一下,戴沃伦倒在了地上,手扶地的时候,擦得火辣火辣。他想撑着起身,那几个人已经对着他一阵乱踢。

　　"阿一,干掉他,回去好给老大交代。"一个声音在边上响起。

　　戴沃伦这才知道这是阿一和查尔斯的人,但他现在一点反抗能力也没有,只好听天由命,任由他们摆布。

　　又是一阵雨点般拳打脚踢。

　　"慢慢来,我要把他的肉,一块块切下来,让他慢慢地死。我要让所有人知道,想跟我们东印度公司对着干,这就是下场。重根,把刀给我。"

　　那个叫重根的人递给阿一一把小刀。

　　阿一接过刀。先在戴沃伦胳膊上划了一条很深的口子,说:"这叫试刀,看刀快不快。"

　　戴沃伦一下子觉得有钻心的痛,忍不住大叫一声,随手对着阿一就是一巴掌,一个翻身,滚到另一边,他努力想爬起来,用胳膊撑住地上,还没等他站起来,阿一的人就跟了上来,又是一阵乱踢,阿一对着戴沃伦头部连踢几脚,戴沃伦被踢昏了过去,躺在那里一动不动。

　　"你装死好了。不会让你死得那么快的,我先来割你脸上的肉,一块一块慢慢割,等脸上没肉了,就变成一个骷髅头。"

　　阿一说着,拿着刀让戴沃伦蹲下,琢磨着该先从脸上哪里割下第一刀。

　　正在这时,沁云楼的门开了,里面的灯光洒了出来,照亮了阿一和那几个人的脸。

　　"阿一,你在干什么?"

　　香玫一边说,一边走了出来。戴沃伦走后,她又在房间里坐了一会儿,回味起今天和戴沃伦一起的时间,心里感觉特别甜美。正要起身离开时发现戴沃伦的文明棍还留在房间里,就拿着文明棍追了出来,恰好看见了阿一拿着刀,一手抓紧了戴沃伦脸上的肉,正要下手割肉。

"玫姐,这家伙出来就和我们打架,又打不过我们,被我们干倒了。"

一看香玫出来,阿一赶紧收起了刀,站了起来。

"阿一,你干的什么好事,怎么把店里客人弄死了?"

香玫三步并作两步,走到戴沃伦身边,看到他脸上满是血污,手臂上一道大的口子,正往外流着血,瞬间眼泪就下来了。她蹲下身子,摸了摸戴沃伦的鼻孔,发现还有气,才放下了心,她站起身,带着哭腔,骂道:"阿一,你这个混账东西,在外面惹是生非不够,还跑到家门口来闹事,你都快搞出人命了,你不怕下牢狱啊? 你索性把我也弄死算了。"

"别,别,玫姐,我哪里敢?"

别看阿一平时天不怕,地不怕,看见香玫,就像老鼠看见了猫那么温顺。阿一嘴里说着,就想着赶紧跑,对他手下挥了一下手。

"玫姐,天不早了,我们先走一步。"

他刚迈开脚步想离开,就听见香玫厉声喝道:"你哪里走? 帮我把他抬进去。"

香玫带着哭腔的语气中夹杂着威严,不容阿一置辩。

"好,好。抬进去。快快,抬进去。"

阿一一边说着,一边指挥着手下的人和他一起抬着戴沃伦,往沁云楼里面走。心里直后悔,当时就该很干脆地一刀下去,结果了他的小命,干什么还要在那里折腾他半天。现在好,不但人没弄死,还要帮着抬他,救他,真是窝囊。低头看着戴沃伦奄奄一息的样子,真想一甩手,把他摔在地上摔死了,但看看边上洪香玫的样子,他还是没敢松手。

他们把戴沃伦抬到一个平时空着的小屋里,把他放在床上。香玫没好气地对阿一他们说:"你们现在可以给我滚了。"

说完就把阿一他们给轰了出去。香玫先拿了一块干净的布,裹住戴沃伦的胳膊,再用绳子把布在胳膊上绑紧,然后又去打了一盆热水,找了一块绸布,弄湿了后一点一点把戴沃伦脸上的血污洗干净了。然后,她就在床边坐着看着他,时不时掉几滴眼泪下来。过一会儿,香玫累了,就在戴沃伦边上和衣躺下,睡着了。

戴沃伦睁开眼睛,首先进入眼帘的是天花板,他想抬头,但觉得头特别沉,还很痛,他就作罢了,向一边转过头去,看见窗外天空已经蒙蒙发亮,他不知道这是什么地方,也不记得昨晚发生了什么事情,他把头转向另一边,见是香玫侧身背对着他睡觉,他想伸手去摸她,但手臂很痛,抬不起来,只好就躺在那里看着香玫。过了很长一会儿,香玫翻了个身,脸朝上躺着。戴沃伦忍不住轻轻地说:"玫姐。"

"嗯。"

香玫像在梦里回答,但没有动静。

"玫姐。"

"嗯。"还是没有动静。

忽然,香玫一下子坐了起来:

"你醒了? 你醒了?"

香玫惊喜地盯着戴沃伦。

"我这是在哪里?"

"你还在沁云楼里啊。"

"我怎么还在这里? 我头很痛,手也很痛。知道怎么回事吗?"

"你不记得昨晚被人打了?"

"不记得了,哦,好像有点印象,但完全模模糊糊。"

"你忘了拿文明棍,我就出来追你,正好看到阿一他们在打你,刀都拿出来了,你身上到处是血,胳膊被划了一刀。"

"哦,我好像有点记起来了。好像是……他们要杀我。"

"我正好出来,他们就停了。阿一还是怕我的。"

"你救了我,我要感谢你。"

戴沃伦想要坐起来,香玫连忙按住他,俯身对着戴沃伦的嘴亲了一下。

"你把我抱进来的? 你怎么抱得动?"戴沃伦说。

"我让阿一和他的人把你抬到这里来的。阿一也许一百个不情愿,但我说的话,他还是不敢不听的。"

"我肚子有点饿了,能弄点吃的吗?"

"现在还早,用人没起来呢,等一会儿用人起来了,我去给你弄吃的。"

"你看我这样子,今天还能回公司去工作吗?"

"你那样子去公司,鼻青脸肿的,人家不都被吓坏了? 你得休息几天,我让人去告诉楼先生。你就先住在这里,这间屋子离我的房间不远,天亮之前我先回自己那儿去,免得别人讲闲话。"

"那就遗憾了,我还在想,这可是个好机会,你为了照顾我,正好可以和我住一起呢。"戴沃伦这个时候都不忘了打趣。

"我可以偷偷来看你的呀,这也不耽误你我在一起。"香玫做了个鬼脸。

戴沃伦知道是什么意思,笑了笑。

在香玫的精心照顾下,戴沃伦康复得很快。

周日,戴沃伦陪香玫去了趟教堂。这是广州唯一的教堂,但并没有建在珠江南岸或者东边外国人集聚的地方,而是在北岸新城一个叫南关东石角的地方,教堂名字叫"粤东福音堂",是中国第一所浸信会教会,一到周日礼拜的时候,就好像全广州的外国人都到了这里一样,逐队成群而来。

戴沃伦和香玫进教堂时,弥撒已经开始了,他们在最后一排坐下。神父是个美国人,来自田纳西州,中文名字叫罗孝全,人们叫他罗神父。罗神父出身于富贵之家,但看轻财富,他散尽家财捐献给教会,自己孤身一人,自费来到中国传教,创建了"粤东福音堂",并担任主持,隶属于美国南浸信会。他长期居住广州,早年刚来广州时,为麻风病人传教,据说有治愈麻风病的魔力,在广州一带的中国人和外国人当中很有威望。为了给生活在底层社会的人传教,他还特别在一艘船上建了一个船上教堂,专门为那些终年生活在船上的疍人们传教。

罗神父穿着一身中式长衫,在讲台上头头是道地说着,他的中文很流利,虽然有点口音,但在外国人当中,中文算是极好的了。他一会儿讲中文,一会儿再穿插着英文,底下的人都在安静地听着。

教堂是木质结构,外面看就像一座普通民房,显得非常简陋寒碜。教堂里面不大,人一多,显得特别拥挤。讲台正中的墙上挂着一个巨大的十字架,上面钉着基督的雕像,边上摆着圣母玛丽的站像。教堂里许多蜡烛点着,非常亮堂,里面摆放着一排排长条板凳,每排长板凳的座位后面都钉着几个木制的盒子,里面都放有一本《圣经》,一个纸做的小口袋,这个小口袋是用来装捐款的。

他们在那里静静地听了一会儿。香玫掏出几个银圆放到了一个小口袋里,又把小口袋放回前面的木制盒子里,右手在胸前画了几遍十字。她凑到戴沃伦的耳朵边,小声地说:

"我今天是赎罪来的。"

"你有什么罪?"戴沃伦故意问。

香玫有点不好意思,脸上一丝红晕飘过:"原罪,你知道的。"

"上帝很宽容的,你不用想太多。不管你做了什么,上帝照样爱你。"

"我今天感觉好很多,好像心里压着的什么东西被搬走了。"

"你心思太重。《圣经》里说我们都有原罪,亚当、夏娃碰到一起做的事情,就是原罪。你知道亚当、夏娃是怎么被赶出天堂乐园的吗?"

"你是亚当,我是夏娃。"香玫听戴沃伦这么一说,心里很高兴,"你要有什么事需要上帝的宽恕,趁今天一起赎了吧?"

"我好像没有什么需要赎罪的。"

"真的？比如你卖鸦片。"

显然香玫知道戴沃伦到土耳其是去买鸦片的。戴沃伦从来没跟她提起过，她一定是从别的地方听来的。

"卖鸦片为什么是罪？"

戴沃伦反问道。香玫没想到戴沃伦会这么问她。她还真从来没有想过，在她看来，这是显而易见的，她的父亲抽鸦片抽死了，还有那么多人为鸦片倾家荡产，这些不都是鸦片的错吗？

"很多人抽鸦片上瘾，把家给毁了。这不是罪？"香玫说。

"我又没有强迫人去抽鸦片啊，对吗？为什么有人上瘾，有人不上瘾？你看我也抽过，伍绍荣也经常去沁云楼抽，我们都没有上瘾。人家奥斯曼帝国抽鸦片上千年了，也没把国家给抽灭了。"

"我不知道这么多道理，但鸦片就是坏东西，坏东西就是罪。"

香玫还真不知道如何接戴沃伦的茬，他说的似乎也有点道理。

"我不喜欢鸦片，也不喜欢卖鸦片，但鸦片和酒，和茶没什么区别啊，卖者和买者都是自愿的，一个愿打，一个愿挨。我卖鸦片也是一种谋生的手段，和伍浩官卖茶叶，酒庄卖酒没有什么区别。"

"反正让人上瘾的东西都不好。"

香玫知道她说不过戴沃伦，但如要接受他的道理，又没法做到，就只好这么说了。

"酒也让人上瘾啊，中国很多人酗酒。你们古代有多少皇帝，喝酒喝得把国家都喝完了，有多少家庭喝酒喝得把家给毁了，喝酒喝死人的也不在少数。然而，在你们中国，卖酒的为什么就不算罪？你们中国人还把喝酒当成一种特别的礼仪，还特别提倡喝酒，鼓励喝酒，吃饭时，还相互敬酒，逼着人喝酒。"

"哎呀，我们不说了好吗？赶紧听神父布道吧。"

戴沃伦见香玫有点恼怒的样子，就不敢继续说下去了。

周日弥撒一结束，戴沃伦就站了起来，他想在大批人群之前先离开。香玫拉了拉他的衣服，让他坐下："别急，你陪我，我想找罗神父聊一聊。"

戴沃伦就又坐了下来。人们在走道鱼贯而过，退场而去。戴沃伦看到了查尔斯在退场的人群中，查尔斯似乎也看到了他。他们没有打招呼。戴沃伦知道，以后同查尔斯打交道的日子还多着呢。

等人群走得差不多之后，戴沃伦和香玫就往教堂前面走去。没有人群的教堂显得特别空旷，展现出一些神圣感。前面，罗神父正同两个年轻人站着在说话，一个高大挺拔，器宇轩昂，两眼炯炯有神，脸长得轮廓清晰，十分英俊潇洒。

另一个人矮一点，微胖，圆脸，年龄看上去小很多，文质彬彬的样子。香玫和戴沃伦就在他们边上的长凳上坐下，听他们讲话。

罗神父显然认识香玫，见香玫走来，就和她打招呼，香玫把戴沃伦介绍给罗神父，罗神父指着长得高的那个年轻人，说："这位是洪秀全，广州花县客家人。那是他的族弟洪仁玕。他们两个在教会里已经住了好几个月，一同研读《圣经》。我们正在讨论教义。"

"那你们继续讨论，我们顺便也可以听听。"戴沃伦说。

香玫对洪秀全说："我母亲家是客家人，那我也该算是客家人了，我们也算是老乡啊。哦，我叫洪香玫，有个洋名叫玛丽，和圣母同样的名字，还有个洋名叫爱阁娜。"

"也是姓洪的客家人啊？那我们五百年前一定是一家人。"

听到香玫说也是客家人，又姓洪，洪秀全显然变得非常友好，对着香玫多看了几眼。

"其实我的原名叫洪仁坤，小名洪火秀。天父之名是耶火华，天父托梦给我，让我避讳，名字当中不能有火，但必须有全字，为人中之王的意思，所以就改成了现在的名字洪秀全。"

戴沃伦和香玫相互看了一眼，觉得这个英俊的年轻人举止特别怪异，怎么那么狂妄，竟然称是天父让他做人中之王，就不再说话了，静静地等在边上。

"罗神父，我昨晚又梦到天父了。"洪秀全十分认真地说。

"怎么那么频繁地梦见天父？自从上次你大病一场之后，你好像天天梦见天父，天父好像对你情有独钟啊。"罗神父语带讽刺地说。

"因为我《圣经》学得好，天父就经常和我见面，每次见面，他都要考问我《圣经》，我都会对答如流，天父对我非常满意，认为我已经学到了他的真谛。"

洪秀全显然没有理会罗神父的讽刺，他回答的时候，满脸的认真。

"天父这次又对你怎么说？"罗神父问道。

"天父给我旨意，让我到人间斩妖除魔。"

"谁是妖魔？"罗神父显然顺着洪秀全的思路在问。

"太多了，我们这个人世间的妖魔多如牛毛。现在的人心太坏，政治腐败，死读孔孟之书不信上帝之人，贩卖鸦片、逼良为娼之人，买官卖官逼民纳捐纳税之人，市井之中装魔作鬼的和尚道士，皆为妖魔。天父说了，只有杀光了世界上的妖魔，天国才能重现。"

香玫禁不住看了戴沃伦一眼，心想："按洪秀全的意思，你不就是个妖魔吗？"

"连读孔孟之书的都为妖魔,那你们中国的妖魔也太多了点吧?这哪里能杀得干净?"罗神父显然对洪秀全的那套理论不以为然。

"是的,孔孟之书,这是一种精神鸦片,其毒甚过鸦片,毒害中国上千年,我们要用天父的书,来替代孔孟的书。现在中国妖魔多得不计其数,所以天父满怀慈悲之心,派我来到人间,为中国百姓清除所有妖魔。我要告诉世上众人,天下将有大灾大难,唯有追随我去信仰上帝入教者可以免难。入教之人,一律平等,无论尊贵,男曰兄弟,女曰姊妹,大家共同劳动,共同战斗,无上下贫富之分。"

"人人平等,这个好,我喜欢。"香玫插嘴说。

"香玫,我看你就有灵气,能得天父的真意。可以随我一同杀魔降怪,平定天下,创立天国。"

洪秀全见香玫赞同他,越发高兴,又盯着看了香玫几眼。戴沃伦悄悄碰了一下香玫,让她不要多话。

"上帝仁慈为怀,对人都以爱心,甚至对敌人也施以大爱,连一边的脸被打之后,还要把另一边脸凑上去给人打。怎么能动不动就杀就斩?这有悖上帝的教义。"罗神父说。

"罗神父,你不懂中国。中国已经烂到根了,到处都是妖魔,仁慈无法解决中国的问题,只有拿起刀枪,扫除一切鬼怪,杀光所有妖魔,才能斩断烂根,一个新中国才能在废墟上重生。你们想一想,一个无妖无魔的中国,那将是一个多么美好的国度啊?这就是我们理想当中的天国,这样一个天国,难道你们不向往吗?"洪秀全很有自信地说,他说的时候,声若洪钟,一字一句,铿锵有力。

"洪先生,我看你学《圣经》有点走火入魔。"罗神父很不以为然。

"我没有走火入魔,这都是天父他亲口跟我说的。上帝还认我为他幼子,所以上帝是我的天父,基督是我的天兄。"

"这些都有悖《圣经》的经义。基督是上帝唯一的儿子,你怎么也能自称上帝之子?太狂妄了。"戴沃伦实在忍不住,就顶了洪秀全一句。

洪秀全白了戴沃伦一眼,说:"你们洋人怎么能懂中国?上帝为了救西方,派了他的长子,我的天兄基督,来到罗马统治的西方,天兄牺牲他自己,用他的血和肉,唤醒众人,使他们得救,从而为众人开启进入天堂的大门。今天上帝为了救中国,救东方,就派了他的幼子,也就是基督的弟弟,我洪秀全,来到中国。我来,也是要准备牺牲我自己,唤醒中国百姓的,我将带领中国人皈依天父,建立我们自己的天国。"

"戴沃伦先生说得是,圣经上说,基督是上帝唯一的儿子。基督不光是为了

拯救西方而来到人间,更是为了救普天之下的人,包括中国人。洪先生,你对《圣经》的理解还有很大欠缺。"罗神父说。

"《圣经》是后人写的,由很多人共同撰写,而且还是在不同时期写的,相当部分并不是天父的原话,有些甚至是后面的人,根据自己的想象杜撰出来的。而我告诉你们的,其实都是天父对我说的原话,没有任何添油加醋,没有任何杜撰想象,是天父亲口说的。"洪秀全顿了顿,加重口气继续说,"是亲口!知道吗?上帝派我来拯救中国,是上帝对中国人的仁慈,是上帝觉得我们中国还有被拯救的希望。罗神父,你看,我和弟弟仁玕,在教会里已经研习《圣经》四个多月了,连上帝都认我为子,说我领悟了《圣经》的真谛,我已经准备好了,将全身心献给天父,你这次总可以为我受洗了吧?"

洪秀全满怀真诚地看着罗孝全。

"洪先生,我看你对《圣经》有很多误解,你的很多想法同《圣经》不符合,和教义有很大的出入,我觉得,你还需要再深刻理解一下《圣经》的真义,还需要进一步地学习,现在受洗还为时尚早。上帝永远在那里耐心地等着你,不要心急,接受上帝是一辈子的事,不在乎一天两天,再等等吧。"

罗神父就这样婉拒了洪秀全受洗的请求。

"罗神父,我已经等了四个多月,每次你都说我还没有准备好,你看,我不但可以把《圣经》全部背出来,而且还有自己的领悟。我不能再等了,中国也不能再等,妖魔鬼怪在中国的大地上四处肆虐,中国的百姓生活在水生火热之中,他们无法再等。你不给我受洗也没关系,在梦里,天父已经为我受过洗。我今天就从这里离开,要像我天兄基督那样,为普天下人传教,给普罗众生受洗,我要让普天之下的兄弟姊妹,随我一同追随天父天兄,杀尽妖魔鬼怪。我也希望罗神父有一天会加入我和天父天兄之列。香玫、戴沃伦先生,也欢迎你们,一同加入我的天国。在我的天国里,人人平等,均田地,免劳役,一夫一妻,共同劳动,没有鸦片,没有赌博,没有娼妓,没有饥饿,也没有穷人,更没有富人,大家同吃同住,有福同享,有取之不尽的货物,吃不完的食物,都是天父的子民,人人都是兄弟姊妹,共同享受天父的恩惠。"

洪秀全神情激动,看上去非常真诚,充满着感染力,这种力度,就像一块巨大的吸铁石,将洪香玫紧紧地吸引住。

"这都是虚幻的世界,怎么可能办得到?"戴沃伦不屑地说。

"上帝跟我说过,中国将要大乱,旧的世界将被完全颠覆,大灾大难即将降临。唯有跟随我的人,才能进入天国,方能得救,否则将死无葬身之地,将入地狱的最下一层,被最猛烈的大火焚烧,为最凶狠的九头圣兽所撕咬,欲死不得,想生不能,永远不得安宁。"

洪秀全说完,猛地一转身,拖着洪仁玕,两人大踏步地走出了教会。

戴沃伦听得目瞪口呆。忍不住说:"这都是些什么乱七八糟的东西?"

"他说得也有道理。人人都平等,都是兄弟姊妹,一夫一妻,没有鸦片,没有娼妓,这样的世界多美好啊。"香玫显然比较赞同洪秀全所说的。

"这怎么可能呢? 听上去好听,但怎么能做到呢?"戴沃伦完全不能同意洪秀全的观点。

"香玫,你今天来找我,又是来赎罪的吗?"罗孝全神父问。

"是,不过,我刚才已经赎过了。我是直接向上帝赎罪的,等下次我再来和你一起诵读《圣经》。"

说完,香玫拉着戴沃伦就向罗神父告辞。刚才洪秀全的一番话,给香玫很大的冲击,不知道为什么,现在她心里一点罪恶感都没有了。

仓 库

戴沃伦在香玫处疗伤时,楼爱波和陈麦南来看过他几次。陈麦南带来了些膏药,一些黑乎乎的东西,戴沃伦不知道那是什么,不愿意用,但陈麦南坚持要戴沃伦必须每天贴上。楼爱波告诉戴沃伦,海上仓库已经建好,那是用五条大船,以很粗的铁丝并联起来的海上大平台,船与船之间用很厚的木板固定住,以避免相撞。楼爱波说,他在上面走过,在一般的风浪里,行走非常平稳,如同在陆地上走路,可以抵御比较强的风暴。

戴沃伦很想去看看海上仓库,无奈身体刚恢复,此事只能暂缓。他就和以前一样,每天去旗昌洋行上班,下班回到他那小小的住处,休息的时候就去找香玫,日子倒也过得飞快。

这天像往常一样,戴沃伦坐在办公室里签署文件,楼爱波兴冲冲跑了进来。

"沃伦,土耳其来船了,东西都已经卸下,在海上仓库里。"

"哦,日子过得真快,已经两个月了,这次来了几箱?"

"一百箱。"

"那我们去看看吧?"

戴沃伦站了起来,他着急想去看看。海上仓库建造的时候,他正在养伤,整

个过程,全部由楼爱波一手操办。建好后到现在,他还没有去看过。

"还是等晚上吧。白天出海目标太大,要是有人跟着就麻烦了。"

戴沃伦想想,觉得有道理。

"也是,那天黑以后叫上陈麦南一起去。"

当天晚上,天一黑,三人就驶着小船出了珠江。不是台风季节的海上,风平浪静,人们说,大海的深处是平静的,在月光下,小船周围一片漆黑,只是偶而有小浪拍打船边的声音,静得可以听见人的呼吸声。戴沃伦他们的小船就这样驶向大海深处,离开大陆越来越远。

渐渐地,远处出现了一个小黑点,小黑点变得越来越大,等到更近了,才看见是一个由几条大船连在一起的综合体,那就是楼爱波建的海上仓库。

陈麦南指着那个综合体对戴沃伦说:"沃伦,你看,我们有二十四小时的警卫在上面巡逻。"

戴沃伦顺着陈麦南手指的方向看去。果真,那上面有几个黑影在月光下晃动。

"这是谁?不要再靠近,再近,就开枪了。"

戴沃伦他们听见拉动扳机上子弹的声音,在寂静的夜晚,声音听得特别清楚。

"是我,陈麦南。"

陈麦南喊道,可能是因为船上的人没有听到的缘故,就听见砰的一声枪响滑过天空,戴沃伦他们赶紧趴下,猫着身子躲在船沿下面。

"他妈的,你们连老子都不认识啦?我是陈麦南。"

过一会儿,船离得更近了,听见那上面有人说:"绳梯放下来了。"

船到了海上仓库边,陈麦南先抓住绳梯爬了上去,戴沃伦和楼爱波跟着也上了海上仓库。戴沃伦拍了拍一个拿枪警卫的后背,说:"好样的,你们辛苦了。"

这个海上仓库由五条大船联在一起,甲板上由平板铺着,连成一个大的平台。戴沃伦从这头走到那一头,感觉行走如平地,没有摇晃的感觉。他非常满意,就转身对跟在后面的楼爱波说:"你做的仓库太棒了,要是台风来了,应该也没问题吧?"

"确实挺稳的。不过,台风季节还是要把它拆了,把船开回去最好,这样比较保险。所以我们告诉土耳其人,台风季节那三个月,就不要送货了。"楼爱波显然对他自己的作品比较满意。

"你已经跟土耳其人说了?"戴沃伦问。

"说了,他们从五月到八月这三个月不送货过来。"

"这样也好,小心为妙。"

几个人进到船舱,看到那里堆放着整整齐齐的木箱子,戴沃伦打开一个箱子,看到的是白菜,他又开了一个,里面是芥蓝。他回头看看楼爱波。

"我们每个箱子上面盖的是不同蔬菜,下面才是土耳其黑土。蔬菜一方面给这里的警卫吃,另一方面也作为伪装,保护下面的东西。"楼爱波说。

"这倒是个好办法。"

戴沃伦一边说着,一边拨开上面的蔬菜,把手伸下去掏出一包鸦片,他看了看,又闻了闻,然后放了回去,再用蔬菜重新盖好了。

陈麦南建议说:"我们今天带一小船的货回去吧?"

"这样不妥吧? 至少应该知道走哪条路线是比较安全的,对吗?"戴沃伦不太放心。

"反正已经来了,总不能空着船回去吧? 再说了,哪有那么巧,官府的人会知道我们今天拉货进城?"

"我还是觉得应该小心点为好,等下次考虑周全了再说吧?"戴沃伦坚持说。

"沃伦,你胆小得有点太过了,有点婆婆妈妈。你想,我们现在出发,回到广州都快凌晨了,这个时候是最安全的,相信我,不会有事的。"陈麦南有点不耐烦的样子。

戴沃伦犹豫着,想想,觉得陈麦南说的也有些道理,就问楼爱波:"你觉得呢?"

"对,我同意麦克的,我们可以顺便带一船的货回去。"楼爱波附和着说。

"好吧,既然你们两个都同意,那我们就带一船货回去吧。"戴沃伦勉强同意道。

回程的路上,已经是后半夜了。戴沃伦等三人押着一船鸦片,由船工摇着橹进入了珠江,四周一片寂静,只有船橹划水的声音,所有人都一声不吭,心都提在了嗓子口,担心任何的响声会被人听见。戴沃伦全神贯注地盯着前方,捕捉着任何可疑的东西,虽然前方一片漆黑,一点都看不见。

接近黎明的时候,他们来到广州城外,看着江面越来越窄,前方右手边就是黄埔港。黎明前的黑暗是一天中最黑的,伸手不见五指的码头上,除停着的几艘船之外,看不见任何人影。船工放慢了摇橹的速度,船凭着惯性靠向码头,楼爱波用一根长竹竿撑着岸上的岩石来调整船的方向。就在这个时候,岸上突然

出现了一队清军士兵,有几个还点燃了火把。戴沃伦一看,心想不妙,看来这队清兵是有备而来的,要是又碰上个许远那样的人就完了,他连忙示意船工摇橹离开,但是已经来不及了,不知从哪里钻出来一个清军军官,他首先跳上了船,紧跟着,又一个士兵,举着火把也跳了上来。

陈麦南见此情况,马上迎了上去:"大人辛苦,这么早就来了?"

"你才辛苦,天都没亮,你出船做什么?"那军官语带讽刺,"你是这船的老板?"

"是的,大人,我是这船的老板。我开餐馆的,我们运些蔬菜,餐馆一早就要准备做的,所以必须起大早运货,这年头讨生活不容易啊。"

"哪有漆黑一片的时候运蔬菜的?"军官一边说着,一边就往船舱走。陈麦南紧跟在他的身后。

"我们都是后半夜运的,早上到了最新鲜。"陈麦南回答。

"大人,这是一点辛苦银子。"

戴沃伦递过去一包银子。军官没接,就当没有看见一样,走到戴沃伦跟前上下打量了一番,然后转身就问陈麦南:

"你还有鬼佬给你打工?这鬼佬中文还真不错呀。"

"是的,现在鬼佬都跑广州来打工,这里钱好挣呀,我那里就有好几个,他们很能干活儿。"陈麦南顺着军官的话说。

军官没有理会陈麦南,来到船舱口,他从士兵手中接过火把,往船舱里晃了晃,看到船舱里黑黑的,堆满了箱子。军官让戴沃伦进去搬了一个出来,打开盖子,在火把的暗光下,可以看到,箱子里面放的是青菜。军官拿起一棵看了看,还放到鼻前闻了闻。

"大人,这是小青菜。这个季节是时鲜货,晚上摘的最好吃,连虫子都知道,虫子都是晚上出来吃菜。要不,我给您带一箱回去?"陈麦南说着,摆出要搬箱子的动作。

军官把青菜放了回去,转身就走。他走到船边,就在他摆好姿势,想要跳回岸上的时刻,他突然停住了,站在那里想了想,又折了回来,来到那箱子边上,他一手举着火把,另一手伸到了箱子底部,掏出了一包东西,他解开外面的布包,把里面像一块砖一样的东西举到戴沃伦眼前,问:"这是什么?"

"大人,这是香料,做菜的时候加一点会很好吃的。"陈麦南赶紧回答。

"还想骗我。你以为我不知道,这是土耳其黑土。你知道你们犯了什么罪吗?走私鸦片是要砍头的。"

"大人息怒,这里一包银子请拿去,我们再给您拿几包黑土如何?"戴沃伦递上一个更大一点的小包,里面银圆碰撞在一起,发出叮当的响声。

"你们走私鸦片,还想贿赂大清官员。罪加一等,给我拿下。"

说着他把鸦片往箱子里一扔,右手拔出了剑,左手举着火把,逼近戴沃伦。这时候两人已经离得很近,戴沃伦向军官挪了一小步,还没等军官明白过来怎么回事,戴沃伦已经从身后掏出一把细长小刀,扎进了军官的心脏,军官手里的火把掉进了河里,船上顿时一片漆黑。戴沃伦拔出刀子,军官瘫倒在船上。

站在岸上的士兵们因为在火光明处,看不见船上发生的这一切,只听见那军官在喊什么,却也不知道怎么回事,大家也都只在那里站着,没有动静。

"爱波,快撑开。"戴沃伦向楼爱波喊道。

楼爱波迅速用长竹竿猛捅了一下岸上的岩石,船头像箭一样驶离岸边,船尾的船工使劲摇着船橹,船迅速来到河的中央。

楼爱波突然用竹竿把船撑离岸边,船立刻产生了剧烈的晃动,站在船头的那个士兵一下子失去了平衡,一头栽进了河里,就看见那可怜的士兵扑通几下,一会儿没了影子。

岸上的士兵这时才意识到发生了什么,没有了军官发号施令,这帮兵勇顿时不知道该怎么办,全部站在那里,你看我、我看你地发愣,有人说了声赶紧放箭,这才都拿起弓往河心放箭,有兵勇还放了几枪,枪声划过天空,在寂静的黑夜显得特别清脆。这时船已经到了河心,箭像雨一样掉了下来,大部分都掉落到了河里,船工摇着橹让船扭曲着行驶,一支箭落下来射中陈麦南的肩膀,船一晃,他没站稳,掉进了河里,陈麦南在水里挣扎了几下,人沉了下去。

戴沃伦一见,连忙快速脱去衣服,一头扎到了河里。河水刺骨的寒冷,像冰刀一样扎在身上,一些箭落在了他的边上,掉进水里,发出扑哧的声音。戴沃伦在水里紧紧抓住了陈麦南的衣服,使劲踩水往上提。楼爱波把竹竿伸下去,让戴沃伦抓住,陈麦南身子沉,戴沃伦得花好大力气才能拽住,还要用手去抓竹竿,难度很大,几次都没有抓住。试了几次后,戴沃伦终于抓住了竹竿,楼爱波把他们拖到了船边。戴沃伦在下面顶着陈麦南,楼爱波在船上抓住陈麦南的衣服,使劲往上提,费了很大的工夫,才把陈麦南拽到船上。

陈麦南毫无声息地躺在了甲板上。

戴沃伦爬上船,气喘吁吁,冻得全身发抖,赶紧从楼爱波手上接过衣服披上,立马趴下身子,有节奏地按陈麦南的胸脯,按了几下见没有动静,以为他已经死了,站了起来,悲伤地看着躺在船上的陈麦南。正当戴沃伦绝望的时候,楼爱波蹲了下来,对着陈麦南狠狠地扇了几个耳光,又对着他的胸脯狠命砸了一拳。就看见一团东西从陈麦南嘴里喷了出来,喷得楼爱波满脸都是,然后他就

开始急促地喘气,时不时从嘴里吐出点东西。

戴沃伦见陈麦南活了过来,就从船舱里拿来一条棉被,盖在了陈麦南身上。

"我以为自己死了呢。"陈麦南说。他这时候喘气已经平静了许多。

"是。我也以为你死了呢。今天算你命大。"戴沃伦说。

"还好你水性好,否则我今晚肯定没了。"

船已经驶远,岸上士兵们的火把早已不见了。戴沃伦看看周围漆黑的一片,若有所思地说:

"我们以后不能从黄埔港走,得找个安全上岸的地方。安全上岸还只是一小步,上岸后,还要考虑如何把货运回公司的仓库里。在以后的操作中,这些都需要事先考虑好。今晚我们还算走运,逃过了一劫,这是一次教训,以后要更加小心。"

经过这次教训后,戴沃伦找到了一个比较偏僻的地方作为小船卸货的地方,小船在那里靠岸后,直接用马车转运回旗昌洋行的仓库,路程虽然远了一点,但是这样比较安全。海上仓库里那一百箱土耳其鸦片,就这样用小船如蚂蚁搬家一样,全部搬到旗昌洋行的岸上仓库里。

戴沃伦来到仓库,自从上次罗素把他调离仓库的工作岗位后,他还没有回来过这里。他在仓库四处转了转,对鸦片安放的隐蔽性和安全性非常满意,要是遇上海关的人来检查,如果不是彻底地检查,应该不会被轻易发现。更何况,海关的老大是王发丹,和旗昌洋行是一路人。

戴沃伦很满意,就来到罗素的办公室。他一走进去,看到一个很年轻的小伙子正要出门。罗素看到戴沃伦就说:"沃伦,你见过汤玛斯·福布斯吗?"

"没有。你好,汤玛斯。你是约翰·福布斯的弟弟对吗?你哥给伍浩官做事,我同你哥很熟。罗素先生以前说起过你要来做事。我是沃伦,戴沃伦。"

"戴沃伦先生。很高兴认识你,他们都跟我说起过你,你是旗昌洋行的传奇人物。"汤玛斯见戴沃伦认识他哥,很兴奋。

"你来这里多久了?"

"一年多了,我哥介绍我来这里做的。我现在接你以前的活儿,管理仓库。"

"已经一年了? 时间过得真快。也是,我去一趟康斯坦丁堡,就花去了一年的时间。"

"你去那里后,我才来这里做事的,所以我们还没有机会见过面。那你们聊吧,我回仓库还有些事要处理。"

汤玛斯走后,戴沃伦对罗素说:"汤玛斯这小伙子干得不错,仓库弄得井井有条的。"

"是的。他坐得住,做事很细致。对了,我们的一百箱鸦片现在都在这里的仓库里,现在的问题是,如何把它们卖掉。"罗素说。

"这还不容易? 上次我们五十箱一下子就卖光了。"

"这次情况有点变化。"

"有什么变化?"戴沃伦不解地问。

"查尔斯的人在闹事,他们去了那些买我们鸦片的烟馆,砸坏烟枪,烧掉鸦片,扬言这只是警告,以后谁要是再进我们的货,他们就要把烟馆砸烂。那些不买我们鸦片的烟馆,查尔斯的人保证提供保护,不许任何人捣蛋。现在除了沁云楼还在进我们的货,其他的烟馆都已不敢再进了。所以,我担心这么多箱放在仓库里,我们该如何卖掉。"罗素忧心地说。

"查尔斯的人那么猖獗? 官府难道不管?"戴沃伦问。

"官府? 广州老城以外的事,官府才懒得管。加上那些官府的人,多多少少和查尔斯都有些关系。"罗素回答。

戴沃伦不吭声了,他低着头想了半天。

"那我们把那些铁了心不买我们鸦片的,也就是受查尔斯保护的烟馆,也砸了。告诉他们,有查尔斯的保护也没有用,烟馆一旦意识到,进我们的货要被砸,不进也要被砸,那还不如进我们的货,我们的货还便宜。"

"谁去砸? 就我们几个怎么行? 查尔斯人多势众,这事不好办。"

"我们付钱雇人。"戴沃伦说。

"到哪里去雇?"

"只要足够的钱付下去,就一定有人干。这事,你就别管了,我会来处理好的。"

"小伙子,我还记得你,你叫戴沃伦,美国人。"

戴沃伦头上戴着的头套一经摘去,郑一嫂就开了口。这是一个布置得全部是红色的房间,里面的床、床单、桌子,甚至连墙,都是红色,房间里蜡烛点得很亮,如白昼一般。戴沃伦朦胧当中记得这个房间,当年他刚来广州时,被海盗劫持,在梦里郑一嫂坐在他上面,和他云雨,似乎就在这房间里。

郑一嫂穿着大红的袍子,头发散着披了下来,一直披到双肩。双眼炯炯有神地盯着他。

"一嫂记性好,我就是戴沃伦。我一直想要来感谢一嫂的不杀之恩。"

"怎么不来? 既然想谢不杀之恩,为什么不早来啊? 已经有两三年多了,对吧?"

"对,有段时间了,时间真的是飞快。我到广州之后,一直忙于生计,多次想来,一直找不到空,还望一嫂海涵。"

"你们这些人,就是这么虚情假意,你真要来谢恩,当然会有时间。可见谢恩之事,并非你这次来的真意。说吧,你来想要什么?"郑一嫂还是那样咄咄逼人。

"一嫂是聪明人。一嫂对我确有不杀之恩,我也是真的要来谢恩,但这不是我今天来的主要目的。"

"请直讲不妨,不用啰里啰唆。"

"我想求一嫂帮忙,派人去砸广州的大烟馆。"

"你跟广州的大烟馆结上仇了,要我帮你砸烟馆? 我和烟馆可没有仇,凭什么让我去为你砸烟馆?"

"我可以付钱,很多银子。"

"哪家烟馆?"

"我会给你个单子,你就按单子上的烟馆,帮我全去砸一遍。"

"这个不会便宜。大家都知道,我郑一嫂做的事,从来就不便宜,但我做的都是公道买卖,你给一份银两,我做一份事情,童叟无欺,有口皆碑。"郑一嫂向前迈了一小步。

"银子的事,一嫂不用担心,我们已经准备好了。"

"银子能解决的事,都是小事。但光银子就够了吗?"

郑一嫂又往前迈了一小步。在烛光下,郑一嫂的脸时明时暗,眼角几道鱼尾纹明显地刻在了脸上,浅浅的两个眼袋挂在眼睛下面,让眼睛显得更加深邃,眼睛里射出的光芒,如两道钩子,直接把戴沃伦的魂给勾了过去。

两人向前迅速迈了一步,同时拥抱住对方,如久违了的情人,两张嘴紧紧地扣在一起,疯狂地亲吻。

戴沃伦把郑一嫂按倒在那张红色的床上,他在上面看着下面的她,晒成紫铜色带有棱角的脸,在他的撞击下,更加显出一种张力。

他脸上的汗,像掉了线的珍珠,落在了郑一嫂雪白的乳房上。

这次,他没有看到冉冉升起的大火球。

"老大,不好了。"阿一和几个手下匆匆闯了进来,边走边嚷嚷。

阿一满身是血,灰头土面,脸上破了好几处,身上衣服被撕破了好几个地方。跟在他后头的几个人,也是一样狼狈。

查尔斯一个人正在吃午饭,今天天气好,感觉非常舒爽,难得有一个人用餐的安静,他非常享受这个时刻。阿一等人的到来,把这份宁静打破了。在他的身后,挂着老查尔斯的画像,注视着宴会厅的一切。

查尔斯放下刀叉,用餐布擦了擦嘴,然后把餐布使劲往桌上一扔,扶着桌子站了起来。

"什么事情,那么慌里慌张? 看你们那副样子,怎么那么狼狈?"查尔斯一瘸一瘸地朝阿一走去。

"好几家烟馆都被砸了。"

"你们砸的?"查尔斯马上意识到,这个问题问得不对,"谁砸的?"

"一帮海盗,据说是戴沃伦请来的。专砸不买旗昌洋行鸦片的那些烟馆。烟馆来找我们,让我们去保护,结果,兄弟们都被海盗打了。"

"你们这么没用,看你长得人高马大的,怎么这个时候就派不上用场了? 多带几个兄弟去和海盗干呀!"查尔斯显露出对阿一的不满。

"海盗人多,他们不要命,还有枪,再多的兄弟,都不是他们的对手。"

"官府的人呢?"查尔斯不满地问。

"官府的人都躲得远远的,老大,你知道的,官府的人都是草包。"

"这批海盗是哪里的?"查尔斯问道。

"领头的是个女的,叫郑一嫂,武功高强,剑法凌厉,无人可挡。"

"就是那个大名鼎鼎的海盗郑一嫂?"

"对,就是她。戴沃伦买通了郑一嫂,专挑只进我们鸦片的烟馆。"阿一说。

"这招很毒啊,戴沃伦这么干,其目的就是为了让我们丧失信誉。"查尔斯不禁感叹,"这个女人怎么老是和我们对着干? 郑一嫂以前就抢劫过我们的货船,还好多次,害得我们每次发船出海都必须悄悄出去,不让别人知道,像做贼一样,现在还上岸来搞我们,威胁和我们合作的烟馆,这个郑一嫂,不除不解我心头之恨。"

"老大,我们是广州最大的洋行,船上货多啊,东西又好,海盗要劫船的话,当然劫我们的了。"阿一说着,见查尔斯瞪了他一眼,赶紧改口,"我们得想个办法治治这个女海盗,还有那个戴沃伦。"

"当然。戴沃伦,郑一嫂。"查尔斯从牙齿缝里轻轻地蹦出来这几个字,"我倒要看看,谁最终笑到最后。"

"听说前几天广州好多家烟馆被砸了,有这么回事?"罗素问。

"对。都是坚决不跟我们合作,不买我们鸦片的烟馆。"戴沃伦回答。

"你找人干的?"罗素又问。

"我找了海盗郑一嫂,她的人干的。查尔斯的人和海盗打了起来,他们绝对不是海盗的对手。"

"我们这一百箱鸦片的销售情况怎样?"

"还都在仓库里。不过已经有好几家烟馆在联系我们,问我们报价。广州的烟馆现在也知道了,虽然我们旗昌洋行小,同查尔斯的不好比,但我们也有很硬的后台。"戴沃伦自信地说。

"下一批货应该已经在路上了?"

"是的。二百五十箱,应该快到了。"

"那我们更应该赶紧把仓库里的一百箱鸦片卖掉。如果我们在广州能够打开一个口子,按这么个做法,我们就活了,一旦资金滚动起来,一切都好办,我们会挣很多很多钱。对了,沃伦,我这里来了一批雪茄,要不要试一下?"

"好啊。我跑加勒比海时经常抽,来中国后就没有了,这里找不到雪茄烟。"

罗素递给戴沃伦一支,帮他点着了,两人就坐下聊起了天。两人正聊着,就听见外面人声嘈杂,有很多人在叫喊。有一个人跑了进来喊:"罗素先生,仓库着火了。"

罗素和戴沃伦一听,立马跳了起来,三步并作两步冲到仓库门口,就见里面烟雾腾腾,看不见里面状况,有几个货架上有火光,人们在拼命地往里面洒水。罗素和戴沃伦连忙加入了救火的人群,帮忙抬水,递水。

好一阵子,仓库里的火总算控制住了,里面还冒着烟。几个人从里面出来,抬着一个人,戴沃伦一看,见是汤玛斯,他的脸被烟熏得黑黑的,眼睛睁得滚圆,浑身发软,汤玛斯已经死了。有人在边上说,汤玛斯一看火起来了,就拼命在里面救火,可惜火烧得太快,烟太重,他来不及跑出来,在里面被熏死了。

罗素让人把汤玛斯的尸体先放到他的办公室,并让楼爱波去叫汤玛斯的哥哥——约翰·福布斯。然后指挥人们清点损失,并清理仓库。

"怎么会起火了呢?起火得要有火种,奇怪,哪儿来的火种?"戴沃伦自言自语地说。

"是啊。我也觉得好奇怪,我在这里十几年,从来没有过什么问题。"罗素也觉得这事有点蹊跷。

这时,陈麦南匆匆走了过来,对罗素说:"罗素先生。有人放火,放火的人已经被我们抓住了。"

罗素对戴沃伦说:

"你先去看看,我还需要照看这里的事情。"

陈麦南把戴沃伦带到了一个小房间。里面有一个中国人,双手双脚被绑着,坐在靠墙的地上,显然是被人打过,脸上青一块,黑一块,还有不少血。他见有人进来,抬头用混浊的眼睛看了戴沃伦一眼,又把头低了下去。

"这家伙放了火要跑,被我们的人抓住了。"陈麦南说。

"他是哪里来的?"戴沃伦问。

"我们洋行的。"

"哦,内贼,吃里爬外的,他承认了?"

"我们有人看到他放火,这家伙放了火就跑,被我们的人抓住的。刚才他自己也承认了。"

"为什么放火?"戴沃伦问。

"不知道,还没来得及问他。你去问这家伙。"陈麦南指着那人说。

戴沃伦拿出一把尖刀,来到那人身边蹲下,迅速在那人脸上划了一刀,那人嗷的一声就叫了起来,血从他脸上流了出来,滴在那人的衣服上。戴沃伦一把抓住那人的下巴,把他的脸转了过来。那人和戴沃伦对视了一下,眼睛立刻垂了下来,把目光移开了。

"谁让你放的火?"戴沃伦心平气和地说。

"嗷——嗷——"

那人被戴沃伦把下巴掐着说不出话来。戴沃伦把手放开,拍了拍那人的脸,又拿刀在他眼前晃了一下,面带着笑容轻轻地说:"你知道,我最恨的就是像你这样的人,吃了人家的还要在背后捅一刀。你快说,我让你死个痛快,否则,我就在你身上一刀一刀地划,划到你说了为止。怎么样,你说呢?"

"查尔斯和阿一。"那人低着头说。

"他们给你多少钱?"

"一百两银子。事成之后再给一百两。"

"你也太贱了点,两百两银子就肯干这种吃饭砸锅的缺德事。谁来找你的,是阿一?"

"是阿一,他把我带去见了查尔斯。查尔斯还请我吃饭,给我喝酒,跟我说,事成之后,可以在他那里做。他是那么大的大老板,不但请我吃饭,还求我做事,从来没有人把我看得那么重,我就答应了。"

"好吧。你还有什么话要说?"

"我家里还有老婆孩子,老父老母。看在他们的份儿上,饶了我吧!"那人哀求道,忽然抬起头来,眼睛紧盯着戴沃伦,眼神中是满满的乞求。

"这时候你想到老婆孩子,老父老母,放火的时候怎么没想到别人的老婆孩子,老父老母?你放心吧。我们会送银两给你家人,作为火灾丧生之后的公司补偿。"

111

"戴先生，求求你，饶了我吧！"那人还在那里哀求。

戴沃伦站了起来，拿了块布把刀和手上的血迹擦干净，收起了刀，整了整衣服，和陈麦南走了出去。门关上之后，陈麦南问："沃伦，怎么处理他？"

"你应该知道该怎么处理。就说是火灾中熏死的。给他家送去点银两，算是洋行的赔偿费。"

走着走着，戴沃伦忽然停下了脚步，若有所思地看着陈麦南，说："麦克。也许你可以用到你做大厨的手艺。"

"你说什么？"陈麦南不明白，戴沃伦会莫名其妙突然冒出这么一句话。

"我记得你说过，你会做菜的对吗？"

"当然，我的拿手好菜是鱼翅鲍鱼羹。你是想让我去开餐馆？"

"或许以后开个餐馆，也会是个比较好的谋生之道。你做菜的技能，应该会很有用的。"

兄 弟

戴沃伦到罗素办公室的时候，约翰·福布斯和楼爱波已经到了。约翰非常悲伤，但依然保持着一个绅士的风度。他在弟弟的遗体边单腿跪下，一手抓住汤玛斯的手，另一手在胸前画着十字。他们的父亲是教会神父，一直在佛罗里达传教，后来才搬到了波士顿附近，兄弟几人看到，新英格兰地区很多家庭同中国做生意发了财，很受影响，哥哥就先跑广州做事，等到安定下来后，最终得到母亲的同意，把弟弟也带了过来。

约翰给怡和行老板伍浩官做特别行政助理，伍浩官待他就像自己的儿子一样，给了他特别的照顾，约翰把弟弟带来广州找工作，伍浩官说，可以在怡和行做。但约翰希望弟弟独立做一番事情，就把他介绍给了罗素，到旗昌洋行做事。哪里想到，弟弟到旗昌洋行做事，才一年多点时间，年纪轻轻的，小命就丢了。

旁人看着眼里这一幕，都十分伤感，尤其是罗素。人家把弟弟从千里之外叫到广州，交到他的洋行做事，如今兄弟俩天人永别，罗素心里万分内疚。

约翰站了起来，控制着自己悲伤的心情，说："罗素先生，感谢你对我弟弟的照顾。我知道，他在这里工作一年非常愉快，他经常跟我提起。也感谢所有人尽了最大的努力来救他。"

"我非常遗憾发生了这样的事情,我们已经找到了放火的人,一定彻底清查幕后指使的黑手,给汤玛斯一个说法。你现在准备如何处理汤玛斯?"罗素问。

　　"遗体运不回去,我想还是海葬吧,请个牧师。汤玛斯生前喜欢大海,大海都是连着的,他可以从大海的这边,回到新英格兰去。"约翰说。

　　"好的。我们尽快处理吧,所有费用,我们这里会出,你不用担心。"

　　约翰走后,罗素把办公室的门关上。他心情非常沉重地对戴沃伦和楼爱波说:"刚才,仓库的损失清点完了,损失非常严重。一百箱土耳其鸦片,基本上没有什么可以能够再卖的。茶叶也全部被烧掉了。不幸中的万幸是,除了汤玛斯,没有其他的人伤亡。"

　　"鸦片烧了,我们就没有货卖给烟馆,也就没有钱去付给土耳其人。我们资金周转有没有问题?"戴沃伦担心地问。

　　罗素叹了口气,低头想了想,摇了摇头:"我们需要付给伍浩官一笔钱,那是从他那里买茶叶和瓷器欠的。还要付土耳其人买鸦片的钱。还有人员工资。即使算上我们的应收账,我们还缺二十多万两银子。"

　　"要是我们没有呢?"楼爱波忍不住问。

　　"公司就要破产清盘了。"

　　戴沃伦和楼爱波没想到事情会那么严重,两人脸色顿时变得异常凝重。

　　"我们的鸦片生意好不容易做得有点起色,只要坚持一下,我们就可以打开市场,要是就这样结束了,未免太可惜了吧?"戴沃伦说。

　　"除非有人可以借我们二十万两银子。"罗素冒出了一句。

　　"谁会借我们呢?"楼爱波问。

　　"去问票行借?"戴沃伦说。

　　"难啊,票行看我们烧成这样子,谁会借我们? 二十万两不是个小数字,鸦片不合法,票行不愿意承担那么大的风险,即使有人愿意借,也绝对是高利贷。"

　　"我们也许可以去问一下伍绍荣。"戴沃伦说。

　　"这么一大笔钱,可能会比较难。"楼爱波说,"伍绍荣比较吝啬,凭我对他的了解,我估计他不会同意借钱。而且,虽然是他在管家产,但那么大一笔钱,一定是要伍浩官点头的。"

　　"爱波,你同约翰·福布斯和伍绍荣不是很熟的吗? 也许你可以通过他们去问一下伍浩官?"戴沃伦问。

　　"我? 我觉得希望不大。"楼爱波回答。

　　"我看,你还是去一下伍府吧? 不管怎么说,问一声,总比不问要好。"罗素对楼爱波说。

"好吧。我去问一声伍绍荣。不过,不要抱太大的希望。"

楼爱波不是太有信心,但既然罗素已经开口,就只好硬着头皮答应了。

　

楼爱波刚进伍浩官的家,就碰到了伍绍光。伍绍光虽是伍浩官的长子,却是三姨太所生,按照当地人的传统,家产应由嫡子继承,所以家族的产业还是全部给了正房生的次子伍绍荣管理。

伍绍光对这个弟弟是又妒又恨,因为自从伍绍荣出生之后,就把父亲对自己的所有宠爱都分走了。之后对于父亲把家产交给弟弟伍绍荣打理这件事更是一万个不满。他觉得弟弟伍绍荣不过就是花花公子一个,抽鸦片、找女人,样样都干,这样的人怎么能管好这么大的家产? 而他伍绍光却从小志向远大,爱读书,喜欢思考,做事情中规中矩,掌管家产的理应是他才对。

楼爱波生性随和,和伍绍光见过多次,加上两人都喜欢读书,还经常在一起交流读书的体会,因此两人虽说不上是朋友,但也十分谈得来。

伍绍光今天正要出门,就看到楼爱波心事重重的样子,匆匆走了进来。便一把拉住楼爱波:"嘿,走路这么快,你今天有什么急事?"

"我来找绍荣有点事。"

"又要出去玩啊?"

"哪有心思玩? 公司出了点事,忙死了。"楼爱波非常烦躁,想赶紧走。

"出什么事了?"伍绍光好奇地问。

"失火了,库存全烧掉了。"

"啊! 有这样的事? 你找绍荣能帮上什么忙?"

"想借二十万两银子。"

"这么大一笔钱?"伍绍光听了吓了一跳。

"对,这是救命钱,否则的话,旗昌洋行就要关门了。绍荣现在管你们家的家产,他看在我的面子上,或许会借的。"

"数额太大了,我看可能性不大,你知道绍荣的性格,他在钱这方面比较保守。即使绍荣同意,也要我父亲批准,我父亲估计不会同意那么大一笔钱。最近怡和行也缺钱,东印度公司也不像以前那样,买的东西也少了。"

"我是实在没有办法,才来这里借钱的。既然来了,也只好试试,要是借不到这笔钱,旗昌洋行就只好关门,我也得打铺盖走人。"

"有那么严重?"伍绍光不相信。

楼爱波非常肯定地点了点头:"我没有瞎说,否则我也不会来借钱的,这么大一笔数目,怎么能瞎说呢?"

伍绍光盯着楼爱波，足足看了好一阵子，把楼爱波看得有点莫名其妙。

"你想说什么?"楼爱波问。

伍绍光欲言又止。他一把拉住楼爱波的衣服，把他拉到花园深处，压低了嗓门，小声地对他说："如果有人给你二十万两银子，不是借的，让你做件事情，你做不做?"

"当然做。哪有这样的好事?"

"有，就看你肯不肯做了。"

"什么事?"

伍绍光的声音更低了："比如说，让绍荣从这个世界消失掉或者……"他停顿了片刻，又说："杀死。"

伍绍光将右手五个手指并拢，放到嘴唇边，然后用力一吹，五个手指分了开来，好像是被吹开来的一样。

楼爱波一下子愣住了，他有点蒙，以为这是在做梦，狠狠地掐了一下自己，还挺痛的，才知道这不是在梦里。他看伍绍光一脸认真的样子，不像是在开玩笑，就立刻严肃起来。

"这事做不得。"

"你想想吧。你和绍荣老在一起玩，没人会怀疑你的。如果不想做，就当我没说。"

说完，伍绍光径直走了，把楼爱波一个人晾在花园里发呆。楼爱波心想:伍绍光这个当哥的，心够狠的，怎么能向弟弟下毒手? 胡思乱想了一阵，才意识到，今天是来问借钱的事的，就连忙跑去找伍绍荣。

楼爱波见到伍绍荣。他当然不会把伍绍光讲的说出来，但今天的感觉特别奇怪，非常不自然，他想那一定是伍绍光说的那番话的缘故。楼爱波说明了来意。伍绍荣显得非常为难，借这么多钱，肯定是要父亲点头的，但伍绍荣又不愿意每次都去问父亲，让父亲看不起，觉得自己没有能力独立决策。更何况，目前怡和行也没有那么多闲钱，要是把钱借给旗昌洋行，谁知道以后能不能还得出? 伍绍荣想到这儿，就把楼爱波借钱的事，当着他的面给一口回绝掉了。

楼爱波回到旗昌洋行，拉上戴沃伦去了罗素的办公室，房间里只有他们三个人。门一关上，楼爱波就直截了当地说:"伍绍荣不答应借钱。"

罗素心情沉重地说:"这是我意料之中的，我本来就不抱什么希望。"

"我们去借高利贷如何?"戴沃伦问。

"利息那么高，我们资金周期那么长，不是个好办法。再说了，到哪里去找这么大额度的高利贷? 我看，我们是需要认真考虑破产关门的选项了。"罗素有

点丧气的样子。

"伍绍光说可以给我们二十万两银子。"楼爱波实在没有办法憋住,就说了出来。

"他给我们? 伍绍光? 给? 不是借?"戴沃伦问。

"是。但要帮他做一件事情。"

"什么事情?"

"把伍绍荣干掉。"楼爱波说。

"什么意思? 他想把他弟弟杀了?"戴沃伦是聪明人,马上明白了里面的道理,但他还是重复问了一声。

"绍荣一死,伍绍光就可以控制所有的家产,一旦伍浩官走了,他就会变成家族的掌门。"楼爱波说。

"罗素先生,你说,我们要不要……"

还没等戴沃伦说完,罗素就用手势打断了他。罗素陷入了沉思,看得出罗素很痛苦的样子,戴沃伦和楼爱波都不敢出声,房间里一下子变得寂静得可怕。许久,罗素站起来,以不容置辩的口吻说:

"这事决不能对这房间外的任何人说起,听见了没有? 伍绍光的钱,我们不能要,这钱违背我的良心,也违背了上帝的教义。"

说着,罗素在胸前画起了十字。

"但是,我们确实需要二十万两银子。"戴沃伦说。

"你们不要再想这事了。我就当不知道所有的一切。"

说完,罗素大步离开了办公室,留下戴沃伦和楼爱波两个人坐在那里不知怎么办,两人对视着。楼爱波问道:

"沃伦,你说,怎么办?"

"我们干吧!"戴沃伦非常坚定地说。

"但罗素先生不同意啊。"

"他嘴里这么说,我想,罗素其实是同意的,只是不想说出来。他故意离开,把事情丢给我们,让我们去做,他可以问心无愧,其实他虚伪得很。不过,我们没有必要让他知道,他只需要结果。你是不是可以再把绍光叫出来谈一下?"

楼爱波把伍绍光叫了出来。两人在一个很喧闹的茶馆见面,他们在一个角落找了张桌子坐下。绍光拿了一只很沉的大口袋,一见面就给楼爱波看口袋中的银子,然后他把口袋重新用绳子系好,放在桌上,又从口袋中掏出一张银票,放到桌上,用茶杯压住。

"这是部分现银,还有这张银票,总共十万两。事成之后再付十万。"绍光说。

"这真是你想做的?"楼爱波问。

"一点不假。"伍绍光断然地说。

"你想要怎么做?"楼爱波问。

伍绍光从口袋里掏出一个黑色的球型小药丸,和沁云楼里的鸦片丸一个样子,放到那张银票上面。

"这是掺了毒芹根的鸦片,人吸了进去,会全身麻痹,一两分钟就会死,一点都不痛苦。"

楼爱波不禁全身打了冷战,一颗心提到了嗓子口。

绍光脸上不带任何表情,继续说道:"死状就像抽鸦片抽死了一样。没有人会知道是被毒死的。"

楼爱波忍不住问:"这就是毒死苏格拉底的毒芹? 你从哪里搞来的?"

"约翰·福布斯给我的。想干掉伍绍荣的人不光是我一个人。"

"约翰为什么也要这么做?"

"因为绍荣在,约翰就达不到他的目的。"

"为什么这么说呢?"楼爱波问。

"约翰想回美国去建铁路,他问我父亲借钱,我父亲都已经答应了,但绍荣坚决不同意。现在家业都由绍荣掌管,我父亲也不便说什么。我要是掌管了伍家产业,别说借,我会直接把钱拿出来,让约翰去投资铁路。"

楼爱波没有想到,约翰也想干掉伍绍荣。他和伍绍荣其实并没有什么利害关系,对楼爱波来说,伍绍荣是个很会玩的人,虽然喜欢在人面前炫耀,但对他并不坏。让他去给伍绍荣下药,他觉得实在下不了手,但二十万两银子关系到旗昌洋行的生死啊! 他盯着放在银票上面的那颗小黑丸,犹豫了,拿还是不拿,时间像是凝固了一样。

绍光盯着楼爱波,追问道:"怎么样? 你快决定,干还是不干?"

绍光的手握住那袋银子。

楼爱波没有任何表示,他和伍绍光对视了一下,站了起来,从绍光手中夺过那一口袋银子,顺手拿起毒鸦片丸和那张银票,冲出了茶馆。

伍绍荣和楼爱波又去了沁云楼,楼爱波是带着那颗毒鸦片丸去的。他们还是要了经常去的那间大包房。伍绍荣在沁云楼有一个陪伴,每次去,他都会让这个叫箐箐的女孩陪他一起抽鸦片,伍绍荣叫她"亲亲",还伸着头,把脸凑到她

面前,箐箐从来不理绍荣这一套,装着没看见,有时候还装个样子轻轻地给绍荣一个耳光。

进了包房后,绍荣和箐箐躺在了大烟榻上,楼爱波今天没有叫女孩陪伴,就一人坐在了边上的太师椅上,他的心里七上八下。端着鸦片盒的小哥阿木进屋,给每人烟枪里装上鸦片丸后,出去了。三人在包房里一边聊天,一边吞云吐雾。阿木时不时进来看看,给每个人装上新的鸦片丸。

鸦片抽了一阵,楼爱波起身出了房间。在外面找到阿木,塞给阿木几块银圆。楼爱波把那颗毒鸦片丸放到鸦片盒里,这颗毒鸦片丸和其他的鸦片丸颜色、质地都一样,只是比一般的鸦片小了一圈,放在一起很明显。楼爱波对阿木说:

"这是颗神丸,鸦片的功力很强。你等会儿把这颗给伍公子上了。"

楼爱波又转回去坐下,拿起烟枪,抽了起来,但他忽然觉得胸闷得慌,喘不过气来。昨天戴沃伦来找过他,说改了主意了,不想要这二十万两银子,把拿了的十万两还回去算了,等旗昌洋行关门了,就去别的地方找工作,实在不行,也可以打包回纽约。楼爱波当时也犹豫了,没有表态,只是说再想想。今天却不知道怎么回事,鬼使神差地和伍绍荣来了这里,而且带上了这颗毒鸦片丸,还给了阿木。

"要是绍荣真的抽了……没事的,反正没人会知道,不会有其他任何症状,就像鸦片抽过量一样……但是绍荣平时对我也不错,把我当朋友对待……等我到了上帝那里,上帝会怎么审判我?"楼爱波的脑子越想越乱,全身开始发抖。

"你怎么啦?"伍绍荣在烟榻上支起身子问楼爱波。

"我……"

楼爱波一惊,头抬起来正好和伍绍荣对视了一下,他连忙把目光移开。

"你是不是不舒服?看你脸煞白,房间是不是太热了?"

伍绍荣关切地问。

"我有点透不过气来,还有点恶心,也许吃坏了。"

"你要不要过来躺着,我和你换个地方?"

"不用不用,也许过一会儿会好的。"

这时阿木端着鸦片盒子进来要上新的鸦片。楼爱波一看,赶紧招手,示意阿木过去。阿木走到楼爱波跟前,不知道他想要什么。楼爱波让阿木打开盒子,看见那颗毒鸦片丸还在里面,就把它拿了出来,放在了烟盘上,又拿了颗正常的鸦片丸放入自己的烟枪里,然后示意阿木去给绍荣他们上烟。

楼爱波顿时感觉胸口轻松多了,那块压着的石头,似乎已经被移走,呼吸也变得正常起来,但是想到没有了伍绍光的二十万两银子,旗昌洋行就要关门,他想到了是不是要继续留在广州寻找其他机会,或者回到他父母那个压抑的杂货店做事。想着想着,心情又开始变得沉重起来。

伍绍荣今天特别兴奋,一直在同箐箐说话,两人不时还在那里打情骂俏,见楼爱波沉默不语,就问:"嘿,爱波,你现在是否好一点?"

"好像是稍微好一点了。我想我还是先走一步,怕到时候全吐出来,影响了大家的情绪。你们继续在这里玩。"

说完,楼爱波就起身告辞了。他带着复杂的心情,离开了沁云楼。

第二天楼爱波去旗昌洋行上班,刚一进公司,就碰到戴沃伦。戴沃伦一把抓住他,把他拉到一边小声问:"你做了?"

"没有。我改主意了。我们需要把那十万两银子还回去。"

戴沃伦叹了口气,他确实需要认真考虑他的下一步。一来中国,他就加入了旗昌洋行,为之付出很多,从看仓库的小工,一路做到管土耳其鸦片这一块的主管,赢得了罗素的信任。现在,旗昌洋行眼看就要破产,自己又要重新开始,未来会是个什么样子,他一片茫然。

"好吧。我们把钱还给伍绍光。就当这事从来没有发生过一样。"戴沃伦说。

正在这时,陈麦南急匆匆地跑了过来,一边走,一边说:"你们知道吗?伍公子,伍绍荣昨天死了。"

"什么?"楼爱波大叫一声,陈麦南的话,如晴天霹雳,震晕了楼爱波。

"怎么死的?"戴沃伦问道。

"抽鸦片抽死的。"

楼爱波和戴沃伦对视一下,两人满脸的疑惑。尤其是楼爱波,他确定,他把那毒鸦片丸从烟盒里拿了出来。

"我昨天和伍公子一起去的沁云楼,我走的时候他还好好的。怎么会抽死了呢?无法理解。"楼爱波疑惑地说。

"都说他昨天鸦片抽得很凶,在沁云楼里待了很长的时间。伍绍光已经把他的遗体带回了伍家。"

陈麦南离开后,戴沃伦盯着楼爱波,又问一遍:"你确信不是你做的?"

"我绝对把那颗毒鸦片丸拿走了。"

"这就奇怪了。难道伍绍光又找了别人?"

"有这可能。我们该去问一下箐箐,那天我走后发生了什么事情。"

在伍绍荣的灵堂里,楼爱波见到了他的妻儿。他的两个孩子还很小,两个老婆哭得很伤心,楼爱波的心里不禁产生一种强烈的负罪感,他用同情的目光,在远处看着她们,他不想上去和她们说话。此时伍绍光带着满脸悲伤的表情,张罗着葬礼,接待来吊唁的客人,见了楼爱波只是点了下头,匆匆忙忙的样子,转身就去忙别的事情去了。显然他现在是以伍家掌门的身份,在主持日常事务。

两天后,伍绍光把楼爱波叫到一个茶馆见面。楼爱波先到的,在角落找了个桌子坐下等,他把那包银子和银票都带了来,准备把它们还给伍绍光。楼爱波等了很久,正一个人在那里无聊地喝茶,伍绍光就像从地上钻出来一样,突然出现在他桌边,还没等楼爱波反应过来,伍绍光便在桌上扔下一包东西,立刻转身,拔腿就走。楼爱波愣了一下,没来得及叫他,伍绍光已经飞快地走出门口,走得无影无踪。楼爱波摸了摸那包东西,感觉那是银圆,打开来看,果真是银子,里面还有一张银票,他立刻明白,这是伍绍光付他的另外十万两银子。楼爱波越发好奇,显然伍绍光认为是他杀了伍绍荣,所以才把钱付给了他。

那到底是谁杀了伍绍荣呢?

楼爱波和戴沃伦又去了沁云楼。这次他们点了箐箐作陪,三人在包房内一边天南海北不着边际地聊着天,一边抽着鸦片喝着茶。等到房间里的气氛比较融洽的时候,楼爱波把话题转到了伍绍荣身上。

"绍荣就这么年纪轻轻地走了。"

"是啊,好可惜。他是个好人。"箐箐一下子变得伤心起来,眼泪掉了下来。

"那天我走的时候还好好的。怎么就死了呢?"楼爱波不解地问。

"那天他心情好,抽了很多鸦片,不知怎么回事,就躺那里不动了。我以为他睡着了,就没有叫他,心想,他肯定是太累了,就让他多睡一会儿,哪知道他已经死了,我非常害怕,怎么会是这样呢?"

"那天我走后还有其他人来过吗?"

"没有,房间里就我们俩。绍荣对我不错,我应该劝他少抽一点的,都是我的不好,当时我要是能劝住他,也许他就不会死掉。"箐箐讲话的口气中充满了自责。

戴沃伦和楼爱波见问不出什么,就不再问了。从沁云楼出来后,戴沃伦问楼爱波:"伍绍光给你的那颗鸦片丸在哪里?"

"我也在到处找,没找到。"

"你不记得放哪里了?"

"我一点都不记得了,只记得把它从鸦片盒里拿了出来。"

"你有没有可能把它留在了那个房间里?"

"不知道,我真的一点印象都没有。你的意思……?"

"也许你把那颗鸦片丸落在了房间里,伍绍荣把它当鸦片抽了,因为他容不得任何浪费。这只是猜测。或许伍绍光还找了别人下手,也就是说,伍绍光用了双重保险,非置他弟弟于死地不罢休。用四十万两银子换来伍家整个家产,那是很小的代价。不过,现在谁也说不清楚到底怎么回事。不管它了,伍绍荣已经死掉,人死不能复活。这都已不重要,重要的是,现在旗昌洋行有了二十万两银子,我们有了转机,一切都好办了。"

旗昌洋行的合伙人

罗素这几天真是心力交瘁。他出身于波士顿富豪家庭,祖上随"五月花"号船来到美国,成为波士顿地区有头有脸的家族,并且创立了耶鲁大学。十几年前离开波士顿,单枪匹马来到广州创业,为的是要证明,他可以不依赖家族的光环,自己建功立业。在广州这十几年的打拼中,罗素把旗昌洋行从一家小公司,做成中美之间最大的贸易公司,这期间给公司的股东和他自己带来了巨大的财富,也为中国人和美国人创造了很多就业机会。然而一场大火,把旗昌洋行推到了破产的边缘。罗素累了,他已经有足够的财富,他想退休了,但他一想到自己一手打造的公司就这样毁了,还有那么多跟着自己打拼的人,他们未来的生计会发生什么变化。想到这些,他心里非常伤心。

罗素在办公室里喝着苏格兰威士忌,抽着雪茄烟,苦苦思索着如何处理旗昌洋行破产后的事宜。戴沃伦和楼爱波走了进来,罗素给他们各倒了杯威士忌。戴沃伦和楼爱波坐到了罗素的对面,各自点燃了雪茄烟。罗素先开了口:

"旗昌洋行关门后,我准备搬回波士顿去。你们有什么打算?"

戴沃伦和楼爱波相互看了一眼。戴沃伦说:"罗素先生。我们来就是同你讨论旗昌洋行的事。"

"你们有什么想法?"罗素问。

"旗昌洋行可以不关门。我们搞来了二十万两银子。"

罗素心里一怔。得到伍绍荣死讯时,罗素曾把戴沃伦和楼爱波叫到办公室,关上门问,是不是他们杀的绍荣。两人指天发誓说绝对不是他们杀的。罗

素就没把这事放在了心上。听到戴沃伦现在说搞来了二十万两银子,罗素马上联想到了伍绍荣之死。

"这跟伍绍荣的死有关吗?"罗素紧盯着戴沃伦的眼问。

"绍荣之死绝对不是我们做的,这点你放心。银子具体是从哪里来的,你就不用管了。问题的实质是,旗昌洋行缺钱,没有钱就要关门,而我们已经弄到了钱。"戴沃伦也直直地盯着罗素。

"你们希望旗昌洋行继续做下去?"

"当然。"楼爱波回答,"事实上,我们也可以从头做一家公司,但一切从头开始,要花很大精力。旗昌洋行是个很好的平台,客户资源和声誉都很好,也是你一手打造出来的,破产关门太可惜了。"

"你们有什么想法?继续说。"罗素问。

"楼爱波说得很对。我们用这二十万两银子入股,旗昌洋行用现在的资产和声誉入股,我们一起建一个全新的旗昌洋行。土耳其鸦片已经证明有市场需求,一直做下去,生意可以做得很大。中国的市场如此之大,我是有很大信心的。罗素先生,你说呢?"戴沃伦说得似乎很有说服力。

"你们二十万两银子入股想要多少股份?"罗素问。

"我们三分开。我,楼爱波先生,和现有的旗昌洋行股东,各三分之一。"

罗素一怔,心想,这戴沃伦够黑心的,这不是趁着旗昌洋行危难的处境,来巧取豪夺吗?事实上他本人已经挣了足够多的钱,旗昌洋行关不关门,对他影响并不大,他仍然可以回波士顿舒舒服服地过退休的日子。本想一口回绝,但想到其他股东一直给他压力,希望把旗昌洋行继续做下去,还有那么多员工的生计也依赖着旗昌洋行,更重要的是,旗昌洋行是他一手打造起来的,就像他的孩子一样,这里面有他十几年的心血,破产关门实在不是罗素想要的结果。现在戴沃伦带来资金,能够让公司继续下去,渡过目前这个难关,以后公司的发展前途或许会非常好。仔细想想,目前也确实没有什么更好的解决方案。罗素想了片刻,就说:

"三分开我做不到,别的股东也不会同意。这样如何,你和楼爱波占洋行三分之一的股份,原旗昌洋行占三分之二,我觉得这样是比较公平的。你看呢?"

戴沃伦一听罗素这话,觉得有戏,罗素显然是在讨价还价。他看了看楼爱波,问道:"爱波,你认为呢?"

"沃伦,你决定。我听你的。"楼爱波百分之百地信任戴沃伦。

"罗素先生,旗昌洋行目前缺钱,没有我们的钱,旗昌洋行就要关门。这样吧,我和楼爱波要一半的股份,考虑到我们为旗昌洋行所带来的土耳其鸦片业务,而且,这部分业务是洋行最挣钱的,这点也不为过。还有,我和楼爱波必须成为公司的高级合伙人,我当洋行的首席执行官,你可以当洋行的董事长。如果你不答应,我们马上就离开这里;如果你同意,我们可以立刻签署协议。"

罗素想了想,戴沃伦已经说到这份儿上了,不容他再继续讨价还价,只好叹了口气,说:"好吧。你和爱波可以占一半的股份,也可以成为洋行的高级合伙人,但洋行的首席执行官和董事长必须由我或者由我指定的人担任。我可以让你担任首席运营官,所有洋行的日常具体事务都由你处理,但重大决策必须得到洋行董事长和首席执行官的同意。"

戴沃伦考虑了一下,觉得这是今天谈判可以得到的最好结果,就站了起来,向罗素伸出手说:"好吧,成交。"

罗素和楼爱波都站了起来,相互握手。戴沃伦说:"我现在就去处理细节的事情,并把尾款给土耳其人发过去。"

"等到洋行平稳一点,我还是想退休回波士顿去,我在广州待的时间已经太长了,再不回去,怕真的要老死在广州,年龄大起来,越发想回故乡。到时候我会指定一个替代我的人。"罗素说。

查尔斯在办公室里一边处理着东印度公司的事务,一边想着最近广州发生的一系列事情。伍绍荣的死太突然了,虽然查尔斯不喜欢伍绍荣,但和绍荣打交道还是比较容易的,现在哥哥伍绍光接手怡和行的日常事务,以后就要经常同绍光打交道,别人都说伍绍光比他弟弟难对付。还有就是旗昌洋行的事,他买通旗昌洋行内部的人去放了把大火,这把大火烧掉了旗昌洋行仓库里所有的鸦片,也烧掉了它的所有元气。有消息传来,说罗素要把公司关了,退休回波士顿去,但不知怎么回事,后来又有消息说,旗昌洋行搞了一笔钱,要继续做下去,据说这笔钱是戴沃伦弄来的。戴沃伦这个穷小子从哪里弄来这么多的钱?

阿一匆匆走了进来,一副神神秘秘的样子。

"老大,你知道伍绍荣死在沁云楼里的时候,谁在同一个房间里?"

"谁?"

"楼爱波。"

"哦? 你怎么知道的?"

"沁云楼是我们家开的嘛,我当然知道。伍绍荣的相好箐箐当时陪着,她告诉我的。"

"你是想说,伍绍荣是楼爱波毒死的?"查尔斯一下来了兴趣。

"这是种可能,或许是非常可能。"

"箐箐怎么说?"

"她说楼爱波只待了一会儿,伍绍荣那天鸦片抽得实在太凶了。"

"箐箐没说是楼爱波把伍绍荣毒死的?"

"没有。她说是抽鸦片抽死的。"

查尔斯在地上踱起步来,从办公室一头走到另一头,来回好几次。他突然停住,说:"戴沃伦和楼爱波搞到了一笔钱,我觉得这笔钱一定和伍绍荣的死有关。"

"你是说……"阿一有点疑惑。

"事实是什么都没有关系。你能不能想办法让箐箐说是楼爱波毒死伍绍荣的?"查尔斯盯着阿一问。

"这个……也许可以办到。"阿一说。

"我不要也许。"

"那我一定能让箐箐说,是楼爱波毒死伍绍荣的。"

"那好,你先让箐箐画押。我还要你去把楼爱波抓来,逼他承认是和戴沃伦一起把伍绍荣毒死的。"

"好。那我这就去办。"

"记住,千万要把楼爱波活着抓来,让他画押,说戴沃伦是毒死伍绍荣的主谋。你明白吗?"

"明白。"阿一回答道。

"只有把戴沃伦搞掉,旗昌洋行才会彻底倒掉。"查尔斯若有所思地说。

"那我们把戴沃伦直接杀了就是了。"

阿一想起上次没有把戴沃伦一刀结果掉,让香玫给拦住了,心里直后悔,现在见查尔斯又说起戴沃伦,马上就如此建议说。

"自从上次让戴沃伦逃脱之后,他的行踪很难掌握,而且他基本上不单独出行,现在去暗杀他,难哪。"查尔斯叹了口气。

"所以,我们就要让官府来收拾他?"阿一似乎明白查尔斯的意思。

"对。我们要借官府之手来杀他。"

楼爱波这几天睡觉特别不好。伍绍荣的死对他打击很大,虽然最终他自觉问心无愧,那颗毒芹鸦片丸并不是他给伍绍荣下的,但刚开始确实是为了那二十万两银子动了杀心,而最终结果伍绍荣也确实是死了。楼爱波内心还是很内疚的。他现在很难入睡,即使睡着了,也很容易惊醒。有好几个晚上,楼爱波在噩梦中见到了伍绍荣,伍绍荣指着楼的鼻子说,他一直对楼爱波不薄,为什么要害他。楼爱波多次在这样的噩梦中醒来,浑身被汗水浸透,他醒来之后,总是对自己说,杀死伍绍荣的并不是他,他没有必要为此感到羞愧。

楼爱波住在珠江以南,租了一个做茶叶生意人家的房子,他住在一楼前厅的侧房,主人家住后房和楼上。这天吃过晚饭不久,楼爱波因为前几天都没有睡好,感觉特别累,就早早倒在床上睡了。睡梦中和前几天一样,他一下子惊醒了过来,他似乎看到了伍绍荣,还听见了什么声音,以为伍绍荣在说话,就揉了揉眼睛,坐了起来,确定在黑暗中没有伍绍荣,但那声音隐隐约约似乎还在,是从门外传来的。楼爱波这下子完全清醒了过来,有人正在拨弄门闩,意图撬门,他浑身一阵发寒,连忙下了床,悄无声息地站到了门边上。

门悄悄被打开了,把楼爱波正好掩在了后面。一个黑影步履轻盈地走到床边,手中举着把刀,在月光下闪着寒光,只见那刺客用刀对着楼爱波的床猛扎了下去。刺客扎了两刀,可能意识到床上没有人,掀起了被子,迟疑了一下,连忙转身往门口走。刺客刚走到门口,楼爱波狠命地撞了一下门,门狠狠地撞在了那人身上,刺客一个踉跄,摔倒在地上。

楼爱波快速冲了出去,想去制服那个刺客。但那人身手非常矫健,一个鱼跃从地上翻身而起,朝着楼爱波冲过来,手里挥着刀朝他砍去。楼左躲右闪,空手和刺客搏击,明显处于弱势。这时,打斗的响声把主人吵醒,主人打着灯笼走了过来,那刺客见有旁人过来,转身夺门而走,跑到了马路上。楼爱波追到屋外,月光下,见那人已经跑远,一会儿就不见了人影。他正想往回走,身后传来一阵风声,眼前立刻黑成一片。原来,黑暗中有人用布袋套住了他的头,几个人拽着他就跑开了。房主人正好来到门口,被眼前看到的一幕惊得目瞪口呆,只见四个人拽着楼爱波,迅速消失在黑夜里。

那四个人正是阿一他们。阿一等四人今晚是准备来绑架楼爱波的,到了楼爱波的住处时,见有人在撬门,还拿着刀,觉得好奇,就躲在暗处观察,等到那人跑出来时,他们才意识到,有人要暗杀楼爱波。看到楼爱波追了出来,觉得时机正好,就用布袋套住他的头,用刀抵住他,拽着就跑。

楼爱波被阿一绑架走的第二天一早,戴沃伦还在睡梦里,就被一阵猛烈的敲门声吵醒。戴沃伦正想着是哪个家伙那么早就来吵他的好梦,就听见陈麦南在门口喊他:"沃伦,快起来。出事了。"

戴沃伦立刻从床上跳了起来,披上衣服开了门。看到陈麦南跑得满头大汗,气喘吁吁的样子,他问道:"什么事,这么急?"

"楼爱波被绑架了。"

"什么？你慢慢说,怎么回事?"

"他的房东来告诉我的。说昨天晚上先是有人来刺杀爱波,但没有成功,他去追刺客时,在门口被四个人绑架走了。"

"你知道是谁干的?"

"他是被阿一绑去的。我在查尔斯那里做事的朋友告诉我的。"

"那他现在在哪里?"戴沃伦问道。

"据说是在珠江北面查尔斯的仓库里。"

"那就说明去刺杀他的人不是查尔斯派去的。"

"我觉得这是个正确的判断。查尔斯好像并不想杀死他。"陈麦南很赞同戴沃伦的看法。

"这就奇怪了,难道还有别人想杀楼爱波?"戴沃伦非常疑惑。

"是啊。那会是谁呢?"陈麦南问道。

"先别管这吧。我们准备一下,你带上几个人,我们去救爱波去。"

戴沃伦和陈麦南急匆匆地跑了出去。

英国东印度公司的仓库在珠江北岸,几间大型单层房子沿码头一字排开,连在一起,足有十几个旗昌洋行的仓库那么大。这里的码头是东印度公司专用的,在这里装货卸货的只有东印度公司自己的轮船。从中国运往欧洲的茶叶和瓷器,都会先存放在这儿的仓库里,然后再装船出海。当然,在这些茶叶和瓷器当中,还藏着许多鸦片,这些鸦片都是查尔斯走私进来的,不属于东印度公司的业务,东印度公司走私的鸦片都是通过分销商,比如渣打洋行等贸易公司,进入中国。

楼爱波被关在其中的一个仓库里。阿一把他带到这里后,将他绑坐在椅子上,才把他的头套拿走。楼爱波环顾了一下四周,仓库里暗暗的,只从几个窗户透进些光线。仓库看上去很大,比旗昌洋行的仓库大好几倍,里面堆满了货物。

阿一和他的手下对楼爱波还算客气,没有对他打骂,也不跟他说什么话。

"我这是在哪里?"楼爱波问。

没有人回答。

"你们为什么绑架我? 想要干什么?"

还是没有人回答。

阿一走了出去,其他看管楼爱波的人,坐在地上打起了牌。有一个点燃了一盏煤油灯,还拿起一杆烟枪,对着煤油灯抽起了鸦片。就这样过了很长时间,楼爱波睡着醒来好几次,除了被人看着解手时松过绑,其余时间都在椅子上被绑着。既没有吃的,也没有水喝。楼爱波觉得口特别渴,但那些人也不给他水喝。

到第二天天快黑的时候,仓库门开了。查尔斯和阿一走了进来。查尔斯一瘸一瘸地来到楼爱波边上,脸带微笑地说:"楼先生,你受委屈了。我今天事务繁忙,到现在才抽出时间过来看你。"

"你能先给我点水喝吗? 他们一天没有给我任何东西吃,也没水喝,口干死了。"楼爱波说。

查尔斯回头对看守的人骂道:"你们这帮家伙,怎么能这样对待客人? 赶紧拿点水来给楼先生。"

有人拿来一碗水,楼爱波接到手,一口全部喝了下去。他顿时感到一阵爽快,喉咙火辣辣的感觉,一下子舒缓了好多。

"你为什么把我绑架来这里?"

"楼先生,怎么能这么说呢? 你是我们请来的客人。"查尔斯回答。

"那你还要把我绑在椅子上?"

"这只是暂时的不方便,为了避免不必要的麻烦。"

"你到底想要干什么?"

"我想问你个问题。伍绍荣是你杀的吗?"

"不是我,我没有杀伍绍荣。"

"伍绍荣死的那天,你和他一起在沁云楼里吸鸦片。对吗?"

"是的,但这也不能说他的死,是我干的。我当时身体不舒服,就先走了。当时伍绍荣还好好的。他是那天抽鸦片抽多了,抽死的。"

"你不用再狡辩了。陪伍绍荣的箐箐已经说了,她说是你毒死伍绍荣的。"

"不可能的。你们不能逼箐箐违背良心说话。我走的时候,伍绍荣和箐箐都是好好的,最后看到伍绍荣死的,是箐箐,到底是谁杀的伍绍荣,按道理,箐箐有最大的嫌疑。"

"这都不重要,箐箐说是你做的,已经画了押。是不是戴沃伦主使你做的?"

"我已经说了,伍绍荣的死和我无关,更同沃伦无关。"

"只要你说是戴沃伦主使你干的,我可以让你马上离开这里,给你一大笔钱,你可以回美国,或者想去欧洲也可以。"

"这不是事实,我怎么能瞎说呢?"

"昨天晚上是不是有人来刺杀你? 你知道是谁派了刺客来杀你的? 就是你的朋友戴沃伦。他想把你杀了,独占旗昌洋行。你想想,有必要为戴沃伦开脱吗? 只要你说戴沃伦是主谋,我可以想办法把戴沃伦的股份也转到你头上。到

时候你在美国或者欧洲,都可以过舒适的退休生活。"

"你这是瞎编的。我相信沃伦绝不是你说的那种人。我也绝不会做你想让我做的事。"

"我们一定能让你这么说的,我相信,最后你也一定会画押,说戴沃伦是毒杀伍绍荣的主谋。我想先给你一个自愿画押的机会,如果你不愿意,我们会想办法让你愿意的,只是,那样你要受不少皮肉之苦。你想想吧,楼先生?"

楼爱波没吭声,闭上了眼睛。查尔斯转头对手下的人说:"把笔和纸都给准备好。你们得配合楼先生写,听见了吗?"

"听见了。一定办到。"

手下的人回答。查尔斯和阿一转身离开仓库走了。

楼爱波还是闭着眼。一个家伙走到他的跟前说:"楼先生,我们老大说的,你都听见了吗?"

楼爱波依然闭着眼,没有回答。

"你装糊涂? 这叫敬酒不吃吃罚酒。"

说完,他猛击楼爱波的脸,冲击力如此之重,以至楼爱波坐的椅子斜转过去,差点就要翻倒在地。一道鲜血从楼爱波的脸上流了下来。

"这只是开始。"那人说。

查尔斯和阿一在仓库里的时候,戴沃伦他们的小船也来到了码头。天已经黑下来,因为这边的码头是东印度专用的,现在码头上显得很空旷,码头上停着两辆马车。小船在码头边停下,陈麦南看着那一长排仓库,对戴沃伦说:"不知道爱波关在哪间仓库里,要不要我过去一个个查看一下?"

"不,先等等。"戴沃伦说。这么多的仓库,一个个查看过来要看到几时? 更别说这样目标太大,万一查尔斯的人很多,反而会坏了事情。他正想着,看见查尔斯和阿一带着几个人从一个仓库走了出来,走向停着的两辆马车。他们上了马车,走了。

"好。就是那个仓库了。"

几人悄悄地来到那个仓库外,戴沃伦推了一下门,发觉门是锁着的,正寻思着如何进去,就听见里面有人在开仓库门。几人连忙躲到暗处。仓库门开了,出来一个人,摇摇晃晃地往江边走,一边走,一边解裤子,估计是去解手。戴沃伦的人悄悄跟了上去,在那人身后一刀刺了过去,那人没哼一声就倒地死了。

戴沃伦从半开的仓库门看进去,里面只有一盏煤油灯点着,昏暗的灯光下,楼爱波闭着眼,低着头坐在椅子里,脸上血迹斑斑,显然是被打过。边上两个人坐在地上,聚精会神地对着煤油灯抽鸦片。

戴沃伦他们悄悄地走了进去,在身后把门关上。

"你这家伙撒泡尿这么长时间?"一个家伙说。

那两个抽鸦片的人头都没有抬,继续在吸鸦片。戴沃伦和陈麦南一声不吭,快步走到那两人跟前。等到两人发现过来的不是同伴,而是好几个拿着明晃晃的刀冲向他们的人的时候,已经太晚了,只好乖乖束手就擒。

戴沃伦过去帮楼爱波松绑。此时楼爱波已经陷入了昏迷,脸上满是污血。戴沃伦的人扛着楼爱波,送到码头边的小船上。

"我们得想办法干掉查尔斯。麦克。"戴沃伦说。

在煤油灯的灯光里,戴沃伦一脸严峻,两眼闪着杀气。陈麦南点了点头,说:"我们想个办法吧。查尔斯不是那么好接近的。"

"办法一定有的。麦克,你去打听一下,查尔斯喜欢做什么事。"

"我们回去再商议吧,现在得赶紧走,时间长了,要是看仓库的人来了,我们就会有麻烦。"

"我在想,我们是不是也一把火把这儿的仓库给烧了?"戴沃伦看了看仓库四周。

"这盏灯里煤油都快烧完了,要把仓库点着,可能得花些工夫。这次是来救人的,既然人已救到,我们赶紧离开这里,免得到时候被查尔斯的人发现,反而把好事变成坏事。"

戴沃伦想想,觉得陈麦南说的有道理。

退 休

伍绍光给楼爱波的二十万两银子起了很大的作用。旗昌洋行用这笔钱支付了土耳其人的鸦片和怡和行的茶叶、瓷器的货款,物流和钱流开始周转起来,洋行资金变得充足,生意越做越大。

随后旗昌洋行在珠江北岸沿江购置了一大片地,建造了洋行新的办公楼和仓库,也建了专用的码头。公司正门对着码头,四周由围墙围住,围墙里是空旷的院子,院子中间一栋三层西式小楼,那是旗昌洋行的办公地方,小楼后面连着一排仓库。

　　戴沃伦的办公室在三楼最边上的角落，门口贴着"戴沃伦——合伙人兼首席运营官"的牌子。罗素的办公室在另一边的角落，他们中间是楼爱波的办公室。

　　这天，三人在罗素的办公室开会。罗素办公室里放置了全套的中式家具，三人坐在厚重的红木太师椅里，显得分外庄重。

　　罗素把一个精致的烟盒放到八仙桌上，把烟盒打开，里面是来自南美的雪茄烟。三人各自拿起雪茄，点着后开始吞云吐雾。罗素先开口："这些烟是福布斯船长刚从南美带来的。"

　　"这烟很好。你说的是罗伯特·贝内特·福布斯？"戴沃伦显然听说过他。

　　"是。约翰·福布斯和汤玛斯·福布斯的大哥，广州'快艇号'的船长。人们叫他福布斯船长。"

　　"我听说过他。他一直在中美之间跑航运，我以前在南美碰到过他，见过面。他来广州了？"戴沃伦说。

　　"他刚来见过我，给我带了些南美雪茄。我会把我的股份转给他，旗昌洋行现在运行稳定，业务顺畅，我想退休回到波士顿去。"

　　"那福布斯船长会住在广州，加入旗昌洋行？"楼爱波问。

　　"我已经问过他了。他会加入我们，担任公司的董事长和总裁。"

　　"我们什么时候宣布呢？"戴沃伦虽然心里不是太高兴，但当时他也同意，旗昌洋行的董事长和总裁的人选，由罗素决定，所以也就不想跟罗素争辩。

　　"我想办一个乔迁新居的庆祝会，把重要客户都请来。到时候在庆祝会上把福布斯船长介绍给大家。你们觉得呢？"

　　"好吧，既然这是你的决定，我们照办就是。我们确实值得庆祝一下，虽然经过不少挫折，我们做到今天这样，已经相当不容易。"戴沃伦表示赞同。

　　"我们今年一年卖了多少鸦片？"罗素问戴沃伦。

　　"一年大概一千箱，每次土耳其黑土到货，都销售一空。"

　　"太好了。明年预计可以做多少？"罗素很高兴。

　　"我预计可以做两千箱。"戴沃伦回答。

　　"增长率很好。不过即使这样，也只占百分之十不到的市场。东印度公司和查尔斯的加起来要有百分之九十以上。"

　　"我想，我们最终可以做到一年三千箱左右。市场应该有这个体量的。"楼爱波满怀信心地说。

　　"你们觉得有什么潜在的风险？"罗素问。

　　130　　"查尔斯肯定不爽。以前他在广州几乎是完全垄断，现在不同了，我们的鸦片已经打入各大烟馆。虽然查尔斯的人经常去捣蛋,但烟馆都在偷偷卖我们的产品。查尔斯管也管不住。"楼爱波说。

"查尔斯一定还会找我们麻烦的。我们还是要小心。他已经给了我们很大麻烦,我们得让他知道,找我们麻烦是有代价的。"戴沃伦说。

"我在北京有些朋友,最近传来消息,北京朝廷里分成两派,相互争论非常激烈,皇帝在这两派之间左右不定。"罗素说。

"他们争论什么?"戴沃伦问道。

"争议南方的鸦片贸易,皇帝非常忧心那么大量的鸦片卖到中国,白银流失非常严重,朝廷官员分成两派:禁烟派和弛烟派。"罗素回答。

"中国禁烟那么多年,鸦片不是照旧到处在卖? 争论来争论去,有什么鸟用?"楼爱波有点不以为然。

"我在中国那么多年,能够闻出现在的味道不是太对劲。我们西人说中国无法无律,这其实是不对的,中国人有法有律,不过,他们并不把法律当回事,因为他们的法律模棱两可,有很大的弹性。而正是因为这个弹性,一旦认真起来,又会走个极端,找起茬来,甚至可以追查到祖宗三代,把陈年旧账都全给翻出来。我现在越来越担心,一旦朝廷认真起来,我们会有很大的麻烦,还是应该未雨绸缪。这也是我想离开这里回美国的原因之一。"罗素说。

"是的,罗素先生,我同意你的看法。我们从现在开始,应该只放少量库存在岸上,大部分还是应该存放在海上仓库里。万一朝廷认真起来,我们的损失也是有限的。"戴沃伦说。

"对,岸上库存放少一点。你们去准备一下乔迁庆祝的事,记得把该邀请的人都邀请过来,尤其不要怠慢了政府官员。"罗素说。

旗昌洋行的乔迁庆祝活动在新址举行,活动完全是西式,大楼前院子里摆放了一张长条桌子,桌子上放着各种食物和红酒。人们拿着酒杯三两人一撮各自社交,有挂着辫子的中国人,也有各种西方人,有男有女,穿戴得红红绿绿。

王发丹穿着官服也在人群中,他不喜欢喝红酒,所以手里没有拿杯子。今天来的许多人他并不认识,也不知道如何去和他们寒暄,便一个人来到长桌边,装着看桌上的食物,消磨尴尬的时光,顺手拿起几块水果塞进嘴里。

"王大人好。王大人能过来,实在是我们的荣幸。"

戴沃伦见王发丹一个人显得很无趣,就过来打招呼。王发丹刚进来的时候,戴沃伦已经悄悄地塞给了他一个红包。

"旗昌洋行乔迁之喜,我当然要来祝贺一下。"

"说实在的,我们洋行今天能做到这个规模,有大人一份很大的功劳啊。"

"哪里哪里。都是你们努力的结果。"

嘴上虽这么说着,王发丹心里确实喜滋滋的,这几年戴沃伦没少给他银子,他帮着把这小鸡养成这么大规模的母鸡,以后下的蛋,不会少他的份,在他看来,戴沃伦是个很懂中国规矩的美国人,他很庆幸交了这么一个朋友。

"大人湖州老家的房子建得怎样了?"

"已经快建好了,我老婆说,建得非常漂亮。以后我退休了,就回老家湖州颐养天年,与世无争,晨钓于江湖之上,暮耕于田垄之间。我就等着那一天。"

"太好了。以后有机会,我一定去你老家参观一下你的豪宅。"

"欢迎啊。说好喽,你讲话一定要算数。"

"你老家的事,需要我这里帮什么忙,尽管吩咐。"

戴沃伦的姿态非常明显,王发丹明白这是什么意思。

"我老家房子的事嘛,基本解决了。不过……"

王发丹停顿了一下,故意没有说下去。

"大人有什么想法,尽管跟我说。"

戴沃伦知道王发丹后面想说的是什么,这么几年来,王发丹没有少帮他的忙,所以王发丹的要求,他都尽力满足。他知道这个关系太重要了。

"我想活动活动,看看能不能弄个广州知府当当。"王发丹说。

"那好啊,广州知府那可是个不错的肥差。我一定全力支持。"

王发丹连忙微微弯下腰,对着戴沃伦作揖:"广州知府可能难一点,能做到当然好,其他知府知县也可以的。"

这时,只见伍浩官穿着三品官服走进了院子,伍浩官身后跟着两个洋人,一个是约翰·福布斯,后面跟着一个三十多岁的男人,脸被太阳晒成古铜色,站在约翰边上有点像黑人。戴沃伦看过去,猜想那一定是约翰的哥哥——福布斯船长,虽然戴沃伦多年前见过,但那么多年没见,他已经记不太清福布斯船长的样子了。罗素曾经提起,他退休后,福布斯船长将接替他成为旗昌洋行的董事长和总裁,所以,戴沃伦心想,那一定是福布斯船长了。

罗素上前迎接伍浩官他们,他们正在那里寒暄。就听陈麦南喊着跑到他们面前:"福布斯船长。你还记得我吗?"

"你是? 对不起,我真记不得了。"

显然,福布斯船长已经记不起陈麦南是谁了。

"我曾在广州'快艇号'上做厨师。你是我们的船长。"

"那是好多年前的事吧? 好像有那么一点印象。你是不是做鱼汤特别好,还会治病,对吗?"

"那是鱼翅汤。我很高兴在这里又能见到你。"

陈麦南纠正道,他非常兴奋,这么多年,福布斯船长还能够想起来他做的菜。

此时,罗素清了清嗓子,开始说话:"今天请大家来这里,一方面是庆祝旗昌洋行乔迁之喜,另一方面我也有一事告诉大家。我从波士顿来广州,一住就是二十年,在这期间受到大家的多方面支持,旗昌洋行从无到有,从小到大,每一步都和在场的各位息息相关。我已经决定从旗昌洋行退休,不久将搬回美国,中国人讲究落叶归根,我们美国人也一样。我在波士顿郊外的房子马上就要完工了,到时候各位如果去波士顿,欢迎到鄙所做客。"

罗素停顿一会儿,他的眼眶有点湿润,二十年弹指一挥间,他从一个年轻小伙,变成为一个中年人,一生最美好的时光是在广州度过的。他非常欣慰,倍感自豪,虽然他出身于新英格兰望族,但他完全靠自己一人在中国从头打拼,没靠祖上的任何一分钱,从一无所有开始,到今天成为中美间最大贸易公司的老板,积累的财富超过他家族几代人所积累的,这些财富,让他几辈子都用不完。现在他将以一个赢家的姿态离开这里,离开这里的山、这里的水。他知道,这辈子再次见到的可能性几乎微乎其微,想起这点,心里不免有些伤感。

他咳嗽了一声,继续说道:"我借这个机会向大家介绍一下我的后任。这位是福布斯船长,他从今天起,将接替我成为旗昌洋行的董事长和总裁,我的股份已经全部转让给他,我相信,在他的领导下,旗昌洋行将进入一个崭新的发展阶段,将变得更大更强,为中美之间的经济合作做出更大贡献。福布斯船长其实并不是旗昌洋行的新人,他是最早投资旗昌洋行的股东之一,旗昌洋行的茶叶和瓷器,很多都是通过他的船运到美国去的,他以前是'伶仃号'船的船长,大家可能听说过'伶仃号'船,后来他是著名的广州'快艇号'船长。以后将由福布斯船长领导旗昌洋行,希望大家能够多多给予支持。让我们欢迎福布斯船长——旗昌洋行的董事长和总裁讲几句话。"

众人鼓掌欢迎,福布斯船长举起酒杯。

"首先,我要感谢罗素先生这么多年为旗昌洋行的付出,领导公司取得令人欣喜的成就。更要祝福罗素先生退休后在波士顿的生活美满。最后,我保证不负重托,和大家一起,把旗昌洋行做得更好。"

福布斯船长是个废话不多的人,这是他多年养成的习惯。在船上遇到紧急情况,往往只能用简单的语言把指令表达清楚。福布斯讲完后,大家又都散了

133

开来,三三两两地聚在一起相互寒暄。

伍浩官把罗素拉到边上说:"罗素先生,老夫我特别羡慕你,可以退休不做了。"

"浩官先生,你也可以退休啊。你是世界首富,比我可有钱多了,怎么退不了休呢?"罗素不解。

伍浩官叹了口气,摇了摇头说:"罗素先生,你们洋人不懂,在我们中国,可没有那么简单。"

"哦,那是为什么呢?"

罗素觉得很奇怪,伍浩官作为世界首富,难道退休这种事情,他自己都做不来了主吗?

"我把日常事务交给了儿子打理,绍荣活着的时候是绍荣管,绍荣死后是绍光主持,但所有事情的最后决策,还是由我决定。烦心呢! 我多次向官府提出辞呈,每次都被驳回,我退不了休啊。"

"官府还要管你退休不退休的事情?"

"是啊。你别看我那么有钱,号称是世界首富,但其实我一点自由都没有。就连退休这种事情,决定权都不在我手上。"

"官府为什么不让你退休? 这很奇怪。"

"他们说,我要是退休了,这会对外界产生不好的影响。广州十三行是中国对外开放的标杆,我又是十三行的领导者,我要是退了休,官府担心国外会对中国对外开放的政策产生误会,所以,官府坚决不让我退休。"

"是这样啊,我完全没有想到。但是你已经把日常工作交给绍光去处理,你就不管了,总可以了吧?"

"唉,官府还是以我是问啊,一旦有个差错,我要负全部责任的,在我们中国,这是会导致家破人亡的事。"

"那你真要是坚决退休,比如把怡和行卖了,会怎样呢?"

"一方面,官府不会同意让我把怡和行卖了;另一方面,官府只要动根小指头,就可以把怡和行弄死。官府可以让我成为世界首富,也可以眨眼之间让我倾家荡产,死无葬生之地。所以,我非常羡慕你,罗素先生,羡慕你的自由自在。"

罗素不禁浑身打了寒战,原来首富伍浩官活得一点都不自在,连退休这种事情还得听官府的。别看伍浩官富可敌国,但空有世界首富之名,每天都生活在恐惧之中,官府给予的,随时都可以被剥夺。

"浩官先生,到美国去吧,到波士顿和我做邻居,那里你可以自由自在。"

"我老了,我的根在这里,离不开的。我们中国人讲落叶归根,怎么可能年龄一大把了,还离开这个生我养我的地方? 这个其实你们西方人也一样,你看你,不管年轻时离开家乡有多远,你退休后最终也还是要回到新英格兰。"

"你说得对,其实,中美文化也差不多。"

"不过,我倒是想弄点钱出去,到美国投资点资产。约翰·福布斯不久也要回美国,我让绍光给了他一笔钱,让他帮着投资铁路。你也帮我看着点,有什么好的投资项目,也告诉一声,你是个精明的生意人,跟着你投资应该不会错的。"

"这个没问题。我自己也会做点投资。我觉得美国的铁路可以投资,十年前美国开始建铁路,未来还需要建很多的。"

"我们也可以给你一笔钱,在美国共同投资铁路。美国你熟,我信任你,到时候我弄点钱出去,你帮我投资。"

"好的,等我回美国安顿下来,我来处理这事。"

罗素很高兴自己能够帮到一点伍浩官,对罗素来说,伍浩官是他在广州做生意的贵人,他能在广州站住脚,旗昌洋行能发展到今天,很大程度同伍浩官的帮助是密切相关的。

鱼翅羹

旗昌洋行最近的发展势头让查尔斯非常忧心。虽然一把火把旗昌洋行搞得很狼狈,还差一点破了产,但旗昌洋行不但缓过了气,而且还抢了他不少市场份额。让查尔斯非常不爽的是,他在广州完全垄断的地位,被一家他根本没放在眼里的小公司给打破了,而且,做到这件事的是几个二十几岁的小毛孩,和老成的罗素不一样,这些年轻人天不怕地不怕,愿意承担风险,敢于在他查尔斯这个老江湖的碗里抢肉吃。更有甚者,这是家美国公司,美国是他爷爷和父亲的伤心地,从新英格兰地区来的人,本来就是迫害他爷爷和父亲的既得利益者,现在居然还跑到远在天边的广州来跟他抢饭碗。

今天,查尔斯在公司的大宴会厅里宴请他的头目们,查尔斯非常清楚,要让一个组织有效地运作起来,一定要抓住少数几个关键的人员,这些头目是他的关键少数,搞定了这些人,其他一切都好办。

大宴会厅两盏大吊灯上的无数根蜡烛都点亮了,把房间照亮得如白天般通亮,大长桌四周坐满了人。阿一坐在了查尔斯右手紧挨着的位子,一脸踌躇满

志的样子。这么多年为查尔斯打拼,今天能够坐到这个位子,也算是查尔斯对自己的信任,是对阿一最大的奖赏。阿一看着同桌的那些人的眼神,有一股不屑一顾的神情。

查尔斯坐在了大长桌最顶头的主座,他今天一身的中式打扮,穿着一条中式的长袍马褂,头上戴着一顶瓜皮帽。他那高鼻梁、长着浓密胡须的脸,却顶着这么一个瓜皮帽,显得有点滑稽。查尔斯爷爷画像挂在他身后的墙上,老查尔斯那双眼,注视着坐在大长桌边的每一个人。画像下面站着查尔斯的两个保镖,他们站在那里一动不动,也像老查尔斯一样,注视着房间里的一切。

"最近广州许多烟馆都在卖土耳其鸦片,这个现象有蔓延到其他城市的趋势,这种势头让我非常担心。"

查尔斯说了一大堆不着边际的话之后,终于说到他今天真正想讲的事。阿一听在耳里,心里老不自在,他十分地不愿意听到从查尔斯嘴里说出土耳其这个名字。沁云楼是他的管片,却又是卖土耳其鸦片最多的大烟馆,他何尝不想阻止沁云楼销售土耳其鸦片,但沁云楼的老板正是他自己的老爹,他为此事同林老板吵过几架,林老板就是那个倔脾气,不但坚决不听他的,还狠狠地训斥了他一顿。他不见得为这事去把自己老爹的腿打断,或者把沁云楼放一把火给烧了。阿一只好坐在那里不吭声,希望自己不会在这饭局上成为众人的目标。

"老大,你说得是。这口一开,就不好再封上了,我们得想个什么办法,把土耳其鸦片赶出广州。"一个人说。

"我们也没有什么办法。每次去烟馆,老板们都发誓说没有卖土耳其鸦片,但这些家伙都在偷偷卖。土耳其鸦片比我们的便宜。有些抽大烟的就是贪个便宜。最近南方的收成不好,北方又闹旱灾,日子不太景气,大家都缺钱。便宜货有市场啊。"另一个人说。

"据说,烟馆拿到的进货价更低,所以利润率很高,烟馆当然愿意卖土耳其鸦片啦。"又一个人说。

"大家有什么办法控制住土耳其鸦片这个势头?"查尔斯问。

"我们得想办法把旗昌洋行给整垮了。土耳其鸦片都是从旗昌洋行进来的,只有把源头给堵死了,这个事情才有希望。"有个人说。

"我们不是一把火把他们的仓库全烧了吗?据说那把火毁掉了里面的所有库存,不过,旗昌洋行好像又起死回生了。"另一个人说道。

"罗素回美国了,来了一个新的老板在管,对广州的情况不是十分了解。现在搞旗昌洋行也许正是个好时候。"

"烧旗昌洋行不是解决办法。有没有罗素也没有关系。关键是要把戴沃伦给干掉,有戴沃伦在,即使没有旗昌洋行,戴沃伦还会搞出个其他什么洋行,还会继续和我们竞争的。"阿一提议。

"但是杀戴沃伦不容易。这家伙行踪不定,自从上次被打之后,再也不一人出行。上次没有杀掉他,真是后患无穷啊。"有人在长桌的那一头说。

阿一看了一眼说话的那人,那人叫重根。这人以前是阿一手下的小弟,因为胆子大,敢冲敢杀,被查尔斯看上,正好有个片区的头头死了,查尔斯就让他给顶上,当了那个管片的头目。重根以前在阿一手下时,阿一没少骂他,现在这家伙和阿一平起平坐了,平时见了阿一再也不是低头哈腰的样子,在阿一看来,重根纯粹是鸡毛飞上了天,还摆着一副趾高气扬的样子。现在重根提起上次阿一放过戴沃伦一事,明显是在说,旗昌洋行现在带来那么多麻烦,都是阿一的错,竟然给阿一吃软刀子,让阿一心里感到实在憋屈。阿一心里憋着一股气,恨不得将重根这小子狠狠地揍一顿。

"我们是不是也把价格降下来?"一个人问。

"这个不是长久之计。我们的成本要高很多,有那么多人要养,价格低不下来。不到万不得已还是要避免降价。"查尔斯说。

查尔斯也想过通过降价的手段把土耳其鸦片赶出市场,但是每次一想到他这支好不容易组建起来的队伍,就开始犹豫。养这么多人确实不便宜,一旦降价,如果没法让戴沃伦他们就范,薄利就很难再维持这些人的开销,让他们为他查尔斯卖命并不容易。

"我们去砸几个烟馆。"有人说。

"以前不是砸过几个吗?没用,有利可图的事,烟馆为什么不干?再说了,戴沃伦以前还叫了海盗郑一嫂来砸我们自己的烟馆,我们都没啥办法。"

"戴沃伦能叫得动女海盗头儿郑一嫂,我看,他一定是把郑一嫂搞爽了,她才肯干。"

一群人哈哈大笑了起来。

"我们得做点更绝的,烧一两个烟馆,杀掉几个烟馆老板。看其他人还敢不敢再继续做土耳其鸦片的生意。这叫杀一儆百。"一人说。

"烧哪个烟馆?"有人问。

"谁敢烧?烧了也没用,大家都知道广州城里最大最有名的烟馆,那可是有一把很大的保护伞给撑着。"有一个坐在阿一同一排的家伙,在长桌的那一头阴阳怪气地说。

阿一一看,又是重根。阿一顿时感到一股热流冒上脑门,他气不打一处来,一下子从椅子里跳了起来,三步并作两步就蹦到重根的椅子后面,揪住重根的

后衣领,一把就把他从椅子上提了起来。

"你这小子说谁呢?"

阿一人长得高大,重根长得矮小,被阿一揪着吓得连忙把手举着护住头部,连连说:

"别,别,一哥,我可没说你呀。你别多心。"

阿一刚想一掌抡过去,旁边劝架的人抓住他的手臂,把他拦住,一边劝着两人,一边把阿一拉回了座位。阿一喘着粗气,脸涨得通红,嘴里还骂骂咧咧的,不情愿地坐了回去。

"大家不要伤了和气嘛。今天我说这事,主要是提出来让大家想想,看看有什么好的办法。"

查尔斯赶紧打圆场,阿一现在对他还很有用,他不想让阿一太难看,重根把沁云楼提出来也好,可以敲敲阿一的边鼓,这样阿一可以更好地为他卖命。

"另外,今天把大家叫来,也是为了感谢大家最近的辛苦,以后还有很多要大家出力的时候。我今天把广州城里最好的餐馆——渔村海鲜馆的主厨请了过来给大家做鱼翅羹。哦,对了,我让主厨孙师傅过来和大家见个面吧。"

说完,查尔斯示意保镖去厨房请孙师傅过来。

一会儿,厨师就跟着保镖来到桌边,他穿着一身白色的长袍,腰间系着蓝色的围兜,头上戴着一项白色的西人绅士帽,鼻子上架着单腿金丝边眼镜,还戴着宽大的口罩,把整张脸都遮去一大半,看不到那人的辫子,可能塞进了帽子里面。那时的广州,虽然西餐馆不多,但有些高档的中餐馆也开始学西人那套东西,要求厨师也按西人厨师那套装扮,不过,中国厨师往往学得并不完全像,结果看上去有点不伦不类。

查尔斯一双贼亮的眼睛盯着厨师看了一会儿,一把抓过厨师的手臂,说:"你是孙师傅?"

"不是。"厨师回答。

"那你怎么冒充他,敢来这儿做饭?"

"我是渔村海鲜馆的二厨胡师傅。孙师傅严重感冒发烧,让我过来做。"

查尔斯放开了胡师傅,靠回了他的太师椅。

"我今天要的是渔村海鲜馆的鱼翅羹。你会做吗?"

"查尔斯先生,渔村海鲜馆的鱼翅羹都是我做的。虽然我是孙师傅教出来的,但我现在做的鱼翅羹不比孙师傅的差。这就是我们中国人说的,青出于蓝而胜于蓝。其实,你要是去我们馆子里去吃鱼翅羹,基本上也都是我做的。"

查尔斯转头对着一桌的食客,脸上有点不好意思。说:"抱歉了,本来想让大家尝尝渔村海鲜馆主厨的手艺的。他们也没告诉我一声就换了人。下次我一定把孙师傅叫来,再请大家吃一次,比较一下。"

　　"我做得真的很好吃,一定不会让大家失望的。"胡师傅说。他还是毕恭毕敬地站在查尔斯身边。

　　"好吧。要是你做的大家不满意,这顿饭就全部免费,你们餐馆今天就收不到一分钱。你去吧。"

　　查尔斯挥了挥手。胡师傅往厨房走去。

　　"等等。你回来。"

　　阿一突然说道。胡师傅转了回来,走到阿一身边。阿一紧盯着胡师傅的眼睛,两人对视了片刻。阿一说:"我在哪里见过你,胡师傅?"

　　"是吗? 我不记得了。可能在渔村海鲜馆里?"

　　"我经常去渔村海鲜馆。好像在那里没见过你。一定是别的什么地方见过。"

　　阿一疑惑地说,他脑子转了好几遍,在记忆中飞快地搜索,就是想不起来。

　　"大哥你见多识广,江湖上三教九流的人见得多,可能长得相似的人也见多了。"胡师傅说。

　　阿一从椅子上站了起来,就想去扯胡师傅的口罩:"你别跟我瞎搅和。什么三教九流,想糊弄我阿一没那么容易的。"

　　阿一正要出手。边上有人不耐烦地说:"一哥,你能不能别再耽搁了? 兄弟们都饿了,你让人家胡师傅赶紧回厨房做饭好不好?"

　　查尔斯摆摆手,止住了阿一。

　　"阿一,你先坐下。胡师傅,你赶紧去做吧。要是你的鱼翅羹让我们不满意,不但渔村海鲜馆收不到一分钱,我还要拿你是问。"

　　胡师傅赶紧退回了厨房。

　　厨房里,厨工们正忙着,切菜的切菜,配料的配料,大家各做各的,一片忙碌的景象。查尔斯因为经常请客,所以保持着一支厨工队伍,大厨则从广州城里不同餐馆请来,这样他可以吃到不同风味的菜肴。

　　等到冷盘端出厨房,鱼翅羹也准备就绪,被分装到一个个小碗当中,然后放入一个大的盛盘,这样一个侍者可以一次性端到宴会厅。胡师傅认真地检查鱼翅羹,他把鱼翅羹的小碗按照宴会座的序列摆放,在主桌的那个小碗边上竖了一个鲨鱼雕像,表示那是主人的碗。只见他趁无人注意时,迅速从口袋里掏出

一个小细瓶子,打开盖子把里面的液体倒入了主桌那个小碗里。看着一切准备妥当,他叫过来两个侍者,指着鲨鱼雕像,说:"你们就按这序列,这是给主座的,先给主座上,然后依次从这边发下去。明白吗?"

"明白。"

"好。你们可以端进去了。"

一个侍者端着放着鱼翅羹的大盛盘在前面走,另一个侍者跟在后面出了厨房。他们刚一进宴会厅,突然被保镖拦住。那个端着鱼翅羹的侍者一惊,差点跟保镖撞个满怀,手一抖,鲨鱼雕像掉到了地上。保镖蹲下捡起了鲨鱼雕像,放入盛盘中,说:"我来拿吧。你来分。"

端鱼翅羹的那个侍者就把大盛盘交给了保镖,跟着保镖把鱼翅羹分给了每个人。等到每个人面前都摆放了鱼翅羹之后,查尔斯说:"各位兄弟,大家尝尝广州最好的鱼翅羹。"

说完,就带头用勺喝了一口,稍微品味了一下:"好。太棒了,比我在他们餐馆里喝的还好。"

众人见查尔斯称赞,都低下头喝起了鱼翅羹,正当大家纷纷称赞鱼翅羹的美味时,坐在桌尾的那个人,突然满脸露出一丝惊恐的样子,双眼翻白,口吐白沫,一头倒在桌上,碗被打翻,滚落下来,摔在地上,发出瓷器砸碎的清脆声音。鱼翅羹洒了一地。

边上的人惊恐地纷纷站了起来,去扶趴在地上的那人,等到把那人扶着靠在了椅背上时,才发现那人已经翻了白眼,没气了。

"砒霜。"有人喊了一声。

"有人下毒。"又有人说。

阿一一下子从椅子上跳了起来,大步就向厨房冲去,一边走一边喊道:"那个主厨,给我抓住他。"

众人冲进了厨房,查尔斯一瘸一瘸地跟在后面,也进了厨房。满厨房的厨工,惊讶地站在那里看着冲进来的人们。

"胡师傅呢。"查尔斯喊道。

"他说要用一下厕所,马上就回来。"一个厨工说。

众人在每个房间搜寻了一遍,没有找到胡师傅的影子。胡师傅就这样失踪了。

"我就知道有什么不对劲。这家伙进来的时候,我就觉得脸熟,就是想不起来在哪里见过。都是你们刚才不让我问清楚,否则早把他给抓住了。"

140　　阿一在那里恨恨地说。他使劲想了半天,突然一拍脑袋,说:"啊,我知道是谁了。那是戴沃伦的人,陈麦南。"

　　胡师傅就是陈麦南。当查尔斯的人在到处寻找胡师傅的时候,陈麦南已经走在了回去的路上。前几天,戴沃伦来找陈麦南,两人又跑到戴沃伦住的楼下那家鱼粥店喝粥。他们一边喝着白酒,就着几碗小菜,一边聊着天。

　　"沃伦,罗素先生回了波士顿,现在福布斯船长接替了罗素。公司以后会有变化吗?"

　　陈麦南问。他有点担心罗素走后,公司的未来走向。

　　"也没什么太大的变化。福布斯船长比较担心我们同查尔斯的关系。"

　　"有什么担心?"陈麦南问。

　　"他担心我们同查尔斯的关系太紧张,怕以后会带来麻烦。"

　　"这又不是我们故意要跟查尔斯对着干的,而是查尔斯一直在找我们的茬。他知不知道,他的弟弟汤玛斯是被查尔斯的人放火烧死的?"

　　"我想他应该知道吧。但是我觉得,他有点想跟查尔斯妥协,想避免关系进一步恶化。"

　　"哪有跟杀死自己亲弟弟的仇人妥协的?"

　　陈麦南显然对福布斯船长有点不满意。

　　"也是,不知道他怎么想的。不过,我们应该让他打消这个念头。"

　　"怎么能做到这点?"陈麦南问道。

　　"我们得先干掉查尔斯。"戴沃伦轻轻地说。

　　"很难。查尔斯有很多保镖,无法近身。"

　　戴沃伦喝了一口鱼粥,稍微停顿了一下。说:"这鱼粥真好喝。我听说查尔斯要找渔村海鲜馆的孙师傅做鱼翅羹请客。你不是很会做鱼翅羹的吗?"

　　"但查尔斯找的是孙师傅,而不是找我陈师傅。"

　　"如果有办法让孙师傅不去,而是让你去,你愿不愿给查尔斯做鱼翅羹?"

　　"当然。我的鱼翅羹一定会让查尔斯高高兴兴地鲜死。"

　　"那就这样吧。我们把孙师傅扣个几天,让你冒充他的二厨代替他。"

　　陈麦南就这样变成了胡师傅。

陈麦南的秘密

查尔斯极为震怒,拄着文明棍在办公室里来回走动,阿一和其他几个头目都毕恭毕敬地站在那里,大气都不敢出一口。

即使是这个时候,查尔斯仍然保持一副绅士的做派,他一边走,一边用平缓的口气说道:"戴沃伦的人竟然混到了我的房子里,而且还给我下毒,这太糟糕了。幸亏阴差阳错,毒死的不是我。但毒死了我们一个兄弟,这是对我查尔斯的羞辱,这个仇是一定要报的。你们是怎么让陈麦南混进来的? 你们都是白吃饭的?"

"老大,我当时就看出那厨师不对劲,本来是可以避免的。只是……"

阿一还没说完,查尔斯一举手打断了他。阿一至今想起来就后悔,当时他要是把陈麦南的口罩摘掉,也许就没有后面的事,陈麦南也一定跑不出去。

查尔斯继续说道:"渔村海鲜馆怎么个说法?"

"孙师傅被戴沃伦的人关了两天。那里根本就没有姓胡的厨师,渔村海鲜馆以为就是孙师傅来做的菜。"有人回答。

"我们死了的那个兄弟的丧葬费、赔偿费都必须由渔村海鲜馆支付。明白吗?"查尔斯说。

"是。已经跟他们说了,渔村的老板害怕死了,急着就想马上送钱过来,一直在催着我们,问什么时候可以把钱送来。我就让他这两天把钱拿来吧。"阿一回答道。

"我要你们找个好法子干掉戴沃伦。你们试了几次,都没有成功。现在你们有什么好办法?"查尔斯问。

"戴沃伦不好对付,他现在行踪不定,每次出场都和陈麦南一起。这个陈麦南学过武,力气很大,一般人还打不过他。"阿一说道。

"那就先干掉陈麦南吧。陈麦南必须得死,算是对我们死去兄弟的一个交代。你们说呢?"查尔斯说。

"对。"阿一附和着说,"但怎么做呢? 这个陈麦南,连我都打不过他。"

"要找到他脆弱的地方。"查尔斯若有所思地说。

"怎么找? 我们平时连话都不跟他讲。"

"一般说来,脆弱的东西,人是会把它藏起来的,当成秘密。你们观察一下,看看他有什么秘密。是人都会有秘密的,秘密就是他最脆弱的地方,只要找到他的秘密就好办了。"

查尔斯看的人多了,这是他对那么多人的总结。所以他非常自信,陈麦南一定有什么秘密,或许这秘密可以用来置陈麦南于死地。

陈麦南确实有一个秘密,这个秘密他从来没同任何人说过,被他深深压在了心底,甚至戴沃伦都不知道。因为不久前他突然意识到,自己真正喜欢的,是男人。他发现这个秘密后,非常害怕,但心里又异常兴奋。

陈麦南十二岁的时候,家里就给他娶了童养媳,媳妇比他大五岁,先后为他生了三个孩子。最小的孩子出生后,陈麦南突然对媳妇失去了兴趣,就把媳妇留在了乡下,自己一个人跑去船上做事,走远洋,长年累月地在海上漂流,每停一个港口,他就跟着一帮年龄大些的船员下船找女人解决生理需求。在广州定居后,他仍然没把媳妇接过来,而是让媳妇继续在乡下带孩子,自己一个人在广州,平时逛逛窑子找女人。但是陈麦南发现,每次去找女人,他都兴趣不大。有好几次衣服都脱光了,却发现自己不但一点兴趣都没有,反而有一种厌恶的感觉,他心里很害怕,害怕自己不再具备男人的功能,更害怕丧失男性的自信心。但是他越是害怕,往窑子跑得越勤,越想证明自己可以,心里就越是紧张,反而更加不行。这种恶性循环,让陈麦南非常沮丧。

一天,陈麦南又去了他常去的那家叫越秀阁的窑子。他进了房间后,小哥阿辉端来了果盘,倒上茶水。阿辉问道:"麦哥,今天过来玩,想找哪位姑娘?"

"随便吧。"陈麦南心不在焉地回答。

"怎么能随便呢?麦哥。您花了钱,还得挑个中意的,能让您开心的,您说对吗?"阿辉说。

"真是随便,我无所谓。你看着办吧。"

陈麦南心里想,不管是哪个姑娘,估计结果都会是一样的。他以前来这里,每次不能干,他都怪这是姑娘的问题,后来挑姑娘挑来挑去,结果都一样,他每次见到姑娘脱光了衣服,反而一点都提不起兴趣。他也不知道来这里做什么,其实对他来说,和女人做那事本身并不重要,也许做那事的唯一目的,就想证明自己还是个能干的男人。他突然觉得做男人真累。

"这样吧,麦哥。我把上次您要的那姑娘月仙给您叫来,好吗?月仙善解人意,体贴温柔,麦哥您一定会喜欢的。"

阿辉说道,他站在边上,看着陈麦南,等待陈麦南的回答。陈麦南看了一眼

阿辉。正好阿辉也盯着自己，他那清澈的眼神和陈麦南的眼睛一对上，让陈麦南觉得有一种像电流一样的东西，哧溜一下从头上往下传遍了全身。

陈麦南禁不住多看了阿辉几眼。他以前来这里时，每次都是阿辉照顾他，他从来没有多看阿辉一眼，只知道这个小伙子挺能干，手脚勤快，能说会道，颇能察言观色。今天一看，才发觉阿辉长得非常清秀，十七八岁的光景，一副水灵灵的样子，一双眼睛透亮，就像时刻在说话一样。阿辉总是把自己打扮得整整齐齐，干干净净，虽然是穷人家出身，但穿着上一点都不马虎，还非常紧跟那个时代的潮流。

两人就这样相互凝视片刻，陈麦南忽然一把搂过阿辉，两人紧紧拥抱在一起，相互亲吻。陈麦南似乎又恢复了以往的激情，浑身充满了活力。这一天，陈麦南没有再叫姑娘，他就和阿辉在房间里度过了一段短暂的激情时光。陈麦南从越秀阁出来的时候，感觉自己浑身从未有过的爽快，走路昂首阔步，步伐轻快了许多，空气好像也是甜的，仿佛又重新拾起往日的自信，但同时心里又特别害怕，他知道自己今天做了什么，不敢去想一旦被人发现，会对他以后产生什么影响。

从此，陈麦南三日两头就往越秀阁跑。在越秀阁，陈麦南也会叫上一个姑娘，但那都是在他和阿辉激情之后，叫进来当作伪装的。姑娘来后，陈麦南只是让她坐着陪自己聊天，聊一阵之后，给姑娘一笔钱，然后才走人。时间久了，姑娘们相互之间聊起客人来，都觉得陈麦南有点怪，每次来这里，只付钱聊天，从来不同姑娘们做那事。渐渐地，陈麦南也开始觉得有压力，每次和阿辉在房间里，他又担心时间太长，怕被人怀疑，匆匆忙忙地觉得不够畅快。

终于有一天，陈麦南让阿辉搬去他的住处和他同住，从那时开始，陈麦南就再也没有去过越秀阁。

阿辉悄悄地辞去越秀阁的工作，搬去了陈麦南处，临走，他没有告诉任何人去了哪里。陈麦南要求阿辉没事不要往外面乱跑，有事情实在要出门的话，一定要注意周围，不要让认识的人看到了。陈麦南的住处在二楼，一个很大的房间，离戴沃伦住处比较近，从二楼下来，出门就是非常热闹的商业大街，人来人往。陈麦南告诉阿辉，一旦碰到熟人，就说是跟一个远房表哥住一起，这样可以省点费用。

阿辉来自广州郊区的农村，父亲早亡，母亲辛苦把他拉扯大。阿辉是老大，下面还有年幼的弟弟和妹妹。作为老大，阿辉早早就跑到广州城里打工，换过不少工作，但都是在窑子里跑腿，最后来到越秀阁当跑堂的小哥。他一挣到钱，除自己留下一点零用以外，其余全部送回给母亲，作为孝敬母亲和抚养弟妹的费用。在窑子里见过那么多花枝招展的姑娘，但青春年少的阿辉从来没有动过心,反倒是像陈麦南那样肌肉发达、身材粗壮的男人让他怦怦心跳。

陈麦南这辈子碰过不少女人,但是没有哪个能像阿辉那样,让他如此身心愉悦,和阿辉在一起,陈麦南觉得,似乎全身心得到了解放,他才意识到,原来不是那些姑娘无法让他兴奋,而是,他原来根本就是喜欢男人。

陈麦南对阿辉很好,他把自己的收入分成三份,一份给在乡下的媳妇养他的三个孩子,一小份给自己零用,剩下的全部给了阿辉。陈麦南同阿辉说话,从来不提高嗓门,尽量和阿辉一样,柔声细气。他也尽量不到外面去用餐,经常从外面买了吃的回家和阿辉一起吃饭。两人就这样同吃同住,日子过得比男女夫妻还甜美。

自从查尔斯说了要他寻找陈麦南的秘密之后,阿一就盯上了陈麦南。他经常跑到陈麦南的住处,长时间在外面等候,观察陈麦南什么时候出来,什么时候回家。阿一发现,有个小伙子经常从陈麦南住处进出。他知道,陈麦南不是一个人住。

一天,阿一确定陈麦南和那个小伙子都离开了之后,就悄悄撬开了陈麦南的房门,溜了进去。阿一看到的是一个很大的房间里,放着很少的简单家具,一张大床上,放着凌乱的被子和两个枕头。阿一看了一眼那张大床,就明白了是怎么一回事,便悄悄退了出去。

阿辉回来的时候,在家门口被阿一拦了下来。阿一把阿辉逼到墙角,阿辉惊恐地看着高大的阿一,他不明白自己哪里做错了,怎么会遇上这么个恶人。阿一一双贼溜溜的眼睛俯视着阿辉,问道:

"你叫阿辉,是吗?你知道自己做了什么吗?"

"我,是啊,我不知道做错什么了啊?"

"你就是以前在越秀阁做事的那个阿辉?我去那里问过你。有人说你跟陈麦南私奔了。"

"麦哥是我的远房表哥,我为了省钱搬来这里,这是我表哥为了照顾我,广州这个地方那么贵,我们家穷,能省点就省点。"

"你表哥对你照顾得可是真周到啊,都照顾到床上去了。"

说完,阿一就自己淫笑起来。阿辉的脸一下子红了,小心脏怦怦跳着,心里紧张万分。

"你别给我编故事了,你当我是傻瓜?我都知道。你和陈麦南两人是断袖之好。"阿一说。

阿辉不明白阿一说的"断袖之好"是什么意思,但他知道,阿一一定是发现

了他和陈麦南的关系,惊恐地看着阿一,不知道如何是好。

"我可以去官府告你和陈麦南,说你们伤风败俗,败坏民风;也可以到你老家告诉你老娘,说你和另一个男人相好,还要让全村的人都知道。"

"大哥,您行行好,千万别这样。您到底想要什么?"

"我也可以不这样干,但你要把陈麦南的一举一动都告诉我,什么时候回来,去了什么地方,做什么事情。"

"这……"

"不愿意是吗? 不愿意就别怪我不客气了。"

说完,阿一摆出一副转身要走的样子,阿辉一把抓住阿一的胳膊,乞求道:"大哥您真是为难我。只要不害到我麦哥,我可以为您做任何事情。"

"不会害你麦哥的,我只想知道你麦哥的一举一动而已,并没有要害他的意思。只要你配合,你麦哥不会有事,你也不会有事的。"

"大哥您真不会害我麦哥?"阿辉有点绝望地问道。他不相信阿一说的,但又不知道如何才能摆脱这个家伙的纠缠。

"我保证。我就只想知道这些简单的事情。"

"那好吧。我怎么告诉您呢?"

"我会来找你的。"

自那以后,阿一三日两头来找阿辉,问些陈麦南的芝麻小事,什么时候起床,什么时候出门,喜欢吃什么,等等。时间一长,阿辉就没有把这当回事,觉得阿一很无聊,就只喜欢打听这些杂事,像是个有窥私癖的怪人,可能并没有要害陈麦南的意思,阿辉绷紧的神经也就放松了下来。

一天,阿一又跑来找阿辉,一见面,就说:"阿辉,我们已经见过好多次了,你把陈麦南的一举一动都告诉了我,你其实已经算是我们的人了。"

阿辉两眼瞪着阿一,他不知道阿一葫芦里卖的是什么药,他没有回应,只是看着阿一,等他继续说。

"既然你是我们的人了,我就去了趟你的老家。"

阿辉一下子紧张起来:"你去我老家干什么?"

"我去看了看你妈和你的弟妹。"

"你跟她们说什么了?"

"我什么都没说,只是看了看她们。我给她们留了点钱。"

"哦。那多谢你了。她们还好?"阿辉松了口气。

"她们都蛮好。这就是为什么今天我来找你。"

"你找我是要做什么?"

阿一从口袋里掏出一个黑色的小药丸,一把就塞在了阿辉的手里。还没等阿辉回过神来,阿一就说:

"既然你已经是我们的自己人了,我就直截了当地和你说吧。这是颗很毒的毒丸,人吃了立刻就会死。我让你想个办法,让陈麦南吃下去。"阿一瞟了一眼阿辉手中的药丸,狠狠地说。

阿一的话像一个晴天霹雳打在了阿辉的头上,他拿着药丸的手,开始不自觉地发抖,声音颤抖地说:

"大……大哥,您不是说过,不会害我麦哥的吗?"

"哼。"阿一鼻孔哼出了一口气,"怎么可能不想害你麦哥的? 我找你就是要杀了陈麦南。不过,你放心,会很快的,不会有痛苦,就像睡着了一样,这是最好的死法。"

"大哥,我……这……我做不到。"

"你做得到,要做,做不到,也要做。你没有选择。"

"我不做。我不会杀我麦哥的。麦哥对我那么好,我怎么可能去杀他呢?"

"你把陈麦南的一举一动都告诉了我,他知道了,还会对你那么好吗?"

"你答应过我,说是不会害麦哥的,我才告诉你的。"

"晚了。你已经为我们做事那么长时间,你已经害了你麦哥。你麦哥一定不会原谅你,不但不会原谅你,他要是知道你在跟我们合作,他会毫不犹疑先杀了你。"

"大哥,您千万不能告诉我麦哥啊。"

"要想陈麦南不知道也很容易。你想办法把这颗药丸给你麦哥吃了,陈麦南死了,不就什么都不知道了,对吗? 事成之后,我会给你妈一大笔钱。如果你不做,我会把所有一切告诉你麦哥,而且,我还会把你妈和你弟弟妹妹全部杀死,还会让你老家全村人都知道,你专门跟男人捅屁眼。"

阿辉的眼泪噼里啪啦地掉了下来,他做梦都没有想到,现在他必须在母亲和爱人之间做出选择。他真想冲上去一把把阿一给掐死,但是阿一人高马大,自己一定不是阿一的对手,弄不好,不但自己小命不保,还害了老娘和年幼的弟弟妹妹。一想到母亲,阿辉就心里发酸,父亲死后,母亲一人拉扯他们兄妹三人,还要经常忍受着族人的欺负,好不容易自己长大能挣钱帮助母亲,现在倒好,自己给母亲惹出这一摊事。

阿辉用手擦了下眼泪,握紧了一下那颗小药丸,轻轻地说:"好。我做。"

"这就对了。"阿一哈哈大笑。

自从和阿辉住一起后,陈麦南基本上每天晚上回家吃饭。陈麦南的住处除了一张床之外,只有很少一些简单家具,连张桌子椅子都没有。吃饭的时候,他们席地而坐,把饭菜放在地板上。

见了阿一之后那天晚上,阿辉从外面要了点菜回家。他把菜放入碗中,然后把碗筷在地上摆放好。陈麦南从旗昌洋行下班回来,换了衣服在地上盘腿坐下等着阿辉。阿辉就去边上给陈麦南倒酒。

陈麦南吃饭时有喝酒的习惯,他每天要喝几小杯烧酒。阿辉在陈麦南回家之前,就把阿一给的小药丸放入烧酒瓶里化了。他把药丸放进去的时候,脑子里一片空白,现在一点都想不起来,他当时是如何把那颗药丸放进去的。阿辉拿起小酒杯,颤抖的手几次都没有把酒瓶口对准酒杯,颤颤巍巍地把酒洒在了地板上。

"喂,阿辉,你怎么啦? 酒都洒地上了。"陈麦南大大咧咧地问了句。

"没……没事。"阿辉马上说,"刚才没对准。"

"酒都不会倒啦?"

"来了,来了。"阿辉总算把小酒杯倒满,拿着酒杯给陈麦南递了过去。

陈麦南伸手去接,还没接到,阿辉的小酒杯从他手上滑落了下来,掉在了地上,摔成了碎片,酒洒得满地都是。

"对不起,对不起,我再去倒。"

阿辉说着,颤抖的手去抓酒瓶,却没有抓住,一下子碰倒了酒瓶,酒瓶里的酒洒了一地。阿辉突然一下子轻松了许多,好像换了一个人一样,迅速拿起一块抹布擦着地板上的酒。只见一道鲜血从阿辉的手上流了下来,染红了抹布。破碎的酒杯拉破了阿辉的手,伤口碰到酒,把阿辉疼得禁不住嘴里直哈气。

"麦哥,我把酒全洒了。"

"哎呀,你看你。我说你阿辉啊,这么不小心。"

陈麦南一把拉过阿辉的手看,只见阿辉的嫩手上一道伤口,鲜血还在往外渗着,他赶紧起身,找了块纱布把阿辉的手包扎起来。然后拿了把扫帚,清理地板上的碎酒杯。他一边扫,一边说:"你今天怎么啦? 不但酒全洒了,还弄破了手。看来今天运气不佳。那就不喝酒了,不喝就不喝,一天不喝,没关系。"

陈麦南把地清干净后,就和阿辉对面坐下。两人一边吃饭一边说着话。同平常不一样,阿辉今天话不多,都是陈麦南问,阿辉回答。陈麦南看出阿辉有心思的样子。

"阿辉,你好像今天有心思?"

"有吗? 没有什么心思。"

"家里有什么事吗？"

"没有，挺好的。"

"你有什么事，一定要告诉我。"

"好的。"

第二天，阿辉一出门，就被阿一给拽住了。

"你怎么没让陈麦南把药吃下去？我上午看到他，他还好好的，活着从这里走出去了。"

"我把药化在了酒瓶里，但酒瓶打翻了，全洒在了地上。"

"你别给我耍滑头。你今天一定要想办法让陈麦南把药给吃下去。"

说完，阿辉又掏出一颗药丸，塞给了阿辉，说："这是最后一颗，我不会再给你了。"

"大哥，你行行好，你杀了我吧。我不会害我麦哥的。"

阿辉用恳求的目光看着阿一。阿一哼了一声，说："我不会杀你的。你自己想着办。否则，我会告诉陈麦南，也会把你妈和弟妹全杀掉。"

说完，阿一转身就走，留下阿辉一人愣愣地站在那里。

阿辉回到家里，就看到陈麦南盘腿坐在地板上，脸色阴沉，一副很庄重的样子。阿辉刚想问怎么回事，陈麦南就开了口："阿辉，你有什么事瞒着我？"

阿辉心里不觉一惊，心想："难道麦哥知道我同阿一见面的事？"但嘴上还是说道："没事。"

"阿辉，我再问你一遍，你真的没事瞒着我？"

"真的没有。"

阿辉心里一阵慌乱，他不知道陈麦南这么问他，是什么意思，但既然已经说了没事，瞒着陈麦南，就只好硬着头皮撑下去。

"好吧。"

陈麦南站了起来，走到阿辉的边上，说："我今天下午回来取点东西，看到你跟阿一在一起，你们在聊什么？"

阿辉的眼泪哗的一下掉了下来。他知道这事再也瞒不住陈麦南了。就一五一十地把阿一找他想害陈麦南的事全盘托了出来。

"你总共见了阿一几次？"陈麦南问。

"大概有十几次吧。"

"我看他今天好像给了你什么东西？"

"他给了我一颗毒药,让我害死你。麦哥,你听我说,我绝对没有想害你的意思,真的,请相信我,我根本就不想要的,是他强塞给我的。他说,如果我不听他的,他会把所有事情都告诉你,不但会杀了我的母亲和弟妹,还会让全村人都知道我和你的事。"

陈麦南猛地拔出一把刀,两眼闪着一丝凶光:"别再叫我麦哥了,你这忘恩负义的人。我这辈子最看重的是情义,忘恩负义之人连猪狗都不如。"

阿辉闭上了眼睛,他知道是时候了,眼里又流出几滴眼泪,抽泣着说:"麦哥,你杀了我吧。我现在最大的愿望,就是能够死在你的怀里。"

只听见砰的一声,阿辉一惊,睁开眼,看见陈麦南把刀扔在了地上,大步跑出了门,往楼下跑去,一边走,一边说:"你妄想! 你这个忘恩负义的家伙!"

很晚的时候,陈麦南才回到家里。他从家跑出去以后,来到了珠江边上,找了个没人的地方坐下,不知不觉,一阵伤心感涌上心头,鼻子一酸,两行眼泪落了下来。他就这样静静地坐在那里,满脑子空空的,看着江面上来往的船只,天越来越黑,江面上行驶的船也越来越少。他想到了可怜的阿辉,感受到阿辉的无奈,觉得自己对阿辉还是有点太狠心了。

回家推开门,阿辉不在屋里。陈麦南有点失落地看着这空空的房间,他扔在地板上的刀不见了。床上有一张纸条,陈麦南拿起来,一看,那是阿辉的字迹,上面弯弯扭扭地写着:"麦哥,我走了,你不要找我去。我最大的愿望是死在你的怀里,但实现不了了。我就死在你的刀下吧。请照顾好我的妈妈和弟弟妹妹。"

陈麦南静静地把那纸条读了两遍,然后手一松,那纸条就从陈麦南的手上慢悠悠地飘了下来,落在地板上,静静地躺在了那里。陈麦南就这样,呆呆地站在屋中间,仰起头,看着天花板。

两天后,阿辉的尸体被人找到。他是割腕而死的,他的另一只手里,还握着陈麦南的那把刀。

第三章

硝烟弥漫

处死海盗郑一嫂

"我听说,最近有两艘英国军舰突然出现在珠江口,经常在珠江外海巡逻。"陈麦南告诉戴沃伦。

"哦？英国军舰为什么来这里?"戴沃伦问。

"据说是为了保障海上贸易之路的畅通,震慑海盗,同时,也有向清朝官府施加压力的原因。英国军舰擅自停泊在香港岛,以那里作为基地,官府也不作为,睁一眼闭一眼。"

"香港岛不就在大屿山岛的边上吗？难怪前几天我去郑一嫂那边,她说最近生意不容易做,派船出去打劫经常空手而还。"戴沃伦说。

"是啊,现在当海盗也不像以前了,既要避开官府的水兵,又不能碰上英国军舰。茫茫大海上,还要瞪大了眼,找到一条油水多的大船,这个不容易。"

"郑一嫂说,想再做一单特别大的生意,就洗手不干了,回去当渔民去。"

"这恐怕也由不得她。官府一直要抓她,她跑到哪里去当渔民?"陈麦南说。

"是啊,一旦上了贼船,要想下来就没那么容易了,她要想洗手不干,官府也不会同意。这两艘军舰是从印度还是从英国派来的?"

"说是从英国出来的,先到了印度,再来这里的。"

"英国从本土派军舰,跑那么远来这里,说明英国人这次是有目的而来的。中国和英国的贸易纠纷由来已久,英国人对中国的市场开放程度颇有怨言,而中国人对英国的咄咄逼人尤有不满。看来,两国的贸易纠纷已经到了非常严重的地步。你看会打仗吗?"戴沃伦问。

"说不好。听说皇上非常震怒,在朝廷上怒骂了几个弛烟派大臣。现在国库空虚,白银外流得厉害。禁烟派大臣纷纷上奏皇上,要求全国严厉禁烟。如果皇上认真起来,说不定和英国人真会干上的。"

"北京离广州太远,皇帝想做的事情,到了广州就会被打掉很大折扣。广州官府是个什么态度?"戴沃伦问。

"两广总督邓廷桢,态度一直非常明确,一直想要让鸦片买卖合法化。一年前还上书皇上,主张弛烟,历陈允许鸦片自由买卖的好处,你想,他儿子邓公子是广州的大鸦片贸易商,也是我们旗昌洋行的大客户,从我们这里进了不少土耳其鸦片,邓廷桢大人当然是个弛烟派。不过,这个老滑头一听皇上骂弛烟派大臣,马上态度大变,他最近上书皇上,要求禁烟。不知道他心底里是真想禁烟,还是在做表面文章?"

"那我们要小心一点,不怕一万,只怕万一。岸上仓库里不要放太多的库存,主要用我们的海上仓库。"

"还有一件事,差点忘了。两天后,查尔斯有艘大船将在早上出港,前往伦敦,上面装了大量的银子。"

"哦,查尔斯怎么会让这消息露出来的?你我都知道,货船什么时间出港都是保密的。难道是因为有英国军舰在外海巡逻,查尔斯就有恃无恐,不再怕海盗抢劫了吗?"

"我的一个朋友悄悄告诉我的,他在查尔斯那里做事。他还告诉我,阿一会随船押运。沃伦,我觉得这是个机会,如果我们设法把这船给劫了,对查尔斯是个很大的打击,还可以把这事栽在阿一的头上。"

"这个信息很重要,看来,我又得去一次大屿山岛见郑一嫂。"

早上,太阳刚刚露出宽阔的海平面,一艘大船就出现在珠江口,这是英国东印度公司的船,船号"加尔各答"漆在船头,船上挂着英国国旗。

珠江口岛屿星罗棋布,一些渔船正往回行驶。岛上居民以捕鱼为生,他们半夜出海,早晨收网回岛。几艘渔船迅速靠近"加尔各答"号,这几艘渔船正是郑一嫂的船。等到它们贴近大船,小船上的人以飞快的速度,往大船上抛出带钩的绳索,钩住大船上的围栏,几人抓住绳索,有的身后背刀,有的背枪,他们个个身手如猴子般敏捷,迅速爬上了大船。

郑一嫂上了大船之后,从背后拔出了剑,带着海盗们朝船舱围了过去。他们还没走到船舱口,从船舱那里突然跑出一队英国士兵,他们身着红色军服,个个手里提着步枪。他们一出舱门,就列好队形,提枪对着众海盗射击。几声枪响,几个海盗倒在了甲板上。

郑一嫂一看这个阵势,知道中了埋伏,马上和海盗们往回撤。这时,阿一带着一帮人从船的另一边冲了过来,个个手上举着刀,见了海盗就砍。郑一嫂舞剑如飞,让人近身不得。有个胆大的家伙举着刀,从郑一嫂的背后蹿了过去,试图从后面出其不意袭击郑一嫂。郑一嫂似乎脑后长眼,一个反手,剑光一闪,剑就进了那人的胸口,那人举着的刀掉落在甲板上。郑一嫂还没来得及把剑从那人身上抽回来,阿一的人围了上来,两边按住郑一嫂的双臂,让她动弹不得。那些爬到大船上的海盗,不是被打死,就是被活捉。

查尔斯拄着拐杖,一瘸一瘸地从船舱里走了出来,他来到郑一嫂的边上,伸出手就想去摸郑一嫂的脸,郑一嫂头一闪,躲过了查尔斯的手。郑一嫂虽然被人紧紧抓住,但她身子依然笔挺,在早上阳光的照射下,轮廓分明的脸上,还是那副桀骜不驯的态度。

"你就是那个大名鼎鼎的女海盗郑一嫂?"查尔斯问道。

"老娘就是。"

"你知道我是谁吗?"

"谁会认识你这个鬼佬?"

"不认识也没关系,我叫查尔斯,现在我们不就认识了吗? 你以前劫持了我不少的货船,又砸了我许多烟馆。你曾想到过今天吗?"

"老娘我今天算倒霉,栽在你手里,不过你当心,我的人会来救我的。"

"别想了,我这船上有英国的正规海军,我们有最先进的步枪。我这次抓你,并不是偶然的事,而是有备而来。我故意让人透露消息给戴沃伦,他知道后,一定会去告诉你,也就是故意让你知道我有大批银子要运去英国。我想你们已经好久没有打劫到货物,可能到了山穷水尽的地步,一定会铤而走险,果真不出我所料。"

"鬼佬你别啰里啰唆,你想怎么样吧? 你想杀老娘,你就赶快动手好了。老娘提着头行走海上多年,什么风浪没见过? 我做了鬼之后,照样杀人越货,我做人做得爽快,做鬼也一样爽快。"

"杀不杀你,不是我能决定的。让英国人杀你,还算便宜了你,不过,我们英国人是守法的文明人,在你们中国,要遵守中国的法律,你是中国人,就必须受中国法律的制裁。我会把你交给官府,官府的人会用很野蛮的方式,来处理你的。"

"查尔斯抓了郑一嫂。"陈麦南焦急地跑来。

"我已经听说了。"戴沃伦尽可能让自己的语气保持平静。

"想不到这是查尔斯这个老滑头下的套,这都要怪我!"陈麦南十分自责,他心底一方面怪那个透露给他消息的朋友,另一方面也怪自己为什么会那么轻信。

"这不是你的错。要怪就怪查尔斯,这家伙太老奸巨猾,把我们都给利用了,我们在海盗那里积累的一点信誉,都毁了。要再恢复我们的信誉和名声,不知道要花多少时间。现在最重要的,是如何把郑一嫂救出来。"

"怎么个救法?"

"人现在关在哪里?"

"查尔斯把人交给了官府,还拿了官府的几千两悬赏金。现在郑一嫂关在两广总督府里。由两广总督邓大人亲自监守。"

"有没有办法让人进两广总督府去,把郑一嫂弄出来?"

"这个是不可能的事,那里有重兵把守,近不得身。让人冲进去,那是送死,千万做不得。"陈麦南直摇头。

"你有什么办法?"戴沃伦问。

"我不知道。"陈麦南回答。

两人有点灰心丧气,沉默着,各自想着办法。好一阵子,戴沃伦先开了口。

"你不是和邓公子很熟吗?"

"他是我们的大客户之一,从我们这里进了不少土耳其烟土,我们给他的价格还很不错。我和他还算蛮熟的。"

"你帮我和他约一下,见个面吧?"

"你想让他帮忙救郑一嫂? 我估计他不会干的。"

"我想见一下邓大人,这个……我想,邓公子也许可以安排。"

"为什么要去见邓大人?"陈麦南不解。

"我想说服他放了郑一嫂。"

"这个就别做梦了。两广总督邓廷桢放了大名鼎鼎的女海盗郑一嫂,要是说出去,朝廷还不把邓大人办了重罪? 邓大人绝不会干的。"

两广总督邓廷桢出身于南京官宦世家,十七岁中举,殿试位列第四。他一路做官,从江浙做到陕甘,再从北方一路来到广州。

邓大人到广州后,目睹了鸦片走私的猖獗。朝廷禁烟法令虽然严厉,但被人视若无物,广州大街到处都是烟馆,官府来不及查禁,今日查封,明日又在别处开馆。有的烟馆,官府去查禁时,没有一丝大烟的痕迹,官府人一走,烟枪、烟灯和烟土又都摆了出来,显然早从官府那里得到信息,事前有所准备,把所有和鸦片有关的东西都藏了起来。还有很多烟馆,不但在广州横跨政商两界,而且在朝廷还有很大的靠山。邓大人深有体会,知道禁烟之难,难于操作。

邓廷桢到广州主政不久,北京朝廷里就有高官向皇帝上奏,正式提出了弛烟论主张,奏折中阐述禁烟之难,建议让鸦片合法化。皇上将奏折特批给邓廷桢议复。邓大人上奏,表示赞同弛烟论,认为原奏折中所陈列的情况,实在是广东和全中国的实情,一旦弛禁通行,将有利于国计民生。邓廷桢还向皇帝提出弛禁的具体实施方法,并准备付之于实施,让鸦片从进口、种植、运输到零售全

面合法化,朝廷可以向每个环节抽税,以补足国库,保证朝廷有足够的白银。鸦片种植如果合法,烟土就不必从国外进口,白银外流的情况就会改善,中国甚至可能成为鸦片的出口国,到时候,白银反而会倒流回来。邓大人的弛烟奏折在民间广为传播,广东的烟贩子个个欢欣鼓舞,越发明目张胆。

邓大人的弛烟主张,和他儿子不无关系。邓大人晚年得子,一辈子就一个儿子,从小被视为掌上明珠,宝贝得不得了。让邓大人失望的是,这个儿子不喜诗书,不爱功名,长大后只喜欢做生意,邓公子生意越做越大,做着做着,就做到了鸦片,成为广州城里的大鸦片商。邓廷桢虽然对儿子恨铁不成钢,但对独子的溺爱,让他只好任其所为。邓公子在父亲面前经常说起鸦片买卖的好处,无形中也影响了邓大人的态度。

但是最近几件事情,让邓廷桢的态度发生了一百八十度的转变。一是皇上的态度。北京来消息,将派钦差大臣远道来广州督察禁烟,而且,皇上还把最先上奏要求弛禁烟土的大臣降职。凭他多年混迹官场的经验,邓廷桢能感觉到朝廷的政治气候发生了变化,他觉得应该有所表示,所以他立刻又重新写了封奏折,历数烟毒的危害,强烈要求禁烟,表达了和钦差大臣精诚合作共同禁烟的决心。

另一件事是,英国人的军舰有几次大摇大摆地窜入黄埔港,以武力保护鸦片走私贩,在枪炮的保护下,光天化日之下把烟土销售给鸦片贩子。虽然英国军舰在邓大人的多次抗议下,撤出了珠江,但邓廷桢对英国人的行为非常气愤。邓大人觉得英国人欺人太甚,简直没把大清律法放在眼里,也没把他两广总督放在眼里。邓廷桢下令沿珠江的各炮台备好充足的弹药,对往来船只严加防范。

再有一件事,那是最近才发生的。东印度公司的代办查尔斯,在珠江口把女海盗郑一嫂给抓住了。邓廷桢知道,查尔斯自己就在走私鸦片,查尔斯鼓动英国军舰到珠江巡逻,现在让英国军人带着枪进入黄埔港,在那里上了货船,在大清的管辖地,逮住了郑一嫂,这让邓大人的面子实在太难堪了。官府这么多年捉拿海盗头子郑一嫂,派兵清剿海盗村寨也干过,海上缉拿也干过,就是没办法捉住她。现在却被英国人捉住。查尔斯捉住郑一嫂之后,送到他这里,还向他要了几千两悬赏金,这不是成心羞辱他吗?

这天,邓廷桢在两广总督府里处理完公事,正准备下堂回后府。邓公子带着一个洋人来见他。邓廷桢对洋人本来没有什么好感,要是平时下班后有洋人求见,邓大人是绝对不会见的。但今天不同,既然是儿子带来的,看在儿子的面上,就只好将就见一下了。

"父亲,这位是我的朋友,美国人戴沃伦。"邓公子向邓廷桢介绍。

"邓大人安详。我是美国旗昌洋行的合伙人和主营运官,我和大人曾见过一面,不过大人公务繁忙,见的人多,不一定记得我。"

"戴先生好,今天来本府,有什么事吗?"邓廷桢确实不记得戴沃伦了。

"我今天来,是想说服大人,放了郑一嫂。"戴沃伦直截了当地说。

邓廷桢吓了一跳:"这个洋人怎么那么胆大,竟然想要说服我放了大名鼎鼎的海盗头子?"但同时,戴沃伦的开门见山,又提起了邓廷桢的兴趣,邓廷桢倒是想看看这个洋人葫芦里到底卖的什么药。

"哦,郑一嫂可是朝廷重金捉拿的海盗头目,她犯的是死罪,不判她剐刑,判她砍头,已经算是非常仁慈的了。你怎么竟敢让我放掉她?"

"我不是来这里为郑一嫂说情的,我来这里,主要是为邓大人着想。"

邓廷桢越发好奇了。

"为我着想?这话怎么说?"

"海盗之所以成为海盗,实在是为生活所迫,他们并没有和朝廷为敌的意思,他们在海上杀人越货,也是一种谋生方式。郑一嫂手下有几千号人,几百艘船。如果邓大人杀了郑一嫂,这几千号人必定和邓大人,和朝廷结下死仇,成为朝廷的敌人,必定和朝廷势不两立。"

邓廷桢一听这,哈哈大笑起来。

"你难道要说,我两广总督还怕几千个海盗不成?"

"不是的,邓大人。如果大人放了郑一嫂,郑一嫂一定对大人,对朝廷感恩戴德,为感谢大人的不杀之恩,郑一嫂的人就可为朝廷所用,这几千人和几百艘船,长期在海上活动,对海上情况了如指掌,熟悉海战,是一支不小的队伍。目前,英国人派来军舰,在珠江上耀武扬威,视清朝兵勇如无物,视大人如小儿。朝廷现在还没有和英国人开战,不便派出军队直接和英国军队打仗。但是如果让郑一嫂的人去和英国人干呢?"

邓廷桢沉默了,戴沃伦的话说到他的心头上,他想着这些话,觉得这个美国人说的不无道理。

"但是……海盗女头目郑一嫂被逮住,这是一个大家都知道的消息。我怎么能够平白无故地把她给放走呢?除非她愿意公开表示归顺朝廷,才有可能免她死罪,但也不能免了牢狱之灾。"

"凭着郑一嫂在江湖上的英名,我估计郑一嫂是宁死不会投降的,她不可能公开归顺朝廷。"

"那这事情就不好办了。任何人都无法做到赦免海盗头子,除非皇上的大

赦,这个事情已经超出了本官的范围。"

"但是她或许可以隐姓埋名,以另一种方式归顺朝廷。"

"戴先生的意思是?"

"我希望当面见郑一嫂一次,问问她是否愿意接受某种安排。一旦她愿意,我想,邓大人一定是有办法的。"

郑一嫂被关在两广总督府后院的地下牢房里。后院中间的地面上有一个口子,口子用带铁条的门盖住。从口子沿台阶往下去,便是牢房,那里只有一个房间。地面上二十多个兵勇看守,任何人关在牢房里,就是长了双翅膀,也飞不出这里。

兵勇把戴沃伦带到那个口子边上,用钥匙打开铁条门,戴沃伦沿着台阶往下走,一直走到很深的地下,才看到铁栏围住的牢房,铁栏外面一盏油灯点着,从外面往铁栏里面看去,里面显得非常暗。

看到戴沃伦站在铁栏前,郑一嫂站了起来,走到铁栏边,和戴沃伦隔栏相向。郑一嫂穿着那件红色的袍子,这是她最喜欢的袍子,显然,有人给她送了进来。她虽然身陷囹圄,但依然把自己整理得整整齐齐;桀骜不驯的脸上,一双凌厉的眼睛依然咄咄逼人。

"戴先生,你看你干的好事,让我落到这个地步。你还有脸来见我?"

"一嫂,实在抱歉。我们都中了查尔斯的套,让他给骗了。我总有一天要报复他的。"

"既然戴先生今天来见我,一定是来接我出去的?"

"不是。"戴沃伦回答。

"不是,那你来这里干什么? 你给我滚得远远的。"

"两广总督邓廷桢仰慕一嫂的英名,想让我来说服一嫂和朝廷合作。"

"我郑一嫂江湖上英名远扬,绝不会因为贪生怕死而投降了官府。老娘我宁死,也不会坏了我一生的英名。一嫂是不会和朝廷合作的。"

戴沃伦上下打量着郑一嫂,发现她又苍老了一些,双眼下方的眼袋显得更鼓了,眼袋和眼睛之间显出黑黑的眼圈。郑一嫂还是穿着那件红袍子,在昏暗的灯光下,并不显得鲜红。戴沃伦实在无法把眼前穿着红袍的郑一嫂,和那个翻滚着冉冉上升的火球联系起来。

"一嫂,我不是来说服你投降朝廷的。你那里有几千号人,他们和家人的生计,都要靠你,如果没有你,他们会群龙无首,说不定就会相互残杀,只有你才能镇得住他们。你出去之后,可以隐姓埋名,你只是换一个名字,以一个新的身份率领你的手下。至于同朝廷合作,也就是当需要的时候,才帮朝廷个忙,平时你还是独立的,不受朝廷的节制,邓大人希望你和朝廷做个朋友,相互之间有个默契。只要你同意,我可以让邓大人放你出去。"

"你为什么要这么做?"郑一嫂问。

"因为你对我有不杀之恩。"

官府要杀女海盗郑一嫂了。所有广州的人,都在传这个消息。

午时时分,广州的百姓们纷纷往刑场聚拢过来,人们都想看一看大海盗郑一嫂的样子。在传说中,在故事里,大家都听说过郑一嫂的名字,但真正见过郑一嫂的,却没有多少人。

刑场的中间摆了一个很高的平台,那里就是行刑的地方。高台上还布置了一把太师椅,太师椅的前面放了一张案桌。高台四周,站了一圈持剑立刀的兵勇,把高台围得水泄不通。

午时的广州异常闷热,在太阳底下,那么多人聚在一起,尤其让人觉得烦躁,人们拿着扇子,用布擦着汗珠,不耐烦地等待着。

突然,人群中一阵骚动。"来了!"有人喊了声。

人们远远望去,只见一队兵勇,举着"回避"的旗帜,兵勇后面是一辆高官坐的马车,马车后面跟着的又是一队兵勇,他们后面跟着一匹高头大马,拖着辆囚车,囚车四周围着的又是许多兵勇,囚车里坐着一个穿着红袍的女人,她的头探出囚车,头发披落下来,散在脸的前面,遮住了脸,身后插着块高高的名牌,上书"死犯海盗郑一嫂"。囚车到了高台边,兵勇打开囚车,拖出了五花大绑的女人。那女人被带到了高台上,大红袍子洒了下来,在太阳底下,显得分外鲜红。女人低着头,一声不吭,长头发盖住了整个脸。

"果真是个美女。"有人说。

"是个妖妇,难怪那么多男海盗愿意为她卖命。"

"据说这个妖妇床上功夫一流,她手下的海盗都被她睡过。"

"唉,太可惜了,这么好的女人,就这样被砍了。"

"好女人?你想要领回去当老婆啊?小心被她生吞活剥了。"

邓廷桢从马车上走了下来,他走到太师椅上坐下。刽子手提着把鬼头刀走到台上,让女人跪下。女人顺从地跪了下来,头往前伸着,头发在前面披散着,一直垂到地上。刽子手高举着鬼头刀,做好了准备。

一个兵勇走到女人边上,拔出了名牌,高高举起,大声宣读:"死犯海盗郑一嫂。"

然后,他把名牌送到了邓廷桢前面的案桌上。邓廷桢从案桌上拾起那块名牌,往地上重重地扔了出去。

只见刀光一闪,女人的头滚落下来,鲜血从颅腔里涌了出来,女人的身躯倒在了血泊中,鲜红的袍子和鲜红的血融在一起,远远看去,看不清是血还是袍子。

刽子手拽着女人的头发,高高举着女人的头,朝四面展示了一番。然后放到地上。

女海盗郑一嫂的头和她的身躯,就这样静静地躺在了高台上。

人们开始散去。人群中,戴沃伦和一个女人随着人流往外走去。女人穿着紧身便装,头戴翘角元宝帽,古铜色的手臂和脸,像是个常年在海上出没的渔民。

"一嫂,你就早点回去吧,你的人已经在港口等着接你了。"

"我已经不是一嫂了,郑一嫂已经被官府砍了头。我的名字是石香姑,这是我在娘家的名字。"

"好,那就叫石嫂。一嫂永远在我的心里。"

"这个女人是从哪里搞来的?"

"也是个死囚犯,没有名字,不知道是哪里人,也不知道家里有谁。他们给她喂了鸦片,在她嘴里塞满了东西,她喊不出来。邓大人往朝廷递上去的报告,就说处决了海盗郑一嫂,这也算是他的功劳。"戴沃伦说。

"郑一嫂死了,石香姑活了,邓大人多了一个朋友,朝廷多了一支军队。众弟兄们还是需要石嫂带着他们发家致富。"女人幽幽地说。

北京来的人

北京来人了,走了很长很长的路,而且是个很大很大的官,大的都不容人抬头正眼去看。这是王发丹告诉戴沃伦的。

这天王发丹又来到旗昌洋行找戴沃伦。像往常一样,戴沃伦先塞给王发丹一小包银圆,然后泡好茶,两人就坐下天南海北地闲聊。

"戴先生,北京来人了。"

"哦?什么人值得你王大人那么关心?"戴沃伦不禁好奇。

"这可是不一般的人。官大得不得了,邓廷桢邓大人见了都要趴在地上,不敢正眼相看。"

"什么官这么大?"

"正一品。钦差大臣,见其人,如见皇上本人。"

"这么大官跑那么老远路,来这里干什么?"

"不知道,不过,他是一个坚决的禁烟派,是个禁烟得力的人,一定是和禁烟有关吧。"

戴沃伦不禁笑了起来:"中国不是从来就禁烟的吗?法律上还写着私贩大烟是砍头的死罪,那么多人在这里贩卖鸦片都还活得好好的。"

"中国自雍正朝起,就一直在禁烟,法律规定,私贩大烟者死,不过,这烟可是越禁越多啊。"戴沃伦不无讽刺地说。

"这次好像是要来真的,你还是要当心一点,不怕一万,就怕万一啊。要是动起真格的,咱都要吃苦头的。"

"好吧,我听你的。我已经在减少仓库里的存货,听你这么一说,我再减点库存。那大官叫什么?"

"他叫林则徐,福建人,以前是湖广总督。"

"他以前就管广州嘛,没见得把烟给禁了。凭什么现在他能禁烟?"

"他当湖广总督时收缴了一万二千两鸦片。"

"哈哈哈,一万二千两?就这么点还叫禁烟?广州地方官员个个牵涉到鸦片走私,就连两广总督邓大人的儿子都在走私,要禁烟,可没那么容易。中国人做事,总是雷声大,雨点小。现在皇上在兴头上,叫禁烟叫得震天响,或许过几天皇帝又变了主意,或者换了皇帝又有什么新的想法。我敢保证,这禁烟没过几天保不准就又不禁了。"

"戴先生,你千万别大意了。以前不一样,他一个湖广总督其实并没有办法起什么作用。但这次他是有皇帝的特别诏令,是代表皇上的,是钦差大臣,他说的话,就是皇上的话,没人敢跟他作对的。"

戴沃伦没吭声,他一直在心里盘算着。要是林大人真的禁起烟来,对他,对旗昌洋行未必是件坏事。市场大份额是被查尔斯和英国人占了的,旗昌洋行进的土耳其鸦片只占相当小的份额。禁烟受到最大冲击的不是旗昌洋行,而是英国人。他着什么急啊?让林大人和英国人去斗吧,也许这样对旗昌洋行反而是一件好事呢。

"沃伦,你怎么不说话呀?"

王发丹见戴沃伦陷入沉思,不知道他在想什么。

"哦,我在想林大人的事。皇上为什么要派他过来?"

"我估计皇上这次禁烟的决心很大。各地大烟走私猖獗,各地官员从上到下对禁烟令都阳奉阴违,北京的任何命令,到了地方上都打了折扣,甚至根本没人理睬。皇上只好派人千里迢迢赶路赶个把月来到广州。中国各地的大烟都是从广州流出去的,估计想从源头把大烟走私给管住。"

"原来是这样。他什么时候来广州?"

"他昨天晚上已经到广州了。"

"这么快?"

"已经走了三个月了。明天是正式进城仪式,所有广州的官员都要参加的。你要不要去?"

"我?我一个外国人,又不是你们的官,怎么能去?"

"你可以作为外国友人观礼啊。那里专门辟开了一个地方,是给外国人观礼用的。据说就是要让外国友人看看钦差大人的威严和禁烟的决心。"

"好,那我去。在哪里?"

"在两广总督府的前院广场里。我可以给你弄张外国友人观礼券。早上要起很早,千万不要晚了。"

第二天清晨,天还没有亮,戴沃伦就来到了两广总督府。总督府的前院,宽阔的广场上已经聚集了不少广州的官员。

在广场后面,靠进门的边上,划出了一片观礼区,那是专门给广州的外国友人设立的。来观礼的外国友人并不多,戴沃伦就随便找了个位置站着。

有人在前面开始敲鼓,沉闷的鼓声悠长而庄重,一声声,让嘈杂的人群立刻安静下来。只见那些三三两两的官员们迅速按照官阶,找到自己的位置,排好整齐的队伍。

戴沃伦往人群里看过去,他看到站在最前面的邓廷桢,随后是伍浩官,还有靠近末尾的王发丹,因为王发丹是六品,所以站在了很后面。

有人在前面扯着嗓子嚷嚷着什么,估计在宣布什么东西,紧接着就听见九声礼炮响,然后就见一个身材略微有些发福的官员从房子里面走了出来,站在了台阶上。那就是皇帝的钦差大臣,正一品官林则徐。只见众官员齐刷刷地跪了下去,往前叩头。三叩头之后,众官员起立,低头站在那里等待林则徐训话。戴沃伦看在眼里,心里只觉得这一幕实在好笑。

林则徐气度庄重,表情相当严肃,上唇浓密的黑短髭,下巴留着长髯,看上去六十岁左右的样子。林则徐站在高高的台上，看着下面一排排头戴红顶官帽、穿着各式官服的官员们，心里不禁想，别看这帮家伙现在个个低着头，站在那里一副毕恭毕敬、大气不敢出一口的样子，平时对着下面的百姓或下层官员可都是个个趾高气扬，跋扈得很。

林则徐清了清嗓子，开始了像往常一样的长篇套话，这些套话，他都不知道讲过多少遍，说得不光大部分官员都走了神，连他自己都开始胡思乱想。终于，他说到了这次训话的主题上。

"本官此次来粤，众位可能也知道我来的目的。总而言之，就是两个字：禁烟。禁烟，其实从我国雍正朝就已开始。然而，烟却越禁越多。你们仔细想想，为什么会这样？一方面是夷商奸诈，唯利是图；另一方面，是我大清官员从下到上，不尽其责，未尽其力，有的甚至收受贿赂，和夷商狼狈为奸，致使鸦片走私泛滥，烟土猖獗。长此以往，必使我国白银流失殆尽，国库空虚，人民稚弱，有民而民不得使，有兵而兵不得用。"

林则徐故意停顿了一下，眼睛扫视了一遍站在下面的官员们，威严的眼神，让戴沃伦也不禁变得严肃起来。林则徐继续说道："皇上对此忧虑甚深，已下决心严厉禁烟，特委本官钦差至粤，督察禁烟之事。从今天起，如发现有官员私通烟商走私鸦片者，以死罪论处。务令夷商自觉上缴烟土，有不遵从者，一律逮捕关押。我国并不反对正常贸易，西人如要购买我国茶叶、瓷器，我们不予干预。但要走私鸦片，一律予以禁止。"

林则徐咳嗽了两声，仆人送来一杯茶，他喝了两口，然后抬头看着外国友人观礼席，说道："我刚来到广州，就有夷商托人送钱过来，试图让我不要那么认真，走走过场，意思意思。我在这里郑重声明，这些做法都是痴心妄想，白日做梦。我劝这些夷商审时度势，他们送的钱，现在都陈列在两广总督府里，最终都会充公官府。我林则徐不会收一分一毫的钱，我在广州的唯一目的就是禁烟。所以我劝我们的外国朋友们，请尊重我国法律，谁要继续走私鸦片，我国法律一定不会客气。"

戴沃伦听到这里，知道林则徐这次禁烟是来真的，庆幸王发丹提前警告过他。他已经告诉土耳其方面暂停运送鸦片，大部分鸦片储存在海上仓库里，在岸上的仓库仅保留少部分的货。

说到这儿，林则徐问道："十三行的掌门都到了吗？"

伍浩官回答："启禀大人，十三行的全部到场。"

十三行的老板们都买了官，而且官阶还都不小，伍浩官就是三品官，所以他们都有资格到场听林则徐训话。

"海关主事有到?"林则徐又问。

众官员们非常惊讶,个个在心里犯嘀咕,十分疑惑,不知钦差大臣为什么要叫海关主事。对外贸易在清朝从未被重视,海关主事属于最低的官衔,按道理是无法引起一品大员的重视的。但林则徐不同,他清楚地知道海关的重要性,这次来广州,他既没有住在官方驿站,也没有住在两广总督府,而是住在了越华书院,就是因为该院院监著有一本《粤海关志》,可以在那里借来细细研读,知悉广东地区海防和涉外商务资料。

王发丹站在人群后面,万万没有想到林则徐问起自己,赶紧甩动着两袖,扯着嗓子喊道:

"海关主事王发丹在。"

"有请两广总督、广东巡抚、十三行掌门和海关主事会后留下,其余可以散去。"

说完,林则徐转身进了总督府的大堂,被点到的这些人赶忙跟了上去。

进得屋里,林则徐坐在了太师椅里,其余人都毕恭毕敬地站在了那里,敬候林则徐发话。林则徐先让人一一介绍自己,然后说道:"鸦片泛滥,以致国虚民弱,皇上日益焦虑。广州是所有鸦片的来源地,你们责任重大。十三行有无参与鸦片贸易?"

"启禀大人,十三行的生意皆官府许可,有官府的牌照,所做的都是合法生意,都是茶叶、大黄、瓷器等我国重器,以出口为主,绝无走私任何鸦片。"伍浩官在十三行内资历最深,官阶最高,所以他代表十三行回答。

"那些跟你们贸易的夷商有无参与鸦片走私?"林则徐继续问道。

"这……我们不清楚。"伍浩官回答。其实,伍浩官心里很清楚,那些在广州的洋行,尤其是英国人的洋行,没有一家不在做鸦片生意。

"鸦片皆由夷地传入,在广州的夷商多有走私之行为。我命你十三行去说服夷商上缴所有鸦片,主动签约,保证今后停止鸦片走私,不再做任何危害我国之事。我巍巍中华乃礼仪之邦,必以理服人,让西人心服口服,自觉上缴非法之鸦片。"

"是,大人。怡和行和浩官一定尽心尽力,让西人心甘情愿交出所有鸦片。我想其他十三行也一定会努力而为。只是……"伍浩官略显犹豫,没有说下去。

"只是什么?但说不妨。"林则徐瞪了一眼伍浩官。

"是这样,大人。浩官和十三行一定会尽全力去说服广州的洋行,但西人重利,让他们上缴鸦片,没有补偿,恐怕他们不会主动上缴。"

"鸦片是非法之物,走私贩卖鸦片是砍头的死罪,这在大清律法里清楚地写着。我让西人自觉上缴，不按大清律治他们的罪，实在是客气之举。我相信，只要我们晓之以理，夷商是应该知道这里面的道理的。否则，我们可以把这些夷商都抓起来，逼他们交出鸦片，并且按大清律法治罪。"

"是，大人所说在理。"伍浩官点头。

"大人，下官有一席话，不知当讲不当讲？"邓廷桢往前走了一步。

"说吧，邓大人。"林则徐回答。

"虽然禁烟之事已是迫在眉睫，但如何禁，实需深思熟虑之。就怕一有闪失，会引起不测后果，于国无益啊。"邓廷桢忧心忡忡地说。

"邓大人为何说此？本官记得邓大人最近有奏折上递皇上，坚决支持禁烟。"

"英商走私鸦片，并非个人行为，实在有英国政府背后的支持。就怕万一英国政府介入，作为国家派兵干涉，来支持鸦片走私，万难对付。我国积贫积弱，西洋船坚炮利，如若强硬用事，一旦开启边衅，局面很难控制。最近，已有两艘英国军舰，在广州外海游弋，英人处心积虑，有备而来，看似来者不善，大人须小心为是啊。"

林则徐呵呵一笑，他知道，广州的官吏忌惮英国人的坚船利炮由来已久，为了坚定这些官员的禁烟决心，有必要鼓舞一下他们的士气。

"邓大人所言极是，英人狡诈，我等缺应有防范之心。战略上我们要蔑视英人，战术上我们要重视他们。英国若要寻事，欲和我天国交手，必派兵而来，英人远在天边，乃边陲小岛，欲来我国，唯有坐船来此。英人善海战，我当避免与其在海上正面冲突，可以把他们引入内河，一则潮退水浅，船只搁浅在滩，那么多船，必然前后堵塞，动弹不得，再则伙食不足，军火不继，此犹如鱼躺干河，任人宰割。待到此时，我军可以诱其上岸，英人腿足裹缠，屈伸有所不便，我可用刀枪砍刺其腿部，英人一旦扑倒在地，无法再起，如王八仰身躺地，虽四足乱动，犹无法站立，只有束手就擒，坐以待毙。这也是我给皇上的奏折中所写的。"

众人听了，都哈哈大笑起来。

见众人如此高兴，林则徐也非常开心，他继续说道："如英人果真要起战端，我天朝亦可经济制裁之，以不战而迫其就范。孙子说：'以不战而屈人之兵，上上策也。'英人喜食牛羊肉，然牛羊肉食之过多，必辅以从我国进口的大黄和茶叶，大黄、茶叶、湖丝和其他物产，皆我国高贵之产，英人喜之，一旦我天朝禁止此类产品出口，英人没有大黄和茶叶，嗜食牛羊肉之英人将会消化不良，腹大如鼓而死，即无以为命。"

又是一阵大笑。邓廷桢频频点头："大人真是深思熟虑，见地独到啊。英

明，英明。"

伍浩官没有笑。茶叶是怡和行出口的最大宗物品，生产的茶叶，每五箱就有一箱出口运到英国去，一旦官府真的对英国禁运，受到最大损失的，不就是怡和行吗？

林则徐收起笑脸，严肃地说："虽然我国有多种手段可以制服英人，但我们万万不可大意。各位一定要积极准备和组织海防，加固防御，重整炮台，充足弹药，以防英人走私集团的负隅顽抗。"

"是。大人。"众人异口同声地回答。

"另外，大家一定要统一思想，对禁烟之事不能有丝毫怀疑。皇上为禁烟之事召集二十八省将军、巡抚和总督参议，仅本官和其他七位朝中同僚赞同禁烟，其余他人皆反对，甚至有不少人认为应该让鸦片合法化，让民间普种罂粟，国家收税，以充国库，未来甚至可以出口鸦片给英人，可见朝中对禁烟一事的阻力不小。"

林则徐瞥了一眼邓廷桢。邓廷桢连忙低下了头，不敢看林则徐，想起以前上奏折倡议让鸦片合法化的事，以为钦差大臣说的就是自己。

林则徐继续说道："本官猜测，广州官府上下，对禁烟一事，一定也有不少异议。但是，既然皇上已经决定禁烟，并令本官亲赴广州，堵死鸦片源头，大家务必不能再对禁烟之事有任何歧议，古人说，众心成城，众口铄金，望大家齐心协力，步调一致，唯有如此，中国绝烟才可期可待。"

"大人今日一番话，让我们消除了对禁烟的疑虑，请大人放心，我们大家坚决拥护朝廷的禁烟决定。"邓廷桢铿锵有力地说。

"海关主事王发丹？"林则徐发问。

"在。大人。"

站在人群后面的王发丹本来低着头，一声不吭地听着林则徐训话，听到林则徐叫他的名字，赶紧应声，按他这个级别，能让林则徐喊他名字，简直是烧了高香。他心里一阵狂喜，心想，一定要好好表现，也许这是一次能让他高升的机会。

"鸦片进入中国，皆从海上而来。海关乃中国的门户，稽查鸦片走私是海关的责任，关系重大。中国那么多鸦片皆从广州流入，你作为海关主事，怎可让鸦片进来？"

王发丹的汗唰的一下就像雨一样流了下来，浑身湿透，双腿发软，双臂忍不住颤抖起来。

"大……大人，鄙……鄙官知罪。但卑职官小言轻，广州官场和商行皆有联系,卑职禁烟不力,无法阻止。请大人治卑职之罪。"

"我不怪你。现在朝廷决心禁烟,一切从现在开始。海关是我国的第一道门户,作为海关主事,你一定要恪尽职守,严格把关,勿令一箱鸦片进入中国。"

"是,大人。海关一定严格把关。"

王发丹舒了口气,提在嗓子口的那颗心暂时放下了。

"不光要严守海防,而且要细查夷商在粤之库存,以防西人囤存鸦片,一旦查出,全部没收。"

"是,大人。"

林则徐震怒了。自从上次对广州地区官员训话之后,从广州烟馆和西人商贩送交上来的所有烟土,总共不到一万两,比林则徐任湖广总督时收缴的还少。就连主张让鸦片合法化的弛烟派领袖大学士琦善光在天津缴获的鸦片就有十三万两,广州,作为全国鸦片的流入之地,怎么可能就上缴这么一点呢?来广州之前,自己曾信誓旦旦向皇上保证,一定在广州把鸦片走私的源头给堵住,如果按现在这个状态,该如何向皇上交代?

林则徐又把在广州的高官,包括十三行掌门和海关主事王发丹都叫了过去,把他们先狠狠地骂了一通,指责他们缴烟不力。然后说:

"西人狡猾,以为上缴少量鸦片就可以蒙混过关,这是痴心妄想,白日做梦。我要你们告诉西人奸商,限三日之内将鸦片全部上缴完毕,写下保证书,永不在中国销售鸦片。如有私藏鸦片者,一经查出,货尽没官,人即正法,无一例外。"

众人站在那里听林则徐训话,看到他发怒的样子,大气不敢出一口。

"你们去遍告全城,让所有洋行烟馆小贩都知道,三日为限,三日内上缴,既往不咎,三日之后,则休怪本官无情。"

听完林则徐的训话,王发丹立刻跑来旗昌洋行找戴沃伦。

"戴先生,林大人是来真的了。三日内必须将鸦片全部上缴。"

"如果不上缴呢?"戴沃伦问。

"一经查出,货尽没官,人即正法。林大人是要杀人的。"

戴沃伦低头想了一会儿,觉得此时正好顺水推舟做个姿态,他说:"既然这样,那我们就表示一下姿态。我们旗昌洋行目前仓库里的所有烟土,我愿意全部上缴。我愿意签下保证书,保证以后再也不私贩烟土。而且我们欢迎林大人到旗昌洋行来视察,如果发现仓库里有一点鸦片,我戴沃伦个人愿受惩罚,砍头监押随官府处置。"

"这样甚好。我回去后告诉林大人,把旗昌洋行作为夷商的典范。"

"我们目前仓库里的所有库存是一千五百四十箱,已经清点完毕,我一箱都不留,你今天就让人拉走。"

"太好了。戴先生,我真佩服你,你如此识大体,知时务。我马上拉货去见林大人,林大人一定会非常高兴,说不定还会嘉奖旗昌洋行一番。"

王发丹心里很高兴,一方面戴沃伦给了他一个很方便的台阶下,他不必因为执行禁烟令,而有损和戴沃伦的友谊;另一方面,他也可以此向林则徐邀功,这是禁烟以来,单个外商主动上缴的最大一批货,而且戴沃伦主动表示,愿意签下保证书。林则徐一定会对他王发丹刮目相看,说不定通过此事,他王发丹可以升个更大的官当当。

王发丹马上让手下人把旗昌洋行的所有库存装车,他押着几车鸦片立刻来见林则徐。果真,林则徐见到这几车鸦片非常高兴,虽然数量还不是他所期望的,但这是一家小洋行,光这家小洋行就上缴这么大量的鸦片,现在有了一个夷商带头,这可以作为其他夷商的榜样。林则徐当场嘉奖了一番王发丹。

"夷商有这个姿态就值得褒扬,你去广而告知,让其他夷商都知道。"

王发丹心里一阵狂喜,忍不住说:

"是,大人,旗昌洋行还愿意开放仓库让大人检查。卑职已经检查过了,仓库里所有鸦片都已带来,未曾发现有隐藏之烟土。"

"既然你已经检查过了,本官就不必再亲自去检查。其他夷商的情况如何?"林则徐问道。

"其他夷商仍然非常抵触,英商查尔斯正在串通所有夷商,组成联合阵线,一同抵制上缴鸦片。现在已经有三百到四百名夷商,都聚集到了查尔斯的商馆,似乎要联合起来负隅顽抗。"

"岂有此理,竟敢在我天朝的土地上拒绝我天朝的命令,无法无天。这个查尔斯是什么人?"林则徐怒形于色。

"英国人,英国东印度公司的代表。是英人在广州地区的商界领袖。"

"擒贼先擒王,先要把查尔斯给制服了,这样其他夷商就会比较好对付。一定要给他们点颜色看看。"

"大人说的是,我已命令海关的稽查兵勇把查尔斯的商馆团团围住,只等大人一声令下,我们就可以攻陷商馆,擒拿查尔斯由大人发落。"

"不要造次,蛮干容易造成外交上的被动。我们先把商馆围住,动之以情,晓之以理,迫其屈服,自觉上缴鸦片才是上策。动武是万不得已的最后手段。"林则徐说。

"大人英明。"

"当然,围住商馆并不是无所作为。你要让商馆里做事的国人全部撤离,断绝一切水源和货物进出。我就不相信这批英国人在商馆里能坚持很久。"

"是,大人。"

"另外,要处决一批毒贩,人要多一点,如果毒贩不多,可以用现在牢里的死囚充之,就在查尔斯的商馆前面行刑,杀几个以威慑夷商。"

"这个主意太好了。卑职马上去办。"

林则徐禁烟让查尔斯感到非常意外。查尔斯认为,中国人做事从来都是虎头蛇尾,经常雷声大雨点小,虽然有法有律,但法律却可以打个折扣,未必需要遵守。对于烟土,在雍正时期就有法律禁止,但那么多烟馆可以在光天化日之下提供烟土,还有那么多洋行,不管是英国人还是美国人,都在走私烟土,更何况广州地区从上到下的官员,个个都从鸦片走私中获益,禁烟的事,只需略事敷衍,即可了结,实在不必太当真。现在,钦差大人林则徐下令,限定三日之内缴齐所有烟土,否则依法处事。看来这位大清官员想来玩硬的,既然想玩硬的,那就看看谁能玩得过谁,英国人对清朝官府傲慢的态度早有不满,正好可以利用林则徐的禁烟,狠狠地打击一下清朝官府气焰。

查尔斯让人串通好在广州的所有走私鸦片的夷商,大家相约同进退,共同抵制上缴鸦片。查尔斯还召集了广州大部分走私鸦片的夷商,把他们聚集到他的商馆,共同对付大清政府。查尔斯的商馆备好了大量食物和水,用来和大清官府进行长期纠缠,查尔斯已经做好打持久战的准备。

查尔斯的商馆外已经被清兵团团围住,外人不得进入,里面的人也无法出来,清兵将商馆断水断粮,断绝和外界的一切联系。查尔斯让人把所有门全部锁死,以防清兵冲进商馆。

广州地区的三百多名夷商,聚集在查尔斯商馆的会客室里,他们有的坐在沙发上,有的坐在地上,有的不安地来回走动。这群英国商人个个义愤填膺,纷纷责骂大清官府的无理。其中一个年轻的英国人,看上去气焰更盛,大声数落着中国人的不是:

"中国人如此愚昧无知,蛮横无理,这是一个落后的国家,一个野蛮的人种。这个国家远离文明,不知道如何同现代社会打交道,长此下去,必将为现代文明社会所淘汰。"

"这是一种非常落后的文化。"一个人附和着说。

"没有法律,没有规章制度,完全按照个人的意志做事,整个规则的制定都是暗箱操作,完全不透明,我们做生意的人无法预测,生意人最怕的就是不确定　169

性。"年轻人继续说道。

"听说旗昌洋行的戴沃伦已经带头,把所有仓库里的鸦片全部交了出去,大清国正以此作为样板,到处宣传呢。"有人说。

"戴沃伦就是标新立异,这是明摆着和所有西洋商馆对着干。他一定要为此付出代价的。"查尔斯恨恨地说。

"我们英国以贸易立国,自由贸易乃现代国际社会的基石。中国人竟然以武力限制自由贸易,以武力限制我们人身自由,违反了我们的人权。这是文明和野蛮的斗争,这是先进和落后的斗争。"

说这话的是渣甸洋行的老板。渣甸洋行是英国东印度公司最大的鸦片分销商,他虽然对查尔斯攫取渣甸洋行的市场份额非常不满,但在对待清朝政府禁烟一事上,立场和查尔斯是一致的。

"清朝官府最擅长的就是拉一派、打一派,搞各个击破。对付清朝,我们一定要步调一致,一定要团结在一起,同仇敌忾。这或许不是一天两天就会解决的。我们要有长期和清朝政府对峙下去的打算。这里已经备置了足够的食物,后院有一口井可供取水之用。我也已经派人回伦敦送信,详细描述了广州的情形。希望大家耐心一点,我相信,我国政府一定会派兵支持我们的。我查尔斯是不会向这帮野蛮人低头的。"

三周很快过去了,商馆周边仍然被清朝兵将围得水泄不通,清朝政府这边一点动静都没有,既没有人送信进来要求重新谈判,也没有任何要冲进商馆武力清场的意思。商馆里面食物变得越来越少,垃圾废物越积越多,商馆里面味道也变得越来越难闻,各种臭味掺杂在一起,让人恶心得想吐。清朝兵将围困商馆之初,就命令商馆内所有中国人全部撤离,因此,帮商馆做饭的、洗衣的、清洁的中国人全部离开了商馆,现在,这些平时什么事情都不做的洋人,必须自己做饭、洗衣、清扫,大家叫苦连天,人群中开始普遍弥漫着一种不安的情绪。

又很快过去了三周,清朝政府和商馆里的英商没有一点联系,双方仍然这样对峙着。商馆里面食物已经变得很少了,给每个人提供的食物,已经减少到最基本的分量,即使这样,所剩的食物,也支撑不了多久。人群已经没有了群情激愤的情景,众商人都非常沮丧,空气中弥漫着一种挫折感。

"这样下去到什么时候才有个完?"

"这帮野蛮人把我们关了终身禁闭。"

"昨天他们还在商馆前面公开行刑,砍了十几个人的头,据说都是走私鸦片的,地上鲜血一片,太恐怖,太野蛮了。他们这是故意的,就是想吓唬我们,让我们早日投降。"

"伦敦那边怎么还没回音?"

"不会那么快的。送信的还没到欧洲呢。"

"我相信伦敦一定会出兵来教训教训这批野蛮人。"

"这些野蛮人一定要为他们的所作所为付出代价。"

"我们得想个办法打破这种对峙状态,这样下去都快没有吃的了。满屋子臭烘烘的,长此以往,我们大家都非要生病不可。"

"怎么打破对峙状态?清朝只有这个要求,上缴所有鸦片和签署不再进行鸦片贸易的保证书。你们愿意上缴所有库存吗?"

"简直就是个土匪国家。"有人骂道。

"看来我们没有任何办法,只有同意上缴鸦片一条路了。"

"是啊。我们只好这么做了,保命要紧。"

大家七嘴八舌地说着,查尔斯的脑子里乱得很,要让他放弃已经坚持了六个礼拜的对峙,实在有点于心不甘,那不是前功尽弃了吗?查尔斯举了下手,让人安静下来。他说:

"够了,先生们。我们已经跟他们对峙了六周,就看谁可以坚持到最后,也许中国人这个时候也在考虑是否放弃。谁能熬到最后,谁就是胜利者。在这个时候,我们一定要坚持下去。"

正在此时,有人匆匆跑了进来,气喘吁吁地说:"清朝士兵在院子外面已经架起了一座大炮,似乎有强攻之态。"

查尔斯和众人连忙跑到楼上,从窗外看出去,只见对面清兵营地前新架起了一门大炮,炮口对准了商馆。查尔斯一脸错愕,心里甚是惊慌,他强压住心里的不安,表面还是非常平静地对众人说:

"虚张声势,他们真要敢放炮,中国就是与全世界为敌。我大英帝国政府不会和他们善罢甘休的。"

"看那里,查尔斯。"有人指着对面。

只见清营里走出一名士兵,后面跟着一个军官,那军官正是王发丹。两人走到商馆大院的门口站住。见来人不带恶意,查尔斯估计这是来谈判的,赶紧让人去把门开了,自己拄着拐杖,一瘸一瘸下楼,来到了院里见王发丹。

"大人,我们愿意和平解决争端,愿意和贵国政府谈判一个妥善的解决方案,让双方都可以满意。"查尔斯一见王发丹,就开门见山地说出他的意愿。

王发丹高高地仰着头,扬声说道:"查尔斯先生,你作为夷商领袖,竟然聚集所有夷商反抗我国政府,你们胆敢违抗我大清国的法律,我大清国从大局出发,表达最大的善意,一再忍让,从发布限令商馆上缴鸦片的截止日到现在,已经超

过六周,你们不能把善意当成软弱,把忍让看作无能。忍让是有底线的,我们不会无止境地忍让下去,你们不要在错误的道路上越走越远。我现在来告诉你,明天午时,我们要对商馆进行清场,你看,对面大炮已经架起来了。到时候,所有商馆里的人将作为鸦片走私犯处理。你知道鸦片走私犯的结局是什么的,对吗?我们昨天还砍了二十个走私犯的头,就在商馆前面,那二十颗人头滚落下来,想必你们都已看到。如果你们明天午时之前走出这商馆,上缴所有鸦片,并签下永不在中国出售鸦片的保证书,你们还是可以继续在中国做合法的买卖。查尔斯先生,你有什么要说的吗?"

王发丹傲慢地看着查尔斯。查尔斯心想,这家伙什么时候变得那么正气凛然,悔恨当初没有花重金把他给收买了过来。

"王大人,如果这样,我国政府绝对不会善罢甘休的,大人要负挑起国际争端的责任。"

"查尔斯先生,我只是一介小官,国际争端不关我事,我现在的任务,就是到明天午时你们还不满足要求,我就会下令清场。到时候,别怪我方没有把意思说清楚。明白了吗?"

"围困商馆,武力清场,都是林大人下的令?"

"这么大的事情,当然只有林大人才能做主,钦差大臣是直接代表皇上的,所以这也就是皇上的命令,你们就不要妄想了,我大清国是不会妥协的。还是明天午时之前自觉走出商馆吧,查尔斯先生。"

"王大人,谢谢来告诉我。容我和大家商议一下好吗?"查尔斯一下子软了下来,态度变得和顺了许多。

"查尔斯先生,时间不多了,赶紧吧。明天中午之前,一定要把所有鸦片全部上缴出来。听见没有?"

说完,王发丹递给查尔斯一张限时清场的通知,然后就转身走了。查尔斯拿着那张通知,愣了半天,才让人把商馆大门关掉,怀着沮丧的心情,一瘸一瘸走回了商馆大楼。

第二天午时之前,王发丹站在清兵营地里,紧张地看着前面的商馆,大炮已经上了弹药,只等王发丹一声令下,所有清兵都戎装待发,准备冲进商馆抓人。

其实,王发丹心里没底,林大人再三告诫他,千万不要蛮干,绝对不能搞出人命来。王发丹的心里,有着早日解决商馆纠纷的决心,如果能让商馆里的夷商早日投降,在钦差大人面前,这绝对是一份举足轻重的功劳。商馆前的大炮,摆足了姿态要往商馆里冲,这些都是王发丹自作主张,他并没有告诉林则徐。

王发丹其实并没有打算要炮轰商馆,也没有打算让士兵冲进去清馆,他的算计是,在重压之下,商馆一定会屈服。但现在,商馆似乎并没有投降的迹象,这让王发丹有点骑虎难下。

午时的商馆周围,寂静无声,所有人都屏住呼吸,等待着下面会出现的变化,周围的空气也似乎凝固了。王发丹的额头渗出了汗珠,他不敢想象,要是到了午时,商馆真要是没有动静,他是不是真的会下令放炮? 要是真的放了炮,林大人会如何处置他? 他实在不知道该如何收场。

这时,有人指着对面的商馆喊道:"看,白旗。"

王发丹看见商馆楼上竖起了一杆白旗,他长长地松了口气,提在嗓子口的心放了下来,他掏出一块布,抹去了额头的汗水。

商馆的大门打开了,一长队洋人鱼贯而出,领头的是查尔斯,手举一杆白旗。他们走到王发丹面前,查尔斯狠狠地看了王发丹一眼说:"算你赢了。终有一天,我会让你有报应的。"

王发丹让人搬来了一张小桌子,把笔墨和保证书放在了桌上。

查尔斯勉强地拿起桌上的笔,在保证书上签下了名字。其他夷商随后一一签下不再贩卖鸦片的保证书,并把鸦片存货单交给了王发丹。

王发丹让人清点了所有存货单,一共是两万多箱,这是缴获的最大一批鸦片。王发丹拿着货物清单,连忙急匆匆跑到了林则徐处报告。

林则徐看到货物清单后大喜,这是自雍正朝禁烟开始缴获的最大一批货,再看到那签着密密麻麻人名的保证书,心里自然万分得意。他连连夸奖了王发丹几句,让王发丹满心欢喜。

"自缴烟开始,成绩显赫。除从夷商处缴获两万多箱之外,还有从民间缴获的烟枪、烟锅和其他烟具不计其数。抓获烟民烟贩千余人。如此,中国不久将禁绝鸦片之害,此乃天佑我中华。"林则徐高兴地说。他今天看上去神采飞扬。

自到广州以来,林则徐为禁烟一事废寝忘食,忧虑万分,今天能有这么大的成就,兴奋之情明显地洋溢在脸上。

"大人,您要如何处理缴获的这批烟土?"王发丹小心翼翼地问。

"全部销毁。"林则徐斩钉截铁地说。

"要销毁这么多烟土不容易。如用桐油浇灌用火焚烧的传统方式销毁,膏汁会渗入土中,这么大量的烟土,渗入土中的会有很多。烟民如果掘地取土,仍然可以回收不少烟土啊。"

"那你有什么建议?"林则徐问道。

"用传统方式销毁后,如果再用海水浸化,冲到海里,烟民则无土可掘。用此法销毁,可保证烟土全部毁之而无留任何痕迹。"

"好,此法甚好。我已选好销毁烟土的地方,是一个叫虎门的地方。我们要搞一场大型公开毁烟仪式,你去邀请夷商,让他们作为嘉宾来观看销烟过程,要让他们知道,我们毁烟是坚决的,不会打任何折扣。上次那个最早主动上缴烟土的夷商,叫什么来着?"

"他叫戴沃伦,美国人,是旗昌洋行的。"王发丹回答。

"你安排他作为特别嘉宾参加观看销烟,像这样的外国朋友,应该好好招待他们。"

"是,大人。"

"还有,也要邀请那个夷商领袖查尔斯,让他看看整个销烟过程,知道我们禁烟的决心,使他以后不敢再在中国私贩鸦片。"

"你说的那个英国人查尔斯,他上缴鸦片后就坐了最早一班船跑了,现在在回英国的路上。"

"这个狡猾的鸦片走私头目,看来是畏惧天朝的愤怒,只好灰溜溜逃回烟雾之地了。"

"是,我天朝威名远扬,四方夷人畏惧,这都是大人的丰功伟绩啊,中国以后历史上,一定会重重写上大人一笔。"

王发丹抓住一切机会拍林则徐的马屁。

"你不要乱说,这都是托皇上的洪福,没有皇上的圣谕,谁也做不到如此彻底的禁烟。你赶紧去邀请夷商,并准备一下销烟的具体事宜。"

"是,大人。我马上去办。"

王发丹非常兴奋地答应道。这次禁烟对他的职业生涯太重要了,这么重大的功劳,林大人一定不会忘掉的,而且,他还能保持同戴沃伦的友谊,真是刀切豆腐两面光。

公元 1839 年 6 月 3 日,戴沃伦到达广州的第六年,林则徐在虎门销烟。虎门在广州的东南方向,在珠江的入海口,那里地势相对平缓,有几处丘陵,高者不过数百米。这天,全广州的夷商被叫来观看,林则徐想要起到一个震慑作用。戴沃伦作为特别嘉宾,带着香玫,观看了全部过程。

戴沃伦站在嘉宾席里等待销烟开始的时候,王发丹走了过来同他说话:

"你看,沃伦。两万多箱呢,查尔斯的占了很大部分,损失最大的还是查尔斯这家伙。幸亏你有所准备,否则旗昌洋行损失也会不小。"

"查尔斯今天没来?"

"林大人想特别邀请他的,但他坐着最早一班船,已经跑回伦敦了。"

"查尔斯不是那种会善罢甘休的人。珠江外海已经有两艘英国军舰,说不定查尔斯是去搬救兵的,你们要早做准备啊。"

"你说得是。林大人已经在积极准备海防,最近购置了些先进的战船,沿江还新修了不少炮台,储存了许多弹药。不过打不打仗,以后同我的关系也不会太大,我不久会离开这里。"

"你?去哪里?"

"林大人看我这次销烟功劳大,推举我担任湖南一个城市的知县,算是升了个不小的官吧。"

"那恭喜你了。"

"唉,那是小城市的头儿,不像在广州这个大城市。但那里离浙江老家稍微近些,看看年老的父母比较方便。"

"你走后,谁接任海关主事?"

"许远。现在是副主事。你要当心他,他同查尔斯走得比较近。"

戴沃伦心里咯噔一下,他第一次带土耳其鸦片进来的时候,就是这个许远把船扣上,还把他和一帮土耳其人全部关了起来,现在他当海关主事,以后可能会有更多麻烦。但戴沃伦脸上没有露出任何表情,说:"那也要恭喜许主事。"

"许远这家伙年轻气盛,目中无人,一定做不长的,我会给他点颜色看看。"

戴沃伦知道,王发丹一直和许远不睦,两人都在背后搞对方的小动作。

"销烟马上要开始了,我得赶紧回去照应。我去上任后,咱以后要多保持联系啊。"说完,王发丹转身走了。

硝烟开始,两万箱鸦片全部被倒入深坑,被士兵浇上桐油,然后,士兵将火把扔进深坑,浓烟翻滚着腾空而起。这两万多箱鸦片,超过两百多万斤,全部被焚烧成灰,再用海水浸泡,然后冲洗到海里,化得无影无踪。看着这震撼的销烟场面,戴沃伦忍不住对香玫说:"你们中国人真了不起。这么多箱鸦片,这是多么大的一笔财富,都是大把大把的银子。清朝政府不拿来充实腰包,情愿一把火烧了。恐怕世界上没有一个政府会这么做的。"

"你们洋人不懂我们中国人。为了百姓的健康,我们中国人情愿不要挣大烟的钱。你们洋人就只知道挣钱,像从钱眼里爬出来的,什么钱都想挣。"听起来,香玫似乎对洋人非常不屑。

"是啊,虽然我在中国已经待了六年,但确实还有许多东西要学习。"

戴沃伦转过身来,朝向林则徐坐着的主席台,脱帽致敬。

出兵中国

林则徐在虎门销烟的时候，查尔斯正在去伦敦的船上。在商馆被困六周，中国人没有退让，反而是他查尔斯最后投降了，迫使他把仓库里的所有鸦片交了出去，不但让他损失惨重，而且在众商人面前狠狠地羞辱了他，让他丧失了威信。查尔斯不是一个轻易忘仇的人，此仇，此恨，都让查尔斯无法忘怀。所以，一旦中国人恢复了他的自由，他就迫不及待地跳上了回英国的最早一班航船，他要回去游说英国的议会，为他，为所有买卖鸦片的商人讨个公道。

其实，林则徐到广州禁烟，以及商馆被困的事早就传到了伦敦。各大报纸都在头版刊登了中国禁烟的消息，每天都在报道事件的演化，让中国禁烟成为英国人茶余饭后热衷讨论的话题。这些报道，使得英国人在中国走私鸦片的事，成为路人皆知的事实。

刚开始，英国的公众舆论，偏向于支持中国禁烟，各报所登载的许多文章，大多声讨英国人在中国走私鸦片的行为，许多人对英国政府支持鸦片贸易的行为表达了强烈的愤怒。大部分民众同情中国，要求英国政府出面禁止向中国出口鸦片，也有相当一部分民众认为，虽然可以出售鸦片，但鸦片不是普通商品，应该像其他毒品一样进行规范管理，不能任意销售。但是这种情形随着事态的演化，很快发生了变化。

当时英国政府由辉格党领导，辉格党代表的是大工业主和大贸易商的利益，主张倾国力维护英国的经济利益，为保护自由贸易，即使同中国交战，也在所不惜。工业城曼彻斯特的工商协会，曾多次特别登报，声明支持派遣远征军去讨伐中国。围困商馆的消息传来后，亲辉格党的报纸连篇累牍地刊登商馆断水断粮的情况，以及英国商人被关在商馆的悲惨境地，大肆渲染清政府抓捕处死烟贩的消息，等到林则徐没收所有英商鸦片的消息传来时，大众舆论已经倾向于谴责中国。

查尔斯一到伦敦，就去找了外交大臣巴麦尊子爵（Lord Palmerston），以前查尔斯在伦敦时就认识他，去印度和中国后，他每次回到伦敦就会先去拜访巴麦尊子爵。

巴麦尊子爵早年于哈罗公学毕业后，进入爱丁堡大学，跟随亚当·斯密的密友斯图尔特,学习政治经济学,所以亚当·斯密的自由主义经济学对他有着深深的影响。进入政界后,巴麦尊子爵加入了提倡自由贸易的辉格党。在他担任外交大臣任内,正好发生了林则徐禁烟的事,巴麦尊子爵是积极的主战派,强烈倡议要派遣远征军去讨伐中国。

查尔斯也是哈罗公学毕业,虽然比巴麦尊子爵晚了好多年,但由于校友的关系,两人以前就很熟,谈得也比较投机。见到查尔斯从中国来看他,巴麦尊子爵很高兴,这个时候特别需要知道在中国的真实情况,尤其是查尔斯有第一手的信息,是被关在商馆里六周的英商领袖。

"查尔斯,中国情况如何?"巴麦尊子爵一见查尔斯,就迫不及待地向他发问。

"很糟糕。中国人没收货物,扣押人员。英国的商业利益受到极大的冲击。中英贸易基本停止。我们的损失非常大。"

"我听说了。我这边收到的消息是,中国人没收了英商所有的库存。"

"我们被清朝士兵关押在商馆六个多星期,断水,断粮,没有任何物资供应,还断绝我们同外界的一切联系。我们整天生活在恐惧之中,时刻都有被枪弹打死的危险。中国士兵甚至还抬来大炮,要炮轰商馆,向我们下了最后通牒。我们出于无奈只好放弃,被迫交出所有库存的清单。他们没收我们正常贸易的货物,侵犯了我们的私有财产,严重违反了我们的人权。"

"这简直就是野蛮行径,与现代文明社会的行为背道而驰。中国人的所作所为,不但直接影响到在那里做生意的英国商人,而且还影响到我国的经济发展和国家战略。本届政府绝对不会坐视不管。"巴麦尊子爵说。

"哦?我只是考虑到对我们商行的直接影响,倒没有想到国家战略的层面,这是什么道理?说来我听听。"查尔斯不仅疑惑地问。

"印度这个鬼地方,我们称之为大英帝国皇冠上的明珠,其实并不生产什么好的东西,地方大,人口多,财力薄,而且,这么大的地方还被分割成无数个小土邦,要维持这么一块地方,我们要花费很大的财力物力,有点吃力不讨好,曾有议员提出放弃印度。幸好这个地方出产鸦片,东印度公司拍卖鸦片的钱,足够维护印度这个地方的管理,而且还可以支付我们同印度北方邦和阿富汗的战争。"

"原来鸦片还起到这么大的作用。"查尔斯不禁感叹道,他联想到了当年在印度平定土邦叛乱的残酷战争。

"不但如此,鸦片销售到中国所挣得的钱,除了用来购买英国所需要的茶叶,每年还有多余的白银流回英国。大英帝国政府从茶叶销售抽的税,占到政府总税收的五分之一。建一支强大的海军需要很多钱,维持大英帝国的社会稳

定需要很多钱,保持英国科技的领先地位需要很多钱。可见,鸦片的意义并不仅仅是为我们的商人挣了很多钱,更重要的是关系到大英帝国的国力,关系到我们同其他欧洲强权之间的关系。"

"子爵,您所分析的非常有道理。"查尔斯赞叹道。

"所以,我们一定要让中国人接受鸦片贸易。如果我们无法不受限制地把鸦片卖到那里的话,那么,我们就用武力,迫使他们接受我们的鸦片。"巴麦尊子爵坚定地说。

"对,我们用武力让他们接受我们的鸦片。"

"你可能听说,本届政府已经提出议案,将完全补偿英国商人在中国的损失。"巴麦尊子爵说。

"我们感谢政府的支持,但是补偿我们的全部损失,是一笔巨大的数目。政府有这笔钱吗?"

"政府当然没有这笔钱。但又不能置之不理,民意是同情英商的,所以政府来补偿英商的损失,符合民意。但政府又没有这笔钱,因此,这笔钱必须由中国政府赔偿。"

"对,就是应该让中国政府出这笔钱。但是,中国人轻易是不会出这笔钱的。他们不知道天高地厚,总以为自己还是世界中心、天下老大。一定要把他们打痛了,他们才肯赔款,才肯开放门户,才有可能加入到现代世界的体系中来。"

"所以,我提议派遣一支远征军讨伐中国。我已经授权海军派遣了两艘军舰停泊在广州外海,英国东印度公司和南非都已经各派遣了一支队伍集结在新加坡,随时出发。我们一支海军舰队驾驶着最新的铁甲军舰,已经从英国本土出发,正在驶往广州的路上,这艘军舰的航速是目前世界上最快的,甲板特别厚,普通的枪弹炮弹打不穿它的甲板。只等议会投票同意,并通过政府的战争预算,和中国的战争随时就可以开启。最终,打仗的钱,也必须由中国人支付。"

"中国人其实不难打,我在中国十几年,对中国人非常了解,中国军队武器落后,缺乏训练,军官腐败,没有战斗力。一旦议会同意,我立刻启程回广州。在广州城里我有相当数目的一批人马,可以在城里制造混乱,让中国政府首尾不可相顾,我们同远征军里应外合,广州很容易就可以拿下,一旦拿下广州,清朝政府即使不愿意,也只好赔款了。"

"你回来伦敦正好。几天后,议会将辩论出兵讨伐中国的议案。你正好可以作为证人,作为一个被中国人扣押六周多的英国商人,没有人比你更有说服力的了。我相信,有你提供在广州第一手信息,将会说服更多议员支持政府的议案。"

"您觉得议会里通过动武议案的可能性有多大？"查尔斯问。

"现在不好说。自由党领袖格兰德斯通强烈反对动武，议会里反对动武的人数不少。所以，你的证词非常重要，希望你能够说服更多的议员投票赞成动武。"

"我一定提供有力的证词。"查尔斯满怀信心地说。

几天后的英国议会，一场辩论，正在两派绅士之间唇枪舌剑地进行着，这场辩论，将改变一个千年帝国未来的百年走向。

议会现场呈长方形布置，中间一个大长方桌，代表维多利亚女王权力的金锤摆放在桌上，每次议会开会，这个金锤都会非常庄重地由人捧着，很有仪式感地放到桌上，这个金锤是权威的象征。三个书记员带着假发头套坐在大长方桌的一头，和左右两边位置同等距离，表示不偏不倚，维持公正，他们一方面记录辩论的所有言语，另一方面维持会场的秩序。

议会议员按党派分坐大长方桌的两旁，由于以前议员们是佩剑参加会议的，为了避免流血冲突，所以两者之间的距离，差不多刚刚够双方伸长胳膊使两把剑的剑锋相遇。

今天议会开会，作为执政党的辉格党人坐在一边，对面坐的则是反对党——自由党。巴麦尊子爵和政府官员们坐在了辉格党这一边的第一排，首相坐在中间。多少年之后，巴麦尊子爵将作为首相坐在中央的位子，那是后话。首相已经做了为什么要出兵讨伐中国的陈述，坐在对面的自由党领袖格兰德斯通（William Ewart Gladstone）也已提出了为什么不应该出兵的理由，多年之后，他也将成为首相，坐在这里受到议员们的质询。在做最后陈述之前，巴麦尊子爵提议证人陈述。书记员就高声传呼证人查尔斯。

查尔斯进来，站在书记员们的对面，开始了他的陈述："尊敬的首相，各位议员们。我叫查尔斯，是英国东印度公司驻广州的代表，刚从广州逃了出来。在那里，我们大英帝国的尊严受到严重损害，大英帝国的王冠受到严重玷污。英国商人的人身自由受到限制，货物被无端没收，没有任何赔偿，我们的中国员工遭到处决，他们被野蛮地砍下头颅，仅仅是因为他们服务于英国商行，帮助我们从事正常的贸易。林则徐私植鸦片，以公谋私，试图赶走竞争商行，以便他垄断中国的鸦片市场，他把我们围困在商馆六周，那里断水、断粮，和外界断绝联系。我们无时不生活在恐惧之中，清朝士兵在商馆前面行刑，砍下多人头颅，恐吓我们，他们搬来火炮，试图轰击商馆，威胁到商馆内所有人的生命安全，我们万般无奈，只好让林则徐没收我们所有货物。先生们，你们有过这样的经历吗？我

179

有。你们难道没有为大英帝国的王冠遭到玷污而感到羞耻吗？我有。你们难道没有为英国子民讨回尊严的决心吗？我有。先生们，请出兵吧，为了大英帝国的尊严，为了女王头上的王冠。"

查尔斯做完证人陈述后，退回到证人席里。

接下来，巴麦尊子爵做提案方的最后陈述："各位先生，蛮横的清政府拒绝开放市场，反对自由贸易。他们只知道向我们出口茶叶和瓷器，却设置种种阻挠，不从我国进口货物，导致了我们贸易的极大不平衡。我国的贸易赤字逐年高升，我国的黄金储蓄每年减少。先生们，大英帝国的商人们不辞辛苦，远涉重洋，到中国销售商品，只是为了能多挣一点钱，可以养家糊口。但是他们这点小小的愿望都无法满足，他们无端受到清政府的刁难。"

"我们可怜的商人。"有个议员打断了巴麦尊子爵。

"民主、自由、人权和自由贸易是现代国际社会的四大支柱。这四大支柱缺一不可。"巴麦尊子爵继续说道。

"是啊。"一些议员们喊道。

巴麦尊子爵继续说道："但是这个基石正在受到挑战，正在遭受到中国政府野蛮行径的破坏。我们的商人被屠杀，他们的货物被没收，被摧毁，没有任何赔偿。他们的自由被剥夺，他们的人权被损害，自由贸易的原则受到严重挑战。这是一个野蛮的政府，这是一个邪恶的政权。"

"开战！"有议员喊道。

"如果这种行径不被制止，文明制度就会遭到破坏，现代社会将要濒临危险。我们应该成为自由贸易的保护者，而不是旁观者。我们要成为人类文明的保护者，而不是旁观者。为了现代社会的基本准则，我们应该不择一切手段，即使开战，在所不惜。先生们，请为开战投下你神圣的一票吧。"巴麦尊子爵狠狠地挥了一下拳头，坐回了他的座位。

"开战！开战！"

一些辉格党人拼命地喊叫，有的站了起来，把拳头高高地插向空中，使劲挥舞，有几个甚至脱下了鞋子，用鞋拼命拍打桌子。

自由党领袖格兰德斯通从人群中站了起来，做反对开战的最后陈述："我为外相所说的感到羞耻。难道外相不知道，我们的商人在中国进行的是肮脏的毒品买卖吗？难道外相不知道，鸦片是从英帝国领地的港口走私进中国的吗？虽然鸦片在英帝国领地是非法的，但我们却以自由贸易的名义，把鸦片走私进了中国。公正，在我看来，是在中国人这边；而我们，所谓开化的、文明的基督徒们，却在干着违背公正道义，违背宗教教诲的肮脏勾当。"

"Booo！"有辉格党人在嘘格兰德斯通。

"这届政府面临竞选的压力，为了选票，承诺赔偿鸦片走私商的损失。现在，又为了掩盖无钱赔偿的这种窘态，而选择向饱受鸦片之苦的中国开战。我为你们感到羞耻，为这种行为感到愤怒。这场战争从其源头来看本身就不公正，无法用民主、自由、人权或者自由贸易来使之合理化，这是一场用来掩盖这个国家永久耻辱的战争。我们开战，是在保护非法的贸易，从此，我们的国旗和海盗旗帜无异，我们的国旗将永远被玷污。先生们，我最后呼吁，请为反对开战投下你神圣的一票吧。"

格兰德斯通说完，书记员宣布投票开始，绅士们排着队依次投票。投票结束后，清点结果显示：271 票对 262 票，赞成出兵的多 9 票。投票结果一宣布，雷鸣般的欢呼声从辉格党人这边响起。

"开战！开战！开战！"

拍桌声，拍手声，口哨声混杂在一起。

一场即将影响一个千年帝国和千万民众未来的战争，就这样在民主投票中决定了。

广州的形势变得越来越紧张，空气中到处弥漫着焦虑感，人们都在传说要打仗了，大家纷纷抢购食物，店铺被打砸抢的事变得越来越多。

因为现在不能做鸦片的生意，其他正常的生意也基本停止，公司最近事情不多，戴沃伦也正好趁机多和香玫在一起。

这天香玫生日，戴沃伦又去了香玫那里，当天晚上林老板请客吃饭，帮香玫祝寿。沁云楼和以前也不一样了，现在那里门可罗雀，看不到一个顾客的身影。

这是林老板的家宴，林老板夫妇加他三个孩子，还有就是香玫和戴沃伦，阿一不在。厨师今天做了十道菜，等菜上齐了，林老板往戴沃伦酒杯里倒上酒。戴沃伦在中国待的时间久了，已经非常习惯中国的饮食文化。林老板刚举起酒杯，就被香玫制止了。

"舅舅，今天是我的生日，就让我吃饭前做次祷告吧，让主祝福我们家和戴沃伦先生。"

"当然可以。你是寿星，你今天最大。"林老板只好顺从地说。

林老板不信基督教，他是个佛教徒，对香玫那套主啊主啊的特别反感。

香玫闭上眼睛，开始了祷告。

"主啊！感谢您赐予我们恩典，给予我们食物。在这个满是妖魔鬼怪的乱世里，感谢您赐予我们今晚平平安安，欢聚一堂，让我们能够歌颂您的神圣，请

您赐福于我们众人。阿门！"

祷告结束，香玫睁开眼睛，对林老板说：

"你们可以喝了。不过，得悠着点。"

戴沃伦听着香玫的祷告，总觉得有什么不太对劲，但这是她的生日，也就没有作声。

林老板和戴沃伦举起酒杯，轻轻碰了一下，两人一口干了下去。林老板又给戴沃伦斟满了酒，一边嚼着菜，一边说："前些时候，有个叫洪秀全的年轻人来过两次，自那以后，香玫经常说这是个乱世，很多妖魔鬼怪。戴先生不要见怪。唉，也是，这确实是个乱世。"

"洪秀全？名字很熟啊。好像以前在哪里见过。"戴沃伦隐约记得这个名字，但实在想不起来是在哪里见过。

"就是上次我们在罗神父那里见到过的那个，他的族弟洪仁玕当时也在。他们都是广州的客家人。"香玫回答。

"哦，想起来了，他自称是天父的小儿子，是基督的弟弟，被天父派来拯救中国的。实在是个十分狂妄的疯子。"戴沃伦说。

戴沃伦说的，让香玫听上去觉得不太悦耳，面露不喜之色，但在那么多人面前，又不便说戴沃伦。只是淡淡地说："他一点都不疯，这世界的妖魔鬼怪实在太多了，天父体恤百姓的疾苦，怜悯中国的苦难，特地派他来斩妖降魔，替天行道，拯救百姓于水深火热之中。"

"他现在在干什么呢？"戴沃伦不愿意惹香玫不开心，就岔开来问。

"他行踪不定，到处在宣教。好像已经聚集了不少信众呢。"香玫回答。

"这世道太乱了，俗话说乱世出鬼神，像他这样装神弄鬼的人，才会有市场。中国历代都是如此。太平盛世是不会有这样的人的。"林老板叹口气说，他联想到最近广州的局势和沁云楼的生意状况，连连摇头。

"舅舅，你可不要乱说。像他洪秀全这样的人，说不定就干出一番大事呢。"

"林老板，现在大烟不能卖了，那你怎么办呢？"戴沃伦问。

"那也没办法。我烟具都交上去好几套了呢。幸亏官府里都是朋友，交了几套意思意思，他们就算了。不过，中国的事都说不准，说不定又会变回来的。你听说了，林大人林则徐被皇上撤了钦差，是吗？"

"没有，我没听说过。这是怎么回事？"

戴沃伦非常惊讶，皇帝派林则徐作为钦差大臣来禁烟，给了那么大权力，禁烟刚起了效果，全广州城里大烟馆里都无烟可抽，市面上百姓想买烟，都没有人敢出售，怎么就把钦差大臣给撤了呢？

"英国军舰北上,占了定海,定海知县投海殉国而死。英国军舰又到了天津外面,朝野震动,没有人能意识到,英国人的军舰能航行那么远。有几个大臣参奏弹劾林大人,说他根本不懂洋务,一味蛮干,激起战事,开启边衅。戴先生你在中国也有些年头了,你知道的,在中国不管你做什么事情,总有人说你坏话。皇上耳朵根一软,就先把林大人换去当两广总督,把邓大人换到其他地方,然后又把林大人的两广总督给撤了,林大人现在在家赋闲,无所事事。另外,皇上派了个满人琦善当钦差大臣,这琦善是个大学士,直隶总督,是弛禁派领袖,本来就主张开放鸦片,现在是他总理两广之事。新来的钦差大臣一来就改变了林大人许多政策,看来禁烟的事,也迟早要被反过来的。"

"哦,这么短时间里,竟然变化那么大。"戴沃伦不禁感慨地说。

"中国的事情,从来就是这么变来变去。所以啊,我以不变应万变,现在日子确实难过,不能做鸦片生意了,说不定过段时间,鸦片又可以卖了,到时候,大家又都会跑来沁云楼来抽鸦片。"

"那中英之间的纠纷是不是就没了?"

"即使皇上如此迁就英国人,英国人仍然不会善罢甘休,你想,英国人轰几下大炮,就尝到了甜头,哪会就此缩手? 我估计,不久战事就要移到广州了。戴先生,你可要趁早做好准备啊。"

"你是说,对英国人软弱,英国人反而得寸进尺?"

"是啊,这事没那么容易完。要打仗喽。打完之后就可以卖鸦片了。"林老板叹口气说。

"林老板,既然你担心要打战,那趁现在局势还安全,我和香玫是不是可以先去教堂办了婚事?"

戴沃伦问道。香玫也迫切地望着林老板。只见林老板夹了块肉送进嘴里,慢慢地嚼着,再不紧不慢地喝了口酒把肉送了下去,然后缓缓地说道:

"戴先生,我看这事还是等等,至少等局势平静下来。林大人被撤之前,他已经把兵器发放给了民众,包括海盗、渔民和社会底层的疍人,郑一嫂原来的那群海盗,也从官府拿到了兵器。官府还到处张贴告示,鼓励民众杀敌,杀一白人士兵赏银百两,杀一南亚士兵赏银五十两。现在林大人被撤,这批乌合亡众群龙无首,到处在打砸抢闹事呢。他们见了洋人就杀,砍了头当作白人士兵去官府领赏,一颗人头一百两银子呢,这么好的事,乱民们哪有不干的? 教堂是乱民们盯着的地方,他们都知道,那里是洋人经常去的,都想到那里去砍洋人的头,现在谁还敢去教堂? 戴先生,你出门也小心一点,千万别让乱民看见。"

"那我们就不去教堂办了吧,香玫?"戴沃伦转向香玫问道。

"那怎么行呢？这事，一定需要天父的见证。否则，我天上的母亲也不会同意的。还是等局势安定下来再说吧。"

"那就只好再等等了。"戴沃伦无奈地回答。

"阿一说，查尔斯回来了。"林老板冷不防说。

"什么？他怎么又回来了？"戴沃伦不解地问，"他难道不怕官府把他给抓去？"

"林大人都被撤了，谁会去抓他？查尔斯现在鼓动他的人，也在广州城里闹事呢，阿一整天跟着，他们到处在搞混乱，闹得城里鸡犬不宁的，官府简直无能为力。我都担心死了。"林老板说。

"查尔斯是在制造混乱，让官府首尾不顾，以配合英军。这样看来，我估计英国军队不久就会往南而下，来攻打广州的。"戴沃伦说。

"我听说，英国舰队已经从天津南下，现在已经到了广州外海。随时就会进攻广州的。"

"这么快就到广州了？这倒是出乎我的意料。"戴沃伦非常惊讶。

"英国人的船快。其中有一艘世界上最快、吨位最大的军舰，采用的是世界上最先进的技术，听说连炮弹都打不穿它的甲板。中国人想要和它去打，如同以卵击石。"

"但中国军队人数很多啊。"戴沃伦说。

"人数是多，光在广州附近的屯兵就号称有七八万人，是英军的三倍，但人数多又有什么用。你知道的，中国人的数字都会有水分的，有好多军官靠人头吃空饷，虚报人数，朝廷发的饷银按人头来算，多出来的人头饷银，正好被军官们卡扣走了。另外，中国军队已经好久没打仗了，平时操练也敷衍了事，洋枪三杆里面说不定有两杆是打不出子弹的，还有一杆打出来的是空包弹。我看和英国人打，悬。"

"那清朝官府有什么办法可以阻止英国军队打进来？"

"新上任的钦差大臣琦善在和英国人谈判，其实是在虚与委蛇，搪塞拖延。他在磨英国人的耐心呢。"

"那广州城的陷落只是个时间问题。"

"我也觉得是。你得回旗昌洋行安排一下，打仗的时候会很乱的。"

"是。我明天就去公司安排一下。"

戴沃伦突然觉得有很大的紧迫感，匆匆把饭吃完后，同香玫告了别就走了。

牢狱之灾

清晨,正当戴沃伦沉睡的时候,一阵猛烈的敲门声把他惊醒。他揉了一下眼睛,以为自己是在做梦,又一阵敲门声传来,他才知道不是在梦里。他立刻翻身起床,几步跳到门后,犹豫着是否要开门。

"沃伦,快开门。我是麦克。"陈麦南的声音从那头传来。

戴沃伦开了门。陈麦南一个箭步闯了进来,说:"打仗了。英国人来了。"

"什么时候的事?"

"其实昨天就打了。官府要和谈,英国人没耐心,就在珠江上炮轰清朝军队,把从入海处到珠江口沿途的中国炮台都给摧毁了。现在英国的军舰已经进入了珠江,在打炮,你可以隐隐约约听到炮声。你听。"

两人静下来,果真,戴沃伦听到在远处传来几声爆炸的轻微声响。

"听上去不是特别远,应该很快就会打到广州城里的。"戴沃伦说。

"广州城外还有一处要塞,那里置备了很多炮火,那要塞居高临下,易守难攻,军舰要到广州,必须经过那里。英国人想要穿过那个要塞,可能需要花点力气,攻下那要塞不是件容易的事。不过一旦占据了那个要塞,从那高地,就可以俯瞰广州城,往城里放炮,城里躲都没地方躲。只要占了那要塞,就等于攻下了广州城。"

"真是怪了,大清七万兵将,竟然挡不住一万多人的英国军队。世界上还没见过这么烂的军队。"

戴沃伦直摇头,清朝军队的无用让他目瞪口呆。

"外面现在很乱,查尔斯收买了很多乱民,到处在打砸抢。福布斯船长现在纽约,楼先生也正好在澳门出差,洋行里没管事的人,这个时候,我们得赶紧去旗昌洋行,万一有什么事,可以照应一下。"

戴沃伦披上衣服,戴着西式礼帽就要往外走,被陈麦南一把拦住:"你找死啊?乱民到处在找洋人,杀一个可领一百两银子。换一套中式的衣服帽子吧。"

戴沃伦把西式服装脱了,换上了中式长衫和瓜皮帽。两人跳上马车,就往旗昌洋行赶了过去。

马车快到旗昌洋行大门口的时候,他们看到门口聚集了一群人。旗昌洋行

高高的围墙下面，大门紧闭，这群人拍打着大门，闹哄哄地，声音很响，不知道在干什么。戴沃伦和陈麦南两人互望了一下，觉得蹊跷，陈麦南让戴沃伦待在马车里，自己先下车去看看。

很快，陈麦南就走了回来，他边走边说："我们快走，是一帮乱民，查尔斯给的钱，来抢旗昌洋行的。"

陈麦南跳上马车，让车夫赶紧让马掉头。这时，有几个乱民跟了过来，试图让马车停住。车夫赶着马，加速往回跑。乱民们在后面狂跑追逐，想要让马车停下来，但马车跑得快，把那些人甩在了后面，然而这些人依旧不舍，在后面依然奔跑着追赶。

马车一阵快跑，来到旗昌洋行的后门。马车还没停住，陈麦南就冲出了马车，大声喊道："快开门，我是陈麦南。快开门。"

旗昌洋行的后门相对较小，没有前门那么厚实。听到陈麦南的喊声，里面看门的人把门开了一个小缝，陈麦南一把推开，冲了进去。戴沃伦紧跟在后面。车夫想赶着马车赶紧离开，但看到后面的人已经围了上来，就只好赶着马车，跟在戴沃伦后面驶进了旗昌洋行的后院。

他们进了旗昌洋行之后，赶紧把门关上，然后用一条很粗的木条横着卡住了后门，陈麦南指挥着安保人员又加固了两条木桩，抵住了后门。他们正想喘口气，就听见外面有杂乱急促的脚步声传来，有人开始在使劲推门，拍门声，撞门声，骂人声，混杂在一起。

渐渐地，拍门声和撞门声小了下去，随之而来的是一块块从外面飞了进来的石头，大大小小的石头从天而降，掉在石板地上噼里啪啦响声一片，陈麦南躲避不及，一块石头砸在了头上，他痛得大叫一声，用手捂着头，跑到了围墙底下，一股鲜血从他手指缝里渗了出来。那匹马也被石头砸得在院里拖着马车到处乱跑，撞倒了不少人，最后马车翻倒在地，把马也拖倒在地上动弹不得，可怜的马拼命挣扎，在不断砸落的石头里一阵乱踢后，突然一动不动，死了。

戴沃伦他们躲避起来，等到掉下来的石头稍微稀疏了一点，戴沃伦带着众人就捡起石头又一一扔了回去。墙外墙内就这样来来回回互扔石头。

终于，墙外不再往里扔石头了。戴沃伦以为危险就这样过去了，就看见围墙上面冒出几个人头，原来外面的人设法爬上了两人高的围墙，准备翻进墙来。有两个双手撑着，爬上了墙头，一翻身就哧溜一下滑了下来，一个家伙身体不稳，一下子重重地摔倒在地上，痛得嗷嗷直叫。陈麦南让人用绳子把那家伙捆了起来，另一个抖了抖身子，朝陈麦南冲了过来。陈麦南学过武术，几招下来，那家伙就被制服了，也被捆了起来。戴沃伦让人准备了木棍在围墙下面等着，围墙上又冒出几个人头,看到前面下去的人已经被捆了起来,里面的保安都个个拿着木棍,又把头缩了回去。

围墙外渐渐安静了下来,戴沃伦从门缝往外看,见乱民们正在散去。正在这时,有保安来报,说有一队衙门的官兵正朝旗昌洋行走来。大家猜测,可能是官兵听到骚乱的消息赶来维持秩序的。

戴沃伦和陈麦南来到前院,那队官兵已经到了大门口,大声喊着让开门。戴沃伦让保安把门打开,一队清兵手持长矛走了进来,沿两边散开,形成一个扇形,把戴沃伦他们围住。一个穿着官服的人,戴着红顶官帽,骑着马慢悠悠地进了院子,在戴沃伦面前停住。戴沃伦一看,原来认识,是海关新任主事许远。当年他和土耳其人第一次把黑土运进广州时,就是这个许远把他抓去牢里的,戴沃伦不会忘记这家伙的样子。王发丹升官调去其他城市后,许远接任了粤海关主事。戴沃伦不禁想:这家伙今天来干什么?

一个清兵喊道:"钦命粤海关主事许大人到。"

陈麦南迈了两步,来到许远前面,两手一拱,身子一弯,说道:"许大人今天来到我商行,赶走乱民,救我们于危难之中,保护了我们的财产和生命,真是我们的及时雨。我们感激万分。要不要到商行里面小坐一会儿,用些茶点,稍事休息?"

许远把手微微抬了一下,目光在眼前这群人身上扫了一遍,见他们看上去甚是狼狈,衣服不整,个个身上沾着尘土和血迹。

"你们这里谁主事?"许远问道。

"是我,大人。"戴沃伦回答。

"你是谁?"许远问道。

戴沃伦穿着中式长衫,身上一大摊血迹,还破了几处,脏兮兮的样子,歪戴着瓜皮帽,加上好几年没有见到过戴沃伦,许远显然并不记得眼前的这位。

"我是沃伦,戴沃伦,旗昌洋行的主营运官。我们董事长福布斯船长去美国出差了,我现在是这里的主事。"

"戴沃伦,你知道你犯的什么罪吗?"许远厉声喝道。

院子里的所有人一下子紧张起来,知道许远来者不善。

"大人请明讲,我实在不清楚。"

"你勾结境外商贩,私藏走私鸦片,违犯我国禁令。你还不知罪吗?"

"我们都已经把所有鸦片全部上交了,林大人还专门褒奖了旗昌洋行,说我们是夷商行中最自觉主动响应政府号召的,是所有夷商的楷模。怎么能说我们违犯禁令呢?"

"我国自雍正朝时就禁止鸦片买卖,走私鸦片者以死罪处置,禁烟的法律,从来就有,中外皆知。你明知我国法律,依旧贩卖鸦片。你私藏鸦片是事实,勾结境外鸦片商贩是事实,违犯我国禁令也是事实。更有甚者,有人举报,在你签署不再贩卖鸦片保证书之后,你仍然不知悔改,依旧偷偷贩运鸦片。这叫明知故犯,屡教不改,实应罪加一等。"

"大人这种指控违背了林大人的意思……"

还没等戴沃伦说完,许远把手一挥,说:"把贩毒罪犯戴沃伦给我拿下。"

两个士兵手持长矛上前架住了戴沃伦。陈麦南和几个保安见情况不妙,想要上前去挡,两边清兵齐声喊道:"站住!"

戴沃伦示意陈麦南不要莽撞,他顺从地被士兵架着往大门外走去。

戴沃伦被士兵带上一辆马车,不知走了多久,也不知道到了什么地方。他被关进了一个单人牢房。牢房极其简单,只有一块木板搭起的一张床,架在了两张长凳上面。一条薄薄的床单,估计就是被子了。角落有一个木头做的桶,那是用来大小解的。

戴沃伦被关进牢里后,每天有个狱卒早晚各来一次送饭,早晨那次会把便桶抬出去倒了然后再送回来。牢里的饭菜极难下咽,第一天戴沃伦吃了几口,把他恶心得想吐,所以之后送进来的饭,基本都原封不动地被端了出去。几天下来,戴沃伦瘦了好几圈,人又脏又臭,邋遢万分,不成人样。

时间就这样一天天过去,戴沃伦问狱卒究竟怎么回事,可不可以通知亲戚朋友,狱卒只会回答不清楚。戴沃伦只好作罢,不知道会发生什么结果,这样的等待,尤其让人烦躁,这种烦躁简直要让戴沃伦发疯了。

就在戴沃伦快丧失希望的时候,有个人来看他了。这天早上,戴沃伦刚醒来不久,查尔斯就挂着文明棍一瘸一瘸地来到他的牢房前。戴沃伦见到查尔斯,非常意外,不知道他来想干什么。他走到牢房门口。两人隔着牢房的木栏站着,相互看着对方。

牢房木栏外面的查尔斯穿着整齐的西式长袍,里面是白色的衬衫作底,手中一根文明棍支在地上,头上一顶西式礼帽,完完全全一个西洋绅士。牢房木栏里面的戴沃伦,穿着灰色中式长衫,长衫上沾满血迹和尘土,破破烂烂,长衫显得很不合身,蓬松地塌在身上,他浑身消瘦,蓬头垢面,胡子拉碴,除眼睛依然炯炯有神外,整个就像换了个人一样。

"查尔斯先生,你来干什么?"戴沃伦问道。

"我来看你。"查尔斯简单地回答。

"为什么?"

"难道你不希望有人来看你吗?"

查尔斯说的没错,戴沃伦想。这个时候,不管是谁,只要有人来,只要能带来点信息,都比他一人关在牢房里发呆好。

"查尔斯先生,你来想跟我说什么?"

"你来广州前,想到过会是这个结果吗?"查尔斯反问道。

"什么结果?"

"作为走私鸦片的贩毒分子被关入死牢。很讽刺啊,作为听从官府号令带头上缴鸦片的夷商,现在缴出去的鸦片反而成为你贩毒的证据,与林大人积极合作,却成了被判死刑的贩毒分子。"

"我是被人陷害的。"

"没有冤枉你啊。你把鸦片运进广州确是事实,对吧?"

"林大人让夷商把鸦片交出来。旗昌洋行是第一个响应号召的,还得到林大人的褒奖。难道这是判我有罪的理由?"

"根据中国法律,贩卖走私鸦片以死罪论处。这个法律已经存在很久了,你应该不会不知道中国的法律吧?"

"你不也贩卖走私鸦片吗?你也交出了鸦片,而且你是在商馆被围六周后不得不交出来的。你上缴的鸦片比任何一家洋行都多,这些鸦片,也是你私贩鸦片的证据啊。你不也应该被判死刑?"

"对的,你说的没错,我被林则徐没收的鸦片确实比所有夷商的加起来还多。但是,我和你不一样。"

"有什么不一样?我不明白。"

"我没有被抓进监狱。你现在是在死牢里,而我却站在死牢外和你说话。想知道他们怎么会抓你到这里的吗?现在告诉你,其实也没有什么关系,反正你插上翅膀也飞不出这里。是我让他们把你抓起来的。"

"原来是你?!"

"当然是我。你应该能猜得到,谁跟我查尔斯对着干,都不会有好结果的。"

"我一定会让你付出代价的。"

"戴沃伦先生,你不会再有这个机会了。官府上面已经判下来了,一周后你将作为贩毒犯而被砍头。关在这监狱里是没有人会帮你忙的。"

"我发誓,即使我不在,你也一定会得到报应的,总有那么一天。"

"那我祝你好运了。你到天堂后等着我,总有一天我也会去那里,我们一定会再见的。哦,看你这样子,为了显示我的好意,我让监狱给你弄一套干净的衣

服,狱卒会给你送来的。你总不能穿着这一套中国人猴里猴相的衣服去见上帝吧?你要这样去天堂的话,上帝都认不得你,一定说你走错地方了,要让你下地狱的。"

说完,查尔斯转过身去,支着文明棍,一瘸一瘸地走了,一边走一边还说:"祝你在上帝那里好运,戴沃伦先生。到时候一定要告诉我,砍头的时候痛不痛。"

查尔斯走到外面院子里。许远正在那里等着,见查尔斯出来,连忙迎了上去,问道:"查尔斯先生,怎么样?"

"你明天一早就把他给处决了。"

"这恐怕不行吧?下一次处决犯人是七天以后。"

"七天后恐怕来不及了,女王的军队估计那个时候会打到这里。到时候,清朝官府的人都逃掉不见了,犯人要是全部跑掉了怎么办?"

"这……"许远犹豫着。

"你就把处决书稍微改动一下。现在兵荒马乱的,谁来查呢?"

"他可是洋人,随便杀个中国人问题不大,但杀洋人的目标大啊。"

"我不会亏待你的。就这样做吧。"

查尔斯几乎用命令的口气对许远说。

查尔斯走后,戴沃伦一直在想着他们俩的对话,他离开纽约来广州时确实没有想到是这个结局,他想的是在广州挣了足够的钱之后回美国。然而现在,他确实落到了死牢里,听查尔斯说,看来他们是要在七天后砍他的头。关在这里,他无法同任何人联系,也不知道如何来拯救自己,有一种无可奈何有劲使不上的沮丧。狱卒送来的早饭,他一点也没有动。晚上,狱卒又过来送晚饭,戴沃伦只是看了看那些饭碗,一点食欲都没有。他坐在床上,合上了眼睛,试图让焦虑的心情平静一下。不知不觉,他坐着睡着了。

不知道什么原因,戴沃伦一下子醒了过来,他简直不敢相信自己的眼睛,他看见香玫站在了牢房门口,她双手扶着木栏,两行眼泪从香玫的脸上滚下。戴沃伦刚开始以为是幻觉,眨了眨眼睛,看到香玫确实是站在那里,就立刻从床上跳了起来,走到牢房木栏前,他的手握住了她扶着木栏的手。

"玫姐,是你?你怎么来了?"

香玫点点头,转身塞给站在边上的狱卒一点钱。狱卒打开了牢门,让香玫进去。一进牢房,香玫就一把抱住戴沃伦,把她的头埋在了戴沃伦胸口,抽泣起来。

戴沃伦抱住香玫,用手在她的背部轻轻地抚摸着,他感觉鼻子发酸,眼睛湿润,知道眼泪快掉下来了,他强忍着,一滴眼泪还是掉了下来,落在了香玫的头上。

　　"玫姐,你怎么找到这里的?"

　　戴沃伦把香玫拉到床边坐下,香玫停住了哭泣,两眼哭得红红的,眼睛都哭肿了。

　　"陈麦南来告诉我的,说你被抓走了。我们就到处打听,一直没有消息。后来还是阿一说的,说是被关在了城外很偏僻的地方,这里是关重刑犯的地方,很少有人知道这里。我们花了不少银子,才让人带来这里。"

　　"那么多天了,他们也不给我衣服换。我现在又脏又臭。"戴沃伦有点过意不去。

　　"现在这都是些小事。重要的是把命给保住。他们说这是死牢,七天后要处决的。"

　　说到这里,香玫又放声大哭起来,戴沃伦在边上安慰着她。好一阵,香玫才停止了大哭,只是在轻轻地抽泣。

　　"他们不会这么做的,还没过堂,总该有个会审的过程吧?哪有不审就处决的?"戴沃伦说。

　　"你不知道。他们能莫名其妙把你抓来,也可以就这样轻易地把你给杀了。"

　　"这都是查尔斯在背后干的。可是我不明白他干吗不直截了当地把我杀了?"

　　"既然是官府来抓的,就该由官府来杀你。听阿一说,下一批处决的犯人名单里有你,下一批处决是七天之后。我现在在动用我爷爷的关系,已经送信去北京了,但不知道时间赶不赶得上。"

　　"我还有七天时间?"

　　"最多七天。阿一说,也许他们等不到七天就会下手。"

　　"玫姐,你信天父的,是吗?"

　　"当然。"

　　"这一切都是主的安排。天父真让我去见他,我也只好听从。如果这样,我只有一个遗憾。"

　　"什么?"

　　"就是没法带你去看纽约的教堂,我以前答应过你的。"

　　"不会的。天父不会这个时候让你走的,纽约的教堂,我以后一定要去看的。"

说着，香玫把脖子上戴的白玉十字架取了下来，帮戴沃伦戴上，并把头凑上去，拿起十字架放在嘴唇上轻轻吻了一下。

"这是母亲在我很小的时候给我的，它一直在保佑我，陪我度过最艰难的时光。我爸把家里所有值钱的东西都卖了，换成钱去抽鸦片，却让我留下了这个十字架。我现在把它给你，它会给你带来奇迹，会保佑你的。"

戴沃伦一把紧紧抱住香玫，把头埋在了她的头发里。

狱卒过来催香玫离开。香玫从带来的篮子里拿出一包吃的东西，一打开来，就香味扑鼻，那是几块刚烤好的酥饼。

"这是广州的特产，叫鸡仔饼。我来的路上买来的，我猜想，牢里的饭不好吃，其他的也没法带，就给你买了这些来。"

戴沃伦好几天没吃东西了，拿了块就塞进了嘴里，那香味让戴沃伦觉得世界上没有比这更好吃的东西了。

狱卒过来拉香玫，香玫只好依依不舍地走了。香玫走后，狱卒送来了一套干净的西式服装。戴沃伦把那套脏兮兮带血污的中式袍子换了下来，叠整齐了，放在床边。

第二天清晨，天还没有亮，监狱长带着一队士兵打着火把来到监狱，直奔戴沃伦的牢房而去。他今天要提戴沃伦去受刑，许远给他命令，让他提前把戴沃伦的头给砍了。

他们来到戴沃伦的牢房前，牢房里很黑，看不清里面的状况。狱卒打开房门，监狱长走了进去，对着床就喊："戴沃伦先生，非常抱歉，今天请你上路。"

没有听见任何回答。一个士兵拿着火把进来，走到床边照了两下，发现床是空的，只有戴沃伦换下的那套带血污的衣服，叠得整整齐齐放在床边。

戴沃伦不见了。

监狱长赶紧让人在牢房里四处搜寻，还是毫无踪影，人就好像蒸发了一样，他非常诧异，这是一个重刑犯监狱，有重兵把守，任何犯人想从这里走出去，几乎是不可能的事。

一个士兵探头往木床下看了看，又把木板床往边上挪了一挪，大家看到，在木板床下面的地上露出一个一人大小的洞。监狱长让人拿火把来照着，只见那洞口附近摆放着一把梯子，下面则是黑幽幽的，什么都看不见。一个士兵打着火把沿着梯子钻进了那洞口，顺着梯子往下进去。

一会儿，那士兵上来报告。说洞下面是一条地道，走一段地道后分出几道岔，不知道往哪里走，里面没有看到任何人。监狱长听了，吓出一头冷汗，心想，监狱下面怎么变出那么多地道,难道戴沃伦是神仙,能在这么短时间内挖出来?这么重大的犯人跑了,许远怎么会放过自己? 不能让许远知道戴沃伦跑了,监狱里随便提个犯人把头砍了,就说是戴沃伦,要查起来,就说已经埋了。想到这儿,监狱长立刻威严地对那几个士兵说:"让犯人跑了,这是重大的过错。这事谁也不许对任何人说。谁要是说出去,我拿他是问。听清楚了没有?"

"清楚了,大人。"几个士兵齐声回答。

中国的战败

奇迹确实发生了。

香玫走后,戴沃伦坐在床上一口气把所有鸡仔饼吃了个精光,有几块碎片掉在了地上,戴沃伦小心翼翼地把它们一一拾起,送进嘴里。吃完后,戴沃伦坐在床上发呆,时而想起香玫,时而想象自己从监狱里逃了出去,时而把思绪拉回到眼前,看着昏暗的牢房,知道逃出去的可能几乎没有,除非奇迹发生,想到这里,他不禁长吁短叹。

夜渐渐变深了,狱卒再也不见踪影。昏昏欲睡的戴沃伦忽然听到床下有窸窸窣窣的声音,开始他以为是老鼠在地上找东西。但那声音越来越响,正当戴沃伦想下床看个究竟时,忽然听见哗啦一声,有东西撒下去的样子。戴沃伦赶紧跳下床去,探头朝床底看去,只见一个盖着灰土的头正伸出地面。

"沃伦! 我是麦克! 快,快。这儿来。"

戴沃伦听是陈麦南,一阵惊喜,知道自己有救,立刻爬进床底下,跟在陈麦南后面,钻进床底的那个洞,洞里已经摆放了一架梯子,沿着梯子来到洞底,底部是一个很小的地道,像是新挖的,露出些新土,只能一人爬行通过,两人一前一后爬行了一阵,便来到了一个很大的地道,几乎有一人之高,戴沃伦人长得高大,无法站直,只能弯着腰在地道里走。两人在地道里七转八拐地快速走着,不时遇到分岔路口。

终于,两人来到一个地道的尽头,那里也放着一架梯子。陈麦南让戴沃伦先爬上去。

戴沃伦沿着梯子爬了上去,顶开上面的盖子,头还没有完全露出去,就听见楼爱波的声音:"沃伦,真高兴又看见你。"

"爱波。你怎么也在这里?"

戴沃伦两手一撑就从洞里跳了出来。这是一个被废弃了的农家牛圈,可能很久没有用了,里面到处是蜘蛛网,显得特别破败。见戴沃伦上到地面,楼爱波马上迎了上去,两人紧紧拥抱。

"他们说你被官府抓走了,我就连忙从澳门赶了回来。"

这时陈麦南也爬了上来,顺手提上了那架梯子,然后再把盖子盖好,又往盖子上铺上稻草。

"告诉我,这到底是怎么回事?"戴沃伦急切地问。

"你被抓走后,我们到处打听,总算知道了关押的地点。这个监狱以前是伍浩官的仓库,在城外很远的地方,后来捐给了官府,就被官府改成了监狱。"陈麦南说。

"那这地道呢?"

"伍浩官当年在仓库底下建了些暗道,知道的人不多,捐给官府之后,地道就被人遗忘了。我从伍浩官那里获悉这儿的出口。我和楼先生来这里好几天了,下面错综复杂,我们花了好些时间才确定牢房的位置,最后我们自己还现挖了一段。"陈麦南说。

"真得好好感谢你们。否则我的头就被他们砍掉了。"戴沃伦说。

"谢什么? 自家兄弟。"陈麦南说。

他们正说着,远处传来一阵炮声。

"英国人和清朝士兵就在附近打仗。我们得赶紧离开这里,要是官府找过来就麻烦了。"楼爱波说。

三人离开农家牛圈,在田野里快速转来转去,走着走着,三人迷了路,他们来到一个树林密集的地方,在树木之间穿行,就在他们以为找到马路的时候,一队英国兵发现了他们。几个英国士兵用枪对准他们,慢慢朝他们走了过去。三人高举双手,服从地来到英国士兵跟前。

走近了,士兵见是两个西方人和一个中国人,觉得好奇。问道:"你们是干什么的?"

"我们是商人。我们为旗昌洋行做事。"戴沃伦回答。

"你们在这里做什么?"

"我们……我们今天正好休息,就到这里来转转。平时忙,没有机会,今天就来这里玩玩,正好碰到你们。"戴沃伦回答。

"你们不知道这里在打仗吗?"

"我们以为打仗的地方还远着呢。我们迷了路,才转到这里。"

英国士兵把他们带到一个军官模样的人跟前,称他为上校。上校见了他们,非常客气,同他们一一握手,相互介绍。上校问:"你们是美国人吗?"

"对,我们是美国人。在广州做事,正好在这里玩。"戴沃伦回答。

"你们熟悉这里地形吗?"上校问。

"我们不清楚。刚才还迷了路,正好碰上你们。"戴沃伦回答。

"中国人在旁边高地上有一个炮台。炮火很猛,我们的军舰过不去,好多天了,我们的军舰被堵在了河道上。我们必须把这个炮台占领了。所以我就带着一支部队上了岸。但我们认不得路,不知道如何上去。"上校解释道。

"这个地方我们也不熟。"戴沃伦说。

这时,两个中国人跟着一个士兵走了过来。那个士兵对上校说:

"这两个中国人自己找过来的,我不知道他说什么,就把他们带来了。"

那两人对着上校叽里咕噜地说了一段话。上校听不懂,就问戴沃伦他们说的是什么。戴沃伦翻译给他听:"他们是附近的农民,整天在这里劳作,非常熟悉这里的地形。可以带你们上那个炮台,从这里去那边,有一条很僻静的小路,在密林当中,只有当地砍柴的人才熟悉那条路,一般没人知道。"

"那太好了。你们能不能给我们带路,上到那里去?"上校指了指那块高地说。

中国人又叽里咕噜说了什么。

"他们要银子作为报酬,才肯带路。"戴沃伦翻译道。

"带我们上去可以给你们五十两银子。"上校说。

"一百两,每人一百两。先给五十两,上去后再给五十两。"农民说。

"那么多?"上校不禁问。

"你想不想要我们带路?想的话就这个价。"农民说。

上校让人给两人每人拿了五十两银子。然后对戴沃伦他们说:

"你们也跟我们一起去吧,一方面可以帮着翻译,另一方面,你们反正也迷了路,等这些人给我们带完了路,也可以给你们带路。"

两个农民在前面领路,一支英国军队跟在后面,在山里的林间小路上艰难地往上走,戴沃伦三人也夹在人群中间。所谓的小路,其实根本不能算是路,那里碎石遍地,死树挡道,灌木丛生,荆棘遍布,一行人走在那里,裤子全被划破,走了好几个时辰,前面打炮的声音越来越响。众人放慢脚步,悄悄地接近小山顶部。

山顶上一队清兵正在聚精会神地朝着江的方向放炮。英国人的几艘战舰由南往北驶入珠江,然后再由东往西朝广州开来,等驶到了这个地方,被清军猛

烈的炮火压住,不敢再继续往前行驶,只好在远处停泊着。这些清朝士兵只顾盯着江面看,完全没有意识到,一队英国士兵已经出现在他们的后面。

有个清兵正好回头,看到一排英国士兵,正在排成队列,个个端着洋枪对着他们,大喊一声:"鬼佬来了!"

声音还没落下,一排子弹扫了过来,几个清兵倒了下去,其他清兵见状,连忙拿起枪试图回击,又一排子弹扫了过来,可怜的清兵,一点都没有招架的余地。最后只剩下一个清军军官,举着战刀孤零零地站在那里,用惊恐万分的眼神盯着英国人。

英国上校让戴沃伦翻译给那个军官:"请放下军刀,我会以女王的名义,保证你来去自由。没有必要做无谓的牺牲。"

清军军官举着刀,犹豫了一会儿,突然大叫一声:"皇上万岁。"

他举着刀,朝着英军冲了过来。一排子弹打在他的身上,血从前胸溅了出来,他身子朝后仰去,然而又试图让身子往前冲,一手高举着刀,努力地向前挥去,一个踉跄,他脸朝下,扑倒在地,鲜血从他身子下面流了出来,渐渐地,身子周围的地上全部是血,慢慢地渗入土中。英军上校走到清军军官的尸体边,脱了帽子拿在手上,对着尸体深深鞠了一躬,然后捡起了清军军官的那把战刀,那把战刀上还沾着清军军官的血。

上校从口袋里掏出一块布,把战刀上的血抹去,对着西下的太阳,战刀依然闪闪发光。上校转身对身后的人说:"这是我这一路见过的最勇敢的中国军人。其他中国军人,我们只是放了几炮,他们全逃掉了。这个军人为了他的国家,为了清朝皇帝情愿选择死亡,而不愿意活下去。要是中国军人都能像他那样,我们也不会推进得那么快。"

上校又蹲下身子,从清军军官腰间解下佩戴的一把雕刻精致的匕首,把它递给戴沃伦:"这是给你的,留作纪念,也算是你今天帮着翻译的报酬。"

戴沃伦接过匕首,向上校道了谢,想要和楼爱波、陈麦南一起离开这里,却被上校拦住。上校说:"攻打广州城的战役会很快开始,那里情况不明,城里很乱,你们还是跟随部队等两天吧。你看,这里不但能够完全控制珠江上行驶的军舰,也可以俯瞰整个广州城。我只要把炮口转个方向,用炮火轰炸那里,他们一点招架余地都没有。我估计用不了几天就会有结果。"

戴沃伦想想也是,他刚从死牢里逃出来,要是被查尔斯或者许远发现,就太危险了。他就同楼爱波、陈麦南商量,三人一致认为,上校说的有道理,就答应继续待在英国人营地。

英国人掉转炮口,对准广州城里,几通炮火轰炸之后,钦差大臣琦善派人送信过来,要求停止轰炸,并基本同意英国人提出的赔款通关的要求,具体细节要由谈判拟定。一场广州城城毁人亡的战役避免了。

几天后,钦差大臣琦善和英国人达成了协议,满足了英国人提出的要求,戴沃伦他们回到了广州。一回去,戴沃伦带着陈麦南就急忙去了沁云楼。虽然避免了战争,但广州城内的秩序仍然没有恢复,沁云楼大门紧闭,门前空无一人,马路上狼藉一片。

戴沃伦使劲敲了一阵门,过了很久,才有人来开门,出来的正是林老板。林老板一见戴沃伦,人一软,身子就要往下滑,幸亏手快,一把抓住门上的铜扣,否则人就差一点摔倒在地。

"你……你你……"林老板结巴着不知在说什么。

"林老板,你怎么啦?"戴沃伦问,他伸手想上去扶林老板一把。

"你……你是人,还是鬼?"林老板吓得直往后躲。

"我是沃伦,戴沃伦啊。我不是活蹦乱跳的? 你看,我边上不是陈麦南吗? 他也好好的。"

"你没死? 他们都说你已经被砍了头啦。"林老板还是不太相信自己的眼睛,使劲用手揉了一下,确定这不是在梦里面,"阿一拿了你的衣服来,衣服上都沾着血。说你已经被砍了头。我们又去了官府确证,说已经把你给埋了,地点保密。"

戴沃伦就把如何从监狱里逃出来,如何在城外迷路,又如何被英国军队带着,亲历了杀光清军士兵的曲折经历说给了林老板听。陈麦南在边上附和着说这都是真的。林老板这才完全相信,眼前的这个人确实是活着的戴沃伦。

"我来找玫姐。"戴沃伦说。

林老板深深地叹了口气,伤心地摇了摇头。

"她走了。"

"她走了? 去哪里了?"戴沃伦不解地问。

"不知道。谁也不知道。"林老板说。

"怎么回事?"

"你被砍头的消息传来之后,香玫大哭了半天,然后就像换了一个人,不停地在说妖魔鬼怪、天父天国的,说要降妖除魔,她像是有妖魔附身,变得神经兮兮的。第二天就不见了,留了一张纸条,说不用找她,也不会找得到,从此她将献身天父。"

"你去找过她吗?"

"我们到处找,没有任何消息。"

"是不是去教会当修女去了?"陈麦南说。

戴沃伦和陈麦南同林老板告了别,就往粤东浸信会去了。戴沃伦记得在罗神父那里遇到过一个叫洪秀全的年轻人,也是满口胡言乱语,讲的话也全是天父天国妖魔鬼怪的,心想,也许罗神父知道些什么。

两人来到浸信会,才发现教堂已经被烧成了灰烬,几条没有烧尽的木头黑乎乎地乱叠在一起,地上还有些砖瓦,以前的粤东浸信会,没有任何踪迹。

戴沃伦和陈麦南就在附近挨家挨户地敲门,询问罗神父的去处,没有一人知道,一条巷子的门都快敲遍了,终于有一个人家告诉他们说,罗神父被一个教友接走,暂住在那个教友的家中。

几经周折,他们来到罗神父住的地方。罗神父还是穿着那套中式马褂,头戴瓜皮帽。戴沃伦问罗神父:"我们去教堂,发现全部被毁了,究竟发生了什么事?"

"前几天一帮人过来,先是打砸抢,把教堂里任何值钱的东西都抢了。后来索性一把火烧掉了教会。有些人还想杀我,幸亏有几个教友保护,说服他们手下留情,我才保住了一条命。"

"官府也不管管?"陈麦南问。

"官府?都不知道跑到哪儿去了。他们还把我们水上教会的船凿出个洞来,把船给沉了。还好有教友的帮助,能让我在这里临时住段时间。"

"没有了教会,那你以后怎么办?"陈麦南又问道。

"我还会在广州继续传教。我想,用不了多久,我会在原来的地方再建一座教堂,新的教堂将会更大、更好、更坚固。他们可以毁掉教堂,但是教友们的信念无法摧毁,只要信念在,我们还会建起新的教堂。到时候,也邀请你们来我的教堂礼拜。"

"罗神父,你知道香玫去了哪里?"戴沃伦问。

"我不知道。前几天她来找过我,但没有说什么。她怎么了?"显然罗神父也并不清楚香玫的去向。

"香玫不见了,谁都找不到。我们猜想或许你会知道她去了哪里。"戴沃伦失望地说。

"我真不知道,我也是从你这里才知道香玫不见了。"罗神父说。

"那你知道洪秀全在哪里?"

"我哪会知道?官府在捉拿他,说他在做些蛊惑人心、犯上作乱的事。我听说他在到处传教,自称是基督的弟弟,擅自给人受洗,已经聚集了一帮信众。"

戴沃伦见问不出什么,就只好同陈麦南失望地离开了。

从此,洪香玫就这样消失得无影无踪,没有任何人知道她的消息。

自从林则徐来了之后,广州所发生的一系列事情,让伍浩官的日子非常不好过。中国同国外的贸易基本停滞,外贸是伍浩官的主要业务,占了怡和行收入的大头。如今,产出的大量茶叶销售不到国外,只能在国内低价倾销,让怡和行损失巨大。伍浩官家大业大,要养活那么多工人和资产,即使是世界首富,时间长的话,也经不住折腾。

伍家的产业平时由伍绍光打理,但是重大事情,还是要由伍浩官来决定。伍家最近生意不好,伍绍光三日两头地往他老爹处跑。这天,伍绍光又来到伍浩官的住处。怡和行最近的资金周转有点紧张,外面局势千变万化,伍绍光心里没底,需要父亲帮他判断一下。

见伍绍光进来,伍浩官问道:"绍光,外面有什么新的情况?"

"英国人打了几通炮之后,钦差大臣同意和英国人谈判。但是外面局势还是很乱,乱民们仍然在打砸抢,放火杀人的事也时有发生。我们有几个茶庄也被抢了,我现在让人在清点损失。"

"茶庄被抢,问题不大,茶树只要不死,总会长出新叶来的,只要不打仗了,就是好事。过一阵官府会来维持秩序的,到那时,同洋人的生意还是会继续做下去。"

"父亲,我们最近的银两有点紧,如果这种情况再继续下去,看来我们需要卖掉点资产了。"伍绍光忧心忡忡地说。

"我觉得局势不会更糟了,只要我们熬过去这一阵子,问题应该不会太大。"

"父亲为什么这么说呢?"

"你想吧,英国人已经打败了大清的军队,剩下的事情就是谈判了。谈判嘛,英国人想要的是什么?英国人想要的就是同我们做贸易。要做贸易,十三行不就是专门做贸易的吗?我们怡和行又是十三行之首。所以,一旦贸易重启,这个贸易额会更大,我们一切问题就会迎刃而解,我们要有点耐心,也要有点信心,这个时候,尤其不能轻易卖资产。"

"父亲您说的的确在理。"

"另外,你还记得那个约翰·福布斯,对吧?就是以前给我做行政助理的那个美国人。他回美国后来信,说想要扩大投资,修建美国大陆铁路,他已经投资建了些铁路,芝加哥附近的铁路是他建的,但美国地大,需要到处建,最近美国想要修建从东部到西部的大陆铁路,他没有太多的资金,我就给了他一笔钱,一

方面是帮帮他,另一方面,我们也可以转移部分资产到美国去。铁路的回报还是很高的。"

"父亲您这个决定非常英明,我们也可以分散风险。在中国做生意,风险实在太大。当时福布斯走的时候,我就给过他一笔钱去投资铁路。"

"是啊。以最坏的打算,即使我们中国的业务再不好,我们也有一笔钱在美国可以用,至少伍家后人生活可以有着落,不用为生计而发愁。"

正当两人在那里聊着的时候,有仆人来报,说两广总督有要事商量,未经通报,已经到了府上。伍浩官一听,连忙站起身来,和伍绍光一道去前厅会见两广总督。

两广总督官位从一品,比伍浩官买来的三品高两级。前任两广总督邓廷桢的儿子做生意,还私贩鸦片,平时生意同怡和行有许多交集,和伍绍光很熟。因为儿子生意上的关系,两个父亲之间自然也就比较熟悉。林则徐到广州禁烟,邓廷桢积极配合,两人却都被皇上撤职,先后发配到新疆。

今天来的这位,是邓廷桢的后任,他的到来,完全出乎伍浩官的意料。

"浩官先生啊,我今天专门过来看你,也和你交流一下对当前时局的看法。"两广总督一见伍浩官爷儿俩就说。

"大人今天光临寒舍,小人不胜荣幸。不知大人今天不辞辛劳有何见教?"

伍浩官迫切地看着这位大人。他和这个两广总督并不熟,不知道这位大人今天为什么突然亲自光临他这位官阶低好几层的商人府邸。

"钦差琦善大人体恤百姓,果断决定停战,实在是广州人民的福啊。作为两广地区的最高地方官,我对钦差大人的英明决定坚决支持。广州百姓又可以过上和平繁荣的日子,浩官先生以后不但能继续做你的生意,而且生意会越做越大。"两广总督说。

"是的,是的,打仗毕竟不是好事情。我们做生意的,就怕打仗。现在仗不打了,十三行可以恢复营业,也是国家之福嘛。"伍浩官心里犯嘀咕,难道这些就是堂堂两广总督今天来要告诉他的吗?

"今天我来告诉你一个消息,虽然还没有正式通告,但我特意先来向你透露一下。"两广总督停顿了一下,两眼扫了一下伍浩官。

"哦,是什么消息? 大人请明示。"

"钦差大人和英国人签署了《广州合约》,正式停战了。当然合约中主要的条例细节,还需要经过谈判,最后经由皇上御批才能成为条约。中英双方同意在南京继续谈判,以《广州合约》作为谈判的基准。"

"合约上怎么说的?"

伍浩官知道官府和英国人为了广州停战一事在谈判,但是合约已经签署的事,他还是第一次听见,他非常想知道和约的内容。

"无非割地赔款。中国积弱积贫,将无可用,兵无可使,洋人船坚炮利,无往不克,无坚不摧。这仗没法打。这合约简直就是城下之盟啊,英人欺人太甚,但我们不想签,也不得不签。"

"这种丧权辱国的合约皇上会同意吗?"

"我估计,皇上也只好同意。如果不签,英人军舰北上,皇城震动,动摇国之根本,实在是无奈之举啊。"

"合约要点有哪些?"伍浩官问道。

"一是获得最惠国待遇,关税由中英双方商议拟定,一经拟定,不得任意擅改,海关官员由英人派遣,监督关税征收的情况,以防止大清海关官员的贪污侵权的行为。二是英人在华有治外法权,不受中国法律监治,只受本国法律,也就是英国法律的制裁。"

"这么说来,洋人在中国犯罪,按洋律审判?"伍浩官插嘴。

"是。洋人不信任我国的律法体系,说我国的律法体系不透明,暗箱操作,任意更改法律规则,导致司法不公。"

"这是在侵犯我大清国的主权,那以后洋人在我大清国不就可以无法无天了?"伍浩官气愤地说。

"三是以后公文皆以平行文书,就是中文、英文各写一遍。"

"真是岂有此理,蛮夷尽然想和我天朝平起平坐。"伍绍光不屑地说。

"四是允许英人学习中文,可以在开放城市开设医院、教堂。"

伍浩官倒吸一口冷气:"英人学习中文倒没什么问题,开设医院、教堂这招很毒,洋人是想彻底改变我大中华的根本,让我国人民也去跟着拜拜那个叫基督的大胡子洋人,这是想从骨子里改变我们。"

"浩官先生看得一针见血。第五项,就是关于开放城市这一点,同意五口通关,即广州、厦门、福州、宁波和上海作为开放城市,这五个城市一律平等,可同外国自由通贸,广州不再是唯一通关,并且割让香港岛。"

"那十三行呢? 其他通关城市是否也沿用十三行制度?"伍浩官的心都提到了嗓子口,这是他最关心的事。

"英国人坚持取消十三行的通贸制度,坚决要求开放通贸,以后任何人都可以同洋人进行自由贸易,不需要通贸的牌照。也就是说,十三行通贸制度会被废除掉。"

伍浩官拿着茶杯盖的手一阵发抖,杯盖一下子滚落在地,砸得粉碎。茶杯

里的水溢了出来,滚烫的茶水烫得伍浩官直咬牙,他的手一松,茶杯也掉到地上砸碎,茶叶和水洒落一地。

"大人受惊,浩官有所冒犯,不慎烫水烫到了手。"伍浩官试图掩饰住心里的慌乱。

"浩官先生,你要准备一下啊。一旦条约生效,以后通贸再也不需要牌照,十三行就不再有特权了。"

这话听在伍浩官和伍绍光父子俩的耳朵里,就像在身上挖了块肉一样痛。

"那赔款呢?"伍浩官问。

"根据合约,中国将先向英人赔偿六百三十万两银子,相当于广州的赎城费。这也是钦差大人让我今天来找你的原因。"

"请讲。不知浩官我可以帮什么忙?"

"国家有难,匹夫有责。国人必须通力合作,共度时艰。作为商界翘楚的十三行受惠于朝廷,得益于国家,如果没有朝廷的鼎力相助,也不会有十三行的现在,今日赔款一事,十三行理应做个表率,尽微薄之力。所以,钦差大人让我转告浩官先生,怡和行作为十三行之首,就带头捐个一百万两银子吧?"

伍浩官心里是一百万个不愿意,但口头上却一口答应下来,他清楚得很,这就是总督大人今天来的真实目的,他不想答应,也必须得答应。他说:

"当然,当然。国家两字,国字为先,后才有家。国家有难,哪能顾得上小家?浩官虽然也是处境困难,举步维艰,但是比起国家的困难,浩官再大的困难,都不算什么。再说了,浩官受惠于朝廷那么多年,捐一百万两银子也是理所当然的事。"

"那就好。浩官先生忧国忧民之心,敢为天下先之行实在令人钦佩啊!只要浩官先生带头,就不怕其他行不捐。只要十三行出手,这六百多万两银子,钦差大人就再也不用犯愁了。我回头和钦差大人说说,钦差大人一定会感激褒奖浩官先生的。"

"哪里哪里,此是理所当然之事,哪里值得感激褒奖。只是……只是……浩官还有一个小小的请求。"伍浩官小心翼翼地说道。

"请讲。"

伍浩官犹豫片刻,还是决定趁此机会说了出来:"浩官年岁已高,怡和行琐事繁多,平常虽有绍光打理,但浩官依然心力疲惫,不胜其烦。浩官希望将怡和行全数交给绍光,不再过问,就此退休,颐养天年,也可满足平生愿望,走访各名山大川,不知准否?"

两广总督沉思了好一阵,房间里一片安静,伍浩官的手抚摸着椅子把,忐忑不安地看着总督大人。终于,两广总督咳嗽了一声,开了口。

"我看不妥。现在战争刚刚结束,百废待兴,世事艰难,人心惶惶,国家急需银两,有浩官先生在,商行自然能安心,有信心。你要是退了休,其他行的掌门也会跟进,也会提出退休的请求,这在国内国外影响太大,会影响广东的商业,也会影响同外商的通贸。退休一事,万万不行,即使我同意了,钦差大人也决不会准,还是不提罢了。浩官先生,你看如何?"

见两广总督如此之说,伍浩官只好作罢。

两广总督告辞之后,伍浩官和伍绍光父子俩垂头丧气,相向而视,大眼瞪小眼,沉默了半天。伍绍光先打破沉默。

"父亲,一百万两银子,不是小数目啊。我们现在资金非常紧张,从哪里去筹一百万两?"

"确实不是个小数目,但这只是个短期的问题,我并不担心这一百万两银子,我更担心的是五口通关后的自由贸易,与外商通贸再也不需要牌照,十三行没有了特权,那才是长期的风险,是我们的命门。"

"但是我们得想办法如何渡过这个短期的关口,对吧?"

"我们没有任何选择。官府可以让我们飞黄腾达,也可以让我们瞬间灰飞烟灭,这就是现实。让我们捐,我们只能认领。你去整理一下我们的资产,看来也不得不如此,我们需要卖掉一批茶场才能凑齐一百万两。"

"茶场是我们的核心资产,卖掉太可惜了。去票号借如何?"

"现在大家都缺银子,加上五口通关后,我们的牌照不再有任何价值,我估计利息会很高。趁现在茶场还有点价值,先卖掉一批也好。"

1842 年,中国和英国签署《南京条约》,第一次鸦片战争以中国惨败而告终,中国从此被迫卷入全球化的大潮,一个千年巨人的自信,在这场大潮当中,就像是被冲上沙滩的海水,消失得无影无踪。

《南京条约》签署之后,伍浩官大病一场,从此再也没有恢复过来,一年之后便魂归西天。一代商界枭雄,从此走入历史。伍家也开始走向没落,伍氏后人最终散落全球,回归平凡。有道是:"旧时王谢堂前燕,飞入寻常百姓家。"

五口通关,自由贸易,十三行的光芒褪色殆尽,广州再也不是以前的广州,上海开始强势崛起。在广州商海曾经叱咤风云的西方人大批迁徙他处,不是迁往上海,就是定居香港,还有一些,离开广州回到他们的祖国。

戴沃伦和楼爱波决定回到美国发展。还是在黄埔港,差不多十年前,他俩在这里上岸,当时他们是身无分文的"广漂"青年,今天,他们是腰缠万贯的百万

富翁。还是那艘"中国皇后号",停泊在港口,在等待着下一批货和人,把他们运回美国。码头又恢复了车水马龙的景象,钦命粤海关的大旗依然在海关大院上空飘扬,渣甸洋行和怡和行的两栋三层小楼在他们的身后,当年来的时候,戴沃伦甚至不知道怡和行是做什么的,而在这十年当中,戴沃伦和楼爱波在广州的经历,同伍浩官的怡和行息息相关。

陈麦南赶到港口来送他们。平时他们无话不说,好像有说不完的话,今天,似乎要说的话都已经说完了,三人站那里不知说些什么,相向而站,场面显得有点尴尬。

为了减缓尴尬的气氛,还是戴沃伦先开口,打破了沉默。

"麦克,你跟我们去纽约吧?"

"我才不去呢,那里没好吃的。"陈麦南回答。

"你做呀,你可以开个餐馆嘛,想吃什么好东西,就做什么好东西。你要是开个餐馆,我天天去吃。"楼爱波说。

"我也天天去。"戴沃伦也说。

"真的? 那我就做楼先生最爱喝的鱼翅鲍鱼汤,还做沃伦爱吃的鸡仔饼。"陈麦南说。

"我和爱波回去后会做些投资,一定会认识纽约很多人,我们设法让全纽约的人来你餐馆吃你做的中国餐,你可以挣很多钱。"

戴沃伦说着,他觉得眼睛有点潮湿,鼻头感觉酸酸的,便举头看着钦命粤海关的大旗,想让风把潮湿的眼睛吹干。为了控制自己的情绪,转移自己的注意力,他突然说了句不相关的话:

"还是这面大旗,十年前也在这里。以前这里是王发丹大人管,也不知道他去了北方城市当官当得怎么样了。"

陈麦南苦笑了一下,抬头看了看"中国皇后号"。

"我没法去,我也不想去纽约,老婆孩子,亲戚朋友都在这里,我的根在这里。不管怎么样,这片地方是我的家。"

又是一阵沉默。

"那你要来纽约看我们。"终于,楼爱波说了一句。

"我看机会吧。你们也要经常回来这里,否则我会寂寞的。"陈麦南说。

"我应该还会回来的,这是让我淘到第一桶金的地方。十年哪,弹指一挥间。"戴沃伦不禁感慨。

"你们在广州还有什么事需要我去做的?"陈麦南问。

"你能继续帮我打听香玫的消息吗?"戴沃伦说。

陈麦南叹了口气。

"沃伦,你就忘掉香玫吧。已经找了那么长时间,你找,林老板也在找。这个兵荒马乱的世界,说不定早死了,或者早嫁给了什么人,生了一大群娃过上了日子。我劝你啊,别再去找人家香玫,没啥意思。回到纽约赶紧找个好人家的女孩娶了,生一大帮孩子,这才是正事。"陈麦南说。

"你要有机会还是帮我找找,好吗?"戴沃伦带着恳求的口吻。

"好吧。我会的。"陈麦南只好说。

"这里还有什么遗憾的吗?"楼爱波问戴沃伦。

"在广州? 查尔斯应该为他所做的付出代价,遗憾到现在还没有机会。不过,我相信终会有那么一天,他会的。"戴沃伦说。

"他会的。"陈麦南也肯定地说。

"中国皇后号"拉响了汽笛,三人再一次相互拥抱,随后戴沃伦和楼爱波转身登上了船。十年前他们一同来广州,今天他们又一起回纽约,同样坐着"中国皇后号"。他们站在船沿朝陈麦南挥了挥手,看着船离港口越来越远,直到再也看不见。

回到纽约

整整十年之后,戴沃伦回到了纽约市。十年里,戴沃伦发生了巨大变化,他不在的十年间,这座城市也发生了天翻地覆的变化。重新踏上这座既熟悉又陌生的城市,戴沃伦有一种恍若隔世的感觉。

自从戴沃伦离开之后,纽约经历过一场大火,大火把整个金融区全部烧毁,那是一个寒冬,冰雪很厚,消防员无法在密集的建筑中抢救,最后只好在外围拆掉一圈房子,形成一片防护带,让火区的木质建筑全部烧完,火才自己灭掉。火灾之后重建,纽约市大兴土木,整个金融区完全重新规划建造,为减少火灾的可能,新建的房子用花岗岩砌成,宏伟壮观。

金融区的重建需要大量劳工,这就吸引了大批外国移民的到来,首先来到的是爱尔兰移民,这些移民因为比较贫困,成为重建纽约市的主要劳力。大量移民的到来,又导致住房紧张,基础设施不堪重负,帮派匪徒街头犯罪不断。为了安顿新来的移民,纽约市到处开工,建筑住宅,整个城市就像一个巨大无比的

大工地。充裕的工作机会,又吸引着大批移民的涌入。纽约就这样进入房地产高速发展的上升道。

戴沃伦回到纽约看到的就是这样一幅景象,以前的路名有的还在,有的毫无踪影,城里冒出了许多以前听都没有听说过的路名,还有很多新的建筑。纽约,到处是一片欣欣向荣、朝气蓬勃的样子。

戴沃伦在纽约城中的富人区买了套房子,房子是由花岗岩砌造而成,三层楼,门口一排四根罗马柱顶住屋顶,非常气派。他一个人住那么大的房子,显然有点太奢侈,但戴沃伦承担得起,更重要的是,那个年代,作为上层社会绅士的重要标志,必须要有一个好的家庭、一个出身高贵的太太和一大帮孩子,要有这些,一个大房子是基本的。戴沃伦需要一个大的房子。

在纽约的日子过得很快,既稳定又无聊。戴沃伦的财务已经完全自由,不必为以后的日子操心,他日常所做的事情,就是理理财,投投资,参加各种社交活动,过得十分平淡,平淡到连昨天做了什么事情都记不得,即使记得,也都是些鸡毛蒜皮的小事。有时候这种生活会让他觉得有点窒息,让他有点怀念在广州的日子,但戴沃伦转念又想:在纽约,大家不都是在过着这种生活吗?

一年一度的圣诞节到了,楼爱波和他太太决定在家里举办圣诞晚会,由于是回到纽约后第一年,因此办得特别盛大,几乎邀请了全纽约的商界翘楚和社会名流。戴沃伦自然在邀请之列。说起这位楼太太,还是楼爱波在广州时,趁着返回纽约出差的机会认识的。

在楼宅巨大的客厅里,绅士们穿着燕尾服,里面笔挺的白底衬衫,系着黑色的领结,个个神采飞扬;女士们着各色晚礼服,将上身收得如此之紧,看上去都感觉喘不过气来,下面大大裙摆散开去,让男人们只有深深鞠躬将身体前倾才能轻吻到她们的手背。众人手拿酒杯互相寒暄,这边一群,那边一撮,在这里,各种交易就在不经意的碰杯之中完成了。这是纽约社交界常见的景象。

几个聚在一起闲聊的淑女,看见戴沃伦走进来,马上停住了有关纽约市的八卦,眼睛齐刷刷地朝戴沃伦那里扫了过去。

"这是谁?好一个帅哥。"其中一个问。

"好像是新来的。"

"南卡罗莱纳州来的土包子?"

"看他的穿着,不像是从乡下来的。"

"他不是土包子,听说是刚从广州回来的。"

"广州?"

"在中国的广州。"

"噢,那可是个好地方啊,那里可富了。"

"他好像以前在广州的大洋行里做高级合伙人,做了好多年,是最近才搬回纽约的,估计钱挣够了。"

"对,听说他是个百万富翁呢。"

"噢,百万富翁啊!"

"还是单身。钻石王老五。"

"噢,真的? 你们谁认识他? 给介绍一下。"

"怎么,你想钓这条大鱼?"

"谁不想啊? 我当然想。"

"好像楼先生同他很熟,他们以前都在广州待了很长时间。找楼先生啊,让他介绍一下。"

戴沃伦到得比较晚,他站在入口处,放眼看去,楼家大厅里人头攒动。虽然他参加过一些纽约的社交活动,但从来没有见过那么多人,好像大部分人他都不认识,正在那里犹豫,决定该往哪里去和人说话,正在这时候,楼爱波看到了戴沃伦。

"沃伦,你总算来了,我还以为你不来了呢。"

戴沃伦给了楼爱波一个熊抱。

"你见过我太太的,对吧?"楼爱波指着边上的一个女人问戴沃伦。

"当然。你好,楼太太。"戴沃伦捧起楼太太的手轻轻吻了一下。

"沃伦,今天怎么没带个姑娘过来? 还是一个人?"楼太太问道。

"是,楼太太,我还是一个人。"

"你还等什么呢? 你年龄不小了,需要赶紧找个姑娘结婚。"楼太太追问道。

"我也想啊,但找老婆哪有这么容易?"戴沃伦回答。

"爱波,我们得努力一下,帮沃伦找个好人家的姑娘。"楼太太说。

"沃伦,你是不是还只想着香玫? 我劝你就忘了你的玫姐吧。你在美国,在这个城市,这个城市叫纽约,更确切一点,这里是曼哈顿。香玫呢,天晓得在哪里。还是现实一点,你看,这里那么多年轻漂亮的姑娘,现成的,就在眼前,看得见摸得着,都是好人家的,你多金又年轻,还有国外大洋行做事的经历,这些姑娘随你挑。还不过去找几个聊聊,逗逗她们?"楼爱波说。

"我会的,我没有只想着香玫,那已经是过去的事情了。你最近怎么样呢?"戴沃伦答道。

"我最近买了两条船。一条取名叫浩官,另一条叫罗素。用来纪念我们这个时代两个最伟大的商人。"

"想做内陆还是海外贸易?"戴沃伦问。

"当然是海外的,尤其中美之间的贸易。过一段时间你有空,到我的码头来看看,那里我还买了一个仓库。"

"看来你是想认真做航运的,我记得当年去广州时你就说过要买大船。我一定要去看看你的船。"

两人在聊着生意上的事情,这时,楼太太走了过来,一把拉起戴沃伦的手,领着他来到了一对中年夫妇面前。

"法官大人和夫人,这位是戴沃伦先生,从中国广州回来,曾经是旗昌洋行的首席运营官。"楼太太然后转向戴沃伦,"这位是麻省首席法官大人和他的夫人。这位是他们的女儿凯瑟琳。"

站在法官边上的是一位年轻女人,看上去二十岁不到,长得非常漂亮。戴沃伦分别捧起法官夫人和凯瑟琳的手轻轻吻了一下。

"戴沃伦先生,你在中国广州是做什么的?"法官问道。

"法官大人,旗昌洋行做的是中美之间的贸易,比如茶叶、瓷器、丝绸等。楼先生和我一起做的。"

"那应该很挣钱的。"法官夫人说。

"是,我们的利润很高。"戴沃伦回答。

"为什么回纽约不做了?"法官问道。

"我在广州待了快十年,十年是很长的时间,该回家了。"

"人们都说广州很富,是个人到了那里都能发财。那里是不是很富?"法官问道。

"确实很富,你想,所有和中国的贸易都只能通过广州来做,中国这么大,全世界和中国做生意就这么一个通道,这个城市当然可以坐地收钱啦。"

"难怪你们从那里回来都成了百万富翁。"法官夫人说。

这时,楼爱波走了过来。

"法官大人和夫人,很高兴又见到你们。戴沃伦先生是我很好的朋友,我们在广州同甘共苦,一起奋斗。在那里快有十年,那是很长的一段时间。"

戴沃伦朝凯瑟琳稍微弯了下腰,说:

"凯瑟琳小姐,我能有幸和你跳一场舞吗?"说完,戴沃伦转过头,又对法官夫妇说,"不知是否许可?"

法官夫妇点头。戴沃伦牵着凯瑟琳下到了人群中间跳起了舞。

戴沃伦终于有空到码头上去转转。这天,在楼爱波的陪同下,戴沃伦先看了他买的仓库。楼爱波的仓库紧邻着码头,仓库很大,足有两个足球场那么大小,里面堆放着包装好的待运货物。

看完仓库,两人从仓库走了出来,来到了码头上。这里就是当年戴沃伦和楼爱波离开纽约去广州的码头,码头边上停靠着很多轮船,现在的船比当年他们乘坐的"中国皇后号"要大许多,岸上到处堆放着各种准备装卸的货物。两人就沿着岸边,在堆放着货物的空间里慢慢穿行。

两人在一艘上面写着"浩官"字样的船边上停住。

"这是'浩官号'。我的另一艘船'罗素号'已经出海,正在从广州回纽约的路上。"

"这船比我们当年坐的要大多了。"戴沃伦说。

"是。不但大,而且快。记得我们当年要近半年的时间才到中国,现在的船只要两个多月就可以到广州了,算上在各码头停靠的时间,也就三个月左右,也就是说,半年就可以从纽约到中国一个来回。我这两艘船是目前市面上最快的。所以我就可以让别人先选茶叶,我最后选,这样茶叶的价格比较便宜,但即使我是最后选茶的一个,我的船因为速度快,到纽约的时间,比别人还会快两三天,最早到的茶叶可以比别人卖更高的价格。因此,我的茶叶成本比别人的低,价格反而卖得比别人更高。"楼爱波对他的船显得非常自豪,做船运是他多年的梦想,当年坐"中国皇后号"去广州时,他就已经有这个想法,现在,他是两艘最快最大的船的主人,当然志满意得。

"你还是从好望角走?"

"是。船会到土耳其停一下,在那里载上鸦片,然后再运往中国,停靠的港口有时候是广州,有时候是厦门,或者上海。不像以前,只能去广州。"

"听说大家现在都往上海跑,旗昌洋行好像也要搬到那里去。"

"我也听说了,自从中国开放五口通商之后,大家都把商务中心移到了上海。你给我讲讲你和凯瑟琳结婚后的生活吧。"楼爱波问。

"也就是平淡的生活,没有什么特别的,凯瑟琳怀孕了。我在纽约外面买了一片地,有四百亩多的样子,在哈德逊河谷,离城中心五十公里左右。现在正在那里建房子。以后请你去玩。"

"那太远了吧?"

"是有点远。不过,我正在修一条铁路,从城里直接到我家门口,我以后可以开火车到纽约城里上班。你也可以坐火车来我家玩。"

"沃伦,你也太牛了,坐专列上班哪。"

"凯瑟琳喜欢孩子,她想要生一大帮,我想城里太挤,养孩子需要很大的空间,没办法,就只好跑远一点。"

　　"最近做些什么生意?"楼爱波问道。

　　"我就做些投资,主要买些铁路、银行和保险公司的股票。"

　　"我不懂股票,所以从来不买。你为什么会买这些公司的股票?"

　　"你想吧,现在从欧洲那么多移民过来,纽约变得越来越挤,很多人都搬出去,跑其他地方,而且还跑得越来越远,这些人要住房,需要向银行借钱,借了钱才能建房子,肯定还会买保险的,那么远的路,自然要坐火车。铁路可是新东西,以后会成为人们的主要交通工具,大家以后都是坐火车工作。这些公司的分红都不错,我只要吃吃分红就够了。"

　　"听起来很有道理。走,我带你上'浩官号'去看看。"

第四章

重返广州

钱消财散

时间过得很快，一晃就到了 1857 年。

秋天的哈德逊河谷是五彩缤纷的，蓝天白云下，渐渐变红的枫叶配上碧绿的草坪，野兔子、小松鼠和鸟叫声，让戴沃伦的爱阁娜庄园就像一个在诗情画意里的世外桃源。

在爱阁娜豪宅的二楼书房里，戴沃伦站在窗口，看着他的六个孩子在后院的草坪上玩。时间已经在戴沃伦的脸上刻出了痕迹，虽然他的身材保持得还算不错，但肚子已经不再像以前那样收紧，微微地有点凸出。

凯瑟琳抱着一个婴儿走到戴沃伦身边："沃伦，后悔了吗？七个孩子的爸。"

"怎么会后悔呢？我是世界上最幸福的男人。老婆漂亮贤惠，七个孩子个个聪明健康，茁壮成长。我还会有什么其他的要求呢？"

戴沃伦亲吻了妻子和她怀里抱着的婴儿。这时，一个三四岁的小女孩跑了进来。

"爸爸，你跟我读书好吗？"女儿抱住戴沃伦的腿，撒着娇。

"莎拉，你怎么不在外面玩了？你的哥哥姐姐们玩得那么开心。"戴沃伦连忙把莎拉抱了起来，指着窗外问。

"我不想玩了，我想听你给我读书。"莎拉说。

"好吧，我来找本书。"

戴沃伦找了本书，抱着莎拉坐在沙发里，戴沃伦用手指着书，读了起来，莎拉坐在戴沃伦的腿上，安静地听着。凯瑟琳抱着婴儿，看着丈夫和女儿读书的样子，脸上不禁露出幸福的微笑。

一个仆人进来，告诉戴沃伦，助理有要事找他，正在楼下会客室里等着。戴沃伦的助理从纽约市里专门坐火车跑来，一定有什么重要事情。戴沃伦只好抱歉地对莎拉说："莎拉，我有要事去一下，你先在这儿自己读，等一下我回来再读给你听。"

戴沃伦一边说着，一边把莎拉放在沙发上，把书递到她手上，莎拉虽然不情愿，但知道父亲有要事，只好自己看起了书。戴沃伦站了起来，跟着仆人下了楼去。

一进楼下的会客室,戴沃伦的助手就迎了上来,递给他一份报纸。戴沃伦只是匆匆看了一眼,脸马上阴沉下来,他拿着报纸又细细地读了一遍,把报纸往桌上一扔,一屁股坐在了椅子里,用手撑着下巴,看着窗外。他的助手不知如何是好,只好静静地在一旁站着,看着戴沃伦,等候他的说话。

　　许久,戴沃伦才缓缓地开了口:"俄亥俄人寿保险和信托公司就这样破产了?"

　　"是,戴沃伦先生。您是最大的股东。"助理小心翼翼地回答。

　　"银行的情况如何?"

　　"不妙。人们都在银行外排队提钱,已经有好几家银行的高管跑路了。其中有几家是您投的银行。"助理说。

　　"铁路呢?"

　　"我们公司投的几家铁路公司全部破产,一分钱都拿不回来。我们现在才知道,这些铁路公司其实根本就没有在建铁路,而是拿了投资人的钱去做贷款,放钱给其他铁路公司或者在做其他事情。"

　　"政府会做什么事?"戴沃伦问。

　　助理摇摇头。

　　戴沃伦沉默了,他明白事态的严重性,心里异常焦虑和不安,但他又不愿在助理面前显示出来。良久,他说:"告诉我怎么会变成这样的! 本来一切都是好好的。"

　　"从巴拿马起航的'SS中美洲号'船,在南卡罗莱纳州外海遭到二级飓风而沉没,船上装的十四吨纯金,四百二十五名乘客和船员全部沉入海底。另外,有很多传闻,说加利福尼亚那边的金矿,含金量其实并没有说的那么高。老百姓原本就非常焦虑,'SS中美洲号'船沉没的消息传来之后,他们全跑到银行和保险公司提现,在银行和保险公司门口排队提现的队伍,越来越长,有几家银行和保险公司无法兑现,只好宣布破产关门,我们也和英国一样,陷入了金融危机。"

　　"我们还有哪些公司的股票可以抛掉?"戴沃伦问。

　　助理微微摇了摇头,戴沃伦明白了,轻轻叹了口气,说:"既然已经发生了,也没有什么办法。"

　　他知道让助理留在这里也于事无补,就让助理回纽约去,自己陷入沉思之中,他意识到,他的财产就这样瞬间烟消云散,虽然之前已经有些预感,知道市场状况不妙,但是因为钱都套在这些公司里,着急也没有用,只好在心里悄悄祈祷,希望最坏的情况不会发生,现在,最不愿意看见的结果,就这样实实在在地摆在了眼前。

凯瑟琳走进了会客室。

"沃伦,是什么急事,他专门从纽约跑来告诉你?"

"没什么事。"

戴沃伦怕凯瑟琳担忧,想瞒着她。

"要没事的话,你助理不会专门跑来这里的。肯定有什么大事。"

戴沃伦见瞒不住,就抬起头,看着自己的妻子,脸上有一种难以表述的歉疚,他不知道如何同凯瑟琳说明目前的状态,但不说又不是个办法。犹豫半晌,终于说出了口:"凯瑟琳,我们破产了。"

"什么?"凯瑟琳不明白。

"我们破产了,钱都丢光了。我们现在只剩下爱阁娜庄园。"戴沃伦又重复了一遍。

"怎么会?"

凯瑟琳惊讶地张大了嘴,但看戴沃伦的样子,又不像是在开玩笑,瞬间,凯瑟琳的眼泪哗哗地落了下来,她双手捂着眼睛,试图控制住眼泪。

"美国现在发生了金融危机,和英国一样。我们投资的银行、铁路和保险公司都破产了,我们所有的钱都在这些公司里,拿不回来了。"

"那我们怎么过日子啊?我们要养那么多孩子,总不能到大街上去吧。"凯瑟琳用手帕抹着眼睛,她非常担忧,神情极其沮丧,她从生下来就衣食无忧,从来没有经历过没有钱的日子,不知道没有钱的生活是怎么样的。

"不会的,你放心。我们结婚的时候我答应过你,让你过好日子,是我的责任,我不会让你过苦日子的。我一定想办法把钱再挣回来。"戴沃伦只好安慰凯瑟琳,虽然他也不知道如何做到。

"怎么挣回来?"凯瑟琳依然追着戴沃伦问。

"我现在还不清楚,实在万不得已,我可以再回广州做事情,对,再回广州。"

"去广州?"

广州对凯瑟琳是那么陌生,她只是从丈夫口中听说过广州,知道丈夫曾经在那里生活过很多年,但她从来没想过到广州去生活,也没想过让丈夫一人再次远赴广州,把她和七个孩子留在美国。但她也知道,戴沃伦现在也没什么办法,一定是承受了非常大的压力,再给他压力,只会于事无补,于是,她就在戴沃伦边上坐下,双臂搂住戴沃伦,在他脸上吻了一下,说:"沃伦,我知道你很着急,我也着急,但着急现在也没用。事情已经发生了,我们只好慢慢想办法,好吗?"

戴沃伦轮廓鲜明的脸上露出坚毅的神情,他看着妻子的眼睛,轻轻地说:"我一定有办法的。"

楼爱波从纽约城里来爱阁娜看戴沃伦,他已经获悉戴沃伦破产的消息,就专门从纽约跑来。两人沿着哈德逊河岸边的小道边走边聊着。

　　"爱波,你是怎么来的?"

　　"坐着你的火车过来的。"

　　戴沃伦苦笑了一下:"下次你来,也许你要坐着马车才能来这里,我不知道火车还能开多久。"

　　"沃伦,你现在有什么打算?"

　　"我准备回广州。已经决定了。"

　　"没有其他办法了?"

　　"我试图把爱阁娜卖掉,但现在大家都没钱,没有人愿意买。有人出很低的价格,这么低的价格,就没什么意思了。"戴沃伦回答。

　　"我虽然情况也不太好,但我可以先借你一点钱。或者你到我那里,和我一起做事,如何?"楼爱波建议说。

　　戴沃伦不想给楼爱波添麻烦,在他们的友谊当中掺杂金钱关系,是他最不愿意做的。

　　"谢谢你的好意。不过,我还是去广州吧,那里曾给我带来过好运,我相信那个地方还会重新给我带来财富。"

　　"你一个人去,还是带家人一起去?"楼爱波问道。

　　"我本来想一人去的,但把凯瑟琳和孩子们留在这里,我又不放心,就决定带她们一起去。相信只需要两年,我就可以把钱全部挣回来。"

　　"你准备到广州做什么呢?"

　　"还是我们的老本行。我在土耳其的关系都还在,去广州的路上,我会在土耳其停留一下,会会那里的老朋友,我敢肯定,靠我的那些老关系,我可以搞到价廉物美的鸦片。"

　　"你可以坐我的船去。我的两艘船都在海上,不过,'浩官号'船几周后就回来了。你们一家坐我的船,我绝对不会收你钱的。我们有二十多年的交情,这点事,你一定要给我这个机会,绝对不能拒绝。"

　　"那我就谢谢你了。我会准备一下,几周后就启程,再赴广州。"

重返广州

　　戴沃伦离开广州十五年之后,又重新在黄埔港登上了岸。第一次踏上这片土地的时候,单身一人两个小皮箱,那时候他是一个一文不值的美国小青年,到广州这个陌生的地方来寻找财富。今天他来到这里,他不再是单身一人,而是一大家子,十几个大皮箱,他是一个在广州获得了财富,在纽约丢失了财富,又重返故地,打算重拾荣光的中年男人。

　　广州变了许多,但码头还像以前那样,"钦命粤海关"的大旗还在码头上迎风飘扬,码头依然显得非常拥挤,现在码头上停靠的船,比当年戴沃伦第一次到广州的时候要大得多,许多大船因为太大,无法停靠码头,只能停在离码头很远的地方,上下货物和人员由小船接送,这些小船由八人划桨,每边四人,在水面上行驶时,颇像一只螃蟹在爬行,所以广州人称之为"蟹船"。码头上,许多"蟹船"在珠江上灵巧快速地穿梭,把人和物运到岸上。戴沃伦一家九口和十几个大皮箱就是从"浩官号"船上下来,再由"蟹船"运到码头的。

　　就在前一年,广州刚打过一场仗,在这场仗中,英国人炮轰广州,攻入内城,并且放火焚烧,大批民房被焚毁。所以戴沃伦到的时候,很多被战争毁坏的房子正在修建,到处是开工的景象,如同纽约一般。广州也建了许多新的西式房子,洋人们聚集在一个叫沙面的小岛上,这个小岛在珠江当中,为江水冲击堆沙而成,小岛面积不大,上面已经盖了大大小小不少的房子,许多新盖的房子都是西式建筑。戴沃伦就在沙面租了一套房子,让家人居住,为了不影响家人的生活,他在珠江北岸的玫瑰岗边缘租了几间房间作为公司办公之用,他给公司起名为"戴氏洋行"。

　　在广州安定下来后的第一件事情,就是去找陈麦南。上一次离开广州回纽约后,戴沃伦再也没有回过这里,陈麦南也没有去过纽约,所以他们俩一别就有十五年没有再见面,起初,两人还有书信往来,后来可能觉得也没有什么事情可说的,渐渐地通信也就断了。

　　戴沃伦知道陈麦南开了家餐馆,叫"杏花楼",这是家广州人都知道的餐馆,打听到地址并不难,戴沃伦拿着地址,就去了那里。杏花楼位于广州新城的热闹地段,晚上去那里,人头簇拥,摩肩接踵。杏花楼是两层楼的建筑,一层和二层都是宽大的大厅。戴沃伦在二层找了一个墙角的位置,要了两份小菜,一碗海鲜汤粉。侍者端上海鲜汤粉之后刚要离开,被戴沃伦叫住。

"你们老板叫陈麦南,对吧?"

"是的。"

"你帮我请陈老板来一下。"

"我们老板需要照顾很多客人,可能不会马上过来。客人有什么事我可以帮您,直接吩咐。"

"你就跟陈老板说,有一个多年前的老友求见,他一定马上来。"

侍者答应后走开了。

一会儿,陈麦南走了过来,他来到墙角,看到一个洋人正在埋头吃粉。就站在桌边轻轻说道:

"客人有何吩咐?"

只见那客人把粉碗往桌的中间推了一下,用布擦了擦嘴,一下从椅子上站了起来,侧过身来正对着陈麦南。陈麦南一下子愣住了:

"沃伦? 是你?"

戴沃伦双手一把抱住陈麦南:"是我,麦克,那么多年了。"

两人激动地拥抱起来。

"你怎么来广州了?"陈麦南问。

"只是想来看看你。"戴沃伦半开玩笑地说。

"别骗人了,你以为我不了解你。想来看我,为什么不早来,偏要等十五年后才来广州?"

"你说得也对。我在纽约破产没钱了。"

"怎么会? 你那么多钱,说你没钱了,谁信。"

"真的。美国发生了金融危机,我投资的银行、保险公司和铁路公司关门的关门,破产的破产,我也跟着破了产。"

"所以,没钱了才想到我?"

"本来没想回广州,以为我在纽约这样过过日子就完了。我这次回广州是想从头来过,继续卖鸦片,我在土耳其和中国的关系都还在。我想做两年,把钱全挣回来,两年时间应该差不多,我有信心,我把家人都带来了,她们在这里住上两年,我保证她们两年内回纽约。"戴沃伦说。

"现在鸦片不好卖了,你可能要做好多待几年的打算。"陈麦南听后说。

"为什么?"戴沃伦心里一紧,忙问道。

"鸦片在中国已经合法了。合法的东西,做的人就很多,所有人都可以做,

217

现在竞争太厉害了,利润低,不像我们以前,只有胆子大的才敢做,有点关系的才能做,利润高得让人不敢相信。你看现在,满大街的鸦片馆,到处都是烟土店,只要是个人,就能买卖鸦片,官府只是抽个烟土税,大家不需要再贿赂官员,人们可以买了烟土回家去抽。烟土来源地也很多,有印度的,阿富汗的,土耳其的,甚至还有土产的,云南的鸦片就卖得不错。你现在来广州再做鸦片的生意,恐怕不是那么容易。"

"我试试吧,我这次来广州的路上,去了趟土耳其,见了不少朋友,我可以从原产地直接进货,价格可以比市面价便宜许多,产品的质量还更好。我相信应该是会有市场的。"

"如果这样的话,你倒可以试试。不过,现在的市场是全国性的,不像以前主要在广州。你可能要跑其他城市,你要铺渠道,谈客户,会蛮辛苦的,而且你没有品牌,不像当初旗昌洋行,大家都听说过,戴沃伦这个名字,也许十五年前有人知道,但你离开中国已经那么多年了,很少有人还会记得你。"

"我知道这些困难,但是我没有其他挣钱的办法,我也没有什么特别的技能,只能干我的老本行做鸦片贸易。我相信我的能力。"

"我真钦佩你的决心和意志,千里迢迢来到中国从头开始,不是任何人都能像你这样的。"

"你怎么做起餐馆生意了?"戴沃伦问。

"你不是说我应该开家餐馆的吗?旗昌洋行搬到上海去,洋行给了我一个位子,让我去上海做事,我不愿意离开这里,谁愿意去上海那个鬼地方?我就辞了职,但我又没有其他更好的养家糊口的办法,就用在旗昌洋行挣到的钱,开了这家杏花楼,哪知道,开出来之后,还很受欢迎,这家可是现在广州最有名的餐馆,鱼翅鲍鱼汤是这里的镇馆之菜,很多客人都是慕名而来,专点这道鱼翅鲍鱼汤。现在我在广州有三家杏花楼,一年也可挣到不少银子,而且经常会有达官贵人过来用餐,因为这个,我还结交了不少官府里的人。现在的两广总督叶名琛叶大人,就经常到我这里喝鱼翅鲍鱼汤。"

"叶名琛?这个名字我好像听说过。"

"你应该见过,当年林大人禁烟,叶大人来过广州,当年他还只是一个中级官员,也许时间长你忘了。"

"我没有印象了。有件事我想问你,我不知道你愿不愿意,不过,我还是想问一声,你要不要过来帮我一起做?我一个人也需要个帮手,我们在一起做,一定可以挣不少钱的。"戴沃伦问道。

"我还是做我的餐馆吧。你看,我都这把年龄了,再去卖鸦片,还能卖得动吗？我就卖卖我的鱼翅鲍鱼汤算了。"

见陈麦南拒绝，戴沃伦心头一凉，但不愿罢休，心想，陈麦南不缺钱，他的餐馆那么挣钱，用钱是很难打动他的。

戴沃伦显示出灰心丧气的样子，说："麦克，我知道你不缺钱，但我很缺钱，我这次回到广州，就是想把我失去的钱全部重新挣回来。你目前的情况也确实如此，有三间大餐馆需要你照料，无法脱身。但是，没有你的帮助，我是无法在中国把业务做起来的，看来，我这次回广州，把丢失的钱全部挣回来的想法，不够实际，或许我应该拖家带口打道回府，回纽约算了。"

"别这样啊，沃伦。你来广州，我哪能不帮你的？这样吧，我这里安排一下，事实上，我也应该让我大儿子来独立经营，他已经二十多岁的人了，我像他这个年龄，早已跑了出去闯天下，我们的父母从来没有管过我们。但我们却老对孩子不放心。我过几天就去你那里，和你一起干。"

听陈麦南这么一说，戴沃伦非常高兴，脸上马上洋溢出一种自信的光芒。

"太好了，麦克，有你帮忙，我一定能在中国东山再起。哦，对了，说说几个老朋友的情况。"

"你想知道谁？"

"伍家怎么样了呢？"

"你知道，伍浩官早在第一次清英战争结束之后不久就过世了，现在伍家枝散叶落，在世界各地落地生根，北美、南洋都有伍家的人。伍绍光不知去了哪里，早就失去了联系。世界首富，到头来也就这么回事，一切归于平凡。"陈麦南说。

"其他老朋友呢？"

"郑一嫂，不对，石香姑前几年死了，她是在家里平平安安死的，寿终正寝，她的死没有引起任何轰动，人们都以为女大海盗早就被官府砍了头。"

"阿一？"

"阿一对查尔斯不满，早就离开了查尔斯的商行，投奔洪秀全的粤军，在打仗的时候被官府的兵打伤，后来就离开了洪秀全，据说去了福建做生意，但现在不知道情况如何，谁也不知道他跑哪里去了。"

"老朋友查尔斯呢？"

"这家伙保护措施很严，我几次想把他干掉，但接近不了，只好作罢。查尔斯还在做他的鸦片生意，广州鸦片市场基本是他的。我建议你把主要精力放在其他城市，那里查尔斯的控制比较弱，还有可能，总之，不要和查尔斯正面对着干。"

"林老板的沁云楼还在？"

"还在,林老板死后,他的儿子们都不愿意再做这生意,现在也不如以前了,去的人也越来越少。"

"等我忙过这阵,就去看看。"戴沃伦说。

"也没什么好看的了,那里的人你都不认识。你回美国去后,我还帮你四处打听洪香玫在哪里,但一直打听不到任何消息,时间一长,其他事情也多,渐渐地也就不再过问了。我想,这么多年,你一定也把她给忘了,对吧?"

戴沃伦笑了笑,没有回答。

"哎,沃伦。我让你见个人。"

"谁?"

陈麦南没有回答,起身走了。一会儿,陈麦南又走了回来。后面跟着一个中年男人,四十岁左右的样子,穿着朴素低调,双眼炯炯有神,气宇轩昂,身材微胖,脸圆圆的,乍一看,戴沃伦觉得似乎在哪里见过,但又想不起来。

陈麦南和那人在椅子上坐下,对戴沃伦说:"你还记得这位吗?他说认得你。"

戴沃伦摇摇头。那人却对戴沃伦说:"戴沃伦先生,我见过你。十几年前。"

戴沃伦有点疑惑。

"你是说十几年前在广州吗?"

"对。在罗孝全神父的教堂里,当时是和我兄长在一起。"那人说。

戴沃伦使劲想了一会儿,但还是一点印象都没有。陈麦南挪了下身子,看了看四周,凑近戴沃伦,一只手捂住嘴,压低声音说:"你还记得洪秀全吗?他现在搞大了,在天京建都,成立了太平天国,同朝廷对着干。这位是他的族弟洪仁玕。官府也在到处抓他。"

洪仁玕倒没有像陈麦南那样小心翼翼,笑了起来,大大方方地说:"陈先生不必紧张,太平军起自两广,广州人自然同情他们。戴沃伦先生,当时我还年少,在罗神父那里研习《圣经》,家兄也在。我在罗神父那里见过你。那么多年过去,你还是以前那个样子,没多少变化。"

戴沃伦这才想起,当年陪洪香玫去罗神父那里,曾经见过洪秀全,当时在旁边的确有位年轻人,因为讲话的都是洪秀全,就没有太注意旁边的那位青年,估计当年的这位年轻人就是眼前这位洪仁玕了。

"洪先生记忆力真好。我倒是还记得你兄长。你兄长当时总说他是基督的弟弟,天父认他为义子,所以对你兄长留下了深刻的印象。听说你兄长正在做一番轰轰烈烈的大事业,我在美国都已听说,报纸上都有说起你兄长。你怎么没有去找你兄长?"戴沃伦问。

"家兄起事之时,我也聚集族人乡亲在广东一起响应,可惜势单力薄,事败人散,后遭官府通缉,只好逃去香港,在那里学习《圣经》和西方政治经济学。家兄定都天京之后,我也曾到过上海,试图从那里去天京找家兄,后受阻而无法去得,无奈只好先回广州。"洪仁玕回答。

"他明天就走。"陈麦南说。

"去哪里?"戴沃伦不解地问。

"我明天启程,从陆地去天京,加入家兄,一起干一番轰轰烈烈的事业。"洪仁玕说。

"这一路一定非常艰辛,非常凶险,我听说还在打仗,而且陆路上盗匪遍地,比较危险。洪先生一定小心为是。"戴沃伦说。

"其实,越是看上去危险,说不定就是最安全的地方。我这次从香港来广州,就得到陈先生的很多帮助,这一路过去,还有很多朋友会给予照应,陈先生侠义,帮我联系了不少道上的朋友。我希望这次能够冲破满妖的层层阻遏,顺利到达天京,为家兄贡献菲薄之力。"

"好,那今晚就算我给你饯行吧。要知道,洪先生此去,干的是一件要掉脑袋的事啊!"陈麦南说。

"我已将生死置之度外,只想为家兄,为天国尽绵薄之力。"洪仁玕微微一笑,慢悠悠地说。

"洪先生真令人钦佩。"

戴沃伦要了壶酒,让服务生给洪仁玕加了个酒杯,斟上酒。

陈麦南又叫人上了几道菜,三人就在那里吃将起来,一边喝酒一边聊天,直到天色很晚,戴沃伦才告辞回去。

公司的杂事很多,戴沃伦一直忙忙碌碌,时间过得很快,但公司的营运依然不是太有起色,戴沃伦明显发觉,现在的生意没有以前好做,虽然他从土耳其来的鸦片价格便宜,货色更好,但是广州的鸦片分销商似乎并不在意这点价格差别。

这天,公司的业务不是特别繁忙,戴沃伦决定抽空去趟沁云楼。沁云楼已经大不如前,门口的石板路上,不少地方长起了野草,路上非常空旷,显得荒芜凄凉,门可罗雀。戴沃伦踏进沁云楼大门时,也没有人出来迎接,里面显得有点冷清,进门长廊两边的烟榻上,很多都空着。他不禁感叹,这个当年广州最高档的烟馆,如今却落得如此凄惨。沿着长廊一直走到头,戴沃伦才看到一个妇人朝他走来,那妇人高高的身材,绰约多姿,乍一看,戴沃伦还以为是洪香玫,等到

221

走近了,才发现那是个二十岁左右的年轻妇人,近处看脸型,确实和香玫有些相像。

"客人有什么事需要帮忙的?"妇人问道。

"我是林老板的老朋友,以前和他有过生意上的往来,十几年前曾经常来这里,现在我回来看看,算是故地重游吧。"

"林老板是家父,可惜前两年走了。客人您是?"

"我是戴沃伦先生,美国纽约来的。你是?"

"我叫林可悦,林老板的小女儿。现在沁云楼是我家先生在管,我平时也帮帮忙,有时会在这里看看,照应一下。"

"你小的时候,我见过你,你可能不记得。那时候,你母亲把你抱在怀里。"

"真的? 您一定和我父亲很熟。"

妇人说话的样子也和洪香玫有几分相似。

"我当年在广州时经常来这里,见过你父亲好多次。以前这里很热闹,很多人来这里。"

"现在生意不好做了,来我们这里的人越来越少。"妇人轻轻叹了口气,一副忧心忡忡的样子。

戴沃伦的眼睛朝边上扫了一眼,正好看到墙边一个案几上放着一把古筝,古筝上积了不少灰尘,一根断了的琴弦垂了下来,戴沃伦心里想,那也许就是香玫以前弹过的,这让戴沃伦想起当年香玫在房间里为他弹筝的情形,那时候他们是如此真情投入,相恋相爱,这份情,如今也已远去。他往前挪了两步,来到案几边上,用手轻轻抹了下古筝的边,手上沾了一层厚厚的灰尘,他掸了掸手指,把灰尘掸去,然后又用手指在古筝上划了过去,手指碰到琴弦,古筝发出清澈悠扬的声音,仿佛来自久远的沧桑,让戴沃伦心里越发伤感。

"这是我表姐以前弹的古筝,她弹得可好了,来沁云楼的客人都想听她弹的琴。她走了之后,这个古筝就一直放在这里,可惜现在没人弹,我们这里再也没有古筝的声音,琴弦都断掉了。"林可悦说。

"我不但认识你表姐香玫,而且和她还很熟。她以前就经常弹琴给我听。"

戴沃伦心想,当时要不是林老板坚持要等到局势明朗再办婚礼,他们也许就已经结了婚,到现在说不定也是生了一大帮孩子。

"您知道我表姐去哪里了吗? 她走的时候我还小,我现在一点都不记得她的样子,我们家人一直在找她,但她就像是从人间蒸发掉了一样,无影无踪。"

"我也不知道。我曾到处找过,也托了朋友去找,找了那么多年,实在找不到,就只好放弃了。"戴沃伦说。

"我们也奇怪,她走的时候,连一声招呼都不打,走了以后,就再也没有联系过,是死是活,我们一点都不清楚。真不知道好好的,她为什么就走了。"

"我也非常奇怪。这把古筝如果你不用的话,不知道可不可以卖给我?当年玫姐曾弹筝给我听,所以这把古筝对我来说,是一件非常重要的东西,看着这把古筝,就能想起香玫。"

"您是家父的朋友,又是我表姐的熟人,如果您真的喜欢,你就拿去好了,就算是家父和表姐给您的礼物,反正放在这儿也是积些灰尘。只是,有根琴弦断了,您可能需要找人修一下。"

"那太感谢你了。我的小女儿莎拉来这里后不太适应,还没有交到朋友,正好可以在家里学点中国的东西,我准备请一个古筝老师教她学学,也许弹弹琴,可以帮她解解闷。"

"您真是个好父亲。我表姐要是没走的话,也许她也会教我弹古筝的。你看,我现在什么都不会。家父在的时候,曾经对我说,我表姐的洋文讲得可好了,她是个非常多才多艺的人,可惜我不是。"

"夫人要是不介意,我有一个生意上的问题。"

"请讲,戴沃伦先生。"

"我也在做鸦片的生意,我从土耳其直接进货,比市场上的价格要低个百分之七八,但似乎要花很大的力气才能卖得动。不知何故?"

"自从鸦片合法化之后,鸦片市场也越来越规范,零售店主要从批发商那里拿货,这种关系一经建立,你就很难以七八个点的折扣让零售店主动心。除非你能比现在市场价便宜十个点以上,并且保证长期如此。"

"那批发商呢?"

"广州的批发商主要从查尔斯的公司拿货,想要说服他们拿你的货,更加不容易。你可能需要多出十五个点的折扣以上,他们才会考虑。我建议你先到其他城市找找机会,其他城市的这些渠道可能没有完全建立,也许你还有一些机会。"

"那你觉得哪些城市我应该先去尝试一下呢?"

"上海,现在大家都往上海跑。你去过吗?"

"没有,事实上,我以前在的时候,只待在了广州一带。你呢?"

"我去过一次。现在许多洋人在那里,官府划出一些地方做洋人的租界,那里建了好多洋房。那里是冒险家的乐园,只要你敢于冒险,机会就很多,不过上海也很乱。"

"为什么夫人这么说?"

"我也不知道,只是这么觉得的。他们说那里之所以叫上海,就是把人劫持到海上的意思,那里经常有绑架勒索的事发生。我去那里住了几天,都不敢出门,只是在客栈里待着,还是广州好。"

"看来,我应该去趟上海。我喜欢冒险。"

戴沃伦把古筝从案几上拿了下来,放在一张桌上,向林可悦要了一块干净的布,把古筝上的灰抹干净,然后同林可悦道了别,拿着古筝离开了。

戴沃伦回到家的时候,全家人都非常兴奋,他们每天都盼着他及早下班,那样一家人就可以聚在一起。广州沙面岛上的房子,远远比不上爱阁娜豪宅,这里没有宽大的草坪,茂密的森林,也没有小动物的追逐。在爱阁娜,戴沃伦雇有一个团队照料整个家的生活,从火车司机、园林护理员,到室内的保姆、厨师,老婆孩子生活的一切都有人安排妥当,直到破产之后,戴沃伦才辞退了所有的服务人员。到了广州之后,为了节约成本,戴沃伦只雇了一个用人帮忙,平常事情大部分由凯瑟琳照料,从教孩子读书到做饭、洗衣等杂事,凯瑟琳都要亲力亲为。沙面岛上洋人社区有个学校,那里基本上都是洋人家的孩子,孩子放学回家之后,凯瑟琳把孩子们关在家里,不许他们出去,家里地方小,孩子们经常抱怨无聊,好多次都吵着要回爱阁娜,但凯瑟琳也没有办法,因为担心孩子们在陌生地方走失,即使孩子们在家里吵吵闹闹,也只好由着他们。

所以当戴沃伦提着古筝回到家里的时候,凯瑟琳和六个孩子就都围了上来。大家争着要玩戴沃伦手里提着的那个古怪的乐器。几个男孩抢着从戴沃伦手里夺过古筝,他们把古筝放在了地上,几个人趴在那里,手在琴弦间不停地乱划,古筝发出稀奇古怪的声音。男孩们拨弄几下,觉得也就这么回事,就把古筝扔在了一边,跑去玩其他事情。

小莎拉抢不过哥哥们,只好在边上看着,等哥哥们跑去其他地方后,才在古筝边上坐下,用小手拨弄起琴弦。她一边弹,一边问戴沃伦:"爸爸,这是什么东西?"

"这是中国人的乐器,叫筝,很古老的,有上千年的历史。"

"真的? 声音很好听。你教我好吗?"

"我不会,我会请个老师来教你。"

"太好了。"

莎拉拨弄了几下,一会儿便觉得没啥意思,也跑去别的地方了。房间里就剩下凯瑟琳和戴沃伦。

"沃伦,孩子们都想我们在纽约的家,都在问什么时候可以回去。"

"我知道,我也想尽量早点回去。只是现在生意不像以前那么好做,本来我估计用不了两年,我们就可以打道回府,现在看来,可能会不止两年。你思想上要准备好,我们必须要在这儿住上不止两年的时间。"

凯瑟琳叹口气,她知道丈夫也是不得已才这样的,但既然已经嫁给了他,就必须承受这所有的一切。

"凯瑟琳,我要出一次远门。"戴沃伦说。

"你要去哪里?"凯瑟琳担心地问。

"我要去趟上海。"

"上海在哪里?"

"在广州的北边,从这里坐船过去至少要一两天的时间。"

"那里安全吗?不会有强盗吧?我听隔壁的太太说,北面的人很野蛮的,到处在闹事,杀人放火的,还有剥皮抠眼睛的事,也时常发生。"

凯瑟琳从来没有听说过上海,对她来说,那些在广州留着小细辫子的中国人已经让她够害怕的,每次见到这些中国人,她都心有余悸,避之不及。上海,听都没有听说过,这是个什么地方?那也许是个蛮荒之地,更不知道那里的人会长成什么样,也许长得三头六臂?会不会对她的男人有所伤害,眼前这个男人是她一家在中国的支柱,要是他有个三长两短,她和孩子们该怎么办呢?

"上海应该没事的,这也算是个大城市吧,那里现在有很多美国人。旗昌洋行的总部都搬到了上海,我要去那里谈些生意。你说的杀人放火的事,可能是官府说的粤匪,其实他们都是从广东、广西跑去北面的,有一个叫洪秀全的人领头造反,成立了一个政府叫太平天国,和清朝皇上对着干,想推翻清朝朝廷。洪秀全也是广州人,我以前还见过他,那时他还只是一个在广州教会里学《圣经》的小年轻。不过你放心,太平天国因为信上帝,所以对信教的洋人并不坏,洪秀全要寻求洋人的支持,不会杀洋人的。"戴沃伦安慰妻子说。

"我还是很不放心,你一个人去可以吗?"

"我没什么问题,我在中国已经待过十年以上,上海还有旗昌洋行的人,需要的话,我会在上海雇几个人的,你放心好了,我保证完好无缺地回来。"

"你要去几天呢?"

"这个说不准,得看事情处理的情况,一旦事情做完,我当然会尽早回来的。"

凯瑟琳低头不说话了。

戴沃伦歉疚地看了一眼凯瑟琳。他把古筝拿起来,放到桌上。他心里有点酸酸的感觉,结婚的时候他答应要让凯瑟琳过上很舒适的生活,但现在,他也只

能这样了。

戴沃伦走到凯瑟琳的边上,双手捧起妻子的脸,让凯瑟琳的脸就正对着自己,两人对视着。

时间的痕迹已经爬上了凯瑟琳美丽的面孔,嫁给他的时候,她连二十岁都不到,那时候,凯瑟琳脸上泛着青春的光芒,脸上的肉都是收紧的,如冰肌玉肤,双眼清澈如水。如今虽然只有三十多岁,眼睛里已经没有了那种水灵,眼角还出现了鱼尾纹,仔细看,眼睛下面有些阴影,似乎是眼袋,脸有点发胖,两边脸颊已经开始松懈,微微往下垂着。

戴沃伦有点心痛,这是为他生了七个孩子的女人。他不知如何感谢她,就把脸凑了上去,亲了一下凯瑟琳。

"我不在的时候,只好委屈你了。"戴沃伦说。

"你去吧,这一路上你一定要小心。孩子们我一定看好,我们盼着你早点回来的,只要安全回来就好,其他什么都不重要。"

上　海

戴沃伦在黄埔港上船,这次去的是上海。他虽然前后在中国已经待了十年多,但这是他第一次去广州以北的中国城市。

经过两天的航行,戴沃伦的船缓缓驶进了黄浦江,戴沃伦就这样单身一人到了另一个陌生的中国城市。

清朝朝廷自鸦片战争战败之后,在英国人的胁迫下,允许上海成为五个开放城市之一。英国人首先在上海建立领事馆,然后广州的英国商行发现,浙江的茶叶不但便宜,而且质量又好,可以和福建的茶叶相比。更重要的是,当时中国供应出口的生丝,主要产地也在浙江,通过内河航运运输极为便利,为了离丝绸和浙江茶叶产地更近,这些英国洋行纷纷迁移到了上海。

当大批英国人来到上海之后,问题马上产生了。上海官府不同意洋人到上海城里居住,英国人也不愿意同中国人居住在狭窄的老城里,最后,英国领事和上海官府商议,在上海城外另辟一地供英国人居住。这片地方,在黄浦江西边,从上海城外一条叫洋泾浜的小河起,一直往北,到苏州河以南的一片荒滩,又称为外滩,即城外荒滩的意思,划给了英国商人经商居住,作为英国租界。英国商行就在外滩黄浦江边泥泞的道路旁,修起了二层洋楼,以作办公经商之用。在英国人的管理下,外滩很快改变了面貌。

法国人不甘落后,紧随英国人之后来到上海,官府就把洋泾浜以南直到上海城北门的地方划给了法国人,作为法租界。法租界就在英租界和上海老城之间。法国人虽然来得比英国人晚,但法国人还是比较有格调的,把法租界建得甚有档次,看起来比英租界更加浪漫。

美国人来得最晚,就只好在英租界的北面,把苏州河以北作为租界,那是一条沿江的狭长长方形地带,因为有苏州河隔着,比较偏僻荒凉,建筑以老旧的中式建筑为主,那里被洋人们称为"租界里的灰姑娘",就是灰头土面的意思,美租界里有许多酒吧和妓院,以满足水手们寻欢作乐的需求,同时,这里的治安也是租界中最糟糕的,所以当时人们称美国人是"次等英国人"。虽然许多美国人居住在美租界,但商馆都选择建在英租界,一些有钱的美国人也都选择住在英租界的商馆里。

旗昌洋行的办公楼就建在了英租界的外滩九号,这是一栋三层红色砖木结构的楼,因为是后建的,所以是当时外滩那一排洋楼里最高的,比边上英国人的商馆都显得更加宏伟。当时旗昌洋行的楼造完后,还在那里升起了一面美国国旗,为此,旗昌洋行还遭到英国人的强烈抗议,按照英国人的逻辑,英租界是英国的领土,在英租界升起美国国旗,显然违背了英国的主权。虽然英国人一再抗议,但美国人还是我行我素,最后此事也就不了了之。

戴沃伦沿着细长的过桥从船上下到岸上,这时的外滩,马路已经铺好,不再是泥泞的道路,而是宽敞平整的石板路。靠外滩的黄浦江岸边,船只林立,人声鼎沸,车水马龙,如同当年广州的黄埔港。戴沃伦叫了一辆马车,沿着黄浦江边的马路,一路向北,马路的一边是一排排西式洋房,另一边是停满船只的黄浦江。他在苏州河下了马车,上摆渡的小船到苏州河以北,然后再上马车进入美租界,他在美租界里找了个简便的客栈住了下来。

第二天,戴沃伦去了旗昌洋行。在旗昌洋行的传达室,门童,一个年轻的中国小伙,接待了戴沃伦。

"先生,我有什么可以帮您的?"门童礼貌而客套地问他。

"我叫戴沃伦,我想和旗昌洋行的总经理谈谈。"

"您有预约吗?"

"没有。"

"这儿是预约簿,最近的空档是一周以后。"

小伙子递给戴沃伦一个本子和一支笔。戴沃伦看了一眼预约簿,拿着笔犹

豫了片刻。

"可是,我没法等那么长的时间啊。"

"这个我没有办法,总有个先来后到吧?"

"我是旗昌洋行的老员工,以前还担任过首席运营官,能不能帮忙挤点时间给我?"

"我不认识你。谁能证明你是旗昌洋行的老员工?"

戴沃伦想想,也是,那么多年过去了,旗昌洋行的人早就换了好几茬,肯定不会有人认识他,他也不会认识任何人了。遂问道:

"那你们总经理叫什么?"

"叫佛兰克,姓福布斯。"

戴沃伦心想,怎么又是福布斯,一定和福布斯船长或约翰·福布斯有关系。

"你去告诉福布斯先生,说有个戴沃伦先生求见,是福布斯家族的老朋友,和福布斯船长、约翰·福布斯是老相识,以前在广州做过旗昌洋行的高级合伙人和首席运营官。"

门童见戴沃伦讲得头头是道,一下报出那么多名字,担心要是真怠慢了旗昌洋行的老员工,可能会被老板责骂,他就让戴沃伦在会客室里坐了,沏上一壶茶,让戴沃伦先等着,自己去向老板通报。

过了一会儿,门童满脸堆笑地跑了过来,带着戴沃伦上到二楼,把他让进一个大的办公室,从办公室窗外看出去就是黄浦江上停靠的密密麻麻的船只。见戴沃伦进来,一个三十来岁的绅士迎了上来。

"戴沃伦先生,欢迎。我是佛兰克。门童说你是旗昌洋行的老员工?"

"你好,佛兰克,很高兴能认识你。我是 1833 年加入旗昌洋行的,在那里做了有十年,不过,那时的旗昌洋行在广州。我同福布斯船长共过事,他是旗昌洋行的董事长,我是首席营运官。我和约翰·福布斯也很熟。"

"太好了。他们是我的表哥,但他们的年龄都比我大很多。你是我的老前辈,我很荣幸能认识你。欢迎来到这里。"

"你的表哥们都好吗?我也好久没有同他们联系了。"

"福布斯船长退休后就住在了波士顿,在那里建了一栋很漂亮的房子,和他的母亲,也就是我的伯母住在一起。我去过那里一次。约翰在芝加哥建铁路,挣到了很多钱,现在做什么我也不太清楚。"

戴沃伦打量了一下佛兰克的办公室,发现房间里到处摆放着各种植物,觉得好奇。

"你喜欢种草种花?"

佛兰克一下子眼睛亮了起来,人也变得异常兴奋。

"是,我特别希望研究植物,其实我觉得自己不是一个商人,而是一个植物学家,我已经在顶级植物学杂志上发表了一些文章,正在写一本关于植物的书。你看,这是印度的罂粟,这是阿富汗的,这是北美的,那边还有其他国家的。我已经收集了所有国家的罂粟,并对它们的特性、习性和本性都做了细致的研究,我的研究发现发表在顶级期刊里。等我离开公司之后,我准备全职研究植物,我觉得植物真是太奇妙了。"

"这棵也是罂粟吗?"

戴沃伦指着一棵针状叶的灌木小树问。

"这棵不是,我除了研究罂粟,还研究茶树。这是一棵来自非洲的路易波士茶树,这种树很难在其他地方生长。自从中国茶树树种被英国植物学家福群大批量偷运出中国之后,茶树已经传播到很多国家种植,人们现在想寻找更奇特的茶树,非洲的茶树是个独立的科目,我认为今后一定有商业价值。你再看,这棵……"

戴沃伦对植物没有太多的兴趣,听佛兰克说起植物没完没了,他都已经走了神,就赶紧打断佛兰克。

"那么多罂粟,那你对鸦片一定有很多研究了?"戴沃伦把话题引到了鸦片上。

"鸦片倒没什么研究,我关注的主要是产生鸦片的植物。"

"旗昌洋行现在还在做鸦片的生意,对吧?"戴沃伦继续问道。

"旗昌洋行现在也做一点鸦片的生意,但是我们觉得会越来越难,成本越来越高,市面上鸦片的价格却越来越低。所以我们也在考虑转型,我们买了一些船只,在做内河航运,希望成为中国内河航运的龙头企业。"

"航运? 你觉得这行业会挣钱吗?"

"当然,丝绸和茶叶都需要从浙江和其他省运来上海,反过来,上海是远东地区最主要的鸦片集散地,鸦片要从上海运到这些省份,水运的成本最低,内河行业现在才刚开始,市场前景不可估量。你这次来上海有什么事吗?"

"我现在广州,继续做中美间贸易。我能拿到市面上价格最便宜、质量最好的土耳其鸦片。希望找到中国的分销商,我当然也希望卖给旗昌洋行,毕竟是我的老东家,价格可以非常优惠。"

"我们将逐渐减少鸦片的业务,并不想进太多的鸦片。但是如果你的价格好,货色上乘,我们是可以用你来替代其他来源的。"

"太好了。价格你放心,质量也是可以保证的。当年旗昌洋行的鸦片业务

就是我开发的。我在土耳其有很多关系,这些关系都是很多年建立起来的。"

"没问题,我们可以做生意的。你目前住在上海哪里?"

"住在苏州河北面的一个旅店里。那里有不少美国人。"

"那里很不安全。你知道为什么这里叫上海吗?"

"不知道。为什么?"戴沃伦问。

"这里人说被弄上海了,就是被绑架到海上的意思。"

"这里很多绑架?"

"城里面有官府管,城外比较乱,官府不管,土匪海盗,卖淫嫖娼的很多,绑架之事时有发生,外国人来了后,在英租界和法租界建立了警察系统,现在好一点。但苏州河以北或者黄浦江的对面还是有很多盗贼,英法租界的警察管不到那里,百姓只好靠运气求自保。你住的是美租界,那里不是很安全,在上海老城外,英租界和法租界是上只角,都是高档区;美租界嘛,虽然也是租界,但那是下只角,乱哄哄的,这也就是为什么旗昌洋行虽然是家美国公司,但是却在英租界里买了栋楼,不光办公在这里,我们公司的人也都住在公司里面,而不住到美租界里,这里安全。"

"谢谢你告诉我。我会小心的。"

"这样吧。你就搬到旗昌洋行来住吧,前几天我们正好有人回美国,有房间空着。如果只有几天的话,房租就算了。你看这样是否可以?"

戴沃伦一听,心里很高兴,这样既可以省了房租,又可以在旗昌洋行里认识更多的人,方便同其他洋行的人谈生意。就说:

"如果你觉得这样没有什么不方便的话,我就搬过来。我需要回旅店取一下行李,东西不多,取了行李我就来这里。"

两人又在佛兰克的办公室里聊了许多事情,等到戴沃伦离开的时候,外面已经天黑了。

一轮明月照在黄浦江上,来往穿梭的驳船显得模模糊糊,码头上停泊着许多货船,上面都点着煤油灯。码头上人还是很多,估计仍然在搬运货物。

戴沃伦回到了旅店,取了行李,来到苏州河边上。苏州河虽然是条很窄的小河浜,但把苏州河的北面和南面从地理上分割了开来,想要从北面去南面,或者从南面去北面,都必须坐小船摆渡,摆渡的时间虽然不长,但上船下船显然不方便,让人们轻易不愿意过河去对面的地方。苏州河的地理分割,使得南面的建筑比较洋气,而北面的则显得有点土气破旧。

一艘摆渡小船载着戴沃伦驶离了河的北岸,驶到苏州河中心时,却掉转方向,驶向了黄浦江。苏州河和黄浦江交界的地方是个很宽阔的水面,黑暗中看岸上都是朦朦胧胧的低矮建筑。戴沃伦看着朦胧的岸上建筑越来越远,忽然觉得有什么不太对劲,连忙冲着船工喊道:"你要去哪里?"

船工没有回答,依然使劲划着船,朝浦东驶去。

"我要去英租界。你到底要去哪里?"戴沃伦大声喊道。

船工仍然没有回答。戴沃伦心想,一定出了什么问题,就站起身来,他想去抢船工的桨。这时,又有两艘小船不知从什么地方钻了出来,从左右两边围拢过来。戴沃伦意识到,他遇到麻烦了,正想着该怎么办时,从那两艘小船中跳上来两个人。其中一个对戴沃伦说:

"请你放心,我们没有要害你的意思,只是想请你跟我们走一趟。"

"去哪里?"戴沃伦问。

没有回答。一会儿,船就到了浦东。戴沃伦在三个人的簇拥下上了一辆马车,其中一个人拿出一个头套,对戴沃伦说:

"先生,委屈你一下,需要给你戴上头套。你放心,我们没有害你的意思。"

说完,不容戴沃伦分说,就把头套给他戴上。戴沃伦没有反抗,他知道反抗也是徒劳,就顺从地随那人摆布。头套戴上后,戴沃伦眼前一片漆黑,一下子什么都看不见了。

马车走了不知道多久,终于停了下来。戴沃伦顺从地被两人夹着带着走,到了一个地方,他的头套被摘下,戴沃伦发现这是在一间房间里,房间没有窗户。里面一张椅子,一张桌子,桌子上一盏煤油灯亮着。

"我这是在哪里?你们到底要干什么?"戴沃伦问。

三人没有回答,走出门去。戴沃伦听到锁门的声音,他走到门前,想要推门,但那门纹丝不动。

戴沃伦只好在椅子上坐下,心想,怎么那么倒霉,看来这次凶多吉少,不知道会发生什么事情。

许久,门开了,进来两人,领头那人个子不高,看上去三十岁左右,脸上干干净净,没有胡须,穿着很平常的中式衣服,后面跟着一个高大的年轻人。戴沃伦还从来没有看到过有这么高的中国人,长得比戴沃伦还高,膀大腰圆,一副泰山压顶的样式。高个子年轻人先说话了:

"鬼佬,这是我们的老大,三哥来见你了。"

显然,那个个头不高的人就是三哥了。

"你叫什么?哪里人?"三哥客气地问。

"戴沃伦。美国人。"

戴沃伦不知道他们想要干什么,就回答得非常简单,直截了当。

"做什么的?"

"刚来上海,想做些买卖。"

"你知道为什么我们请你来这里?"

"不知道。这是在哪里?"

"这里是浦东,这里的地方很大,你跑不出去的,所以你就死了逃跑的这条心。我们请你来,要你给家里或你公司写信,让他们付赎金把你给赎出去。你明白了吗? 你是我们的人质。一旦我们收到赎金,我们就会放你出去,如果赎金不送来,我们会一直把你关在这里。我们不会害你,这点你放心。你看着办。"

戴沃伦知道自己是被绑架了,佛兰克刚跟他说了要小心,上海是个绑匪的天堂,怎么这么不巧,在搬去英租界的路上就被绑了,和旗昌洋行谈好的生意怎么办呢? 凯瑟琳手上也没有多少闲钱,难道要一直在这里被关着? 但又想,这帮绑匪还真有点不一样,做事还挺文明的,也没有让他受皮肉之苦,绑匪也是生意人,既然是生意人,就能谈交易。

"三哥,我要是有钱,也不会跑到中国来做买卖。我曾经很有钱,钱多到几辈子都用不完,但是银行倒闭,铁路公司破产,我也跟着破产,没钱了,才跑到这里来做生意的。"

"所有被请来这里的鬼佬都说没钱,关几天后,钱都变了出来,最后都乖乖地拿钱来赎人。能够拿着行李去英租界住的人,不会没有钱的。其实,我不管你有没有钱,只要你把钱弄来,我就放你出去。"

"我会挣很多钱的,我这次来上海就是谈一笔生意。我之所以要搬去英租界,就是因为和旗昌洋行谈好了一笔很大的生意,他们会收我的鸦片,一旦我的鸦片卖给了旗昌洋行,钱就不是一个问题,那个时候会有钱付你的,但是现在,我实在拿不出钱。"

"旗昌洋行会买你的鸦片?"

三哥显然有了兴趣。

"是的。我十几年前在广州旗昌洋行里做事,卖土耳其鸦片,所以在土耳其有很好的关系,能拿到质量又好,价格又便宜的鸦片。"

"你能给我提供同样的鸦片? 只要你价格合适,我会付钱的。我们可以做生意。如果真这样,我也不要你的赎金了。"

戴沃伦不敢相信所听到的,难道绑匪真的要同自己做生意?

"你是说,你想同我合作,买我的鸦片?"

"是的。像旗昌洋行那么大的公司,要是真的从你这里买鸦片,说明你的鸦片一定不错。我们在浦东有鸦片生意,但一直做不大,竞争太厉害,大家都在拼价格。如果有好的来源,价格便宜,我们可以打败其他竞争对手,完全垄断浦东的市场。"

"这个我完全可以帮你。"

"不过,你要是说的不是真的,我们也会对你不客气,在中国任何地方都有我们的人。"

"我没有骗你,我在旗昌洋行里做到主营运官,你可以去旗昌洋行问戴沃伦这个人。我的信誉,在业界还是有很好的口碑的,大家都知道,我戴沃伦言而有信,从不妄言。"

"好,我就喜欢说话算数的人。你说你以前在广州做事,你有没有认识一个叫罗孝全的神父?"

"当然了,以前在广州的洋人,相互之间大家都认识。罗神父的教会我去过几次。怎么,你也认识罗神父?"

"罗神父救过我的命。"三哥回答。

"怎么救过你的命? 你以前也在广州?"戴沃伦不解地问。

"我没有去过广州,一直在上海。罗神父已经搬到上海来了,浦东这里比较穷,很多人有麻风病,罗神父在这里帮穷人治病,我以前也得过麻风病,他帮我治好了。"

"罗神父以前在广州就专门为穷人治疗麻风病,现在又来上海做善事,精神可嘉。"

"他在浦东传教,我们大家叫他浦东大主教。虽然我不信基督,但我要报答罗神父,等我们挣了足够多的钱后,我要给他建一座很大的教堂和一家很大的医院,专门为穷人治病。这也就是为什么我要把我们的鸦片生意做大、挣很多钱的原因。"

"我一定帮助你,给你最好的价格。罗神父现在哪里? 我能去见他吗?"戴沃伦问道。

"罗神父今年初离开浦东,去找长毛了,他走的时候说,还会回浦东传教的。不过,据说现在长毛让他当了大官,所以也不知道他还会不会回来。"

"长毛是什么?"

"长毛就是不剃发的叛军,他们头发散着,不扎辫子,官府又叫他们为粤匪。一个叫洪秀全的广东人在南京自称天王,把南京改名成天京,说自己是基督的弟弟,被天父派来推翻清朝朝廷拯救世人,要建立一个穷人翻身当家做主的新

233

天朝,在新天朝里,人人平等,有田同耕,有饭同食,有衣同穿,有钱同使,男皆为兄弟,女皆为姐妹,无处不均匀,无人不保暖。"

"这就是太平天国,我知道的,天王洪秀全我也认识,以前在广州的时候,在罗神父的教会里见过。那是好多年前的事,当时觉得他满口胡言,神神道道,想不到他今天搞得那么大了,占了中国的半壁江山。"

"洪秀全是帮我们穷人的,我喜欢他,希望他的天国壮大。听说,他的军队现在往东面打过来,或许会打到上海来的。"

"那不是这里要打仗了?"戴沃伦问,他心里担忧。

"长毛已经占领了苏州。官府打不过洪秀全,清朝兵勇看见太平军躲得远远的,只好让民间自保,民间团练。"

"我还准备去苏州、无锡那里买丝绸和茶叶。现在那里都被洪秀全占了,估计也去不了那里了。"

"没事的,长毛不限制贸易,而且对洋人特别好。你去找一下罗神父吧,他现在洪秀全那里当官,也许他可以帮你忙的。"

戴沃伦面露犹豫之色,虽然他喜欢冒险,但毕竟这是要进入战乱之地,现在家里老婆孩子一大帮,如果他有个三长两短,家人如何生活?

三哥似乎看出戴沃伦的心思。

"戴沃伦先生,没什么好担心的,我有些兄弟经常来往于天京、上海两地。你要去天京,我这一路有很多兄弟可以帮忙,保证你安全到达天京。"

在三哥的再三鼓动下,戴沃伦决定去趟天京找罗神父。三哥把一路上接头人的联系方式给了戴沃伦,告诉他,一旦需要,这些人可以提供帮助。戴沃伦出发前给凯瑟琳写了一封信,告诉她自己要去趟天京,可能要晚些时间才能回去。

出嘉定

从上海坐马车到天京需要十天多时间,去天京的路上要经过嘉定,戴沃伦从外滩坐上马车,赶了一天的路,正好到达嘉定县,看看天色已晚,戴沃伦就想找家客栈先住下,明天继续赶路。

戴沃伦在东城门内的一家客栈住下,嘉定的客栈似乎很空,价格也非常便宜。安顿下来后,戴沃伦就在客栈的小酒馆里叫了两个菜,一个人吃将起来。

酒馆里空空如也,只有戴沃伦一个人,吃饭到一半,客栈老板走了过来,脸上带着疑惑的眼神,看着戴沃伦。

"客官,从何而来?"老板问。

戴沃伦正好一个人吃饭寂寞,见有老板过来聊天,很是高兴。他嘴里赶快嚼动几下,咽下口中的食物。

"我从广州来。"

"广州? 那很远啊。干什么到这里来?"老板不禁好奇地问。

"是啊,广州很远。我到这里做生意,想去一趟天京见个朋友。"

"你这个时候去天京? 开玩笑吧?"

"没开玩笑,我真的是要去天京。老板为什么说开玩笑呢?"戴沃伦问道。

"客官,你没看到这客栈里没有别的客人吗? 你要是去其他的客栈,那里也没有客人啊。我看到你来投宿就好奇,谁这个时候会跑到这里来?"老板说道。

"为什么这样?"

"要打仗了呗。太平军已经占领了苏州,攻打嘉定是迟早的事。所以大家能不来嘉定,就不来嘉定。你现在不但逆向而行,而且,还要去天京,那里是长毛的地盘,难道客官不知道吗? 真让人匪夷所思。"

"我只是个生意人,不管政治上的事,我既不是太平军的朋友,也不是他们的敌人。我去天京只是去见多年前的一个朋友,这有什么关系?"

"话虽然是这么说,但从这里去天京的路都已经被封上了,官府把所有通往天京的路口都卡住,严防任何人进出。你是离不开嘉定的。"

"真的?"戴沃伦半信半疑地问道。

"不骗你。任何人都无法从这里往西走半步。我劝你啊,趁早回上海,然后乘最早一班船回广州。长毛说不定攻下嘉定后,就会攻打上海,长毛很厉害,官兵一见长毛撒腿就跑,这么打下去,长毛一定会把上海给占了。"

戴沃伦听了很沮丧,但他还是不愿意相信老板的话。

"我明天打听一下再决定吧。老板,你既然知道太平军会打过来,那你为什么还不逃离这个地方?"

"我逃? 我逃到哪里去? 我祖祖辈辈在这里,我只是个生意人,满洲人做皇上,我开客栈给人住;天王坐天下,我还是开客栈给人住。谁坐天下,跟我有什么关系?"老板说。

"说的也是。但是,打起仗来,子弹可不认你是清朝的臣民,还是太平天国的臣民。"

"嘉定县城已经打过好几场仗。太平军占领过嘉定县两次,长毛离开后,官

府又回来过两次。嘉定城虽然几经换手,但老百姓还不是一样过生活? 不管是长毛,还是官府,总不能要一个没有老百姓的空城吧? 日子还是一样过,油盐酱醋,长毛还是官府,都是需要的。对我们来说,不都一样吗? 当然打仗的时候,对我们做客栈的肯定是有影响的,客人都不来了嘛,不过,打完仗之后,大家还是要做买卖,来做买卖,就一定会住客栈。"

戴沃伦想想老板说的话,觉得确实有道理。

"你觉得太平军来的时候,嘉定城守得住吗?"戴沃伦问。

"我不知道。目前,太平军和英法列强有一个协议,根据这个协议,太平军承诺,一年内不会挥师东进进攻上海。但是,这个协议马上就要到期了,如果协议到期,太平军就不会受协议约束,大家普遍的猜测是,太平军会先攻克嘉定。不过,嘉定知县已经在积极准备城防,把城里壮丁都组织起来。知县是个非常有经验的官,以前在广州跟洋人打过仗,据说把英国人都搞得服服帖帖的,林文忠公,就是林则徐大人都对他非常赏识。"

"在广州? 什么时候?"戴沃伦不禁问道。

"对,在广州,十几年前吧,就是林大人在广州烧鸦片的那个时候。"客栈老板说。

"知县叫什么?"戴沃伦越发好奇。

"王发丹,王大人。"老板说。

"什么? 王发丹?"

戴沃伦觉得不可思议,王发丹在这里当父母官? 难道那么多年后没有联系,居然在这里获得了王发丹的消息?

"是啊。王发丹大人是嘉定城的知县,太平军上次离开后,他就被调到这里。你认识他?"

"不但认识,而且还很熟。"

戴沃伦心里不禁大喜。心想,怎么这么巧,十几年没有联系,竟然在这儿知道这个老朋友的消息,世界上的事就是这么巧合,你不去刻意寻找他的时候,他反而自己就出现在你的面前。

"既然是老朋友,你明天应该去找王知县王大人。"

"是啊。你把县衙门地址给我,我明天就去。"

"小鬼难缠啊。你去县衙门,说不定会被门卫挡下,没有见知县的机会。王知县非常勤奋,每天早上会在县城里巡视,每个城门都会转一圈,督察城防,鼓舞士气。我建议你啊,明天早上就候在东城门的路边,直接上去拦住知县,知县还是比较亲民的,说不定你就能见上他。"

戴沃伦谢过客栈老板后,早早就休息了,一方面他走了一天,已经非常劳累;另一方面,他想早点起来,去拦截王发丹的车队。

　　第二天一大早,天还没有亮,戴沃伦就起了床。他来到东城门附近溜达。戴沃伦到得太早,东门还没有开,但东门处已经非常热闹,东门的早餐店已经开门,做买卖的人都已经聚集在了东门口,等待开门之后出城去做生意。戴沃伦进了一家小店,要了豆浆大饼吃了起来。

　　正吃着,戴沃伦看到店外一队人马经过,为首的是一个清朝官员,骑着高头大马,后面跟着几个骑马的随从。戴沃伦估计领头的那个一定是王发丹,就连忙放下碗筷,匆匆跨出小店。等到戴沃伦赶到东门下面,那个官员和随从已经上了城楼,他们的马匹交由守门的卫兵看住。戴沃伦就在马匹边上等着,和卫兵不着边际地闲聊起来。

　　许久,那官员和他的随从下了楼。戴沃伦连忙要迎上前去,被一个卫兵拦住。戴沃伦只好高声叫了起来:"王大人好,我是广州的戴沃伦,旗昌洋行的戴沃伦。"

　　那官员一愣,惊讶地站在原地看着戴沃伦,满脸疑惑的样子。戴沃伦心想:难道这人不是王发丹,还是他认不得自己?他迅速打量了一下那个官员,虽然十多年过去了,但这张脸还是王发丹的脸,王发丹瘦了许多,脸上刻了很多皱纹,下巴下面挂着稀疏的山羊胡子,以前往外面挺着的肚子不见了。肯定是王发丹,戴沃伦就又高声喊道:"王大人好,十七八年未见。我是戴沃伦,以前在广州旗昌洋行做事。"

　　那官员几步走上前来,拨开卫兵,来到戴沃伦跟前,上下打量了几下,然后一把抓住戴沃伦的手。

　　"你真是戴先生。哎哟,这么多年了,老朋友,你怎么来到这里了?惊喜,惊喜,我以为再也见不到你了。"

　　"我昨晚到的嘉定,从上海过来,客栈老板说你在这里当知县,我也是非常惊讶,怎么会在这里碰上你。我一大早来到这里,客栈老板说在这里能见到你,果然被他说中。我猜你应该还会认得出我的。"

　　"我当然认得出你,只是那么多年没见,你一下子突然从这里钻了出来,我不太敢相信。这样,我白天有很多公务,你晚些时候搬县衙门里去住,我要和你好好聊聊,我会同门卫说好的,告诉你名字就可以。"

　　说完,王发丹和戴沃伦告别,带着随从先忙别的事去了。

　　戴沃伦白天在嘉定城里闲逛着消磨时光,把嘉定城整个都跑了个遍,他想,

十七八年没见王发丹了,总该送点什么礼物,但转遍了整个嘉定城,都无法决定买什么礼物,最后,戴沃伦决定还是送银子,心想,王发丹最喜欢的就是银子。以前送王发丹银子,用的是旗昌洋行的钱,现在用的是戴沃伦自己的钱,如果是前几年,这点银子对戴沃伦并不算什么,但现在他是个破产重新来到中国淘金的人,这点银子对戴沃伦来说,分量还是蛮重的。

直到天快黑了,戴沃伦才拖着行李按地址找到县衙门。报上自己名字,衙门看守把戴沃伦从侧面带入,穿过一个庭院,来到后面的一个小房间里安置好,然后带了戴沃伦去餐厅见王发丹。

县衙门分为两部分,前边是公务办公之处,后面有几间房间作为知县的生活起居之用。王发丹下班之后,就和他的小老婆再加一个用人生活在那里,他的大老婆和孩子仍然住在浙江湖州乡下,因为长期一人在外当官,为了消磨寂寞的时光,另一方面在外面的生活确实也需要有人照顾,在得到大老婆的同意后,王发丹就在前几年纳了个贫苦人家的年轻姑娘当小老婆。

戴沃伦到餐厅时,王发丹和他的小老婆已经在里面等着,桌上已经放好了凉菜。戴沃伦一见王发丹,便递上一小包银圆,这情形,就像以前在旗昌洋行时一样。王发丹也没有客气,接过戴沃伦递过来的那包银圆,掂了掂,放入口袋中,没有任何做作,一切都还是像以前那样自然。

"坐吧,戴先生,都是老朋友了,不用客气。快有二十年未见,重新相见,甚是亲切,我们得好好叙叙旧。这是我的二房桂花,湖南人,我在湖南当知县时纳的妾。"

戴沃伦和王发丹夫妇入席就座。用人给他们斟上一小杯白酒。王发丹举杯和戴沃伦碰了一下,两人一干而尽。

"戴先生,告诉我,你这十几年是怎么过的?"王发丹问。

戴沃伦就把自己怎么离开广州,如何回纽约生活,又怎么把钱都丢掉,然后再回到广州,继续做进出口贸易的事简单跟王发丹说了。

"你怎么样呢?"戴沃伦问王发丹。

"我?太平常了。我在湖南小县城里做知县一做就是十几年。唉,林则徐林大人后来被贬去新疆,之后虽然回到北京,但权势已大不如以前,林大人是赏识我的,只是他自己后来也失势,自顾不暇,如果他没有被贬,说不定我在仕途上还能再进一程。我一个毫无依靠的小县官,贫苦人家出身,只是稍微读了点诗书,靠着微薄的俸禄养家糊口,既没那么多钱送给上司,朝中又无人帮着说话,只好在同一个位子上虚度青春,一待就是十几年。去年不知道为什么,也许我时来运转吧,他们忽然想起了我,把我调到嘉定这个比较大比较富的县城当知县,俸禄稍微多了些,我想,一定是朝中缺人了,才找到了我。我本想就在湖南小县城做到退休,回老家去养老算了,哪知道被调来这里,也不知道是祸还是福。至少这里离我老家更近了点。"

王发丹苦笑了一下,把杯中的酒一把干了,夹了几筷子菜塞进嘴里嚼着。戴沃伦忽然觉得王发丹十分可怜,原来这个为国家贡献了一辈子的男人,肚子里竟然还有这么一大杯的苦水。

戴沃伦举起了小酒杯。

"王大人,这杯酒我敬你。像你这样兢兢业业,在地方上做官那么长时间的,还真是没有多少,清朝政府欠你很多。"

说完,戴沃伦一口喝下了那杯酒。

"戴先生,还是你理解我啊。"

王发丹感激地看着戴沃伦。

王发丹不知道从哪里弄来的小老婆,在戴沃伦看来,绝对称得上是个绝色美人,细细的丹凤眼,樱桃小嘴,小巧玲珑的,如果需要用一个字来描述她,可能就是"小"了;如果用两个字的话,就是"精致"。王发丹叫她桂花,桂花很年轻,一副老实巴交的样子,只是自顾自地吃菜。一会儿工夫,桂花起身说已经吃饱,先告辞了。饭桌上就剩下王发丹和戴沃伦两人。

"王大人,这里局势那么紧张,大家都不愿来这里,才把你调到这里做官,未必是件好事啊。"戴沃伦说。

"但是我没有什么选择,上面让我来,我只好来这里。一旦长毛真的来攻打嘉定城,我希望嘉定那么高那么厚的城墙能够抵挡一阵,争取时间,直到援兵过来援助。"

"都说长毛很厉害,他们攻无不克,所向披靡。"戴沃伦说。

"嘉定城墙为砖石砌就,经过历代修葺,成为高九米的厚实城墙,城墙外还有十米宽的壕沟保护,长毛想要迅速攻克嘉定,我看未必如愿。"

"但是……"

戴沃伦想说什么,但又没有说出口。他想告诉王发丹,嘉定城已经被太平军攻陷过两次,但怕这么说,似乎不太妥当。

"你想说什么? 尽管说,我不会在乎的。"王发丹示意戴沃伦说下去。

"嘉定城虽然城高墙厚,但以前不是被太平军攻陷过两次吗?"

"是的。第一次是长毛打进来的,当时防御不够充分,让长毛钻了孔子。第二次是嘉定知县怕死,弃城而逃,把城直接送给了长毛。这个知县后来被官府抓住,砍了脑袋。这次不一样了,嘉定城墙又重新进行了加固,南边浙江有李鸿章新组织的团练淮军,上海还有一支洋枪队,现在由美国人指挥,用的都是洋枪,北面有朝廷的正规军江北大营,随时可以进逼长毛。只要我们能够抵挡住最初的进攻,一旦援军到来,嘉定城一定稳若泰山,长毛决不会像前两次那样得逞。这点,我还是有信心的。"

戴沃伦不说话了。

"戴先生,你到嘉定来干什么?"见戴沃伦只顾吃菜,王发丹觉得场面有点尴尬,就问道。

"我从上海来,想去南京,我只是经过这里。在客栈时听人说你在这里做知县,就上午到城门去拦你,想见你叙叙旧。"戴沃伦回答。

"你去南京干什么? 你不知道那里是长毛的地盘?"王发丹警觉地问道。

"我当然知道,不过我不关心政治,也不管你们中国人之间的争斗。我到南京,只是想去见个老熟人,你可能也认识他。"

"谁?"王发丹问。

"罗孝全,罗神父。以前在广州传教的。"

"我认识罗神父。那个时候,广州的人好像都认识罗神父,这个美国人,散尽家产,不远万里来到中国传教,为中国人治疗麻风病,实在非常了不起。他怎么跑到长毛的地方去了?"

"罗神父以前一直在广州传教,上海开埠之后,他跑到上海浦东建了教堂,去年去了南京。我估计他在那里传教吧。"

戴沃伦故意不说罗神父现在给洪秀全做事,以免王发丹怀疑他去投奔太平天国。

"戴先生,你知道长毛叛逆,与官府为敌,是危害国家社稷的,对吗? 去南京可是去了叛贼的地方。"

"明白。王大人,我们老朋友,我不跟你瞎说,你也知道的,我从来不关心政治,我只是一个商人,跟谁都是做买卖。不瞒你说,我去南京确实是去见老熟人罗神父,长毛的长短和我没有一点关系,另一方面,我也想考察丝绸和茶叶的市场。兵荒马乱的,越是危险,越有商机,风险总是和回报成正比,王大人懂的。"

"从这里往西的路都封掉了,嘉定城只有东面去上海的城门还开着,百姓可以任意进出,其他城门百姓不能随意出入,必须要有特别通行证才能进出,你如何去南京?"

"我不知道。王大人有什么办法? 看在多年的老朋友分儿上,你帮我想想,也许你有些好的建议。"

戴沃伦恳切地看着王发丹。

王发丹沉思片刻。

"好吧。只有一个办法。不知道你愿不愿意做。"

"什么办法？只要能让我去南京，我都愿意。"

"每天晚上，城里的垃圾会从北门拉出去倒掉，我可以让你混在垃圾车队里，和垃圾一起出北门。那味道很难闻的，连我们中国人都觉得恶心，更别说你们洋人了。出了北门后如何去南京，你得自己想办法。不过，倒垃圾的地方是没人管的，那片地区既没有官府的兵力，也没有长毛在那里。从垃圾场如何到南京以后的事，我就无能为力了。怎么样，听了我说的，还愿意做？"

"可以。只要你能把我送出去，剩下的事我自己处理。这事，还得多谢你。"

"那好吧。你今天就住在我这里，早点休息。明天白天你也不要在城里乱转。明天晚上，我想办法把你弄出城去。"

第二天的白天，戴沃伦就躲在了王发丹的衙门里，没有出去。戴沃伦觉得时间过得很慢，好不容易熬到了太阳落山。王发丹下了班，换了件便装来到戴沃伦住的厢房。跟着进屋的是王发丹的用人阿明，手上拿了一套中式衣服，还有一个假发套，假发套带着一根辫子。

王发丹指着阿明手里拿着的那堆东西，对戴沃伦说："你先把这套衣服换上。垃圾车队里，不可能有洋人的。"

戴沃伦把西式外套脱了，换上了中式服装，把假发套放到头上戴好。王发丹递过去一顶瓜皮帽，按在了戴沃伦头上，对着他仔细端详了一会儿，说："可以。黑夜里看不清楚的话，你还蛮像个中国人的。"

"我怎么个走法？"戴沃伦不放心地问。

"从城里运垃圾是官府的事，每天衙门会雇人来做这事。以前垃圾都是从南门拉到船上，再通过河道运到西边的农地里当肥料。但现在河道被长毛封住，无法用船运过去。所以只能通过北门在陆地用牛车运出去。垃圾不运出去，城里就会臭气冲天。"

"我就混在赶垃圾的牛车队里，冒充车夫出城？"

"对。我让阿明陪你一道去，离垃圾倾倒地不远的地方有一个小村庄，那是阿明的老家。阿明把你带到他老家安顿好之后就回来，这以后你再怎么去南京，那你得自己想办法。你看这样可以？"

"可以。我们走吧。"

"好。这包银圆你拿着，路上有用。"

王发丹递给戴沃伦一包东西，戴沃伦掂了一下，觉得沉甸甸的，心里很感

动,心想,别看王发丹平时贪钱,没少从他这里拿银子,关键时刻还挺仗义,这包银圆数目可是不少。

戴沃伦谢过王发丹,跟着阿明离开了县衙门。他们穿巷走弄,来到一个空旷地段,那里已经聚集了十几辆牛车,每头牛的后面都拖着一架拖车,里面装着各种生活垃圾,臭气冲天。

阿明是个瘦小的中年男人,他似乎和这些运垃圾的人很熟,见人就打招呼。戴沃伦一声不吭,只是紧跟在阿明身后。黑暗之中,也没有人来问戴沃伦。阿明和戴沃伦跳上一辆牛车,这辆牛车装着各种排泄物,人的粪便、动物的粪便、发霉的倾倒物,各种臭味混杂在一起,形成一股奇怪的味道,直让人恶心,戴沃伦刚一接近这辆牛车,就恨不得要把这两天吃的东西全部吐出来,不过,过了一会儿,他也就习惯了这种怪味。

车队启程了。月光下,戴沃伦和阿明随着车队慢慢行驶到了北门,在北门被士兵拦了下来。一个士兵举着火把走到车队前,照着第一辆牛车车夫的脸,问他要通关文书,然后撩起盖着牛车的草席,皱着眉头,挥挥手,让第一辆车过去,然后就依样检查后面的。快轮到戴沃伦的牛车,戴沃伦的心开始怦怦地跳,担心一旦火把照着,也许会发现他不是个中国人。正当他担心时,那士兵来到跟前,举着火把就要照过来。只听阿明先开了腔:"嘿,这不是我同村的简叔吗?"

那士兵举着火把照了一下阿明,见是认得的。

"这不是阿明吗?我记得你是给王大人做事的,怎么跑来做这苦差事?"

"唉,王大人太抠门,钱给得少,我只好晚上来打个零工。"阿明说。

"你打零工也不找个好活儿。这么臭,人都熏成同一个味道了。"

简叔捂着鼻子,挥挥手让阿明的车赶紧过了,自己跑去检查下一辆车。阿明晃动了一下缰绳,让牛车迅速通过了北门。

过了北门后,车队又走了好长一阵,终于到了目的地。阿明将他的那辆牛车交给了同行的一个伙计,带着戴沃伦离开了车队。他俩步行好一阵子,快天亮时,终于到了阿明家所在的村庄。

阿明把戴沃伦安置在他的老宅子里。阿明的老宅里已经没有人住了,空空的房子显得十分破败。两人简单洗漱一下就睡了下来。中午时分,两人才醒了过来。阿明给戴沃伦简单画了个路径地图就和戴沃伦告别了,两人各奔东西。

天京城里的惊喜

　　戴沃伦和阿明告别之后就一路往西而去,很快就进入太平军控制的地区。这一路走走停停,倒也顺畅,并没有遇到什么特别坎坷的地方,总共又花了十多天的时间,终于来到了太平天国的首都天京。天京又叫金陵、石头城、南京,或者江宁府,太平天国成立后,要有一个和天国相匹配的名字,就把首都改名为天京。

　　太平军管辖下的人们对洋人特别友好,可能是因为太平天国信仰西方传来的基督教的缘故,民众以为西方面孔的人,都是基督徒。而且,天王洪秀全寄希望于西方列强,基于同样的宗教信仰,能够支持太平天国政权,或者至少不要帮清朝政府一起来与太平天国作对。

　　洪秀全当年在广州跟随罗孝全神父研习《圣经》,在罗神父教会住了四个多月,把《圣经》背得滚瓜烂熟,试图说服罗神父为他受洗,为了证明自己是根正苗红的基督徒,洪秀全对罗神父宣称自己被上帝收为义子,是基督的弟弟,被天父派来拯救中国,就像当年天父派基督去耶路撒冷一样,而且还经常梦见天父。吓得罗神父以为他疯了,坚决不同意给洪秀全受洗。多次为罗神父所拒后,洪秀全失去耐心,一气之下就离开了罗孝全的教会,自己创立了拜上帝教教会,一边为人治病,一边宣教,宣讲圣经教义,招募信众。

　　刚开始,洪秀全在广州一带传教,但不知何故,在广州的成效不甚理想,加入他的拜上帝教教会的人,寥寥无几。后来他去了广西,在那里传教做得有声有色,入上帝教教会者逐队成群,比肩接踵,这一方面是因为广西比广东闭塞许多,洪秀全的入天堂获得救的理论,比较吸引人;另一方面,洪秀全用老百姓听得懂的语言,重新编写《圣经》,写成小册子,把《圣经》教义改得更加短小精悍,朗朗上口,使之变得让贫苦百姓更加喜闻乐见。

　　经过十多年的传教,洪秀全在各地的圣徒颇众,于是,洪秀全率信众在 1851年起事,出广西,攻湖南,克湖北,入江苏,只用了短短两年的时间,就把队伍扩充到拥有十多万兵力的正规军,并且顺长江而下,一举攻克了南京,将其作为太平天国的首都,改称天京,自立为天王。进入南京后,洪秀全觉得革命基本成功,进可北伐南巡,守则金陵天险,于是便大兴土木,营造王宫,并广纳嫔妃,大

批分封王侯。这些王侯们也都纷纷效仿天父的做派,在南京城或其他占领的城市建造王府或侯府。一时间,虽然南京以外的地方枪林弹雨,但南京城里王府林立,歌舞升平。

戴沃伦从南面的通济门进了南京城。进得通济门后,戴沃伦找了辆马车,让车夫带他在城里找个便宜的客栈。车夫见是个洋人,而且会讲中国话,显得格外热情,主动和戴沃伦找话题聊天。

"客官,您是美国人还是英国人?"

"我是美国人,纽约那边来的,现在住在广州。"

"纽约不知道在哪里,广州可是很远的地方。您跑到天京做什么?"

"我是做买卖的,到这里一方面看看有什么生意可做,另一方面也来这里看个老朋友。"

"您这一路一定蛮辛苦的,外面到处在打仗,您从广州那么远的地方来,还跑到这里。您路上没有遇到麻烦?"

"还好。我从海上直接到上海,再通过陆地到天京,还算幸运,没有遇到打仗。"

"到了天京就好了。虽然清朝朝廷也派兵来打过几次,但都只是在外面打打,没有打到里面来。自从天王占了城之后,我们这里好多年就没有打过仗。这城里面还算是安全的。"

"这不是好事吗?"戴沃伦凑着趣和车夫聊天。

"当然是好事,我们老百姓最怕的就是打仗了,打起仗来,最倒霉的就是我们老百姓。不过,这事没个完,清朝朝廷不会善罢甘休的。"

"那你希望是满洲人还是天王坐天下?"

"你问我?我们老百姓才不管呢。清朝皇帝来,老百姓交税;天王来,老百姓还是交税。把税交给谁还不都一样啊。你呢?你希望谁坐天下?"

"我一个外国人怎么知道。这是你们中国人的事,我一个生意人,只要能让我做生意就可以。"戴沃伦回答。

"请问客官,你做什么生意?"

"进出口生意,就是把中国的茶叶、丝绸、瓷器卖到美国,再把外面的鸦片卖到中国。不过我知道这里鸦片是不能做的,太平天国政府禁止鸦片买卖。所以我来这里主要看看丝绸和茶叶。"

"天王恨鸦片是实,太平天国政府禁烟也确实如此,不过,说这里没有鸦片买卖也绝对不正确。自天京内乱之后,天王深居简出,对外面的情况一无所知。太平军打仗多年,多有伤亡,对鸦片的需求日益增多,鸦片走私不但未见减少,反而越来越多,连一些太平军高级军官都在偷偷地吸食鸦片。事实上,如果你有好的渠道,在这里做鸦片生意会很挣钱,有些洋人正是看到了这一点,才铤而走险,跑来这里做生意的。"

车夫的这一番话,让戴沃伦一下子提起了兴趣。在广州和上海,他所听到的都是太平天国严厉禁烟,沿路设立关卡,检查过往货物,一旦查出鸦片,即予以处罚,对于吸烟者,如果戒烟三月后仍然不思悔改,继续吸食鸦片者,则会被处以死刑。在上海的西方商人,因为相似的宗教信仰,开始的时候对太平天国抱有好感,希望太平天国能够成功,可以帮助基督教在中国传播,但后来看到在太平天国内实施禁烟的政策,担心影响到其商业利益,因而转向支持清廷。车夫的话,让戴沃伦意识到,实际情况并非如上海的洋人所担心的那样。如果真如车夫所说的,那在太平天国辖区,贩卖鸦片的利润可能反而会更高。

"太平天国的法律不是说走私鸦片要处死的吗?"戴沃伦问道。

"说的是一套,做的则是另一套。太平天国的领导人忙于和清朝朝廷打仗,哪有时间来管鸦片走私的事情? 更何况,一些太平军将领自己都在走私鸦片,在军中和辖区偷偷销售,中饱私囊。天王虽恨鸦片,但他对宫外情况一点都不清楚。"

车夫的话让戴沃伦想起当年在广州卖鸦片的情形,当时官府法律禁烟,走私鸦片是砍头的罪,但广州大街小巷依然烟馆林立,各大洋行无不走私贩卖鸦片,他戴沃伦不就是靠贩卖鸦片发了大财的吗?

"你再看看这些王府。"

车夫用手指了指马路边上,戴沃伦顺着车夫的手看过去。

马车正从一栋栋漂亮豪华的大宅院门口经过,这些大宅院都由高高的粉墙环护,院内树木高大,伸出墙头。远远望去,大宅院布局规整,楼阁交错,庭院深深,绿树成荫。看上去,这些宅院的主人一定非富即贵。

"这些王府很漂亮啊。"戴沃伦禁不住赞叹道。

"当然漂亮啊,有些是前明的王府,清朝占了之后,成为达官贵人之家,也有的是最新盖起来的。太平军占领南京之后,把这些府邸全部占为己有,分给高级将领。"

"赢者通吃,古今中外都是这样。"

"天王教诲,也是太平天国的基本国策,在天父面前,人人平等,大家同吃同住,有福同享,没有穷人,更没有富人,人人都是兄弟姊妹。你再看看,住在这些王府里的王爷和我们老百姓是平等的吗?"

"那当然是不可能的,居然还有人相信?"戴沃伦说。

"那就是了。说的都很好听，做得到做不到就两说了。还有，他们让我们老百姓男女平等，一夫一妻，男的住男行，女的住女馆，即使夫妻也不得同宿，这多么不近人情啊。但你看那些王爷，个个都是妻妾成群。天王还到女馆选妃，据说都有八十八个老婆了。"

车夫显然觉得向外国人吐槽比较可靠，不会出卖他，就使劲说着太平天国的不是。

"我二十年前见过天王洪秀全，他当时在广州的教会里研读《圣经》，很会说，一说起来就滔滔不绝，别人不可能说服他。我记得他说过要建立男女平等、一夫一妻的天国。看来那一套东西都是对别人，不是对他自己的。"

马车从一栋高大的宅院门口经过，那宅院门前两个巨大的石狮子张牙舞爪，大门的上方，门匾写着"干王府"。车夫指了指那门匾说："这是天王族弟的房子。他才刚来没多久，但一来就被封为干王，总理天国一切朝政，担任天国的军师，于一人之下而万人之上。"

"天王族弟是不是叫洪仁玕？"

戴沃伦记得洪仁玕是洪秀全的族弟，在陈麦南的餐馆他们一起吃过饭，当时他说要从陆地北上加入太平天国。

"是的，你认识？"

"我离开广州之前，他和我一起吃过饭。当时他说要北上加入太平天国，果真，这次他成功地到了天京。"

"既然认识，你可以去找他啊。现在天京城里大家都在传，干王如今是天国里最炙手可热的人。天王不信任外姓的王，尤其是天京内乱中，一些外姓的王图谋篡权，经过天京内乱，天王越加不信任外姓王了。族弟洪仁玕来了之后，天王觉得有了更多依靠，毕竟那是自己家的人，可以信赖，而且还是个留过洋的，喝过洋墨水，见过大世面，据说是洪家最聪明的，所以，来了就立刻封他为王，让他做了天国的军师，总理一切。要是有干王的帮助，你在这里做生意，一定会容易得多。"

听到车夫又一次提到天京内乱，戴沃伦不禁好奇。他问："天京内乱是什么？"

"就是太平天国的几个王相互火并，这几个王都是太平天国的创国老臣。最开始，因为天王担忧东王权力过大，让其他几个王去杀东王，东王一家全部被杀，连家里老小都没有逃过。后来，这几个外姓王之间相互残杀，北王还试图攻打天王府。经过这次内乱，太平天国元气大伤。"

"他们为什么相互之间要这样呢？"

"还不是为了权,为了钱,别听他们平时都说得好听,正人君子。其实道貌岸然,都一样,我看得多了,清朝的,天国的,到头来都差不多。"

　　戴沃伦是个善于倾听之人,又对任何东西都感兴趣,让车夫觉得同他谈话很有意思,就把平时的不满和抱怨一股脑地对戴沃伦说了出来。在戴沃伦看来,天京的马车夫和纽约的很像,或者说所有城市的马车夫都一样,他们的消息都特别灵通,又特别喜欢谈论政治,而且都是满腹牢骚,喜欢对客人倾诉。

　　戴沃伦在天京找了家便宜的客栈住下后,就去了干王府求见洪仁玕。干王府以前是清朝一个进士的府邸,洪秀全占领了南京之后,该府邸就被太平天国征用,洪仁玕来了之后,这里便成为他的干王府。干王府街道两边有两个亭子,亭子里总有乐队在演奏着不同的音乐,一会儿高昂,吵得人心里烦躁,一会儿低沉,似乎故意不想打扰别人,让人稍微休息一下,这些乐手好像基本没有休息,成天在那里无休止地奏着不和谐的声音。两个亭子之间是一个照壁,照壁上绘着龙、孔雀、麒麟、鱼、太阳和月亮等,照壁上有块大的木匾,上刻一个斗大的镀金"福"字,"福"字上下左右刻着小字,那是"马太福音"里的八福诸条。

　　干王府在众王府之中其实算是规模比较小的,三进的院落,门面既不是特别宏大,也不显得豪华。太平天国延续清朝的惯例,官府和私家住宅都在一起,王府的前面两间院落是干王执行公务的地方,那里肮脏杂乱,一进门穿过庭院往右是一排又黑又脏的房子,那是六部办公的所在,户部所在的房子里面还有不少煤炭,礼部里面不少人在黄色纸张上不停地写着什么。里面最后的那个院落才是干王和家属私人居住的地方。

　　戴沃伦是上午去的干王府,递进名牌之后,仆人让他下午再去。洪仁玕一般是上午办理公事,下午接见客人,但戴沃伦下午再去干王府的时候,洪仁玕正好出去了,仆人告诉戴沃伦,本来干王下午是没事的,但正好天王有要事召见,所以必须去参见天王。干王特别嘱咐,让戴沃伦先生在书房里等一会儿。仆人为戴沃伦沏上茶之后就退了出去,把戴沃伦一人留在了书房里。

　　洪仁玕书房里的家具,简陋但古朴典雅,几把太师椅沿墙摆放,每把太师椅边上都有一个茶几,每个茶几上面都摆放着一盆兰花。正对着门的那一面墙上钉着一副十字架,墙的四周张贴着许多宣纸,上面写就《圣经》里的名句。戴沃伦因为等得无聊,就端着茶杯在书房里四处走动,读着宣纸上写的《圣经》名句。在一面墙上,有张宣纸写着"因为上帝赐给我们,不是胆怯的心,乃是刚强,仁爱,谨守的心"。另一面墙上贴着"我知道我的救赎主活着,末了必站在地上。我这皮肉灭绝之后,我必在肉体之外得见上帝"。

书桌上放着一本翻开来的中文《圣经》。戴沃伦随手翻了几页,看到整本《圣经》的纸都已经泛黄,每页都用笔画着圈圈和横杠,所有空间密密麻麻写着小字,可能是洪仁玕的心得体会,一些页角翘了起来,有几处的纸张还破了。戴沃伦知道洪仁玕是个真正读《圣经》的人,办公之余都在研读《圣经》。

书桌的一头摆放着一套日本军刀,军刀放在了刀架上;一架西洋闹钟,置于书桌之上;边上还有几刀黄纸,一大沓公文,几块石砚,几只金笔。

和他族兄洪秀全不同,洪仁玕是科班出身,从小就在教会受的教育,正式受过洗,在香港教会里研习《圣经》多年,正式成为传道士,并且和很多欧美教士互动密切,并受到这些教士的推崇。洪秀全则是半路出家的"基督徒",对《圣经》一知半解,从一开始就对教义半信半疑,直到多次乡试未能中举,才提出来彻底打倒孔孟儒学,接受全盘基督教化,即使这样的基督教,也只能算是基于经过洪秀全阐述的,与中国社会实际相结合的世俗化教义,这种教义,仅仅是为了更好地服务于洪秀全的目的。基督教的正统教义,在洪秀全看来,无法适应中国社会的实际情况,唯有经他阐述的,才有可能被中国老百姓所接受。

正当戴沃伦等得无聊,在小小的书房里东翻翻、西看看的时候,书房的门开了。戴沃伦赶紧将《圣经》合上,放在那堆文件边上,站好了准备迎接洪仁玕。

从门口走进来的不是洪仁玕,而是一个西方教士,穿着黑色的神父衣服,胸前晃荡着一根长长的十字架项链,年龄大约六十岁,头顶的前方基本没有了头发,头的两侧鬓发花白,蓬松的卷发,显得有点凌乱。戴沃伦还是一眼就认出了,这就是罗孝全神父。

见到罗神父进来,戴沃伦非常惊讶,他这次来天京一个重要事项就是见罗神父,居然还没等他去寻找,罗神父就在洪仁玕府上出现了。戴沃伦迎上前去,捧起罗神父的手,俯下身去轻轻亲吻了一下神父的手背。

"神父,太神奇了,我们已经有快十五六年没有见了,我这次来天京,就是为了见你,还没有等我去找你,竟然在天京的干王府中见到了,真是出乎我意料。我看,这就是上帝的旨意。"戴沃伦说道。

"我也是非常意外,根本没有想到会在这里又见到你。干王刚才派人来说,你在这里,我就非常惊讶。"

"是的,太巧了,我在上海时听说你在天京,这次我来这里,一方面当然也想试试自己运气,看看能否见到你。我正好听人说,洪仁玕成功抵达天京,成了干王,总理天国大事,就立刻来拜会干王,想通过干王打探你的住处。你怎么会在干王府的?"

248　　"我来天京之后,干王说我一人在这里,没有必要另辟一处居住,就在六部办公处之上给了我一个房间,所以我一直住在干王府中。天王今天下午特别招见干王,有重要事情商量,干王短时无法脱身,今天可能要晚回来。所以他让我先过来陪你聊聊。"

罗神父找了个太师椅坐了下来,戴沃伦就坐在了他旁边的那把椅子上。仆人拎着水壶走了进来,为罗神父沏了茶,又为戴沃伦的茶杯里加了点水,然后就关上门离开了。

"戴沃伦先生,你来天京就是来看我的? 清朝和天国的军队在上海和天京之间对峙,上海来这里的路都被封掉了,非常不好走。"罗神父问道。

"我来这里主要是考察一下生意的可能性,当然看望一下老朋友,也是目的之一。我过嘉定时,清朝官府把路封了,幸好嘉定知县是老朋友,以前是广州的海关主事,你可能也认识,就是王发丹王大人,在他的帮助下,我才顺利离开清朝管辖的地盘。"

"王大人我以前也见过,虽然不熟,但想不到他跑到嘉定来做官。戴先生,我记得你回去美国,怎么又来中国了?"

"清英战争结束后,我回了纽约,只是,两年前的金融危机让我破产了,只好再次回到广州做生意。唉,现在生意不像以前那么好做,人们说上海现在就像以前的广州,机会多,所以我这次专门跑到上海附近来看看。"

"啊,和我一样,你看,我不也跑到上海来传教了?"

"神父,告诉我,你也是清英战争一结束就跑到上海来的?"

"大概就是你离开广州之后不久吧。中国人和英国人打仗的时候,我的教堂被乱民烧掉,仗打完后,我还一直在广州待着,等着把教堂重新建好,重新恢复了教会,教会人数甚至超过了打仗之前。五口通关后,很多西方人要么搬到了香港,要么搬到了上海。上海很快成为贸易和金融中心。正像你说的,上海就像以前的广州,人口从周边地区大量涌入,他们来到新的地方,迷失了方向,在迷茫之中寻找生命的真谛,他们需要上帝的引领。我把广州的教会让给别的神父主持,自己搬到上海,在浦东建立了教会,同时医治麻风病人,现在我的教会人数众多,比广州的教会人数还要多。人们称我是浦东大主教,没有什么比这个称呼让我更高兴的。"罗神父自豪地大笑起来。

"那你怎么不在浦东继续当你的大主教,跑到天京来了?"戴沃伦问道。

"一年多前,太平天国派人来联系我,请求我到天京来,为太平天国的民众传播福音,我本来是不愿意来的,浦东那么多信众需要我,但是我经不住再三请求,就只好来这里见了天王洪秀全。太平天国信仰上帝,本源还是基督教,只是这里面掺杂了很多世俗的东西,有些不伦不类,偏离了基督教的本义,我来这

里,就是想让太平天国的教义更加纯正一些。如果我能做到这点,一旦太平天国夺取了全中国,那么上帝的光辉,将普遍照耀在这个世界人口最多的古老土地上,我想,没有比这样的福分更重要的了,所以,这么一想,我就决定暂时告别浦东的教会,来到了天京。"

"在广州时,我也听了一些关于太平天国的传言,有人说这不是真正的基督教,而是利用基督教之名头,实质是一种中国式的邪教。你有能力把它变成真正的基督教吗?"

"我现在还不清楚,不是很有把握,不知是否能够把太平天国改变成真正的基督之国,但至少天王对我很信任。他还封了我一个官职,太平天国对外事务部主任,负责对西洋列强的联络和宣传,这是个很大的官,如果我想见天王,随时都可以见,这个待遇,很多太平天国的王都没有,有这样待遇的洋人,这里可能就只有我一人了。干王对我也很支持,他现在总理朝政,你知道,干王是个真正的基督徒。有天王的信任,有干王的支持,如果大力推进,那么改造太平天国,还是有这个可能的。"

罗神父非常得意。天京内乱时,那些从一开始就追随洪秀全闹事的王,包括东王、北王、翼王等,不是被满门抄斩,就是逃得远远的。现在太平天国里,二十年前和洪秀全就有交情的人,已经没有多少了,他可能是屈指可数的几个之一。

这里有一个小插曲。

罗神父说的没错,洪秀全确实非常高兴看到罗孝全的到来。当年,洪秀全在罗神父的教会里住了四个多月,学习《圣经》,他不但把《圣经》背得滚瓜烂熟,而且还有很深的个人体会,但是即使这样,到最后,罗神父仍然不愿意为他受洗,还说他的是异端邪说,也就是用一种比较委婉的方式,说他对基督教的体会是邪教。洪秀全一气之下离开了罗孝全的教会,和洪仁玕,还有另一个叫冯云山的同乡,一同创立了拜上帝教,自作主张为人受洗。如今太平天国占有中国最富裕的江浙领域,在中国建立了天父在人间的国,当年的老师罗孝全,都跑来投奔他,自然是对洪秀全事业的一种认可。而且,罗孝全在中国的传教士社区里广为人知,他的加入,在中国的基督教教会当中树立了榜样,可以很有效地在洋人当中为太平天国进行宣传。罗孝全的加入,比得上一支千军万马南征北战的军队,其重要性对于太平天国来说,是不言而喻的。

因为这些缘故,洪秀全特别隆重地接见了罗孝全,接见是在富丽堂皇的金龙殿里进行的,金龙殿是天王府的正殿,一般只有重要国事,天王才会在那里升殿见人。天王已经很久没有在金龙殿里升殿议事了,大臣们甚至不记得上次在金龙殿议事是什么时候,见天王要在那里如此隆重地接见一个洋人,都觉得有点奇怪。

那天,金龙殿上庄严肃穆,大殿正中的台阶上,摆放着一把金色的龙椅,龙椅上方一块红色金边的横匾,上写"太平一统"四个大字。洪秀全身着黄色龙袍坐在了龙椅之上,头戴黄缎做的天王帽,上绣两条相向的舞龙,如同双龙戏珠,不同之处在于,双龙之间的珠子没有了,代之以"天王"两字。天王长发披肩,满脸大胡子,和耶稣有些许相像,不过,和耶稣不同的是,天王的下巴下面,还有一撮长长细细的山羊胡子。

金龙殿两旁,从天王坐的台阶下面开始,太平天国的文武大臣们各站一排,按官阶顺序,一直站到金龙殿的殿门口,他们个个穿戴得整整齐齐,朝服上绣的各色花纹,显示着官阶的大小。一走进金龙殿,就让人有一种肃杀庄严的感觉。金龙殿中央,离龙椅十尺左右的地方,放着一个圆形蒲团,那是给人下跪用的。

罗孝全被卫兵簇拥着,来到那个圆形蒲团前站好。罗神父非常疑惑,不知道如何是好。显然这个圆形蒲团是让人下跪用的,但是在基督教的教义里,禁止任何人向另一个活人下跪,唯一可以跪拜的就只有上帝。现在坐在前面龙椅里的,明明是个活生生的洪秀全,是个世俗里的活人,要让上帝的传道者向一个世间的活人下跪,这是绝对违反教义的事情。

"跪下。"卫兵命令道。

"这是违反教义的,天父说,世人唯有向他下跪。"罗孝全说,依然挺拔地站在蒲团前。

"天王是天父的义子,向天王下跪,就是向天父下跪。完全符合教义。"一个大臣说。

"天父,天国,天王,三位一体,无法分割。没有任何违反教义的地方。"另一个大臣说。

罗孝全没有回应,只是昂首挺胸,站得笔挺,一动不动看着洪秀全。双方就这样僵持,气氛十分尴尬。

站在金龙殿两旁的文武大臣们齐声高呼:

"跪下!"

声音如雷鸣般在大殿里想起,而恰恰就在这时,外面一道闪电划过,紧接着一声惊雷,轰隆隆,震得大殿直摇晃。

罗孝全双腿一软,扑哧一下,跪在了圆形蒲团上。

洪秀全哈哈大笑,对左右的人说:"你们不要为难罗神父嘛。赶紧赐座。神父,请起,请起。"

　　侍从在龙椅侧面的台阶下方,放了一把椅子让罗孝全坐下。那些跟随天王从广西一路征战打到天京的文武官员仍然站在两旁,整个金龙殿就只有天王和罗孝全两人是坐着的,这份待遇,对罗神父不谓不隆重。洪秀全和罗孝全就这样,在金龙殿交换了对《圣经》的意见和体会,然后,天王当场赐封罗孝全为太平天国总领对外关系和联络事务主任,赐予官帽和官服。

　　这段经历流传到坊间,让罗神父十分尴尬,每次有人提到他在天王面前下跪的事,罗神父总要极力解释,辩称那不是下跪,而是因为闪电和惊雷,让他受到惊吓而摔倒在地,他罗神父只向上帝而不可能向活人下跪。当然,罗神父绝对不会在人面前主动提起下跪的事,今天见到戴沃伦,他自然也不会提到。

　　戴沃伦听罗神父说,得到天王和干王的信任,非常高兴,对戴沃伦来说,谁当政都不重要,重要的是他能够做生意,在太平天国里有这样一位深受天王信任的人,以后在天国做生意,一旦遇到麻烦,至少有个熟人可以照应一下。两人又在那里闲聊了好一阵子。

　　突然,不经意当中,罗神父说了一个让戴沃伦非常出乎意外的事。

　　"戴沃伦先生,你还记得洪香玫吗?我记得当年你曾找过她。她还活着。"

　　就像一声晴天霹雳,戴沃伦不敢相信自己听到的,怕听错了,情不自禁地重复了罗神父的话:

　　"她还活着?洪香玫?"

　　香玫那瘦高窈窕的身影,立刻又浮现在戴沃伦眼前,虽然这么多年过去了,当年的一颦一笑依然活灵活现。想着香玫的样子,戴沃伦的心里不禁泛起一阵温暖,虽然他的心已经不再年轻,并且已经结婚生子,但当年在广州的那段情,让他依旧难以忘怀。

　　"是的。她不但活着,而且还在这里,同一个城市,就在天京。"

　　"简直像在梦里,如此之巧,我寻她那么多年,不知所终,我已完全放弃,不再找她,觉得她一定早已不在人世。如今我们竟然同在一个城市?那么多年了,不再找她,她反而出现了。"

　　戴沃伦依旧不敢相信,或者他不愿意相信香玫仍旧活着的事实。

　　"是的。我经常见她。不是,我没见她,哦,也算是见她吧。"

　　罗神父说得让戴沃伦也糊涂了。

　　"神父,你说你经常见香玫,又说没见她。到底是怎么回事?"

　　"没有人可以见到香玫。"

　　"那是为什么?"

　　"因为……因为香玫现在是天王的妃子。天王特别注重隐私,不允许后宫

252

的妃子被他人看到,不允许妃子跨出后宫半步,而且严禁男人进入后宫,后宫里只有天王一个成年男人。"

"什么?香玫成了天王的妃子?"

戴沃伦惊讶得不知说什么,香玫是他的初恋情人,他曾为她投入过轰轰烈烈的感情,也曾经费尽周折试图寻找香玫,现在她却成了另一个男人的小老婆,而且这个男人不是别人,正是当年在广州的罗神父教会里当着他和香玫的面,大谈男女平等、一夫一妻的洪秀全。戴沃伦感到很有点讽刺意味,心里不知道是什么味道,是酸还是苦,似乎有点五味杂陈的感觉。

"是的。天王纳妃的事,绝对违背基督教教义。我不知道香玫怎么会同意的,我想她一定也没什么选择吧。不过,香玫在后宫里的地位还算是很高的。天王自称他的正妻在天上,是神,叫正月宫;他的发妻,也就是太子洪天贵福的母亲,只好叫又正月宫;再下一层级的妃子叫两十宫,也就是左十宫和右十宫,有大约二十个妃子,地位仅次于天王发妻,下面还有不少层级。他总共有八十八个老婆。香玫成为天王的妃子比较晚,按道理是排不进两十宫的,但香玫也是客家人,和天王一样,又很早就参与天王的拜上帝教,帮着在女人当中传教,而且还曾带领一支女兵,上过战场,亲手同清朝军队打仗,所以被天王纳为妃子后,就排进了两十宫,天王还算对她比较敬重。"

戴沃伦听着罗神父说的这些,下巴都快要掉下来了,感觉就像在听天书一样,心想:这洪秀全号称能把《圣经》背得滚瓜烂熟,做的事情却怎么那么荒谬,香玫又怎么会同意做这样一个人的小老婆的? 她现在心里是怎么想的? 她现在宫里过得怎样? 她还记不记得他? 这更加激起他想再见香玫的欲望。

"神父,你说天王不允许任何一个男人入宫,没有人可以见到他的妃子。那你怎么说见过香玫?"

"我没有见过她本人。不过我每周去给她做礼拜,都在宫中教堂的忏悔亭里进行,我每次进宫必然蒙住双眼,进到忏悔亭里等待香玫,礼拜之后,香玫先走,我才能离开,走出忏悔亭时,还是要把双眼蒙住。做礼拜的时候,虽然她就在我边上,我能听见她的声音,但我看不到她,她也看不到我。"

"还这么复杂?"

"确实比较复杂。宫中其他人还没有这个待遇呢。可能因为香玫在后宫里的地位比较高的缘故吧,天王特别恩准每周让神父给她做一次礼拜。用忏悔亭的方式,既解决了不让别的男人见到天王后宫女人的规定,又解决了香玫做礼拜的要求。所以我可以说,我经常见香玫,也确实从未亲眼见过香玫。"

戴沃伦听了罗神父的这些话,想见香玫的欲望更加强烈了,他突然有了一

个特别的主意,他为能想到这个主意感到特别自豪。

"神父,我非常想再见一次香玫。你看,我可不可以代你去给香玫做礼拜?"

罗神父听了戴沃伦的话,大吃一惊。

"你想冒充我进宫见香玫?你找死啊?你不知道一旦被天王知道,那你可是死罪啊?"

"你不说,我不说,香玫更不会说,没人会知道的。神父,你明白的,香玫和我的关系可不是一般的关系,香玫离开广州,无影无踪,我曾经心碎至极,今天能够在同一个城市,今生今世,可能也不会再有见到香玫的机会了,能够当面告诉她,我还活着,而且一直想着她,曾经爱过她,而且还爱得惊天动地,这是我现在唯一的愿望。"

这时候,戴沃伦直感到血脉偾张,想到又能见到曾经的爱人,感觉到又要去冒险的冲动,这让他异常兴奋。

罗神父低头想了一会儿。抬起头来,说:"这事一定要干王批准。干王总理朝政,又是天王的族弟,万一出什么差错,干王这边顶着,别人也不会怎么的。"

"那怎么能让干王批准呢?"

戴沃伦不依不饶地追问道,他就是有股一直缠到底的精神。

"让我问问他吧。"

罗神父不想马上给戴沃伦一个回答,戴沃伦提出的要求让他非常为难,但他也不想完全拒绝,他想把球踢给洪仁玕,一旦洪仁玕拒绝了,那就不是他的问题了。

这时,外面有人在喊:"干王到!"

就听见有急促的脚步声经过,有人走向后面的庭院。

一个仆人推门进来,对着罗神父轻声说:"神父,干王有请您去见他,在后院的饭厅。"

罗神父赶紧站起身来,冲戴沃伦歉意地笑了笑,稍微整理了一下衣服,跟着仆人出去走了。房间里就只留下戴沃伦一人,还在想着洪香玫成为天王洪秀全妃子的事。

许久,仆人又推门进来,低着头,弯着腰。

"戴沃伦先生,干王有请。"

外面天已经黑了。仆人手里提着一盏灯笼,领着戴沃伦穿过一座院落,进到一间很大的房间,那里中间放着一张硕大的八仙方桌,从方桌上方的房顶,吊下来一盏三层蜡烛,方桌周围放着四把太师椅。沿墙四周摆放着细长的案桌,上面摆放着各种器具,有一张案桌上放着一把日本军刀,摆在刀架上,它的边上是一个地球仪,那一面墙上挂着一个木制的十字架,另一张案桌上面竖着几瓶葡萄酒,还有一个船的模型,上方的墙上挂着一把英国军官常用的剑。每张案桌上都点着蜡烛,房间里亮得像白天一样。

房间里罗神父和洪仁玕两人已经站着在等了。见戴沃伦进来,洪仁玕迎了上去,双手紧紧握住戴沃伦的手直左右摇晃。

"戴先生,很高兴又能在这里见到你,广州一别,我历经千难万险,冲破重重阻碍,终于到达天京,加入家兄。到现在都已经快两年了,这两年你我都发生了很多事情,等会儿我们细细聊。今天非常抱歉让你久等,我在天王那里实在走不开,见谅见谅。"洪仁玕夹杂着英文说道。

"干王客气,我一个生意人没什么大事情,天王找你肯定有重大事情要商量,情有可原,何谅之有? 能被你接见,我已经很荣幸。"

戴沃伦确实是这么想的。现在的洪仁玕已经不是两年前在广州陈麦南餐馆见到的那个了,而是占有中国半壁江山的太平天国的二号人物,一人之下万人之上,掌握着许多人的生死命运。

洪仁玕穿着黄色的王袍,头发披肩,头上戴着一项用布扎成的帽子,比在广州时戴沃伦见到的要肥胖许多,整个人肥了一大圈,肚子鼓鼓地挺了出来,脸显得更圆了,但两只眼睛还是那么炯炯有神。

洪仁玕走到主座坐下,说:"为表示我的歉意,我今天特摆一桌便席,请远道而来的戴沃伦先生。过会儿,还有一个远道来的朋友会加入。神父,戴先生,请坐。"

他让罗孝全和戴沃伦坐在他的两边。然后转过头来,对着戴沃伦说:"我听说,贵国最近也在打仗,戴先生可了解情况?"

戴沃伦知道他说的打仗,指的是美国的南北方内战。

"是的,已经打了两三个月了,不过我估计打不长久。"

"你们那个新的总统,叫林肯的,在今年就职演说中已经说了,既没有意愿,也没有能力,绝对不会干预或终止南方的奴隶体制,那为什么还要打仗?"

"可能是南方各州对新总统和联邦政府不信任吧? 毕竟竞选的时候,林肯向他的选民保证过,一旦选上,就要终止南方的奴隶体制。所以南方各蓄奴州要脱离联邦独立;而北方坚持南方无权独立,宪法没有给予南方这个权利。"

"戴先生是支持北方的还是南方的?"

"我来自波士顿和纽约,当然是支持北方的。罗神父来自南方的田纳西,可能他会支持南方,对吗,罗神父?"戴沃伦问罗孝全。

罗孝全没想到戴沃伦问他对南北方的态度,一愣,然后说:"凡是打仗的事,

我一概都不支持,希望南北方坐下来好好谈,打仗毕竟要死很多人的。"

"我觉得不会死太多人的,北方实力远远超过南方,这是个不成比例的战争,用不了多久南方就会屈服,估计年底之前战事就会结束。"戴沃伦蛮有信心地说。

洪仁玕接口说:"但愿贵国早日结束战事。基督教说,上帝面前人人平等,蓄奴毕竟有违上帝的教义,南方从道义上讲,就已经先输掉了。戴沃伦先生,我听罗神父说你有事求我。这可不是件容易的事。"

戴沃伦知道,罗孝全已经同洪仁玕说了他想见香玫的事,既然洪仁玕已经提起,觉得也就没必要再等到合适的时候讲了,决定直截了当地说出来:"干王,是这样的,我和洪香玫,不,娘娘……"

洪仁玕举起手来,摇了摇,阻止戴沃伦继续说下去。

"你不用说,我都知道,当年在广州罗神父处研读《圣经》时,我见过你们。不过,你要知道,洪香玫已经不是以前的那个洪香玫了。进了王宫的女人是不可能再从那里走出来的。"

"干王,我知道你的意思。我只是想再见一面而已。"

"其实,我觉得见不见都没有什么意义,反正最后都会到上帝那里去,在上帝那里还是会相见的。不过……"

洪仁玕停顿片刻,让仆人把凉菜先端上来。然后继续说道:

"不过,我能理解,这事对你很重要。我也确实可以帮到你。"

"谢谢干王。"

"我也希望你能帮我一事,如你能帮我做到,我一定让你见到香玫。"

"请讲。"

戴沃伦是生意人,听洪仁玕这么一说,知道有笔交易可以做,他满怀希望地看着洪仁玕。

洪仁玕没有马上开口,而是站起身来,走到墙边的案桌,拿来了一瓶葡萄酒,交给了身后的仆人,让他打开了瓶塞,往众人的高脚葡萄酒酒杯里倒上了红葡萄酒。自己拿起了酒杯,晃动了两下,提到鼻子处深深地吸了口气,然后稍稍喝了一口。

很显然,这是个受过西方礼仪熏陶的人。

"好酒,好酒。我此生最好葡萄酒。"洪仁玕说,他举着酒杯向戴沃伦示意了一下。

戴沃伦举着酒杯也喝了一口,双眼紧盯着洪仁玕。

"戴沃伦先生,你从上海来天京,一定路过嘉定的,对吗?"

"是的,干王。我正是出了嘉定城才一路往西到的天京。"

"太平天国和英法列强曾经签署协议,保证一年内不会去攻打上海,这个协议已经到期,我们不再受这个协议的束缚。太平军现在兵分两路进攻上海。南路军从浙江而上,目前已经占领了松江,不日就会攻打徐家汇。北路军从江苏东进,但被嘉定挡住,北路军东进的速度不太理想,影响到南北夹击上海的战略部署,因此必须先拿下嘉定,目前嘉定城已经被太平军围城多日,但嘉定城高墙厚,攻城多次都无法成功,如果强攻,虽然一定能够毁城而入,但太平军也会伤亡惨重,必定会影响到北路军军力,从而影响到进攻上海的战略。"

洪仁玕又喝了口红酒,夹了口凉菜放入嘴里。

"干王希望我来帮什么忙?"戴沃伦问道。

"我听罗神父说,嘉定县知县是你的故旧,在广州时就是好朋友?"

"是的,干王。知县王发丹王大人是我的老朋友。这次我经过嘉定,还看望了他。没有他的帮忙,我是没法到天京的。"

"看来,王大人也是个明白人,不是死脑筋。既然这样,我想让你去说服他把嘉定城献出来,一来让城里百姓免遭刀光之灾,二来王大人也可保全性命,我保证把他礼送出境,送他到安全地方,并给予银两作为补偿。一旦你能让我军兵不血刃地拿下嘉定城,我保证设法让你见到洪香玫。"

看到戴沃伦犹豫的样子,洪仁玕继续说道:"银子的事,不用担心,这是小事。一旦王大人把嘉定城献出来,我会给他足够的银子,这辈子他都不用为银子的事发愁。"

"好吧,我可以试试。"

戴沃伦心想,王发丹最喜欢的是银子,一旦银子的事解决了,把嘉定城献出,应该不是问题,再者,清朝朝廷对王发丹并不是太好,为朝廷卖命那么多年,到现在还只做了个知县,王发丹在他面前还发过不少牢骚,骂清朝朝廷对他的不公。

"太好了。从天京去嘉定这一路我会来安排,这事得趁早,我希望你明天就动身去嘉定。等你成功回来,我会设法安排你见香玫。这一杯我先敬你,祝你成功。"

洪仁玕举杯和戴沃伦碰了一下。

这时,仆人来报。

"干王大人,容先生到。"

还没等仆人报完,一个看上去三十岁出头的男人一步跨过门槛,走了进来。

"干王见谅,容闳晚到,抱歉,抱歉。"

来人双手抱拳,向着桌边几位致意。洪仁玕没有站起身来,只是指了指他对面的位子说:"容先生迟来,赶紧入座,先自罚酒一杯。罗神父和你是老朋友了,不用介绍。这位你不认识,我给你介绍一下,这是戴沃伦先生,以前是旗昌洋行的首席营运官,现在自己在做生意,也算是我和罗神父在广州的老相识了。戴沃伦先生,这位是容闳先生,他老家也是广东那边的,是中国派到美国的第一个小留学生,毕业于耶鲁大学,应该也是耶鲁大学第一个中国毕业生吧。容先生海外留洋归来,正在寻求报国机会。"

容闳中等身材,人瘦瘦的,身着西式礼服,一手提着西洋绅士帽,另一手提着一根文明棍,一副西方绅士的打扮,一张中国人的脸,只是脑后没有辫子,而是中分的半长头发,盖过耳朵,梳得油光锃亮。

这是一个非常西化的中国人。戴沃伦顿时对容闳产生了好奇心。

还没等戴沃伦开口,容闳先用流利的英文说了起来。

"旗昌洋行我听说过,我跟罗素先生很熟,在耶鲁的时候,我去看过他家几次。罗素先生见我是从中国去的,而且来自广州,对我特别关照。"

"我想一定是了。你是耶鲁大学毕业的,罗素家族是耶鲁大学的大金主。罗素先生还好吗?他是我最敬佩的生意人,我们以前在广州一起共事很愉快,只是,自从他退休以后,我一直没有见过他,都有二十年了。"

戴沃伦怕洪仁玕听不懂英文,就用中文对容闳说。容闳对戴沃伦能用流利的中文说话感到非常惊讶。

"戴沃伦先生,你的中文真好,比我的英文好。我最后一次去见罗素先生,是几年前我将要回国的时候,当时他还精神很好,脑子反应很快。听说他现在身体已经大不如以前,毕竟年纪大了。"

容闳用中文回答。

"容先生学成归国,报效祖国,真是个让人钦佩的中国人。"戴沃伦说。

洪仁玕忽然哈哈大笑起来。

"他哪是中国人?他已经入了美国籍,是美国人了,否则他哪敢把那根猪尾巴辫子剪掉,到处走来走去?"

洪仁玕的口气中带有明显的嘲讽口气,不知道是在嘲讽容闳呢,还是在嘲讽清朝所有的中国人。

容闳显得有点尴尬,事实上,在清朝的地盘,他一直戴着一个假头套,上面拖着一个假辫子,穿着长衫马褂瓜皮帽,只是到了太平天国的辖地,他才把假头套和假辫子取了下来,换上西式的礼服。

"虽然我入了美国籍,但是我报效祖国的心没有变,在我心里,我还是把自己看成是个中国人,把中国当成我的祖国。我希望我的祖国能够发奋图强,能够和世界列强平起平坐,不再被列强欺负,这也是为什么虽然一路困难重重,我还是冒着风险到天京来,寻找让中华民族复兴的道路。"

"容先生报国之心可敬可佩,我刚才一时戏言,不必当真。容先生和我俩从小就认识,大家一起在罗神父的教会中学习《圣经》,我们试图从《圣经》当中寻找到让中华民族复兴的真谛。家兄起事干革命,创立拜上帝教,建立了太平天国,也是图谋复兴中华民族的一种尝试。"洪仁玕说。

"太平天国运动的发生,并不是因为宗教的原因,宗教只是一个幌子,根本的原因还是清朝朝廷的腐败,整个清朝政府都是建筑在一种庞大的欺骗和谎言的体制之上。"容闳插嘴道。

"对,容先生能够看到事情的本质。在天王接见时,容先生提出的治国七策,实在是高瞻远瞩、振聋发聩。如能在中国实施,中国富强不日可期。"洪仁玕道。

"哪七策?"戴沃伦问道。

"一是依据科学原则组织一支良好的现代化军队。二是设立军事学校,培养一支有能力的军官队伍。三是为建设海军设立海军学校。四是组织一个文职政府,在行政机构的各部中任用有能力有经验的人担任顾问。五是建立银行体制并确定度量衡标准。六是建立各级学校教育制度,把《圣经》列为教科书之一。七是设立一个工业学校体制。容先生说,如果太平天国能够实施这些治国之策,他愿意为天国效劳。天王对之评价甚高,特授予容先生四等公爵的官位。容先生会接受天王的官印吧?"

洪仁玕双目炯炯有神地注视着容闳。

"干王,我同天王说过,只要太平天国同意实施我的治国七策,我就会加入。不知何时天国内阁会进行讨论?"

容闳虽然同情太平天国,但是这次到天京来考察,也让他产生了犹豫,太平天国为了生存而连年征战,能否真正实施他的治国七策,他并没有太大的信心,对于是否采纳他的治国策,他几次催促洪仁玕,询问何时才能做出决定,都没有得到确切的回应。既然洪仁玕自己提出来了,容闳就决定趁机再问问。

"容先生,太平天国采取民主集中制,所有政策都必须各个王在一起讨论,少数服从多数,决定完了,然后再由天王最后定夺。目前大部分王都在外打仗,何时才能聚在一起讨论,我也实在不清楚。希望容先生谅解。不过,这七策都是治国的上上之策,众王在一起讨论时,我觉得没有理由不赞成,众王都是明智之士,实施容先生七策,只是时间问题。我建议容先生不妨早日加入天国,共襄

盛举,振兴我大中华。"

洪仁玕说的,一方面是事实,另一方面,太平天国自从天京内乱之后,元气大伤,面对清朝政府组织的一波又一波反攻,只能在战略上被动应对,根本没有时间和精力来顾及国家治理这些长期政策目标。

"干王写的《资政新篇》我读了,很有感触,如果中国可以按照干王所描绘的道路走下去,变法维新,全面接受西方文明,中国复兴则有希望。"容闳说。

洪仁玕苦笑了一下。

《资政新篇》是他担任太平天国总理后撰写的治国方略,根据洪仁玕多年研究西方政治经济法律社会的心得体会,提出了从经济体制到法律制度甚至涵盖政治层面的全面革新的计划。上呈给天王后,洪秀全特别重视,批复《资政新篇》为天国的治国理论根据,责令洪仁玕负责,要在天国内实施。但是,天国连年打仗,忙于应付来自清朝的军事进攻,无法顾及体制内的自我革新,更何况,天国成立了快十年,大大小小的王侯将军不计其数,每个王每个侯都代表了一方利益,改革必定要触及这些权贵的利益。纵然他贵为总理,真要推动《资政新篇》,却发现寸步难行,各种阻力,明的暗的,让洪仁玕感到非常沮丧。

洪仁玕还发现,虽然他现在是一人之下、万人之上的总理,但这些跟随天王从广西一路打仗出来的王侯将军,表面上对他洪仁玕尊崇,但心底里对他并不服,认为他完全是因为姓洪才成为干王的,在太平天国里,没有军功,是很难服人的。这也是为什么洪仁玕特别想要通过戴沃伦,兵不血刃地拿下嘉定这座战略要道上的城市,让那些天国的将军看看,他洪仁玕虽然并不带兵打仗,但读书人的一篇文章,一段谈话,或者一个小小的计谋,足可以抵得上千军万马。

洪仁玕不想让饭桌上的人知道这些,就轻描淡写地说:

"中国复兴不但要靠我们天国之人的努力,而且也要靠在座的各位美国朋友的相助。我们今天晚上是为了欢迎戴沃伦先生来这里做生意,也是为了欢迎容闳先生到天京来考察,今天是老朋友聚会,我们就不谈这些国家大事。这瓶酒是一个法国神父从波尔多带来天京的,来,来,先请尝尝法国酒,我这里还有西班牙和意大利的酒。"

洪仁玕挥挥手,让仆人把熟菜端上来。一队仆人从外面鱼贯而入,每人手上端着一件器皿,放到桌上,打开盖子,里面是热气腾腾的菜肴。然后,那队仆人就迅速地消失得无影无踪。

"最后是我这儿的镇府之宝,天京全鸭汤,要用整整两天两夜的时间来熬制,里面辅之各种珍奇药材。"

只见一个仆人端着一个硕大的瓷锅走了进来,刚走几步,突然脚下一绊,扑通一声摔倒在地,瓷锅摔倒在地上,一声沉闷的声音,碎成几片,一锅滚烫的鸭汤洒在了地上,流得地上到处都是,只留下一只煮熟的鸭子,静静地躺在碎瓷里。

那仆人吓得赶紧跪了下来,浑身颤抖,也不管地上到处都是油腻腻的汤水和食材,双手按在油水里,头叩在地上,头发沾着鸭汤,油光光地打上了绺,喃喃地发着听得不是十分清楚、颤抖的声音。

"干王恕罪,干王恕罪,干王恕罪……"

洪仁玕没有说什么。他慢慢从太师椅当中站了起来,走到前边的案桌,取下那把日本军刀,走到那个仆人边上,只见寒光一闪,那仆人的头就滚到了一边,血从颅腔里涌了出来,和鸭汤混杂在一起。洪仁玕拿起一块毛巾,轻轻地擦了下军刀,转身把那刀放回原处。

这一切都是在瞬间完成,一气呵成,没有一丁点的拖泥带水。

在这一瞬间里发生的事情,把戴沃伦看得目瞪口呆,他惊恐地看着洪仁玕。罗神父和容闳两人的右手一直在胸前画着十字,嘴里喃喃地祷告着什么。

一队仆人快速走了进来,抬走了尸体,并且清理地上的污秽,他们低着头,脸无表情,一转眼工夫,地上又变得干干净净,就像什么都没有发生过一样。

洪仁玕走回太师椅坐下,微微一笑,带着歉意对座上那三位说:

"扫兴了,下人如此鲁莽,有所冲撞,都怪我平时调教不严。我们先喝杯酒压压惊吧。只是,熬制两天两夜的全鸭汤,只能下次再请大家享用。"

说完,洪仁玕举起酒杯,其他人也只好跟着举起了酒杯,容闳举着杯子的手一直在颤抖,酒在杯中直晃动。洪仁玕一口把杯里的酒干了下去,其他人也只好学着洪仁玕的样子,把酒喝了。

罗神父忍不住了。

"干王,下人犯错,也不至于被砍头啊。"

洪仁玕往众人碗碟中夹了些菜,不紧不慢地说:"你们不了解我们中国的国情。中国有句话,叫没有规矩,不成方圆。还有句古话,盛世施仁政,王道怀柔致远,德也;乱世用重典,霸道杀伐震慑,法也。今天的中国绝对是乱世,乱世宜用重典。而且中国的百姓,本性奸诈刁猾,唯有严刑厉法,才能杜绝侥幸心理,才能循规蹈矩。再则,此乃本王家事,各位请勿多说。"

见洪仁玕这么说,众人只好住口,各人自顾自吃些菜。一场本来高高兴兴的晚宴,就这样变得异常沉闷,戴沃伦还时不时挑起个话题,但是容闳和罗神父似乎并没有太大的兴趣。

第二天,容闳不辞而别,悄悄地离开了天京,洪仁玕不知道他去了哪里。其

实,容闳是去投奔了太平天国的死对头曾国藩,他一进入清朝控制的地区,就收起了西洋礼帽和文明棍,戴上了假头套假辫子,把西式礼服换成了长袍马褂,头上戴了顶瓜皮帽,完全一副清朝读书人的打扮。在曾国藩那里,容闳也提了他的治国七策,曾国藩大为欣赏,不过,曾国藩只是一个民团的首领,容闳的治国七策在曾国藩那里,并没有实施的可能性。后来,曾国藩让容闳去了美国,采购回来一大批最新的西洋机器,这些机器就成了江南制造局的基础,这当然是后话。

嘉定之战

　　戴沃伦再次回嘉定要顺利得多,洪仁玕给他配备了一支小型的队伍,戴沃伦拿着洪仁玕的手谕,先由水路沿长江而下,继而从陆路骑马,只用了两天不到的时间就到了嘉定城外。

　　嘉定城已经被太平军团团包围住,水泄不通,城里的人出不来,城外的人必须经过太平军的大营才能进到城里去。太平军的中军大营驻扎在嘉定城西门外,营寨连绵不断,旌旗迎风招展,人喧马嘶,尘土飞扬,似有千军万马,任何对手看到这幅场景,还没开战,必定先胆怯三分。

　　太平军的战略目标其实并不是嘉定,而是上海。原先为了赢得西方列强的支持,太平天国答应一年之内不会进攻上海,现在一年协议到期,西方列强不但没有支持太平天国,反而组织起一支洋枪队,由一个美国人率领,协助清朝军队抵抗太平军。太平天国决定不再受协议约束,组织部队东征,目标是拿下贸易港口上海。一开始,太平军只是想绕过嘉定直扑上海,但是嘉定守军时不时出城骚扰,让太平军颇有后顾之忧,因此,太平军决定集中兵力先拔掉嘉定这个钉子,解决后顾之忧。

　　戴沃伦他们来到太平军大营时天色已晚,大营里面旗帜如林,层层排列,到处点着火把,把天空照得通明。他们穿过层层戒备森严的寨门,来到内寨门口。一个军官模样的人过来,要了干王的手谕,跑着进去通报。一会儿又跑了出来,让戴沃伦下马,并高声宣示:

　　"太平天国殿前京外雷镇天军顶天立地扶朝纲前敌镇妖列王许远有请干王客人美利坚国人戴沃伦先生。"

宣示完毕领着戴沃伦往里走。内寨门到中军主帐的小道两旁分列站着持刀的军人,个个抬头挺胸,器宇轩昂,一副杀气腾腾的样子,不管是谁,从他们中间走过,一定会胆怯三分。

　　戴沃伦听到"许远"两字,不禁心里纳闷,难道这是广州粤海关的许远吗?他按捺不住好奇心,问前面领路的军官:"列王是广东来的吗?"

　　"是,戴沃伦先生。我们太平军里很多高级军官都是广东人。"

　　戴沃伦心里咯噔一下,心想:如果真是同一个许远,那不是冤家路窄了吗?不过,既然已经来了这里,那就只好硬着头皮看着办了。

　　中军主帐里灯火通明,中间凳子上坐着一个四十多岁的男人,身着黄缎龙袍,所谓龙袍,就是在缎子做的马褂上面绣一条龙,袍子中间的团花上绣着官名,男人头上戴太平天国的官帽,一顶黄色缎子做的呈方形的帽子,长长的帽檐一直盖到双肩,官帽的前方上绣漫天星斗,下绣一统山河,中间空白处绣着"列王"。

　　太平天国建制之后,把清朝的官服称为妖服,拒绝使用,为了和清朝区别,必须另置官服,但又没有人知道大汉民族的服装是什么样子,刚开始从戏班子里抢来古装,用来凑合穿着,后来就只是在清朝的长袍马褂样子上面稍作改动,当成太平天国的正式官服。为了对清朝皇帝表示不屑,所有高级官员的服装上都绣了一条龙,而且用的都是只有清朝皇帝才能用的黄色缎子。

　　戴沃伦远远望去,坐在凳子上的那个男人正是许远,正是那个曾经两次把他关入死牢的人。那么多年过去,那张脸和以前的变化不大。戴沃伦心里忐忑不安,一直想着如何同许远开口说话,许远以前给他带来那么多的伤害,但他现在不知道是不是应该恨许远,毕竟那么多年过去了,大家也都变了不少,既然已经到了许远的地盘,就只好硬着头皮,跨进了中军主帐。

　　见戴沃伦进来,许远站了起来,双手一拱。

　　"戴沃伦先生,很久不见,我们是老朋友了。今天能在太平天国的营地里相见,可也算是缘分一桩。你是干王的客人,有所招待不周,请坐。"

　　许远满脸笑容,非常友好的样子,似乎毫无前嫌。见许远那样,戴沃伦也顺势用中国人的礼节回复许远。

　　"列王好,我完全意想不到,我们又在这里相见。"

　　戴沃伦在边上凳子上坐定。

　　许远对两边站着的将士挥了挥手。

　　"戴先生和我早就有过交道,今天是我们老相识见面,不需要那么多的排场,你们可以先退了去。"

众人纷纷退了下去,帐篷里只有一个卫兵在边上站着,随时伺候。

"人生真是奇怪,十多年前,我们在广州最后一次相见是在旗昌洋行,那时我是被抓走投进了死牢。"

"戴先生当年是被判了死刑的,我收到的报告是,你已被砍了头。所以干王来函,说你要来,我一直纳闷,怎么是你。但既然干王说了,不会是假。请教戴先生,你是如何死而复生,或者死里逃生的?"

"我在死牢里,幸亏有朋友营救,利用监狱下面的地道,才得以活着逃出来,否则,我今天也不会站在这里。有时候,世界上的事情非常奇怪,现在我们都在为太平天国做事。"

戴沃伦感叹道。

"戴沃伦先生,以前我是为清朝妖孽做事,粤海关的职责就是禁烟。当年多有冒犯,请戴先生多多包涵。"许远似乎有些不好意思。

"你也是尽职而已,都那么多年过去了,以前的事就让它过去算了,没有必要多说。"

戴沃伦心想:你哪里是尽职? 当年不是你拿了查尔斯的贿赂,才把我投入死牢的吗? 但他没有说出口,他不愿意这个时候让许远难堪。

"你说的完全正确,过去的就让它过去罢了。现在你是太平天国干王的朋友,为太平天国做事,我是太平天国的列王,为太平天国打天下。我们是一条战壕里的战友,一起为实现天王的理想而奋斗。"

"列王所说正是。我有些好奇,敢问列王,你在广州当官好好的,怎么会加入太平天国的?"戴沃伦禁不住好奇心,问道。

"我做了粤海关主事后,有些人告我,说我贪污受贿。我辛辛苦苦做事,反而把我撤职下狱。清朝朝廷内外,从上到下人人都贪,朝廷给的俸禄低得很,谁人不拿? 不拿点叫人怎么活? 清妖大官们个个吃得脑满肠肥,让底层官员廉洁奉献,还要相互倾轧,互相揭发。我一气之下就跑到广西找同乡,参加了天王的拜上帝教。我随天王一路从广西打到天京,立了不少战功,天王封我为列王,对我非常赏识,让我当前敌指挥,负责拿下嘉定城。我们太平天国短短十年的工夫就打下了半壁江山,清朝妖孽的气数已尽,这是中华复兴的时候,我们打下上海之后就会挥师北伐,扫平华北,把清朝妖孽赶回冰冷的北方。到那时候,全中国都将归属天父之下的天国。"

许远越说越兴奋,眼睛流出了些眼泪,鼻子开始抽泣,似要把流下来的东西吸回去。戴沃伦是行内人士,倒卖鸦片这么多年,同众多鸦片馆打过交道,见过许多吸鸦片的人,他一看这个样子,就知道许远是抽鸦片之人,一定烟瘾犯了,他想起进天京城时车夫说的话,果真,太平天国的高级将领也有偷抽鸦片之人。不过,戴沃伦不想直接问许远,怕引起不必要的麻烦。

"列王雄心壮志,令人钦佩。"

"戴沃伦先生这次来天京,只是拜会干王?"

"我为生意而去天京,顺便拜会了干王。"

许远一下子来了兴趣。

"你还在做你的土耳其黑土生意?"

见许远这么问,戴沃伦就不想隐瞒了,一方面他自恃有洪仁玕作为靠山,另一方面,他敢肯定许远是个瘾君子,一定在偷偷吸食鸦片。

"是的,我想来这边看看,是否有烟土的生意可以做。现在不像以前了,生意越来越难做。到了这里才知道,天国禁烟,看来只好做丝绸和茶叶的买卖。"

"天国禁烟是真,但吸烟的人大有人在,我们军中就有不少,你要有货,我倒是想要一点。"许远直来直去,他抽泣着鼻子,用手抹了一下。

"我随身行李里有些样品,等会儿可以先给列王。"

许远有点迫不及待,赶紧让卫兵去把戴沃伦的行李取了过来。戴沃伦打开箱子,翻到下面,掏出一小包用布包裹着的东西呈给了许远。许远打开布包,里面是一块黑黑的烟土,他拿到鼻子前深深地吸了口气,然后把气又深深地吐了出来,一副满足的样子。

"列王要是喜欢,就全拿了去,就算是我送你的见面礼。这是从土耳其直接来的上好黑土,比市面上的质量都好,价格还更便宜。列王想要,我以后可以一直供应给你。"

这时,卫兵拿了一杆烟枪过来,递到许远面前,许远一把接过烟枪,迅速掰了点烟土塞进枪嘴,拿到火把下点着,使劲吸了几口。只见他一下子又精神抖擞起来,长长吐出一口烟,一副满足的样子,眼泪、鼻涕都不见了。

"戴先生一定说话算数哟,以后一定把黑土给我运来。只要是我管的地方,不会有任何问题的。"

"列王,我们该说正经的事。我来嘉定是来说降知县王发丹的,也算是你的老相识了,你们在广州曾经一起共事。我什么时候进城比较好?"

"今天已晚,明天一早吧。王妖为虎作伥,甘心给满洲妖孽当走狗,铁着心跟天国作对。说实在的,我对说降一事并无信心,但既然是干王的意见,不妨也可试试。"

"你们以前在广州粤海关共过事,一定还有同僚之谊,如今在这里却刀枪相见,是不是有点讽刺意义?"

"什么同僚之谊？在广州时,他处处压着我,给我穿小鞋,他走之后,还在我背后搞小动作,伙同他人举报我,就看不得我升官,害得我被满洲妖孽撤职下狱,幸亏我破财消灾,花了不少银子打点,才从牢狱里活着出来。王妖这种人,在这里被我碰上,也算是他的报应,他要是顽抗到底,于公于私,我都不会轻饶了他。戴先生,你说是吗？"

戴沃伦没有回答,看来许远和王发丹是对上了。

"我也并非有很大的信心可以说动王发丹,干王让我来试一下,也是为了减少将士的伤亡和百姓的灾难,看在我同王发丹私人情谊的分儿上,我愿意专门跑一趟。但是,如果王发丹不愿意,嘉定城高墙厚,城里又囤积大量粮食,强攻的话恐怕要葬送很多时间和将士的生命,列王不知是否考虑过？"

"强攻确实有一定难度,前面几次攻城,我们损失了许多兄弟,看到那么多兄弟倒在了城墙下,我心如绞痛,我恨不得把王妖的皮给剥了。嘉定城挡在我们东进的路上,无论牺牲多少兄弟,这根钉子都是一定要拔掉的。"

"要是其他地方的朝廷军队过来救援,这场战役恐怕还要更加旷日持久。"

"南面的团练清妖被太平天国的南路军牵制住,东面上海来的洋枪队被太平军重创,洋枪队队长,美国人华尔被打成重伤,短期内成不了气候,北面的江北大营是个威胁。我们购置了几门冲天炮,最近已经运到营地。这些冲天炮是往天上打的,掉下来爆炸威力巨大,几门同时开炮,虽然未必能够把城墙轰塌,但一定能把城墙炸出个口子来。我坚信可以在北面清妖到来之前把嘉定拿下。"

许远拿起烟枪又猛吸几口,在火光中,他古铜色的脸上泛着红光。这是一个久经沙场的男人,为太平天国南征北战十几年,脸上一道疤痕是打仗时受伤留下的,也是战功的见证。这是个曾经给戴沃伦带来巨大伤害的人,但是在这一刻,戴沃伦似乎没有办法恨他,也许正像人们所说的那样,时间是任何伤痛的良药,十多年过去了,大家在这里相见,反而有些心平气和。

正在这时,一声巨大的爆炸声响起。戴沃伦一下子打了个惊颤,许远笑了,朝戴沃伦摆了摆手,说:

"这就是最新式的西洋冲天炮在轰城墙,给城里一个警告,作个预演。戴先生不必紧张,就这一下,等到真打的时候,那就不是一门炮了,我要让几门大炮同时开打。"

许远站起身来,拿着烟枪在凳子边敲了敲,把烟灰倒在了地上。然后说:

"时间不早了,戴先生请早点休息,明天还要早起进城,卫兵会带你去睡觉的地方。军中条件差点,无法和天京城里相比,请包涵了。"

第二天一早,天刚蒙蒙亮,天气突然变冷,北风呼呼地吹着,让人感到一阵阵的寒意。许远就把戴沃伦送到大营门口。两人骑着马在大门口站定。许远对戴沃伦拱拱手。

　　"戴先生冒着生命危险去说降,让人敬佩。祝你一路顺利,马到成功,如果真能不战而降敌,这是对太平天国的最大贡献。不过,我也准备了攻城准备。请你告诉城里,到明天午时,如果没有正面的回应,我们攻城就会开始,到时候,我要让城里领教一下我们最新式的西洋冲天炮。城破之后,如有抵抗者或者拒绝投降者,一律处死。你也可以告诉你的朋友王大人,如果他把嘉定献出来,我保证他去留自由,如想加入太平天国的,欢迎。如果想离开的,我会给他足够的银子,礼送出境。"

　　戴沃伦朝许远点了点头,举着一把白旗,驱着马离开了大营,朝对面的嘉定城走去。太平军的大营驻扎在大炮射程之外,所以从大营到嘉定城门还是有点路程,戴沃伦又不敢把马骑得太快,招致城上守军的射击,只好让马慢慢地走。风吹着白旗哗哗地响,戴沃伦单骑走在高高的城墙和连绵的大营中间,有一种壮士一去不复返的感觉。

　　走到护城河边上,戴沃伦抬头看着城墙,见城墙一角有些破残的迹象,那是昨晚被冲天炮轰的,城楼上有人正在修补那片残缺。城楼上的守军已经看到拿着白旗的戴沃伦,守军有的拿着长杆毛瑟枪,有的提着弓箭,都对准了戴沃伦。

　　一个军官模样的人在城楼上冲着戴沃伦吼道:"你是谁? 来这里有什么事?"

　　"我是美国人,叫戴沃伦。来见王知县大人。"戴沃伦高声回答。

　　守城将士见戴沃伦并不带恶意,就放下了吊桥,打开了城门,让戴沃伦进了城,把他带到一个军官模样的人那里,将士介绍说这是嘉定县守卫部队的指挥官吴校尉。

　　吴校尉见是个拿着白旗的美国人进城,非常好奇地问道:"戴先生这个时候进城不知有什么重要事情? 现在嘉定城已经被围十多天,已打过好几场仗,未来必定还有大仗要打。要有可能,城内人都想离开,你却反其道而行,进到城里来。戴先生如果没有重大事情,一定不会来这里的。"

　　"不瞒你说,我是帮太平军来说降的,想见王知县王大人。"

　　"一个美国人来说降? 真有意思。"吴校尉哈哈笑了起来,转头对边上的将士说,"王大人是不会投降的,他说过要和嘉定城共存亡。我劝你别费这个心了。"

　　"我只是尽我的义务,把话传到。太平军设定明天午时为最后期限,如果不

降,将发起攻城,到时候将死伤惨烈,必定殃及无辜的百姓。"

"嘉定城高墙厚,他们已经攻城几次,发贼伤亡惨重,都以失败告终。凭什么明天午时攻城会和以前的不同?"吴校尉有点不以为然。

"太平军刚运来好几门最新的西洋冲天炮,这些冲天炮威力巨大,是打到天上,然后再从天上掉下来,躲都没地方躲。昨晚作为演示,他们打了一炮,想必你们已经有所领教。真要开打的话,几门炮同时炸,再坚固的城墙,一会儿就会被炸塌掉,这次恐怕和以前的不一样。你看太平军把那么多的兵力布置在这里,就是志在必得嘉定城。太平军说了,他们不杀汉人,只要不为满人卖命,要留要走都随便,满洲皇帝在北京吃香的喝辣的,你们有什么必要为满洲皇帝去送命?"

吴校尉不吭声了,带着戴沃伦去了县衙门。王发丹听说戴沃伦是帮太平军来说降的,见了戴沃伦并没有直接表示什么,只是让用人阿明安置戴沃伦先在衙门后院的偏房内住下,并转告戴沃伦,他上午有很多公务要处理,午饭后一起聊聊。

入秋之后,南方的天气迅速转冷,上午的时候下了场雨,天阴沉沉的,北风刮得让人颇有寒意,戴沃伦决定留在了屋里,坐在窗前的椅子上看书。王发丹的小老婆桂花,时不时从隔壁正房里出来一下,一会儿倒一盆水,一会儿晾几件衣服。桂花穿着一件绣花的半身袍子,瘦小的身材穿着宽大的袍子,显得丰满。戴沃伦从窗口偷偷看着桂花进进出出,心里想:这么年轻漂亮的女人,真是生不逢时,在这兵荒马乱的时候,只能跟着男人忍受战争的煎熬,一场大战可能在明天就要发生,到时候会有什么结果在等待着这个女人?

午休之后,王发丹带戴沃伦去了嘉定文庙。这是一座建于南宋时期的孔庙,位于嘉定城中心地带,文庙前面有一座很矮的小土山,说它是山其实并不准确,也许小土坡是个更好的描述,它的周围是一个很大的池塘,文庙正门为一重檐牌坊,上书"仰高"两字,牌坊前面两头石狮,牌坊的两侧是石栏,石栏的石柱上刻有七十二头小石狮子,模样形态各异,代表孔子的七十二个学生。走进"仰高"牌坊,映入眼帘的是一排高大的银杏树,种在宽广的广场上,据说满人来这儿之前就已经在那里了,因为早上下过雨,黄色的银杏树叶在秋风之中洒落一地,广场地上铺的是黄黄一层叶子,点缀着其他颜色的落叶,就像是一幅黄色作底的油画。广场上没有其他人,只有王发丹和戴沃伦两人,在阴沉沉的天空下,走在被雨淋过的湿地上,寂静的广场响起一阵阵沙沙的声音,伴着略带寒意的北风,这里让人油然升起一种"秋风秋雨愁煞人"的感觉。

穿过广场,跨过三座石拱桥,就是大成门,门的两边各有两个祠堂。左手边是"乡贤祠"和"忠孝祠",右手边是"名宦祠"和"土地祠"。王发丹一边走一边向戴沃伦介绍文庙的历史和建筑。

戴沃伦指着两边的祠堂,半开玩笑地对王发丹说:"王大人以后是否也可以进这祠堂供人瞻仰?"

王发丹似乎很认真的样子,说:

"能进这些祠堂很不容易,这里都是嘉定县的名人,获得过朝廷的表彰。我当然希望以后也可以进去,流芳百世嘛,谁不想啊?但这由不得我自己。"

王发丹轻轻叹了口气,用手从左往右轻轻一划。

"要是发贼真的打了进来,这里所有的一切都要被摧毁。发贼肆虐,所到之处,砸孔庙,毁菩萨,逼迫和尚尼姑道士还俗,把我们中国老祖宗的东西付之一炬,还抬来一个你们西洋人,叫耶稣基督的,高鼻梁,大胡子,光溜溜地绑在十字架上,让我们中国人去拜,拿着洋人来吓唬我们,简直就是数典忘祖,完全不成体统。"

"但是菩萨也是你们中国人从外面请来的呀!只是菩萨来得早一点而已。也许几百年之后,在你们中国,基督也长得会越来越像中国人,大家拜基督就像现在拜菩萨一样,没有人会觉得奇怪的。"

王发丹瞥了戴沃伦一眼,没有理会,对他来说,拜一个西洋人是一件不可思议的事情。

"王大人有信心守住这城不让太平军进来?"戴沃伦问道。

王发丹又叹了口气。

"嘉定城高墙厚,城内粮草弹药储存颇多,尚可抵挡一阵。只是,发贼人多势众,时间一长,再坚固的城池,也无法保证不被攻破。"

两人来到大成殿,殿里正中供有孔子坐像,头戴冠冕,双手合在胸前,像前有一神龛,龛前有供桌香案,上面摆放着祭祀用的礼器。大殿顶部有三块匾额,中间那块上书"万世师表",是清圣祖康熙帝写的,边上两块分别为雍正和嘉庆书写的"生民未有"和"圣集大成"。

王发丹点了一支香,插在了小香炉里,双手合十,默默地低着头,对孔子像拜了拜。然后转身问戴沃伦:"戴先生,听人说发贼来了好几门最新的西洋冲天炮,真的?"

"是真的,最新式的,我亲眼看见的。这些火炮威力巨大,昨晚已经炸了一炮,把城墙炸破了一点,要是几门炮同时开火,再高再厚的城墙都会被炸塌掉。嘉定城墙经不住炸的。王大人还是应该早做准备。"

王发丹沉默了半晌。

"我本来指望周围援军能够赶过来解围的,但洋枪队受重创,洋枪队队长华尔重伤,李鸿章的团练在南部被牵制,北面的江北大营也迟迟不见动静,曾国藩的队伍正在准备攻打安庆,无暇东顾。没有人靠得住,我们只能凭自己的运气,尽人事,听天命了。"

"王大人知道的,我是帮太平军来说降的。太平军前敌指挥列王许远还是你以前粤海关的同僚,他答应只要你献出嘉定城,要留要走随你,如要走,会送你银子,足够养老,这辈子不用为银子发愁。这也是干王亲口对我说的,保证王大人来去自由。"

"许远发逆,食俸禄而叛朝廷,不忠不孝,忘恩负义,必遭千刀万剐,死无葬身之地。要我向许远投降,我绝对做不到。我走,走到哪里去?上任知县弃城而逃,不但掉了脑袋,家产还被官府充公,妻女被卖去当妓女,所有亲戚被乡人指着脊背骂。我今天带你来这里,也是想向你表示一下,只要有我在,孔庙就会完整无缺。刚才我已向孔夫子发誓,我王发丹求仁得仁,舍生取义,我已抱必死之心,绝不让嘉定城的斯文扫地。"

见王发丹那副坚定的样子,戴沃伦心中一阵遗憾,一方面为王发丹惋惜,也为王发丹的命运而担忧;另一方面,王发丹不降,洪仁玕也不会安排他见洪香玫的,他也为此生无法再次见到香玫而感到遗憾。

戴沃伦当然于心不甘,不想就此放弃,于是决定换种方式来说服王发丹。

"我来之前读过一点关于这个城市的历史。当年满族人入关打到这里,让所有男人剃发,你们的孔子说过,身体发肤,受之父母,嘉定城百姓坚决不服异族统治,拒绝剃发,反清三次,被清朝屠城三次,被杀十几万人,你们叫嘉定三屠。今天,你要为当年屠杀汉人的满洲朝廷死守此城,甚至愿意为满洲皇帝献出生命,来抵抗汉人政权的太平天国。既然如此,当年满洲人打进来的时候,嘉定百姓又何必拼死抵抗呢?如果你赞赏当年拼死抵抗满洲人入侵的嘉定百姓的话,如果你认为他们是中国的民族英雄,值得后人效仿的话,那你今天誓死为满洲人保卫嘉定城,又如何对得起当年被屠杀的这些民族英雄呢?我想,当年那些为抗清而死的人,要是看到今天这个情形,一定觉得死得太冤太不值得,还不如早早剃了发,留根辫子,当个乖顺的清朝臣民算了。"

王发丹苦笑了一下,他不知道如何回答这些问题,他还真的从来没有想过当年的嘉定三屠和今天他要为守城尽仁尽义的关系。他使劲想了想,觉得实在想不清楚。只好说:"食人之禄,帮人守土,对我来说,就是这么简单,这叫道义,也叫尽职。其他的,我从来没有考虑过。"

然后他指了指头上的匾额,对戴沃伦说:

"你看这些匾额。这都是满洲皇上的字,这幅是康熙皇帝写的,边上的是他儿子雍正的字,再边上是嘉庆皇帝的。你看这些满洲人写的字,比很多汉人写的中国字都要好,他们每一个都熟读圣贤之书。他们在中国保护中国文化,维护中国社稷,你能说他们不是中华之人吗?反过来,你再看粤匪发贼的所作所为,烧四书,毁庙宇,杀书生,拜异教,他们做的哪一样是在保护中华文化?他们搬来一个大胡子、高鼻梁的洋人,让老百姓去拜,想要改变中国人的信仰,从根本上改变中国人的文化,即使他们是汉人,也只能是中华之罪人。"

　　"王大人知道太平军给出的答复期限是明日午时,对吧?如果到时不降,他们就会攻城,到时候又要死伤很多人。"

　　"我知道,事已至此,别无选择,到时候就打吧。发贼未必就能攻进城里。"

　　戴沃伦见王发丹态度之坚决,知道无法说动他。两人又在文庙里转了半天,直到晚上才回到县衙门。戴沃伦觉得既然说降不得,本想早点出城去,但王发丹说服了他在城里一起吃晚饭,并住一晚,第二天一早离开,戴沃伦想想也就同意了。

　　那天晚上,仆人阿明去外面买了几个小菜回来,王发丹叫上了小老婆桂花请戴沃伦一起吃饭。席中,王发丹喝了不少酒,桂花似乎意识到明天要打仗的事,愁眉苦脸,王发丹一直安慰着桂花,说城墙那么高,那么厚,城里弹药充足,发贼长了翅膀都绝对打不进来。听着男人这么说,桂花似乎又高兴了一点。戴沃伦也想着明天打仗的事,又想着无法见到香玫,席中没吃多少,只是陪着王发丹喝了些酒。

　　见吃得差不多了,王发丹举起酒杯向戴沃伦敬酒。

　　"戴先生,我们二十多年的交情,能在这里再次相见,也算是我们的缘分。我先敬你一杯,为了我们的友谊。"

　　王发丹先一口把酒吞了下去。戴沃伦也干了一杯。

　　王发丹又为两人斟满了酒。

　　"戴先生,我想请你答应我一件事。"

　　"什么事?请讲,王大人,我能做到的,一定做到。"戴沃伦问道。

　　"打仗的事,谁都说不准,子弹是不长眼睛的。如果我有个三长两短,你一定要去我的老家浙江湖州,代我看望我的家人。我一直邀请你去看看我老家盖的房子,那房子很漂亮,是我们当地最好的房子,我王发丹从乡下走出来,能够在家乡盖起这么一栋大宅子,也算是光宗耀祖了。到现在,你都一直没有机会去,我希望你能去一趟。如果有可能,把我的小儿子带出去,带到美国去,我的其他孩子都已长大,不需要我操心,但我和桂花就这么一个孩子,老来得子,我

特别牵挂,希望他能在一个太太平平的地方长大,那里没有战争,不要再受刀枪的惊吓。"

王发丹说到这里,桂花已经哭得像个泪人一样。

"王大人放心,我答应你。不过,王大人是福将,一定会平安无事的。"

见天色已经很晚,第二天还要早起,他们很快散了席,各自回屋去睡觉。

戴沃伦躺在床上,想着明天要打的大仗,怎么也睡不着,磨蹭了半天,好不容易有了点睡意,隔壁房间里却传出来女人的呻吟声,一阵高一阵低的,又听到床的咯吱咯吱的声音,戴沃伦知道那是王发丹和桂花在床上行房事,好一阵后,那些声音才停止,房间里又恢复了安静,等到有了点睡意,戴沃伦刚要入睡,王发丹和他小老婆又干上了,咯吱声和呻吟声闹得戴沃伦心烦,心想:王发丹这家伙还真神勇,难道是对明天有什么不好的预感,今天和老婆告别?戴沃伦就这样睡意全无,干躺在了床上,一直到天快亮时才进入梦乡。

在梦里,戴沃伦看到一个巨大的火球从天上掉下来,那是冲天炮打来的炮弹,落到地上,炸得火光四溅,把他炸成许多块碎片,香玫站在边上看着,冷峻的脸,毫无表情,他哭着把他自己炸碎了的肉,一块块地捡起来,然后把这些肉再一块块拼凑在一起,拼成一个戴沃伦的样子,刚拼好了,又一个火球从天上掉下来,把好不容易拼装好的戴沃伦又炸成了许多碎片。戴沃伦一下子惊醒过来,感觉自己气急心慌,他一身冷汗,浑身湿透,摸了一下身子,发觉还是一个整体,没有破碎,才稍稍松了口气。

他从窗户看出去,见太阳已经升得老高。他大骂一声,翻身从床上跳了起来,穿好了衣服,冲到了外面,只见小院子里王发丹已经戎装在身,阿明站在他身边,提着王发丹的剑,桂花跟在后面,一副害怕的样子。

见戴沃伦出来,王发丹说:"戴先生,你这一觉可是睡得长啊,现在已经是大上午了,你得赶紧走,否则就走不掉了,我要去城墙上指挥守城,实在抱歉,无法送你。"

"真是糟糕透了,怎么睡了那么晚呢?我赶紧去拿了行李,马上出城。"

还没等戴沃伦转身,王发丹说:

"戴先生,记得我昨晚对你说的,我要是有个三长两短,你一定要去我老家看看,照顾一下我的家人。"

桂花马上又抽泣起来。

王发丹从身上挂着的袋子里抽出一把匕首,递给桂花,对她说:

"这个你拿着防身。一旦城破,你就换上村妇衣服,装成百姓逃命吧。夫妻本是同林鸟,大难临头各自飞,这个时候你只得自己管自己了。"

桂花含着泪,接过了匕首。王发丹深深地吸了口气,时候已经不早,该上城楼迎接大战了,他转身就要和阿明往外走。

这时,一阵密集的枪声响起,紧接着一阵杂乱的马蹄声和脚步声由远而近。众人几个一阵诧异,正在寻思怎么回事的时候,一队清军官兵闯了进来,他们都没有戴帽子,前额光光的,辫子不见了,个个披散着头发,样子很怪异,领头的是吴校尉,手里拿着一把剑,明晃晃的,就朝王发丹大步闯了过来。阿明一步跨到前面,挡在了王发丹前面,他刚要喝住吴校尉,吴校尉的剑已经扑哧一声刺入了阿明的胸口,又一使劲,拔出了剑,剑上还滴着血,阿明一声不吭地倒在了地上。桂花啊地尖叫一声,瘫倒在地,王发丹惊讶地张大了嘴,不知怎么回事,还没等缓过神来,两个士兵已经冲到他的边上,在两边死死抓住王发丹的双臂。

"王大人,委屈你了。"一个士兵说道。

"你们这是干什么,要造反啊?"王发丹厉声发问。

"我们就是要造反。弟兄们已经把城门打开,太平军已经入了城,不刻就会赶到县衙门。"吴校尉喊道。

"你们这是犯了全家抄斩的罪,不光是砍头,而且是凌迟之罪,要千刀万剐的。你们发疯了吗?"王发丹声嘶力竭地吼道。

"我们一点都没发疯。王大人,你该想想你自己的下场吧。谁砍谁的头,都还不知道呢。"吴校尉语带调侃地说。

"你们食朝廷俸禄,却做出这种不忠不义的事情,你们同禽兽无异。"

"不忠不义?王大人,你愿意帮满洲皇帝小儿为虎作伥,那是你的事。我们兄弟可不愿意为满洲皇帝小儿送命,西洋冲天炮炸下来可是不长眼睛的。戴先生说的对,满洲人吃香的喝辣的,我们汉人何必为满人送命呢?我们又何必为满人当走狗呢?"

王发丹不解地看着戴沃伦。戴沃伦心想:我什么时候说过这些?确实,他自己也不记得到底说过些什么,还没等他开口解释,一阵急促的马蹄声传来,在县衙门的门口,忽然戛然停止,随即一队太平军人持刀枪闯了进来,领头的正是戎装在身的列王许远。

威武彪悍的许远来到王发丹跟前,微微一笑,说:"王大人,许久不见,想不到是在这里,咱们又见面了。"

然后转过头来,冲着戴沃伦就说:"好样的,我听说了,戴先生只言片语不费一枪一弹就收服了嘉定城,令人钦佩,看来干王是对的,书生的一句话胜过千军万马。"

戴沃伦心里一万个对不起王发丹,他不知道,也不记得到底说了什么导致了嘉定守军的哗变,但这里也不是解释的地方,他也不知道如何解释,即使解释,现在也于事无补。

"发贼许逆,你一个不忠不孝不仁不义之人,朝廷不会放过你的,等到哪天落在朝廷手中,一定让你千刀万剐,满门抄斩。"王发丹冲着许远喊。

"王大人还有心思为我的未来考虑?你想想自己吧。我给你降的机会,你不要,我现在再给你一次机会,为时不晚。一旦错过了这机会,就别怪我不客气了。"

"想让我投降?这是想让太阳从西边起来,白日做梦。我王发丹生为朝廷的人,死也是朝廷的鬼。我堂堂正正的男子汉,决不会向你们这帮叛乱贼子投降。今天落到你手中,也算是你的运气。不用多说,一刀把我头砍去,也好成就我成仁成义的美名,我大清的忠臣阁里,有我王发丹的一块牌位。"

"既然王大人想要成仁成义的美名,那我就成全了你。不过,我不会那么便宜你。来人,把王大人绑到柱上。给我一刀一刀剐了。"

一个士兵走了过来,还没等人们意识到怎么回事,他一把往王发丹嘴里塞了一块脏兮兮的破布,王发丹使着劲试图想说什么,但什么也没说出来,只是发出些唔唔的声音。士兵推着王发丹来到一根柱子边,用绳子把他七手八脚地绑在上面,然后拿出一把锋利的小刀,几下就把王发丹的戎装先割破了,使劲一扯,把外装扒了去,然后把他的内衣割成一条条扔在地上,一会儿工夫,王发丹赤条条的身子就裸露在人们面前,他浑身颤抖,不知道是因为害怕,还是因为寒冷,双眼里露出的,不知道是一种什么眼神,也许是惊恐,也许是哀求,也许是愤恨。

戴沃伦看不下去,对许远恳求说:"列王,看在你们以前是同僚的分儿上,也看在天父仁慈的面上,放过王大人吧?"

"同僚?他当时举报我的时候,怎么没有想过我们是同僚?王大人求仁,我成全他,这每一刀剐在他身上,都是为了给我那些倒在城墙下面的兄弟的一个说法。戴先生,我劝你不要管那么多闲事,这里和你无关。"

许远一把抓起瘫缩在地上的桂花,可怜的桂花这时满脸是泪,脸色煞白,浑身哆嗦,含着泪的眼,一副乞求的可怜样子,就像一只瑟瑟发抖的小猫,没有一丝的自卫能力,王发丹给她防身的那把匕首,也不知道扔到哪里去了。许远一个手臂搂住桂花,另一只手把桂花的衣领一把扯开,手伸进了她的衣服里面去,在桂花胸前一阵乱摸。

拿刀的士兵撸起袖子,来到王发丹跟前,他上下打量了一下王发丹,似乎在寻找从哪里下第一刀。只见士兵一把揪住王发丹的阳根,一道寒光闪过,王发丹大腿根中间那堆东西就被割了下来,士兵往旁边一抛,那堆东西被扔在了地上,王发丹的身子直直地挺了起来,头一歪,昏了过去。王发丹的双腿中间变得空空荡荡,鲜血从他的大腿跟沿双腿一直流了下来,染红了柱子周围的那一片地。

一个士兵不知从哪里弄来了一盆冷水,使劲抛了出去,凉水从王发丹的头上泼了下来,王发丹顿时惊醒过来,睁开了混浊的双眼,他的整个脸都走了形,一边的脸好像比另一边的高,全脸发肿,满眼血丝,一副狰狞的样子,嘴里唔唔地哼着什么。

拿刀的士兵又在王发丹的胸口划下一小块肉,扔在了地上。

许远一边摸着桂花的胸部,一边看着被折磨得痛苦万分的王发丹,眼睛变得湿润,鼻子开始抽泣,倒霉的烟瘾又犯了,同时心里泛起一阵特别的快感,老对手败在自己手里,被折磨得如此痛苦,没有什么能比这让自己更觉得爽快,而且他还占有了老对手的女人,许远越发得意,一下子觉得欲火中烧,心底浮起一阵强烈的欲望,他挟起桂花,转身就往正房里走去,他想好好享受一下眼下的时光。

士兵一刀一刀不紧不慢地剐着王发丹的肉,王发丹翻着白眼,已经陷入了半昏迷状态。戴沃伦见许远进了正房,实在看不下去眼前这一幕,便走近刽子手,趁别人没注意,塞了几块银子给他,悄声说:"兄弟,积个德,做个好事吧,别折磨人了。"

那个士兵收了钱,凑近身子,俯身对着王发丹的耳朵,轻轻地说:"王大人,我敬佩你是条汉子。现在请大人上路。"

说完,用刀对准王发丹的心脏,微微使了一下劲,小刀扑哧一声就扎了进去,只有刀把还留在王发丹身子外面,血从刀把处流出。王发丹闷闷地发出一声怪怪的声音,头往边上一歪,低下了头,塞着破布的嘴里渗出了鲜血,血沿着破布滴到了地上,溅起小血花,散落四周。

戴沃伦最后看了一眼王发丹,他脱下文明帽,向着王发丹微微鞠了个躬。

这个时候,从正房里传出床板猛烈的撞击声。

两十宫娘娘

　　戴沃伦来到干王府的时候，洪仁玕正在书房里研读《圣经》，一见戴沃伦到来，洪仁玕连忙放下《圣经》，从书桌后站起，大步走出书房，双手紧紧握住戴沃伦的手，把戴沃伦迎进书房。

　　这次太平军兵不血刃地拿下了嘉定城，对洪仁玕来说，实在是太重要了。太平军论资排辈，非常重视军功，洪仁玕从来没有带过一兵一卒，一来到天京就被任命为总理，让那些打仗十多年的太平天国老臣心底里非常不服。就在两天前，天京西边的重要城市安庆失守，对洪仁玕来说是一个很大的打击，安庆是个大城，扼守住天京的长江上游，太平军守在那里同曾国藩的湘军对峙，经过长期的攻防战，最终还是被湘军攻破。湘军占领安庆之后，可以沿长江顺水而下，掐断天京的粮食供应，也可将兵力迅速布置到天京附近，让太平天国一下子处于非常被动的战略地位。洪仁玕虽然没有直接指挥安庆的攻防战，但是作为天国的总理，所有战略都由他最后拍板，因此他负有最终的责任。现在嘉定城已在太平军的掌控之中，如果南路军和北路军能够迅速占领上海，至少可以扼住上海这个出海口，可以减轻失去西边战略要地安庆的被动，更重要的是，洪仁玕让太平军的将军们看到，他洪仁玕虽然不带兵打仗，但他可以运筹帷幄之中，不用一兵一卒，照样能够拿下战略重镇。

　　戴沃伦一入座，洪仁玕就开了口。

　　"戴先生，你辛苦了，嘉定不战而定，意义重大，你的功劳，我们太平天国不会忘记。我代表天王向你感谢。"

　　"不过，干王，我其实什么也没干哪。"

　　"这就是本事，什么都不用干，就能拿下一座防守严密的城市，当然要比浴血奋战、死伤百千而拿下一座城市要好得多。我们中国古代有个叫孙子的人，是个大军事家，他说过，故善用兵者，屈人之兵而非战也，拔人之城而非攻也。也就是说，不战而使敌人屈服，是好中之好的谋略。我们中国人还说，一人之辩，重于九鼎之宝；三寸之舌，强于百万之师。戴先生能用三寸不烂之舌，说动嘉定守军投降，不战而屈人之兵，为我北路军打通东进的道路，让我北路军保存了实力，此功实在不小。目前太平天国西边战事遭遇挫折，安庆失守，天京西边门户洞开,战略压力倍增,所以,太平军迅速占领商业重镇上海,控制东边的出海口,战略意义极其重大。"

"安庆失守,我也听说了,这样天京西翼暴露,清朝军队可沿江而下,直取天京。干王打算如何应付?"

"我们沿江还是有很强的防御,长江上也有我们的水兵战船,太平军的水军实力不小。清妖想沿江而下直取天京也不是那么容易。我希望能够迅速拿下上海,控制出海口,这样可以机动部分军队回防天京。"

"天国大事自有干王操心。我离开之前希望能够见到香玫,干王曾答应过我,只要我能说降嘉定,就可以帮忙。现在是否还是这样?都说天王后宫管理甚严,无人可进去,不知干王如何能让我进得宫里?"

"戴先生放心,我答应过的事情,一定会做到。每个周日,罗神父会进天王府里,给香玫做礼拜。几年前天京事变,北王韦昌辉诛杀东王杨秀清之后,又聚众攻打天王府,当时天王在天京城内无兵可用,情形十分危急,只好动员府内女眷守护,幸好,香玫入宫之前曾带女兵打过仗,就临时组织了一支宫廷女兵敢死队,以二十宫娘娘的身份亲自带队,率领女兵出其不意地从宫中杀出,人人奋勇向前,韦逆不曾想到宫中会突然杀出一支敢死队,惊慌之中,人群散尽,韦逆被擒,解救了天王府的危急。因为这事,香玫在宫中地位甚高,宫中女眷无人可比,天王在宫中专门建造教堂一座,特许神父每周可以进宫一次,在宫中教堂给香玫做礼拜。"

"干王的意思是,我冒充罗神父进宫给香玫做礼拜?"

"对。周日那天,罗神父会身体不适,无法进宫礼拜,只好临时找个替代的神父,也就是你戴神父。不过,这事,你知,我知,罗神父知道,其他人就绝对没有必要知道了。我想,戴先生是明白这个道理的,对吗?"

"当然。只是,进宫之后,要是被人认出不是罗神父,怎么办?"

"宫中没有人见过罗神父,每次进宫之前,罗神父都必须戴好头套,只有在忏悔室里才可以脱下。你的身高和罗神父差不多,进天王府之后应该不会有人认得出来。"

天王府的前身是明朝朱元璋所建的汉王府,清朝入主中原之后,这里被辟为两江总督署衙门,1853 年太平军占领南京,洪秀全就在两江总督衙署的基础上扩建为天王府。天王府正式的名称是"天朝宫殿",像太平天国的其他王府一样,天朝宫殿的前面是天王日常办公的场所,也是和天朝群臣计议国事,接见外国使臣的地方。天王府的后面是天王的后宫,那是天王和他的一大群嫔妃居住

的宫阙,那里没有任何外人可以进入。后宫里面,成年男人只有一个,那就是洪秀全。洪秀全反对阉割,认为阉割违背基督教教义,因此宫中不用太监,所有各种日常服务事项都由宫中女官提供。

天王府壮丽华美,殿阙巍峨,坐北朝南,呈长方形,周围十余里,宫墙高数丈,蜿蜒环绕,宫墙之外开凿宽深七米的护城壕,绕宫墙一周。天王府宫墙有内外两层,把王府分为两座宫城,外叫"太阳城",内称"金龙城"。在当时,天朝宫殿的规模,与清朝北京的紫禁城不相上下。

天王府宫墙之外的最南端,是一条长约三百米的大照壁,上面彩绘着狮虎龙象、鸟蝶花草等各种图案,天王如有什么诏旨,也都挂贴在大照壁上。紧挨着大照壁的北面是一个巨大的广场,平民百姓也可到广场上活动,广场的东西两头各有一座朱漆的牌坊,遥相呼应,牌坊边各立一块下马碑,所有官员平民来到这里,必须下马步行。广场中间是一个巨大的圆形"天父台",高约数丈,那是每年天王生日之时,洪秀全登台礼拜祭祀天父的地方。平时,百姓也可上天父台礼拜祭祀,不过必须正衣脱冠,上台后必须礼拜天父。

广场的正北,和大照壁相对应的,是品字式三座高耸的牌坊,称为天朝牌坊,中间那座全金立匾,上书"天堂通路",左右两座分书"天子万年"和"太平一统"。穿过天朝牌坊是横卧护城壕上的五座拱桥,称为五龙桥,中间那座,只有天王可以过,他人可使用边上的四座拱桥。穿过五龙桥,就来到了天朝宫殿外城的第一道门"天朝门",门前卫士穿戴整齐,个个虎背熊腰,刀枪林立,戒卫森严。天朝门两边一字排列上百对大铜锣,天王上朝时,每对铜锣边就站立一个士兵,整齐地轰击三通铜锣,意思是晓谕天下,天王要开始办公工作了。天朝门广场两边各立三排朝房,那是等候进宫见天王的大臣或客人等候的地方。

过了天朝门之后是外城的第二道门"圣天门",穿过圣天门,就进入内城,可以直达天朝宫殿的核心位置,那里有天王上朝坐的镀金沉香龙椅,龙椅上方置有全金匾额,上书"太平一统"。

戴沃伦由干王府的人带着来到圣天门,戴沃伦穿着全黑的神父衣服,颈脖子挂着长长一条念珠项链,串着一个白色的大十字架,挂在胸前,手里握着一本《圣经》。守门的军官看了洪仁玕的手谕,领着戴沃伦来到边上的一座边门,进了边门后,直接连着的是一间小屋。小屋里有一张凳子,显然是让人在这里等候的地方,小屋没有窗,只有两边相向的两扇小门,一扇就是军官带戴沃伦进来的,正对面墙的另一扇门关着,估计那是通到内宫的。

军官对戴沃伦特别尊敬,点头哈腰的,不知道是因为神父的身份,还是因为洪仁玕的关系,一直找着话题同他说话,戴沃伦不愿意说太多的话,就简单应答敷衍着军官。进到小屋后，军官不知从哪里拿来了一顶黑色的头套，不好意思地对戴沃伦说：

"戴神父，您这是第一次来给娘娘做礼拜吧？"

"是的。"

"戴神父先请坐。"

戴沃伦在凳子上坐下。

"那我跟您解释一下，以前罗神父每周来这里，我都不用解释，他已经非常熟悉这套规矩。那一扇门是通内宫的，进那里之后，您必须时刻戴着头套，一会儿有两个宫里的女官姐妹来领您进去，直接到宫中教堂的忏悔室里，您只有在忏悔室里没人的时候，才能将头套取下。您要记住，一旦在有人的地方，被人看到你没有戴头套，您就会被处死。戴神父切记。"

"明白。"

"戴神父请千万不要介意，这些都是宫中的规定，我只是把规定告诉您一下。其实我们对神父是非常尊敬的，不过，宫中有它自己的规矩，只要按规矩做事，都不会有什么问题。我们还是遵守规矩比较好，对吧？"

"当然。"

说完，戴沃伦就主动把头套戴在了头上，用手一拉，头套从头顶盖下，一直拉到了下巴下面，眼前一下全部黑了，什么都看不见。

"好的，戴神父请稍等，我得先离开了。"

戴沃伦听见军官走过去敲了几下门，然后又听见脚步声，反着走向另一门，接着就是关门的声音。

过了许久，通内宫的门开了，有脚步声走近，来到戴沃伦边上，有人在他左右两边把他搀扶起来，好像是两个人。从手的力度判断，可能是两个女人，戴沃伦心想：这可能就是军官说的两个宫内的女官姐妹。

"罗神父好！让您久等了。"女人的声音。

"嗯，没关系。"戴沃伦不敢多说。

"那我们赶紧进去，否则要是娘娘等久了，我们要挨骂的。"

听见门开的声音，戴沃伦被两人搀扶着往里走。走了一阵，上了些台阶，感觉是进到了一个房间，从脚步的声音判断，这个房间应该比较空旷。他们在一个地方停止，两人的手在戴沃伦的胳膊上松开。

"罗神父，请向前跨一步。"

戴沃伦向前跨了一步，身后响起轻轻的关门声。

"罗神父，您可以把头套脱了。娘娘过会儿来。"

　　戴沃伦脱了头套,发觉自己在一个狭小的空间里,他知道这是忏悔室,便在里面的凳子上坐下。坐下后,他打量了一下这个狭小的小隔间,这是一个仅够一人坐着或站着的地方,四周完全封住,可能因为日久天长,那扇门有点变形,导致边上有个细小的缝隙。他往前面欠了欠身子,凑近那道细缝看出去,能微微看到这是一个很大的大殿,视线所及正好是这大殿的门,门口站着两个女人,估计那是刚才领他进来的两个女官。戴沃伦又换着不同的角度,试图看到更多一点,但是其他的一点都看不到。

　　等了很长时间,但香玫一直没有出现,大殿里寂静无声,戴沃伦忐忑不安地坐着等,只听到他自己粗粗的呼吸声,他心里有点烦躁,不知道为什么她那么久没有来,难道是知道他来了,不愿意见他,故意避开吗? 或许是当了天王的贵妃,故意要摆摆架子? 也许是天王知道了这事,阻止她来的? 她真要来了,我怎么开口呢? 知道他还活着,她会怎么想? 她会恨他吗? 她会不会对他还有些许感情?

　　时间就这样慢慢过去,戴沃伦从来没有觉得时间走得能这么慢,他正在那里胡思乱想的时候,听见大殿门开的声音,远远地传来,听起来,那门特别沉。

　　"娘娘请。"那两个女官弓着腰,低着头,迎接香玫。

　　从门缝里看出去,见有一个长得高高的女人,穿着华丽的衣服,从门口闪了进来,衣服上绣着些图案,但是从门缝里看远处,看得不是特别清楚。戴沃伦紧盯着门缝往外看,他看到了那熟悉的身影,那就是以前的玫姐,戴沃伦忘不了。一会儿那身影就从门缝里消失了,脚步声越来越近。随即就是开边上那个隔间门的声音和关门声,然后就听见有人轻轻地坐下。

　　"罗神父,我来晚了,刚才正好宫里有点事,让您久等。"

　　没错,那是香玫的声音,戴沃伦不会忘记,还是那样清脆,那样有磁性,快二十年了,这声音还是和以前的一样。

　　戴沃伦犹豫着,不知道该如何开口。

　　"罗神父,您在的,是吗?"

　　见隔墙的另一边没有回应,香玫忍不住敲了敲隔开两间忏悔室的那面薄薄的木板。

　　"玫姐,是我。"戴沃伦小声地说,叫玫姐是如此自然。

　　只听见香玫从座位上滑落下来的声音,手重重地撞在了忏悔室的木板墙上,发出的撞击声,在空旷的大殿里显得特别沉闷。

　　"玫姐,我是沃伦,沃伦,戴沃伦。我没有死。我来看你的。"

　　戴沃伦非常小声地说。

可能听见香玫滑落的声音,站在门口的两个女官开始往忏悔室走来,脚步声越来越近,戴沃伦的心跳也越来越快,他忍不住用手在胸前画起了十字。

初次听见戴沃伦的声音从隔壁传来,香玫大吃一惊,她以为见鬼了,想站起身逃出去,刚一站起来,脑后一阵发凉,那股凉劲从脑后沿着脊椎一路飞速往下,传递到脚跟,她腿一软,身子滑倒在那个狭小的空间里。

每个星期天是香玫最盼望的时刻,这天都会有一个神父来和她一起祷告,天王后宫的所有女人里,只有香玫有这个特权,一方面因为香玫和洪秀全一样,都是客家人,是老相识,当年洪秀全在广州罗神父处学习《圣经》时两人就认识了;另一方面,香玫很早就跟着洪秀全到处传教,而且在被洪秀全纳为妃子之前,还曾带女兵打过许多战役,立过战功;更重要的是,在天京事变中,香玫率宫女们成功地冲散了北王韦昌辉围攻天王府的叛军,让天王府解了围。所以自天王府转危为安之后,洪秀全就给予香玫特别许可,允许她每个周日见神父一次做礼拜,还特别在宫中选了一个大殿,改装成教堂,作为香玫的礼拜室,但是,宫中的规定还是要遵守,后宫里女人是不能让外面来的男人见到的,因此礼拜只能在忏悔室里进行,所以,虽然是每周见一次神父,其实洪香玫和神父相互之间见不到对方本人,只能隔着忏悔室薄薄的隔板说话。

一年多前罗孝全来到天京,成了香玫的专职神父,从那时起,她每个星期天都见罗神父一次,不管刮风下雨,从未间断过。罗神父是老朋友,在广州时,香玫就经常去罗神父的教会,现在罗神父在天王府为她做礼拜,和她一起祷告,让香玫感到非常亲切。

对香玫来说,每周一次的礼拜,不光是净化心灵的过程,也是了解天王府外面世界的唯一渠道。天王规矩很多,绝对不允许他的女人们同外面接触,进宫之后,就像是同外面的世界永远隔绝了一样。香玫非常不习惯,但那是天王的规定,她也没有办法。

今天像往常一样,香玫高高兴兴来礼拜房见罗神父,她绝对没有想到从隔壁传出来的声音,根本不是罗神父的,而是深藏在她心中某个人的,当年在她倍感孤独的时候,在所有男人见了她都避之不及的时候,是这个男人向她表露了爱慕之心,并对她投入了纯真的感情。当然她也投桃报李,在众人异样的眼光下,毅然与之交往,甚至到了谈婚论嫁的程度。这个男人在十多年前就死了,他被清妖陷害,投入死囚,被清妖砍了头,甚至连他的尸首都不知道埋在哪里。这声音怎么可能是他的呢?

当戴沃伦再次开口,说他没死,而且那声音如此的真切,香玫意识到,坐在隔壁忏悔室里的肯定是他了,没错,是他,她心里一直深藏着的那个男人。

这时,两个女官已经来到忏悔室的门口。

"娘娘,您可好?"

"我没事,你们回门口去,不到时候,不要再过来。"

两个女官往门口走了回去。

香玫又坐回座位上,整理了一下衣服和头发,似乎隔壁的戴沃伦可以看见她一样。她努力让自己平静下来,告诉自己,她现在已经不是当年的洪香玫了,而是天王的两十宫娘娘,以前的儿女情长,都已经离得非常遥远。

"沃伦,真是你?你还活着?"

"是,是我,我还活着,玫姐。"

戴沃伦特别说得比较慢,一个字一个字地吐了出来。

"他们说你被砍了头,尸骨埋在了一个秘密的地方,把你带血的衣服给我送来,我找你好多天没找到。你怎么……怎么……"

"没死?"没等香玫说出口,戴沃伦就接口说了出来,"我从监狱逃了出来。"

"那可是级别最高的监狱,想从那里逃出来,就是变成苍蝇蚊子,都不可能做到。你怎么跑掉的?"

"那里以前是伍浩官的仓库,捐给了官府后改成监狱。监狱下面都是伍浩官挖的地道,后来大家都忘了,陈麦南找到地道,打通地道后救了我。本想一出来就去找你的,但那监狱离城比较远,又碰到英清打仗,耽搁了些日子,等我进城去沁云楼找你,他们说你已经走了,谁都不知道你去了哪里。"

香玫重重地叹了口气。

"我那些天很难过,恨死清朝朝廷了,当时想着就是要为你报仇。我一个弱女子当然没法跟清妖直接去拼,正好天王那时派人来找我,我就跑去加入了天王的拜上帝教,造朝廷的反,杀清妖,建天国,为你报仇。"

"那你怎么不给家人留下任何信息,至少知道你在什么地方,可以放心,也许他们可以去找你啊?"

"造反可是全家抄斩的活儿。清妖一直在抓我们拜上帝教的人,我跟着天王造反,并不想连累家人,也不愿意家人为我担忧。我做的事情,我一人担当。"

"我找你找得好辛苦啊。"

那边一阵沉默。又是一声叹息。

"谁知道你还活着呢?这一晃都二十年了。当年在广州,我们在一起,那是我最开心的时候,那个时候,我们多年轻啊,有的是充沛的精力,没有过多的考虑,有时静静地坐着,只要有你陪着,就是不说话也很好。"

"是啊,那是一段很值得回味的时光。我们可以窝在房间里,可以整天不出门,就好像外面的世界和我们没有任何关系。"

"现在有时候,夜深人静没有别人的时刻,我还会想起你,会想起以前我们在一起的时光,有时候我会梦到你。你有想起过我吗?"香玫问。

戴沃伦心里浮起丝丝暖意,原来,她还想着他。

"当然,一直在想,你到底去了哪里,怎么就一走没有了任何踪影。兵荒马乱的,你一个人怎么活呢?"

"天王派人来接我去了广西,我们起事之后,我还组织了一支女兵队伍,我一直带女兵打仗,别小看我们太平军的姐妹们,我们巾帼不让须眉,一样冲锋陷阵,杀了不少清妖,为太平天国做出重大贡献,天王经常嘉奖我们的女兵队伍。你看,我们太平天国从广西小乡村走出来,一路杀到天京,占有半壁江山,不久就要打到北京,赶跑满洲鞑子,复兴中华指日可待。到那时候,天父的荣耀将覆盖在全中国的大地上。"

洪香玫一说起她带兵打仗的事,声音变得响了一点。

"我真佩服你,你还能带兵打仗。我以前绝对无法想象,你能在刀光剑影、血肉横飞的战场上带兵杀敌。"

"这都是被逼出来的,我要是现在还带兵打仗,说不定我也是个什么王——女王。可惜,天王选我进宫,我从那时起就没有同清妖打过仗。不过,在外面打仗杀清妖是奉献天父,入宫陪伴天王,也是奉献天父。我们太平军人才济济,又有天父的保佑,没有我,一样打胜仗。"

戴沃伦苦涩地轻轻笑了一下。

"我想了几十种关于你的可能性,就是没想到你会带兵打仗,更不会想到你成了天王的妃子。"

"人生旅途中有许多岔路,每条岔路都引向不同的结果,而且走上了一条岔路,就别想回过头重新来过。我在想,要是当年你没有被关进死牢,或者我也没有离开广州去参加太平天国,我们现在会是个什么样子?"

"也许现在我们都在纽约,生了一大堆孩子,每个周末我带你去教堂礼拜,平时带带孩子,带孩子会很忙的,尤其如果孩子多的话。要有时间,就同朋友和他们的家人聚聚,骑马打猎,吃烧烤,喝红酒,到不同的地方休假,也许去英国玩,或者去森林里住几天,也可以再回广州故地重游,看看老朋友,不过从纽约到广州要花很多时间。在纽约的生活很安逸,很舒服,但同时也会很无聊。"

香玫沉默了,她曾经想过这样的生活方式,当时戴沃伦就答应过,要带她上纽约的教堂礼拜,而且每个周日都去。不过,那样的生活,现在,却离她很远很远。

两人就这样沉默着,整个大殿寂静无声,隔着薄薄的木板,可以听见对方的呼吸声。

还是香玫先打破沉默。

"不说这些,已经离我太遥远了。广州,我自从离开之后,再也没有回去过,那是个我经常梦见的城市,不知现在变成什么样了。我一直想着我舅舅一家,现在是否过得还好,阿一有没有到处惹是生非。等赶跑满洲鞑子之后,我一定要回广州去看看。你还住在广州?"

"英清战争结束后,我回了纽约,一年多前又回到广州住。我不久前去了趟沁云楼,你舅舅已经过世,阿一不知去了哪里,见到你表妹林可悦,长得和你以前很像,她已结婚嫁人,现在在管沁云楼。"

"变化真大,可悦当时还是个小女孩。沁云楼还在卖鸦片?"

"是,不过沁云楼已经大不如以前了,鸦片合法化之后,广州烟馆遍地都是,竞争非常激烈。我在那里还看到了你当时弹的古筝,你表妹把它送给了我。琴弦断了几根,修一修还可以弹。你在宫里弹吗?"

"我有一架古筝,有时候闲得无事弹弹解个闷。你怎么会找到我的?"

"这次正好到上海和天京看些生意,碰到了罗神父,才知道你的消息。通过干王的帮助,我才得以冒充罗神父进宫看你。"

"哦,千万小心,不能让别人知道,否则这是死罪。说说你的情况。"

"我就是一个生意人,没有什么奇特的经历,从广州回去后,我基本退了休,做做投资而已,但这几年投资状况不是太好,就又重新回广州做点生意。"

"几个孩子了?"

"现在七个。"

"还准备生啊?我知道你喜欢很多孩子的。"

"也许吧。"

"你夫人叫什么?"

"凯瑟琳,波士顿人。"

"她对你好吗?"

戴沃伦不知道香玫为什么要问这个问题,不知道怎么回答,说很好吧,在这个场合好像不太对;说不好吧,好像也不对,就模棱两可地回答:"还可以。"

"这就好。"

"你在这里开心吗?"戴沃伦问。

"当然。我已经把自己奉献给了天父,在天父面前,我们实在是太渺小了。基督为了普天之下受苦受难的民众献出他的生命,现在天王为了解放满妖统治下苦难的中国人民,为了中华民族的复兴,为了四万万中国人在自己的家园能够当家做主,建立了太平天国。我能参与到这一伟大的事业当中,这是我的荣幸,为了天父天国,我牺牲生命都在所不惜。我还能不开心吗? 我在这里每天都怀着喜悦感恩的心情。"

这次,戴沃伦沉默了,他知道,香玫现在是一个狂热的拜上帝教信徒,洪秀全忠实的追随者,他和香玫生活在完全不同的空间里,他们无法再有交集,他不可能说服她去追求过一个普通人的生活,即使她想过一个普通人的生活,也是她无法可以选择的,或许她根本就不羡慕那些纽约太太平庸的日子,打猎烧烤喝红酒,或许对香玫来说毫无意义,这里就是她生命的全部,是她这一生的归宿。他以前的玫姐,在这个世界里已经不复存在了。

"玫姐。"戴沃伦终于开了口。

"嗯?"

"我这里还有你给我的白玉十字架项链,我一直戴着。现在我想还给你,这毕竟是你母亲给你的,你说过,戴着它,会一直保佑你的。你看我怎么给你?"

香玫没有回答,大殿里鸦雀无声,戴沃伦隐约可以听到从隔壁隔间传来的,微微的呼吸声音。

终于,香玫开了口,带着一种惆怅。

"你留着吧,我们缘分一场,我没什么能给你留下的,这条项链,就当是我这辈子给你的唯一的东西,要是你还能想起我的话,就摸摸它,既是天父对你的保佑,也是我对你的保佑。我已经不需要了,我有天父天王的保佑,天国的大门已经向我敞开,我随时可以回到天父的身边。"

戴沃伦的眼眶湿润了。

"好吧,既然你这么说,我就留下这根项链。我会想起你的。"

一个女官走了过来,走到忏悔室前停住。

"娘娘,时辰已经不早,礼拜该结束了。"女官说。

"好的。我和罗神父还要再诵读一遍《圣经》,读完就走。你先退回去,不要再过来了。"香玫对女官说。

女官又退回到了大殿门口。

"沃伦,你什么时候回广州?"香玫问。

"应该就这几天离开天京。"

"你应该尽快离开天京,越快越好。天京城里对你来说并不安全,危机四伏。听我的,出宫之后就立刻收拾行李。"

"好吧,我会尽快的。"

"沃伦。"香玫在轻轻地喊他。

"嗯。"

"这里。"

"嗯?"

"往我这边看,上面一点。"

香玫轻轻敲了下他们中间的木板。戴沃伦顺着声音看过去,在他头上面一点,有一个很小的洞,香玫伸了根手指过来,正在那里晃动着。他赶紧把手提起来,用食指钩住香玫的手指,两个手指就这样紧紧地钩在了一起,生怕稍微一松,另一个手指就会消失了一样。

两滴眼泪从戴沃伦的眼眶里掉了下来。

许久,香玫终于松开了手,但戴沃伦还是紧紧地扣住香玫的手指,生怕一松,香玫就会消失得无影无踪。

"到时候了,天下没有不散的筵席,再好的筵席,都有散伙的时候,我该走了。你自己保重。"

香玫从小洞里收回了手指,站起身,推开忏悔室的门走了出去。戴沃伦听见脚步离去的声音,他俯身前去,将脸凑近门的细缝处,从那里可以看到香玫高高的身影,昂着头,华丽的服饰,飘飘然,没有回头,渐渐远去。两个女官低着头,大殿的门已经打开,最后香玫闪出了大殿,就像一阵青烟,消失得无影无踪,大殿里又恢复了寂静,戴沃伦只听见自己粗粗的呼吸声。

戴沃伦深深地叹了口气,他鼻子又一阵发酸,但是哭不出来,他下意识地抹了下眼睛。

他知道,这应该是和香玫的永别。

戴沃伦带着满怀的惆怅回到了客栈。从天王府到客栈有段不短的路程,坐马车要老半天,在马车里,戴沃伦满脑子想的都是和香玫在忏悔室里的对话,他还想了无数种可能性:假设当年洪香玫没有离开广州,假设当年英国人没有打进来,或者假设当年英国人晚个把月再打进来等。无数个假设,后面所对应的无数条轨迹,让戴沃伦浮想联翩,直到马车在客栈前戛然停住,才把戴沃伦拉回到现实。他是个现实的人,知道历史无法假设,再怎么假设,那都是虚无缥缈的东西,现在真实的是,他戴沃伦是一个有老婆孩子的人,他的老婆叫凯瑟琳,而且有七个可爱的孩子,他是曾经的纽约大富豪,破产之后又到中国重走致富之路,今天他为养家糊口而奔波,为重获财富而在一个东方古老的国家重操旧业,倒卖鸦片。而洪香玫是占有半个中国的天王之妃,他们两人的轨迹,自从离开广州起就已经分道扬镳,以后不可能再有交集,以前的交集,也只是饭后谈资,或者在没人的时候,独自一人细细品味的回忆。

"戴先生回来了? 刚才有人来找你。"

刚一跨进客栈的小门,客栈老板就迎了上来。这是个廉价的客栈,位于天京城最东北角的偏僻地段,那里离各大王府聚集的城中心比较远,居住的都是来自周边的农村移民,人员混杂,嘈杂肮脏。戴沃伦想要省钱,这里是能找到的最便宜的客栈。

听说有人找他,戴沃伦很好奇:难道是罗神父专门跑来找他?

"谁? 是个洋人吗?"

"不是,是个中国人。"

他记得只告诉过罗神父一个人他住在这个地方,难道罗神父有什么重要事情,让人来找他? 戴沃伦谢过客栈老板,决定不回房间,转身直接出了客栈,让马车带着,赶去干王府找罗孝全。

戴沃伦忽然觉得有一丝不安,想起香玫极力催他离开天京的警告,一阵恐惧感向他袭来。

回　程

干王府守门的军官认得戴沃伦,知道他是干王的朋友,以前来过,就没有让他在门口等待,而是直接带着戴沃伦到了罗孝全住的地方。

罗神父住的是干王府前院的厢房,在六部办公室的楼上,一进两间,一间客厅,另一间是卧房,客厅布置得非常中式,正对着门的是一张八仙桌,桌上堆满了书,旁边两把太师椅,八仙桌后面挨着墙的是供桌,和其他中式客厅不同的是,供桌上面没有放任何供品,也堆满了书,那面墙上钉着一个小小的木头十字架。

戴沃伦走进客厅的时候,罗神父正弯着腰,往一个箱子里放书,他已经在那里整理了一整天书,箱子边的地上,堆满了各种书籍,连插脚的地方都难找。

见到戴沃伦进来,罗神父直起腰来,可能弯得时间比较长,他用双手从后面顶住腰部,身子往后仰,来回几下,似乎这样才舒服一点。罗神父今天看上去显得特别苍老,黑色的袍子皱皱巴巴,上面还沾了几颗米粒,在窗外透进来的光线

下特别明显,蓬松的头发盖在头上没有一点章法,看上去非常凌乱,脸上的皱纹比以前显得要深许多,一副心力交瘁的样子。

几天前,罗神父进宫见天王。在那之前天王已经好久没有上朝了,他把自己关在宫里,说是要闭关研习圣经,需要思考人类的终极问题,也就是人和神的关系,天王不愿意外人打搅,一切天国大事,由干王洪仁玕全权处理。所以当罗神父知道天王这天打破闭关,要上朝议事,还要特别召见他,非常激动,特意让人把那条黑色的神父袍子洗烫了,心想着也许经过这么多时间的《圣经》研习,天王可能有新的体会,或许会同意他的建议。

罗孝全把自己当作天国的主教来看待,一年多前罗孝全怀着让太平天国脱胎换骨的崇高理想来到天京,他的目标是让真正的基督教成为天国的国教,而不是现在这样一个自称是基督教,其实是不伦不类的邪教组织。每次天王召见他时,罗孝全都会提出他的建议,包括在天国所辖之地到处设立教会,教会由在正统基督教神学院受过教育的教士担当主持,在太平军每支部队里都委派随军神父,并向每个士兵分发《圣经》,传授正确的基督教教义等。但是,洪秀全对他的建议并不热心,每次都只是礼貌地点头赞许,然后就没有下文了,一年多下来,罗孝全想要做的事,连个影都没有。而洪秀全唯一鼓励罗孝全积极去做的事,就是在上海洋人办的报纸上,刊登赞扬太平天国的文章,向洋人正面解释天国的各项政策。罗孝全的确没有少写这样的文章,这些文章确实不乏对太平天国的赞誉之词,在上海洋人圈内,罗孝全俨然是太平天国的形象代言人。

这天,罗孝全满怀期待地又向洪秀全提出了他的建议,洪秀全却依然像往常一样,只是微笑着点头,表示等到赶跑满妖之后可以实施,目前的战略重点是巩固天京周围的根据地,打通上海的出海口。听到天王如此表示,罗孝全心里一阵失望,心想,自己的努力算是白费了。失望之余,悲愤之下,罗孝全当时就提出要辞掉官职,回上海教会继续传教。洪秀全当时没有表态,只是让罗孝全回去后打个辞呈上来。当天下朝之后,罗孝全就把辞呈递进了宫去。

今天一早,宫里就有人来,把天王批准他辞职的文书交到了他的手上,所以从早上开始,罗孝全就一直在整理书籍,将行李打包,准备启程回上海。

"戴先生,我越来越老,老腰一直弯着,很酸,都没法直起来,老腰都快断掉了。你怎么来了?"

"神父,我从天王府里出来,一回到客栈,客栈老板就说有个中国人来找我。我想,估计是你派来找我的,就直接来你这儿了。你找我有什么事吗?"

"我派人去找你?我没有。可能还有别人在找你有事。"

"那就奇怪了,没有别人知道我住在那里啊。你是唯一一个知道我住在那里的人。"戴沃伦说道,忍不住打了个寒战。

"奇怪了,我没有同任何人说过,难道还有人知道你住那里? 你既然来了,就坐会儿吧。"

罗神父小心从书堆上跨了过去,在太师椅上坐下,让戴沃伦也坐了下来。

"快告诉我,你见了香玫——两十宫娘娘?"

"对,我冒充你进了天王府,里面的人都以为我是罗神父。香玫根本想不到我会在那里,她以为我早就死了,听到我声音,把她吓得半死,以为遇见鬼了呢。"

"她知道你活着,还去看她,她高兴吗?"

"我想她应该高兴吧。你知道的,我们相互看不见。我们在忏悔室里隔着墙说话,相互介绍各自这十几年的情况。"

"你觉得她怎么样?"

"我想这就是她想要的生活吧?"戴沃伦不敢确定地说。

"你后悔去见她了吗?"

"没有。这也算是完成一件未尽之事吧,找到香玫,并告诉她我还活着,一直是我的一桩心事。这次,总算完成了这件事。当然要谢谢你。"

"可怜的香玫,这辈子就在宫里过着与世隔绝的日子。我无法想象,人可以这样过一辈子。"罗神父惋惜地说。

"但是她并没有觉得这不好啊,她认为这同样是在为天父奉献,没有什么可怜的。"

"唉。"罗神父叹了口气,"我也没有机会去同她道别,以后也不会再去为她做祷告了。"

"这是怎么回事,神父?"

"我几天前向天王递交了辞呈,今天刚收到天王的批准函,过两天我就要离开这里。你看,我有那么多书要整理。"

"神父,你要离开天京了?"

"是。我跟天王说,我在上海浦东的教会需要我回去,那里代替我的神父走了,很久都没有新的神父派来,教友们非常着急,一直来信催我,那里需要我回去主持。"

"那天京这边传播教义怎么办? 你当时来这里,就是想要改变太平天国的,想让这场运动成为以真正的基督教教义为宗旨的运动。"

"我努力了一年多,但我可能能力有限,没有能够改变太平天国。我曾多次跟天王讲,如果不按基督教教义传播天父的声音,其实跟邪教无异,但天王不为

我所动,他有自己的想法,他多次跟我说,西方的基督教必须同中国的实际情况相结合,不能照搬西方的教义,不能脱离中国的历史、现状和文化,否则就是无源之水,无根之树。"

"那你觉得天王说的是否有道理呢?"

"基督教理论从创立到现在一千八百多年,从开始的基督和他的十二门徒,发展成为世界第一大教,覆盖几万万人,从欧洲,到非洲,再到美洲,现在正在亚洲普及。不管是在什么地方,基督教的基本教义都是一样的。"

"但是,神父,基督教不是也有各种派别的吗?"

"是有很多,但也没有这样离谱的吧?自称是天父的义子,基督的弟弟,经常会有天父下凡,装神弄鬼,假借天父之命的现象,以实施私意之目的。对百姓行使禁欲之严律,自己则荒淫纵欲,还说这是天父的意思。"

罗神父似乎要把这一年来对太平天国和洪秀全的不满都倾诉出来。

"那神父认为太平天国是个邪教组织?"

"我本来以为可以改造好的,但我觉得我是失败了,所以我再待在这里已经毫无意义。其实,并不是我一个人这样认为的。太平天国占领天京时,西方列强普遍欢欣鼓舞,认为这是基督教在世界人口最多的国家的一次成功实验,纷纷派出代表团来拜会天王,在与清朝相争之中,持中立之立场,甚至偏向太平天国,认为一旦太平天国夺取中国的政权,有可能在中国全面实现基督教化,一定会对西方在中国的商业发展有所帮助。我也曾多次在上海的报纸上发表文章,阐述太平天国的政策,为天国说了不少好话,让西方列强能够有个正面的认识。但是西方列强同天国接触下来后发现,太平天国的基督教并不是他们所熟悉的那种。现在西方列强已经改变态度,上海这边的西方商会,甚至组织了洋枪队常胜军来抵抗太平军的东进。未来太平军攻打上海将会非常艰难。"

"上海已经在打仗了?"

戴沃伦担心回家的路线会不会因为打仗而被卡断,他已经出门几个月,现在他归心似箭,到了应该回广州的时候。

"我得到的消息是,太平军和清军已经正面交锋了,激战在即。"

"那我再不走,就很难回广州了。"

说着,戴沃伦就起身要往外走。

"等等。你刚才说有人到客栈找你?"

"是啊,不是你派去的,我不知道还会是谁。除了你,没有人知道我住在哪里,我觉得很奇怪。"

"天王知道你来天京的事,有人把你在嘉定说降守军的事报告给了天王。

天王是个心胸狭窄的人,尤其是对待他的女人,他认为只要是他的女人,就必须百分之百的是他的人。前段时候,天王新纳一个妃子,没有告诉天王她曾在家乡嫁过人,后来被发现,结局很惨,被天王杖死,而且她的夫家也被全部杀掉。天王不会对香玫怎么样,香玫毕竟有过很大的战功,和天王一样,都是客家人,在宫里是非常有地位的,但现在天王知道你在天京,会不会那人是天王派去找你麻烦的?还是小心为好。"

一阵恐惧感向戴沃伦袭来,他想起香玫再三催促他尽早离开天京的话,心里越发不安起来。

"神父,你想说……"

还没说完,罗神父立马打断了他:"我没想说什么,只是这个时候,还是小心为好。你看天色已晚,你要现在回客栈,要是真有什么事情,你会很麻烦。"

"那我今晚可以留在你这儿吗?明天一大早我就离开,如何?"

罗神父犹豫了一下,看了看满屋子的书。说:"你也许只能在我的客厅同这些书过夜了,我帮你稍微整理一下,腾些空间出来,你就凑合一晚吧。"

次日一早,天还没亮,罗神父就起了床,叫醒了戴沃伦,两人一同到戴沃伦寄宿的客栈取了行李,赶到长江边的码头。戴沃伦雇了一艘小船,同罗神父在岸边道别后,沿江顺流而下往上海驶去。

清早的江面上没有其他船只,静静的江上只有船橹划水的声音,小船在晨色之中迅速地把天京城甩得无影无踪。天色渐渐发白,太阳慢慢地升起,阳光洒在身上,一扫初冬的晨寒。戴沃伦脱下外套,坐在船头看着江面和两岸的景色,江面上来往的船只变得多起来,两岸千篇一律的景色让他有点厌烦,船工面无表情地站在船尾,机械地摇动着船橹,刚开始两人还说了些话,后来发觉也没有什么话题好讲,最后大家都沉默了。戴沃伦觉得有点困,但刚刚离开天京,怕遇上意外,不敢懈怠,打起精神观察着周围的动静。这一路到天黑都没有发生任何事情,两人靠岸随便吃了点东西,在船舱里窝着睡了一晚。

第二天一早,两人又上了路,到了黄昏时分,船工告诉戴沃伦,已经接近上海,决定不再停靠休息,当晚直接到上海的十六铺码头。黄昏的太阳晒在身上暖洋洋的,上海已经近在咫尺的消息,让精神高度紧张了两天的戴沃伦放松下来,困意立刻向他袭来,他无法抵御,和着外套,侧身蜷缩着,躺倒在船舱里睡着了。

一声猛烈的撞击,紧接着,一阵剧烈的晃动把戴沃伦摇醒,他像触电般惊坐起来,船正在剧烈地左右晃动,直觉告诉他,有什么事情正在发生,抬头望出去,

看到透着微亮的夜幕下,一个陌生的中国人正挥舞着一把明晃晃的剑和船工在对峙,有另一艘小船停在边上,刚才的撞击声可能是两船相撞的结果,陌生人肯定是从那小船跳上来的。船工手里拿着一根木棍,上下晃动着抵挡那个陌生人的进攻,陌生人看来身手不凡,闪了几下身子,躲过船工的木棍,一个箭步蹿到船工跟前,一剑刺进了船工的胸口,又一使劲拔出了剑,用手一推,把船工推入江中。

那人转过身来就往船舱走来,在微微的亮光下,那人额头上一道深深的刀痕显得特别扎眼,两道眼光直勾勾地盯着船舱,戴沃伦知道,他的麻烦大了,他非常清楚,赤手空拳绝对不是那人对手,在那个瞬间,他下意识迅速朝四周看了一眼,想找个什么器具作为武器,但边上什么也没有,情急之下,没有片刻犹豫,立马跳出了船舱,那人见戴沃伦跳出船舱,先是一愣,以为是冲他来搏斗的,但见是个赤手空拳的人,微微一笑,摆好姿势就要准备迎架,戴沃伦和那人相互打了个照面,他迅即脱去外套,扔向那人,然后,一个鱼跃,跳入水中。

初冬冰凉的江水立刻紧紧地拥抱住他,那种刺骨的冷,就像无数根钢针在扎着身上的每一个毛孔,但求生的欲望逼迫着他憋着一口气在水下使劲向前划动,直到憋不住才探出头来,想换一口气,头刚一露出水面,就看见那个刺客在水里向他游来,看来,这也是个水性不错的刺客,他一边游,一边举着剑向戴沃伦猛刺了过去。

戴沃伦连忙又把头扎进水里,往水里深深地潜了下去,反转身子朝那刺客游去,抓住他的脚后使劲往下拖,任凭刺客的腿如何乱蹬都始终不放手。那人被拽入水下后一下子失去了平衡,好几次试图用剑来刺,但由于水里阻力太大,都刺偏了。戴沃伦拖着他一直往水底下去,很快,剑从那人手里滑落,两手开始没有任何章法地拼命拍打着水,挣扎着试图想脱离戴沃伦,但是已经太晚了。戴沃伦利用自己超强的憋气能力不断挑战时间极限,渐渐地,刺客挣扎的幅度越来越小,最后一动不动地漂浮在了水里。

戴沃伦见状立刻松开手,一用力,身子往上蹿出去,头冒出水面后急速地喘着气。从江面上望去,船已不见了踪影,他只好朝远处的岸边游去。戴沃伦是水手出身,年轻时在海里游几个时辰都不在话下,但现在他已不再年轻,冰冷的江水让他的手脚渐渐失去了知觉,身子变得特别沉重,每次蹬腿或者挥手,就像是拖着一个很沉的包裹,似乎要用上十倍的力气,更要命的是,每次一挥左手,左肩膀就传来一阵火辣辣的剧痛,他用右手一摸,才发觉左肩有一道伤口,估计是被刺客的剑刺伤的。

他游得越来越慢,几乎用尽了全身的力气。眼前出现了一些稀奇古怪的景象,他看到了自己在一望无际的大海里游泳,海浪一层层向他袭来,他顺着波浪冲上浪峰,看到洪香玫站在前边的浪峰上看着他,向他微笑,一会儿他滑向波底,眼前一片漆黑,好像无底的深渊,紧接着又被冲上浪峰,洪香玫已经不见了,取而代之的是凯瑟琳在向他招手,他挣扎着想向凯瑟琳游去,但全身似乎被什么捆住了,浑身没有知觉,动弹不了。又一个波浪袭来,他滑向波底,越来越深,深不见底,凯瑟琳不见了,什么都没有了,一切都是漆黑一片。

"醒了,谢天谢地!"

眼皮很重,像被胶水粘住一样,戴沃伦使了下劲,微微睁开了眼,昏暗的光线下,一男一女两个中国老人正对着自己看,他们俩的脸离他的如此之近,让戴沃伦产生了一阵恐惧感,他本能地努力把头转向一边。这是一个简陋的房间,小小的窗户洒进些光线,看不清房间里摆放着什么东西。

"先生,你真能睡,好几天了。"老先生说道。

"好几天? 我还活着?"戴沃伦微弱的声音有气无力。

"活着,我也以为你要死了呢。你已经睡了整整五天了,我打鱼回来,看到你趴在岸边,大半个身子泡在水里,我以为又是一具死尸,这里经常有死尸冲上岸来,我已经见怪不怪了,本来没想管闲事的,但看你那洋人模样,觉得奇怪,这儿洋人被冲上岸来的,还真没看见过,我好奇,就过去多看了你一下,才发现你还活着。我让人帮着,把你弄回家来。你一直昏迷不醒,浑身火烫火烫,时不时还打摆子,肩膀上有个伤口,伤口还化了脓,我们真担心你再也醒不过来了。阿弥陀佛,菩萨慈悲,让你再生,也算你的命大福大。"

戴沃伦想要坐起来,稍一使劲,只觉得眼冒金星,天旋地转,他感觉浑身火烫,一点也没有力气,只好作罢。

"这里是什么地方?"他轻微地问道。

"这儿是卢家镇,隶属嘉定县,比较靠近上海。我们这里三百户人家,大都姓卢,以打鱼为生。我也姓卢,就叫我卢老伯好了。先生贵姓?"

"我姓戴,他们叫我戴沃伦。"

"戴先生是哪里人? 中文讲得那么好,怎么到了这里?"

"我是美国人,住在广州,这次到天京出差,回上海的路上,遭遇恶人行刺,我跳入长江逃生,幸遇老伯相救,否则必死无疑。此次救命之恩,下次一定相报。"

"戴先生不必客气,救人一命,胜造七级浮屠,救人之心,人人都有,要是我们镇上别的邻居见到,也一定会救的。戴先生醒过来,我们就谢天谢地了,你现

293

在脸还发烫,身子还很虚弱,要好好静养几天身子才能走,先别着急。而且,上海那边尚在打仗,你也过不去的。"

"上海已经在打仗了?"

戴沃伦心里越发着急,他这次出门太久,虽然时有信件送回广州家里,但毕竟来回信件时间很长,怕家里人担心,家里那么多孩子,他们的情况如何,也让他挂记,还有公司的业务,虽然有陈麦南处理,但也需要他早日回去。

"已经打了好几天了,据从那边逃过来的人说,太平军南北两路会合后,向上海进发速度很快,但在一个叫徐家汇的地方被拦住了,皇上的兵也很厉害,也有洋枪洋炮,听说两边都死了不少人呢,两边就这样来来回回,在那里僵持着。阿弥陀佛,作孽啊。本来我们小老百姓也不关心这些,争天下的事,谁坐龙椅,和我们小老百姓哪有什么关系? 作孽的是,我的两个儿子,一个在太平军里当兵,另一个被官府抽了丁,去为皇上当兵,你说这作孽不作孽啊,兄弟之间要相互厮杀,我们忧心死了,真不知道如何办是好啊。"

说着,卢老伯长吁短叹地唉了几声,卢婆婆站在边上,用手抹着眼睛,已经哭得泪人似的了。

"老伯宽心,说不定他们的兵营并不在上海,不会去打仗的。你们都是好人,中国人都说,好人有好报,应该一切都会平平安安的,不用太担心。"

戴沃伦见两人忧心的样子,不知道如何安慰才好。他想到自己的七个孩子,真为自己不用操这份心感到幸运。

"但愿如此了。"卢老伯无奈地说。

卢婆婆抽泣着走到墙角,墙角是个灶台,卢婆婆点着火,一会儿工夫,卢婆婆捧着一碗鱼汤过来。

"戴先生,这里是碗鱼汤,老头今天一早打来的鱼,我们这里没有其他的东西,这新鲜的鱼汤喝下去,保证你几天就会有力气。"

戴沃伦心里一阵感动。

列王许远拿下嘉定城之后,稍作休整,留下一部分兵将守护,精挑了三千兵马就往上海进发。自从沿长江的上游城市安庆失守之后,太平天国的战略重心就变成打通到上海的出海口,许远的目的,是和从浙江来的南路太平军在上海会合,南北夹击上海县的最后一道防线——徐家汇。

为缓解天京的西线压力,太平军江浙总指挥忠王李秀成集合大军进攻杭州,围城两月,杭州城内弹尽粮绝,城破之际,浙江巡抚不愿投降,自杀身亡。攻下杭州之后,李秀成就从南面攻向上海,这一路势如破竹,下嘉兴,破青浦,取松江,清朝的兵勇似乎不怎么中用,同太平军一接触就溃败下来,直到来到上海县城外围的徐家汇,太平军才遇上了难啃的骨头,几次强攻,损失了不少兵将,仍然无法攻下徐家汇。李秀成本来想速战速决拿下上海,打通从天京到上海出海口的这条通道,这下被徐家汇挡住,眼看就要变成一场旷日持久的攻城战,李秀成心里着急,急令列王许远从北路增援,试图以强兵南北双向碾轧徐家汇的守军。

北路军由许远率领,急行军从嘉定赶来上海,先攻下闸北,然后绕道攻取静安。天王专门嘱咐,不要惊扰上海的租界,免得引起国际纠纷,导致西方列强的参战。上海县城北面有英法两条租界挡着,所以许远必须往西绕过租界,攻下静安之后再往南杀向徐家汇。一旦打下徐家汇,太平军就可以从西往东直取上海县城。

镇守徐家汇的不是清朝的正规军,而是刚练成不久的一支淮军,这支军队的首领叫董大义,安徽巢湖人,曾经是太平军的将领,后来投降了清朝,因为同是老乡的缘故,董大义跟随安徽人李鸿章南征百战,太平军准备攻打上海时,他率领着四千淮军,坐着西洋轮船,从安庆沿长江强闯太平军辖区进入上海,在徐家汇建立了营地。这群衣衫不整的民间武装进入上海时,受尽清朝兵勇和上海士绅的嘲笑,所有人都不觉得,这支杂牌军能够有什么用处。几场战役下来,偏偏就是这支民间团练部队,硬是挡住了太平军的进攻。清朝正规军才对这支部队正眼相看。

董大义的部队虽然衣衫不整,但受到的是西式训练,雇了几个德国人作为军事顾问,使用的是当时最先进的西式步枪,还有几门小炮,打起仗来骁勇无比,不怕死伤。董大义知道,太平军不敢冒犯租界,想要攻打上海城的唯一途径,必须经过徐家汇,他就让部队沿徐家汇教堂外围修筑了一条土墙。土墙不高,但作为一道防护,从上往下放枪,效果还是很好。太平军虽然有威力比较大的大炮,但太平军信仰上帝,不敢对着教堂放炮,怕炸毁了教堂,这让董大义有点有恃无恐。

许远的部队在徐家汇北面扎下营寨。第二天一早,太平军发起了进攻,从南边和北边两个方向,成队的太平军士兵端着步枪长矛冲到土墙下面,土墙上面一排排密集的子弹倾泻下来,冲在最前面的太平军士兵倒了下去,后面的士兵踩着前面士兵的尸体又继续往上冲,这批士兵又被土墙上面洒下来的子弹放倒。就这样,土墙前,一批批士兵像潮水那样涌来,密集的枪声之后,倒在了土墙前方。土墙下面,堆满了尸体,就好像退潮后留在沙滩上的海藻。

董大义站在教堂的塔楼上观战,看到太平军前赴后继地倒在了土墙前,不禁为太平军的英勇而赞叹。董大义太知道太平军了,他当年在太平军里曾经历过不少大仗小仗,知道太平军将士们视死如归,他们把这当作是去天国的捷径,他们一直被洗脑,认为在他们的躯体为天国倒下的片刻,也是他们灵魂升入天国面见天父的时候。董大义在太平军里一直升到中级将领,后来看到太平天国内讧,几个王之间杀来杀去,直接领导他的那个王被杀之后,他为了自保,离开了太平天国,因为同是安徽人的缘故,就加入了李鸿章的淮军。

许远站在太平军的营地,看到前面太平军将士的尸体越堆越高,尸体堆起的坡,几乎和土墙一样高,太平军士兵趴在尸体堆上同土墙上的清兵互射,但仍然无法突破对方的防地,心里焦急万分,他看着身后的几门威力巨大的火炮,真想亲手点燃,把对面教堂轰个稀巴烂,但迫于天王的命令,只好看着火炮干着急。快到天黑的时候,太平军停止了进攻。

许远拖着疲惫的身躯,沮丧地回到了住处。他在一家简陋的民房里设置了一个战地指挥所,其实那里只有三个房间,一个前厅,一个厨房,厅的后面便是他睡觉的卧房。他的副官们见许远一声不吭,知道列王心情不爽,大家也都心情沉重,跟着列王进了作为指挥所的前厅。一进前厅,许远猛地一个转身,冲着副官们狠狠地瞪了一眼,用手一挥,把人全部赶了出去。这么窝囊的战役,有着威力巨大的火炮,却不能用,只能看着干着急,这样的打法,他许远还是头一次碰到。许远这个时候不想开什么前敌会议,对于谈今天的战事,他一点兴趣都没有,明天的战事,明天再说,他现在只想静静地放松一下。

桂花从卧房里走了出来,见到许远就跪在了地上。

"向列王请安。"

许远把王发丹的小老婆桂花占了之后,就一直把她藏在军营里,除了几个贴身的卫兵知道,没有人知道列王在营里还为自己藏了个女人。

见桂花娇小的身躯跪在自己跟前,挡住了卧房的门,许远一把拎起了那女人,进了卧房,把她放到了床上,自己几下把戎装脱下,又把内衣内裤扒了个精光,和桂花两人钻进了被窝。一阵剧烈的运动之后,许远浑身感到无比放松,一整天打仗的疲乏和紧张,一扫而光。桂花光着身子钻出被窝,披了条衣服,下了床,到墙角的柜子里取出了两杆烟枪,她往每杆烟枪里上了点烟土,在床两边的柜子上,各摆上一盏酒精灯,然后又回到床上,钻进了被子。许远和桂花两人就这样,各自对着烟灯抽起了大烟。

自从见到戴沃伦之后,许远就再也不用为搞不到鸦片犯愁了。戴沃伦定期让人为许远送来鸦片。许远留下一部分,把其余的卖给其他军官,并且让人在驻军所在地偷偷地贩卖。对许远来说,每次打仗回来,享用女人的躯体和大烟,没有什么比这更让他放松的了。多年战场上的枪林弹雨，让许远已经把自己的生死置之度外，但让他无法接受的是，看到跟随自己多年的士兵死在阵前，而且，更让他痛心的是，这些士兵的死，并没有达到他想要的目的，这种心里的痛，可能只有许远一个人才能理解，也许，女人和大烟是安抚心痛最好的良药。

五天以后，忠王李秀成和列王许远带着他们的部队撤离了徐家汇。董大义不明白，为什么太平军在毫无征兆的情况下，一下子全部撤得干干净净。其实，董大义已经在做最后的打算，连续几周的围攻，让徐家汇里驻守的淮军遭受巨大的伤亡，枪支弹药损耗严重。太平军撤离前一天，许远的北路军甚至用上了火炮，火炮轰得土墙塌了一块，有一颗炮弹甚至打到了教堂前门，轰掉了几块砖头，把大门炸出了一个大洞。董大义以为最后的时刻要到了，他知道，落到太平军手里，自己一定要受许多苦，他打算在太平军冲进来的时候用枪把自己打死，他还命令最贴身的卫兵，如果他没有把自己打死，务必一定要向他补上一枪。但不知道为什么，太平军不但停止了炮击，甚至也没再继续攻击。等早上天亮之后，董大义跑到教堂塔楼上往外看去，太平军已经撤得一干二净。他十分疑惑，派出探子去周围转了一圈，回来报告说，太平军已走得无影无踪。这场徐家汇保卫战，让董大义成为以少胜多成功抵御太平军进攻的淮军英雄，使得上海县免遭太平军的占领，上海县的士绅们纷纷来到徐家汇，送来锦旗，向董大义表示感谢。

许远带着他的部队按原路撤回，撤到一个叫卢家镇的小地方进行短暂休整，这是一个靠着长江边的小镇。在围攻徐家汇的战斗中，许远损失了上千个将士，许多太平军士兵的身躯，永远留在了徐家汇教堂。他外表还是像往常那样坚毅，一点也没有露出任何惋惜，但他心里很痛，这些都是跟随他多年的将士，忠王李秀成让他配合从北路围攻徐家汇，许远特别挑选了久经沙场的三千精兵，这些倒在徐家汇的士兵再也回不来了，而且这场战役毫无收获，太平军打通上海出海口的战略，依然没有实现。只有每天打仗回来，桂花白白的小身躯，还有抽鸦片时腾云驾雾的享受，才能让他暂时忘掉战争的残酷和看到大批年轻将士牺牲的悲痛。

在卢家镇，许远又见到了戴沃伦。在卢老伯夫妇的照料下，戴沃伦身体恢复得很快，本想马上就去上海，但上海那边战事紧张，只好继续在卢老伯那里等待。听说许远带部队撤离到了卢家镇，戴沃伦连忙就去见了许远。

"戴先生怎么在这里？"

在这个长江边的小镇见到戴沃伦，许远特别惊讶。

297

"我坐船回上海的路上遭到恶人打劫,不小心掉进水里,被人救起,在这里养病到现在。"

戴沃伦不想告诉许远太多,只是轻描淡写地说是遭到恶人打劫,掉入水中才得以逃脱。

许远听了哈哈大笑起来。

"戴先生水手出身,在水里,别人是没法拿你怎么样的。幸亏你遇上恶人打劫,否则我们还真不太可能在这里再次见面。"

"是的,你们中国人经常说,坏事可以变成好事。列王这次征伐上海,不知战事如何?"

"我们在一个叫徐家汇的地方被拦下,那里的守将叫董大义,是个太平军的叛将,熟悉太平军的战术,加上洋枪洋炮,还有一支洋人组成的,号称是常胜军的洋枪队,在那里协助抵抗,打那个地方确实比较困难,但天王不允许我们用重火炮,怕损坏了徐家汇教堂,引起国际纠纷。否则,我早就把徐家汇轰成了平地。"

"不是说租界会保持中立的吗? 怎么会有洋人帮清兵打仗?"戴沃伦不禁问道。

"租界表面上保持中立,但有洋行出钱招募洋枪队,现在领队的是个英国人,士兵都是印度阿三。太平军以前就和洋枪队交过手,曾把洋枪队打散,当时的洋枪队队长是个美国人,被我们打死。这次是新组建的洋枪队,用最新式的武器,帮董大义一起守卫徐家汇。我们要是打下徐家汇,上海县城就指日可待。无奈,我们在徐家汇损失不少,后来我还是忍不住偷偷放了几下火炮,眼看马上就可以打下徐家汇,但接到天王命令,命所有部队撤出上海,回援天京。好像说,清妖曾国藩部从西边沿长江而下,压迫天京。眼看到手的上海城,就这样丢了,好可惜。"

"列王威武,如果需要,随时可以再打回上海的。"

"等我下次打回来,一定要生擒董大义,我要把这个小子用手撕成碎片。这个太平天国的叛贼,打死那么多跟随我多年的兄弟,把他手撕成碎片还是对他客气的,我恨不得把他活煮了分给大家吃。"

"我派人送来的土耳其烟土,列王用了,不知有没有什么问题?"

"你几次送来的烟,我都收到了,非常好。只是,想要的人太多,不够用,看来土耳其烟土不比印度的烟差。能否再多送些过来,给我一个更好的价格?"

"这个当然可以。"

戴沃伦心里高兴,有人要买更多的鸦片当然是好事。这次上海、天京一行,

298

虽然耗费时间,路途险恶,但总算在长江三角洲打开了市场,建立了销售基地,而且还进入了禁烟的太平天国的辖地。他感到欣慰,重返中国倒卖鸦片,现在看来,这是一个正确的决定。

"这次有点可惜,要是把上海拿下,你的土耳其烟市场就会变得更大,而且进货也会更加方便,从海上直接到十六铺码头下。等我们把全中国打下之后,我们一起合作,土耳其烟的前景还是非常可观的。戴先生一定要优先给我供货啊!"

"列王,这个你放心。只是,有话我不知该不该讲?"

"请讲不妨,这里没有别人,我不会乱说的。"

"我虽然是个商人,不关心政治,但据我这次在太平天国一段时间的观察,我觉得,太平天国的势头已经大大不如以前,未来恐怕只有守势,无法有效地进攻了,不知列王看法如何?"

"太平天国遇到些挫折是真的,但这都是暂时的,我们有天父的保佑,又有天王的圣明领导,我们一定能克服困难战胜清妖的。戴先生为什么会有如此的想法?"

"我和干王交谈多次,也和太平天国的其他官员有过接触,这些都是我个人的看法。你知道罗孝全神父的,对吗?"

"罗神父是太平天国的国师。"

"他已经悄悄地离开了天京,回到了上海他所在的浦东的教会。我最近听说,罗神父一回到上海,就登报数落太平天国的不是。"

"我觉得罗神父这样做非常不地道,太平天国没有亏待他,天王一直非常器重罗神父,如果真如你听说的,罗神父在报纸上说太平天国的坏话,此人不足以为伍。戴先生,我许远是太平军的军人,我为天国尽忠,会为天国战斗到最后一滴血。更何况,太平天国代表的是全中国老百姓的利益,是天父在中国人间建立的国,我们一定能把清妖赶回北方寒冷的荒漠里去。戴先生,请不用多虑,要相信太平天国。"

戴沃伦见许远那副自信的样子,也就不想多说了,两人又聊了半天,戴沃伦才告辞而去。

两广总督叶名琛

当年中国最大的鸦片市场在广州,广州的大烟馆基本都被查尔斯所控制,查尔斯从印度、阿富汗和土耳其进鸦片,然后转卖给这些烟馆。自从鸦片在中国变为合法之后,以前跟着查尔斯一起打打杀杀的小跟班们,都摇身一变,变成了商界人士,有的开起了烟馆,从以前的老板查尔斯那里进货,有的成为查尔斯公司的销售人员,也有的成为查尔斯的下一级分销商遍布全国各地。

别人的鸦片想要进入广州的大烟馆,几乎是一个不可能的事情。如果有哪家烟馆进了别人的烟,查尔斯会对这家烟馆断绝所有的供应。烟馆因为不能确定别的供应商能否保持稳定的供应,因此即使别的供应商价格更便宜,也不敢冒这个风险。

戴氏洋行成立后,多次试图打入广州的烟馆,但屡试屡败,即使戴沃伦的鸦片价格便宜许多,烟土质量也好,但就是没有一家烟馆愿意买戴氏洋行的货。戴沃伦临出门北上之前,和陈麦南一商量,两人觉得既然没有烟馆愿意收他们的货,就决定自己办一个烟馆,而且必须是个顶级的烟馆,这个烟馆应该开在广州老城里,以达官富商作为主要客户;一方面,老城里官府衙门林立,可以利用陈麦南同官府的关系,吸引衙门官员作为主要客户,另一方面,虽然很多富商新贵们选择居住在新城,一旦这里成为官员消费的主要场所,这些商界新贵为巴结官员,一定会蜂拥而至。

但是广州老城内不允许洋人长期居住,也不允许洋人开办企业,洋人不能自由进入城内,每次进出,都必须向官府申请批准,程序烦琐。考虑再三之后,他们就决定,这个烟馆以陈麦南的名义开办,取名为祥云阁。

戴沃伦出门的日子里,戴氏洋行的所有业务都由陈麦南一手操办,除了向上海地区发货、从土耳其收货这些日常琐事以外,陈麦南主要的工作就是筹备祥云阁的事。等到戴沃伦回到广州,祥云阁已开张就绪。

祥云阁坐落在老城中心地带,离两广总督府只有几个街区,这是一个三进的中式院落,以前是一个前清退休官员的府邸,后来被首富伍浩官买下,成为伍家一处私宅,伍浩官死后,伍家破落,这座院子几经易手,现在不知是谁拥有,因为长久没有打理,陈麦南从掮客处租来时,已经非常破败,陈麦南让人整修一番,现在焕然一新,又恢复了往年伍浩官活着时富家庭院的气派。

祥云阁开张之日,陈麦南请了广州城内的大小官吏和社会贤达,他经营高档餐馆多年,达官贵人以喝杏花楼的鱼翅鲍鱼汤作为时髦,每次官员们来杏花楼用餐,陈麦南必定忙前跑后,亲自殷勤招待,因而这么多年下来,他在官场也积累了不少人脉。所以,当陈麦南在广州城内一招呼,官员们都跑来祥云阁捧场。

戴沃伦作为被邀嘉宾也到了场。祥云阁表面的主人只有一个,就是陈麦南,戴沃伦来这里,不是作为祥云阁的主人,而是祥云阁所请的客人。戴沃伦在到场的客人当中,非常惊讶地看到了容闳。容闳戴着瓜皮帽,身穿带花绸缎长衫,拖着根辫子,那根辫子,又长又粗,一直拖到了腰间。戴沃伦见到他,总觉得有几分滑稽,在天京见到的这位耶鲁大学毕业生,明明是个穿着西式服饰,手提文明棍,中分半短头发的西方绅士,现在见到的容闳,则完全是一副清朝乡绅的打扮。

"容先生,很高兴在这里又见到你。怎么跑到广州来了?"戴沃伦穿过人群,迎了上去。

"戴先生好。上次在干王那里相见已有好几个月了吧? 广州是我老家,这次要去趟美国,去之前回老家看看。还真巧,这次在广州正好碰上陈先生的烟馆开张,过来捧个场。"

"容先生毕竟年轻,头发长得快,几个月没见,辫子都那么长了。"

容闳面露一丝尴尬。

"不瞒戴先生,辫子是假的,在我们中国,没办法,入乡随俗嘛,为朝廷做事,你的行为不能和别人的有太大的差异。"

"容先生离开天京之后,去了哪里做事?"

"我去了湘军曾国藩处,曾大人抱负远大,思贤若渴,他让我去美国采购各种先进制造设备,用以增强我国的制造能力,有了这些制造设备,以后我们中国也可以制造出先进的洋枪洋炮,不用再依赖西洋列强,否则,西洋列强老是卡住我们,不卖给我们最先进的武器。一旦我们能够自力更生,制造出最先进的枪炮,我们就可以抵御西方列强的侵略,不用再受洋人的欺负。我们中国人不笨,一定能造出最先进的枪炮。"

"容先生熟悉美国情况,这份差事,应该最适合你了。"

"戴先生这次去上海和天京,生意情况如何?"

"我这次北上,虽然路途遥远,遇到不少困难,但生意进展还是不错,开拓了土耳其鸦片市场,同时也保证了江浙茶叶的供应,应该说,还是有些成果的吧。301

容先生既是干王的旧友,又和曾国藩相识,我想听听你对太平天国的看法。"

"我对太平天国已经彻底失去信心,我认为其败象已露,失败是迟早的事。很可惜,这场运动一开始是想用基督教来改变中国,让中国一步跨入现代化,只是,有点超前了,这场运动受其本身特性的限制,无法超越。下一次变革中国的运动,不知什么时候会出现,可能在我有生之年是看不到的了。戴先生这次去天京,也见了干王,对太平天国有所观察,你的看法呢?"

"我是个生意人,对政治不感兴趣,我的看法,可能没有你那样深刻。你的离开,还有罗神父的离开,让我感到太平天国已经没有以前那种发展的势头。这次太平军攻打上海,无功而返就是个例子。"

"我和罗神父的离开,都是因为对太平天国失去了信心。可惜的是,干王纵然有经国济世之才,喝过洋墨水的文韬武略,凭他个人的力量,无法改变一列全速行进的火车的轨迹。干王又和你我不同,你我和太平天国没有绝对的利害关系,我们可以挥挥手离它而去,干王不行,他是天王的族弟,又主持朝政,于公于私,他的利益是和太平天国捆绑在一起的,他无法一走了事,我想,干王心里是明白的,太平天国的失败,只是一个时间问题,但是,他只好做明知不可为而为之的事情。"

"干王是生不逢时啊。"戴沃伦感叹道。

院子里的人群一阵骚动,人群闪向两边,让出一条通道,有人喊了声:"叶大人到!"

只见一个肥胖的清朝官员大腹便便地走了进来。此人便是两广总督,兼任通商大臣,一品大员,内阁大学士叶名琛。他穿着一品官的官服,挂着两排朝珠,头戴官帽,上佩一花翎,那是皇上赐予的。叶名琛胖脸的嘴唇上,蓄着两撇八字须,下巴下面一撮短短的山羊胡。他是广州地区最高级别的官员,众人见他,都半弯着腰,全是一副恭敬的样子。

陈麦南连忙迎了上去,双手一拱,头一低,腰一弯。

"叶大人到来,让寒舍蓬荜生辉。"

叶名琛把头微微往上一抬,朝陈麦南快速扫了一眼,从那个方向看过去,正好看到后面供奉着的一尊巨大的吕洞宾雕像,那尊雕像吸引了叶名琛的注意力。叶名琛喜欢吃杏花楼的菜,经常从那里叫菜进府,有时候还让杏花楼派厨师进府为他专门做菜,为此,陈麦南去过叶名琛官邸几次,一来二去也就和叶名琛熟识,知道叶名琛笃信道教,爱好扶乩,在官邸中辟有一个"长春仙馆",里面供奉着吕洞宾和李太白两个道仙,一切军机大事,必先取决占语。陈麦南投其所好,故意让人在显要之处摆放了一尊巨大的吕洞宾雕像。

"陈先生开张大喜,又有吕大仙的加持,事业一定兴旺发达。"叶名琛大喜,觉得陈麦南是同道之人。

"主要有叶大人的捧场,祥云阁一定会做得很好。叶大人请。"

陈麦南把叶名琛引到大堂台阶上,用手势示意大家安静。

"今天祥云阁有幸请到诸位社会贤达来此捧场,尤其是内阁大学士叶大人能够亲临敝舍,让祥云阁不胜增辉。我们有请叶大人说两句。叶大人请。"

叶名琛见那么多人看着自己,不好推脱,就清了清嗓子。

"我朝开放禁烟之后,各地烟馆如雨后春笋,多如牛毛,但真正上档次,能充分体现我大中华悠久历史文化的,能让中国人骄傲,让西夷仰慕的,还真不多。今天祥云阁的开启,填补了广州城里顶级烟馆的空白。烟馆是广州经济的重要支柱,广州每年向朝廷输送税金白银千万两,税银的大部分来自烟馆,像祥云阁这样的高档烟馆,是广州的纳税大户,两广总督府是坚决支持的,任何一级官员都不应该刁难它们。诸位社会贤达,今天本官来参加祥云阁的开张,就是表达本官的支持态度。预祝祥云阁生意兴隆,各位好好享受祥云阁的服务,为广州的税银做出贡献。"

叶名琛说完,一甩衣袖,几步跨下台阶,往大门走去,陈麦南赶紧跟在后面,走过戴沃伦和容闳时,陈麦南让叶名琛停下来,向他介绍戴沃伦。

"叶大人,给您介绍一位美国朋友,他叫戴沃伦,戴先生,是我的商业伙伴。"

"原来是美国人,美国人是我们中国人的朋友。你们以前受英国人的欺负,我们现在受英国人的欺负,我们共同受英国人的欺负,所以我们要团结起来,相互帮助,共同抵抗英国人。欢迎到中国来做生意。"叶名琛说。

"叶大人,我以前见过您,您可能不记得了。"戴沃伦说。

"哦,什么时候?"叶名琛问。

"当年钦差大臣林大人焚烟时,我被邀参加,您当时也在场,我们见过,但那已经是很久以前的事了。"

叶名琛不禁唏嘘。

"是啊,林大人已经作古,中国禁烟已废,当年林大人所做的努力,早就不见了踪影。现在,英夷的鸦片已经遍布全中国。当时禁烟场面宏大,本官很荣幸能够见证当时的情形。"

说完,叶名琛向戴沃伦告别,在陈麦南的陪同下,出了祥云阁的大门。

望着叶名琛远去的背影,容闳对戴沃伦说:"中国尽是这样昏聩愚顽的官员,难怪要落后挨打。如果都是这样的官员,就是最先进的武器,也不济事。"

"容先生怎么会这样说?"

　　"叶大人贵为两广总督、通商大臣,两广为通商的重要关口,但叶大人不识洋务,每次重大事情,都要问之于吕洞宾、李太白二仙,以占卜抓阄决定之,贻笑大方。"

　　"这是贵国的文化传统,是中国的国粹。"戴沃伦说。

　　"这是一种可笑的文化传统,不寻求洋枪洋炮,却问之于两个泥人,能有不败之理? 更可恶的是,被打了,打得很痛,还要欺上瞒下,自我安慰,谎称是打了胜仗。"

　　"容先生可能知道的比较多,叶大人如何欺上瞒下的?"

　　"去年一艘叫'亚罗号'的,香港注册的小商船,悬挂英国国旗,在澳门和广州之间走私大米,被广州水师查获,带走船上十二名中国籍船员。英国公使巴夏礼抗议,要求全部释放十二名船员,并且公开道歉。叶大人先是答应释放十人,后在巴公使坚持下,把十二名船员全部释放,但坚持不道歉。英国人就向广州老城开炮,叶大人这个时候没有做任何防御准备,一个人躲在衙门内日诵吕祖经,拒绝和部将讨论任何御敌之事,只让人传话给部将说,吕祖已经显灵,不必担忧英国人。英人炮击之后,一些中国人开城门把英国人迎进城内,但英军因为人数少,进城之后主动退去。叶大人就写报告给皇上,说是他自己决策英明,兵将英勇,打退了英国人的攻城,还到处告示,广为宣传,称之为广州大捷,并且,他纵乱民火焚城外各国商馆洋行。如此昏聩无用之官员,实在让人伤心。"

　　"但是争端至少已经解决,以后就好了。"

　　"我觉得事情没有那么简单。两广总督没有几个有好下场的,钦差大臣林则徐被皇上斥为成事不足败事有余,从军新疆,两广总督邓廷桢也随林大人贬去新疆,后一任总督琦善被革职锁拿,查抄家产,再后面那个,就是签署《南京条约》的耆英,被赐自尽。叶大人算是在位子上做得时间长的,不过,英国人也不会善罢甘休的,后面一定还有苦头要吃。"

　　"为什么你觉得叶大人以后会有苦头吃?"

　　"叶大人好大喜功,自称有相臣的度量,疆臣的抱负,为人却优柔寡断,残忍嗜杀,遇事问天不问人,对内尚能游刃有余,对外则孤陋寡闻,迂腐不堪。我从美国刚回国时路过广州,正好碰上叶大人镇压广东的红兵起义,叶大人亲自勾决犯人,每天屠杀义军俘虏近千人,夏日三月就有七八万人被杀,街道两旁,无首尸首堆积如山,死尸来不及掩埋,血流遍地,土地完全被血水渗透,到处散发出污秽恶臭的气味,可怜这些手无寸铁的俘虏,都是广东一带的农民啊! 叶大人对付拿着短刀长枪的农民还绰绰有余,碰到船坚炮利的英国人,就只会求救于大仙大神了。"

"这么样屠杀俘虏,这个年代好像确实不多。看来,容先生对叶大人非常不以为意。你觉得英国人还会打广州城吗？我担心祥云阁刚开张,要是打起仗来,生意肯定是要受影响的。"

戴沃伦其实并不关心叶名琛杀了多少人,他最担心的是他卖鸦片的生意,祥云阁刚开张,花了他和陈麦南很大的一笔投资,刚投下去,如果真又要打仗,对他的影响会很大,这是他最不愿意看到的。

"英国公使巴夏礼要求根据《南京条约》开放广州城,洋人可以自由进出,不但有权利在城内居住生活,而且还可以自由做生意,但叶大人一味拒绝,坚决不同意。"

"看来,叶大人和巴公使是干上了。"戴沃伦说。

"对,你说得是,叶大人非常讨厌巴公使。这个巴夏礼很早就在香港厮混,学得一口中国话,才三十出头,就被委任为英国公使,年轻气盛,好胜心强,也是个目中无人的家伙,说话做事直来直去,不喜欢叶大人那种太极拳式的做事方式,动不动就抗议叶大人,老是指责叶大人违反中英签署的协议。在交涉'亚罗号'船的时候,巴公使被清朝的一个水勇打了一巴掌,这份羞辱,巴公使哪忍得了？他经常放言要狠狠教训一下中国人,我看,巴公使不会善罢甘休的。戴先生一定要有所准备。"

容闳的话,让戴沃伦开张大喜的兴奋心情,一下子凉了半截,但他暗暗告诉自己,也许容闳是杞人忧天,英国人这次退回去,但愿不会再来了。

广州城里似乎又恢复了往常的熙熙攘攘和混乱中的平衡。英国人走了之后,没有再回来,巴夏礼公使也没有再来找叶名琛的麻烦。广东省内的叛乱都已平息,叛匪们被杀的杀,被关的关,在广东省内打仗,似乎已经是很久远的事。各色餐馆、烟馆人满为患,沙面岛上带有异国情调的各国餐厅、酒吧、咖啡馆,如雨后春笋般地涌了出来。广州黄埔港码头变得拥挤不堪,运送货物船需要等很长时间才能在港口找到停泊的地方,这些船在珠江上排起了长队,等候被领进码头。

叶名琛看着下属上报的白银税量,心中甚是得意,英国人来打广州,幸亏有吕祖、李白两大神仙显灵,以逸待劳,以无为克有为,才让广州城没有多少损失,只有一些房子被炮弹炸毁,死了些平民百姓。最后这些野蛮的英夷没有提出进一步的要求,就乖乖地退出城去。有大仙的保佑,那个讨厌的巴公使也不敢再来找他的麻烦,而且,皇上已经亲自颁布圣旨,晓谕朝廷,称赞他叶名琛知人善

用，勤勉政事，平贼有方，驭夷有术。如今的广州，城泰民安，经济繁荣。皇上和洪秀全发贼打仗，耗费大量白银，又被洋人烧了圆明园，国库空虚，幸亏有他广州缴上去的税银，可以弥补国库的不足。皇上周边的那些京官，仗着离皇上近，整天风言风语，不过，再怎么说他的不是，也奈他不何，毕竟皇上急需这些银两，没有这些银两，皇上同发贼的战争就无法继续下去。他这两广总督的位子，看来是没有谁可以动得了的。

叶名琛的白银税收里，祥云阁贡献了不少。作为广州城内顶级的烟馆，自开张以来，迅速成为广州城内高官富商们相互联系感情的场所，那里门庭若市，客户如过江之鲫，里面烟榻一位难求，更别说包房了，想要订包房，除非认得陈麦南，或者戴沃伦，否则排队要排一个月，广州城的达官贵人们，纷纷托人，想要结识陈麦南和戴沃伦。陈麦南也就左右逢源，把那些达官贵人照顾得面面俱到，祥云阁就这样靠着高官们的捧场，在广州城内牢牢地站稳了脚跟。

戴沃伦每周去一次祥云阁。洋人进趟城不容易，每次进城必须向官府申请批准，说明去城里的目的，在城里待的时间，以及什么时间出城。当然，在进城申请书上，戴沃伦不会说是商务目的，而是说去祥云阁消费。每次看到祥云阁客满的情形，戴沃伦非常欣慰。这次从美国重回广州做事，虽然一路走来也是艰辛万分，但生意总算进入平稳的轨道，上海三哥这里，每个月都稳定地从他这里进货，许远那边虽然进货不甚稳定，但从戴沃伦这里要的量，有时候一下子会很大。祥云阁开张之后，他的土耳其鸦片一下子打入了广州市场，查尔斯虽然可以控制广东的其他烟馆，但对于在广州城里开的祥云阁，他也无计可施，只好眼巴巴地看着祥云阁赚得盆满钵满。

生意稳定之后，戴沃伦就花费很多时间来陪伴凯瑟琳和孩子们，每个周末，他必然陪家人去教堂，还经常带着家人参加当地洋人搞的社交活动。五口通商之后，很多洋人搬去了上海，但广州仍然有一个不小的洋人社区。洋人们也按照国籍相互聚在一起，英国人和英国人聚，法国人和法国人聚，美国人是后来来的，在洋人社区里是属于比较低等级的，英国人和法国人瞧不起美国人，一般不愿意同美国人在一起混，因此，广州就形成了一个美国人自己的小圈子。

每年的初夏，是广东举行武乡试的时候。广州通商之后，有钱人家大都找习武之人当保镖，见是个有钱可挣的活计，许多穷苦人家才把习武作为安身立命之职业，习武风气大盛，广东人开始重视武举。在叶名琛主政两广的时候，广东甚至还出了个武状元。中国人普遍认为南方人身材瘦小，不善舞棍弄枪，最南边的广东，竟然出了个武状元，在历史上绝无仅有，让北人大跌眼镜，这让叶大人在皇上和其他廷臣面前颇有颜面，叶名琛从此对武乡试特别重视，三天的乡试,叶名琛必从早看到晚,从不缺席。

这年的武乡试在广州西郊大围场举行。那是一个很宽广的平地,长了些矮矮的野草,大部分是裸露的土质地,由于好多天没有下雨,土质变得很硬。大围场四周旌旗林立,旌旗被风吹得哗哗作响,每杆旌旗边上,站着一个手拿长矛的清朝兵勇。正北方建了一个高高的临时看台,这是武乡试的主席台,叶名琛和广东的高官们就坐在那上面,主席台下一排持着长刀配着短剑的兵勇,站在旌旗边上。主席台两侧各有一个较矮的看台,是给那些被邀请的嘉宾坐的。每年的武乡试,是广东地区的大事,两广总督重视,官员乡绅们也就投其所好,以观武乡为时髦,嘉宾观试票很抢手,经常有一票难求的情形发生。陈麦南因为和官员走得近,不但自己获得了邀请,也把戴沃伦全家列在了被邀请嘉宾名单里,所以他们都坐在了主席台侧面的看台上。

叶名琛和高官们已经在中央主席台上,面南就座,主席台正中放着一把太师椅,太师椅前面放有一个小案几,这把太师椅是叶名琛的位子。他背后的一排位子是给其他高官坐的。正对主席台的前方站着几排来参加武乡试的年轻人,他们都是从各县乡挑选出来的武童试第一名,也就是武秀才。武秀才们个个器宇轩昂,挺胸缩腹,一副志在必得的样子。整个场上庄严肃穆,鸦雀无声,只有旌旗在风中哗哗响的声音,所有的眼睛都盯着叶名琛。

叶名琛从小案几上拿起一杆小旗子,对着场上的所有人挥舞了两下,然后一把扔了出去,主席台边上立刻敲出三通闷闷的鼓声,表示武乡试正式开始。

乡试的第一项是步射,武秀才们端着弓向百步开外的一个草人射箭,射中者为及格,射击的姿势、速度和节奏感也都是评分的标准。第一项步射结束后进入第二个项目,那是马上箭射,应试者策马三趟,发箭九支,三箭中靶者为及格。

一个应试者从主席台前快马驰过,扬起一阵灰尘,他一个漂亮的姿势,挺身,拉弓,放箭,那一箭直中靶心。叶名琛抚摸着山羊小胡子,禁不住赞许地点头。

一位官员急匆匆来到广东巡抚柏贵身边,说了几句话之后,柏贵起座,往前走到叶名琛边上,俯下身子,对着叶名琛的耳朵悄悄说:"大人,三艘英国军舰正沿珠江往上开来,领队的是一艘最新型的军舰,叫'无畏号'。这是英国公使巴夏礼从英国本土带来的远征军。"

叶名琛心里咯噔一下,心想:这些讨厌的英国佬怎么又来了,这次到底想来干什么?他脸上却没有露出一丝的惊慌,头抬都没抬,眼睛没有离开过场上策马而过的乡试者,非常镇定,略带微笑,对柏贵说:"英夷此来,必无事,不必紧

张,不要惊扰乡试。"

"巴夏礼让人传来讯息,要我履行协议里的条款,否则将把'无畏号'直接开到广州城下,威胁攻城,大人可要早做准备啊。"

"攻城实在是虚张声势而已,只要假以时日,危急必自然烟消云散。太阳落山之时,英人一定自己会离开的。"

"但英夷似乎来者不善啊。"柏贵说。

柏贵是蒙古正黄旗贵族,一直和叶名琛在广东合作,共同血腥镇压叛乱。但对于如何同英国人打交道,他和叶名琛是有矛盾的。柏贵主张和英国人妥协,尽量满足英国人的要求。

"本官知道了,你不必多言。本官和英夷巴夏礼打交道也有些年月,知道这个家伙其实是个纸老虎,上次进攻广州,我们故意引夷入城,算他巴公使聪明,自行退去,否则必自取其辱。但传我令,河道之中所有巡船,将旗帜收起来,敌船经过,不可放炮还击。你可以退下。"

柏贵听了,一脸恍惚,不知道叶大人在玩什么西洋镜,既然叶大人这样发了话,也只好转身传令去了。

叶名琛端起茶几上的茶杯,揭开盖子,撇了几下浮在上面的茶叶,喝了口茶,放下杯子后,继续看起来了乡试。

场上乡试在火热地进行中,骑射结束的时候,时辰已经到了中午,午餐结束稍事休息之后,下午的乡试继续进行。下午的第一项项目是头顶拉硬弓,这是所谓的"技勇"类的一项,主要测试臂力。弓分十二力、十力和八力共三号,另备有十二力以上的弓,以备那些臂力特别厉害的应试者使用。测试臂力时,应试者自选弓号,限拉三次,每次以拉满为准。

初夏的广州特别闷热,到了下午,太阳升到高空,早上还刮着风,到了下午,消失得无影无踪,空气似乎凝滞起来。叶名琛穿着厚厚的官服,里面衣服被汗湿透,黏在身上,让他觉得非常难受,戴着配有花翎的官帽,帽子里渗出了汗珠,沿着腮帮子流了下来,滴在了官服上。

拉硬弓现场的应试者似乎没有被闷热的天气所影响,一个个依然精神饱满地在使劲撑着硬弓。刚才来过的那个官员又急匆匆地跑了上来,满脸的汗珠,这次没有去找广东巡抚柏贵,而是直接来到叶名琛的案几边上,还没在叶名琛跟前完全跪下,他就上气不接下气地说:

"大人,英国人已经驶过虎门炮台,他们对着虎门炮台开炮,把虎门的大炮炸毁了好几门,还有不少人员伤亡。英国人的目标似乎是冲着广州来的。请大人下命令,我们立刻对英国人还击,并命我巡船包围英国军舰。"

叶名琛的头都没有侧一下,眼睛稍稍往下瞥了一下那个跪在一边的官员。

"岂有此理,我大清国官员哪能这样失态? 不必慌张,我自有对策。传我之令,其一,在城厢内外,遍贴布告,奖励乡民剿杀英人,同仇敌忾,杀一英人者,赏银二十。其二,令乡民用装满火药的沙船袭击岸边的英军军营,虽然炸不死他们,也可吓唬他们一二。其三,令乡民沿用赤壁之战的火攻之法,用四只筏子,点燃后漂到英舰旁,碰撞英舰,让其着火,如未能接近英舰,就朝英舰抛掷火药瓶。其四,令我水师沿江安防水雷,并骚扰英军补给船。其五,令我兵勇不得慌张,各司其职,不得擅自私放一枪一炮。我广东民众不得逃窜,仍安居乐业,就像没有发生任何事情一样。你可退去,传我之谕。"

叶名琛说得如此平静,条理清楚,似有旁人看不透的锦囊妙计。

"大人……"那官员试图想说什么,但还没有说出口,叶名琛就打断了他。

"你还不退下去传我指令? 还在此做什么?"

那官员无奈地站起来。

"是。大人,我这就去传大人指令。"

那官员赶紧转身跑了下去。

叶名琛用布擦了擦额头的汗,又继续看起了比武乡试。

太阳已经西晒,从边上把阳光洒进主席台,台上的棚子再也无法起到遮阳的作用。主席台上观看乡试的官员,个个显得异常烦躁,每个人的衣服都被汗水浸透,汗珠从每个人的官帽下渗了下来,滴到了官服上。

场上拉硬弓项目已经结束,下面的项目是舞大刀,刀分一百二十斤、一百斤和八十斤三号,试刀者刀号自选,先成左右闯刀过顶、前后胸舞花等动作,一次完成为准。

起风了,一阵阵东风刮来,先前纹丝不动的旌旗,一下子又哗哗地飘了起来。主席台上正襟危坐的官员,马上感觉到阵阵清凉,人人觉得舒服了许多。

先前那个官员再次急匆匆地跑上了主席台,满头大汗,他的官帽也不知跑到哪里去了,脑后面那根细小的辫子,左右来回晃动着。他三步并作两步地跑到叶名琛跟前,跪下,叩头,双手撑着地上语无伦次地说:"大……大人,乡民不但没有用装满火药的船只袭击英军,也没有拿起武器剿杀英人,反而发船沿途向英国军舰兜售水果粮食,甚至有人还沿途欢迎英人到来。英军已经征召了两千五百名广东乡民,在岸上组成苦力运输队,为英军提供补给。"

"岂有此理! 贼民竟然助敌攻击国家,难道叛国不成? 这些汉奸非杀不解本官之恨意。你给我立刻查明这些贼民是谁。"叶名琛气愤地说。

叶名琛当然不能理解广东乡民们为什么不拿起武器攻击洋人。多年来,叶

名琛在广东采用高压的剿匪政策,以为治乱世用重典,不多杀无以安众,广东各府州县地方擅捉擅杀,杀气四起,百姓朝不保夕,自然人心涣散。

"大人,英军已攻破广州城外北面的高地凤凰炮台,占领了广州的制高点,他们随时可以向广州城内开炮。请指示:我们该如何应对?"

一长串汗珠从叶名琛的脸上滴滴答答地掉在了一品官官服上。

叶名琛依然正襟危坐,平静的脸上,试图表现出一种不刚不柔、不竞不绣的超然形态。

"占了凤凰炮台又能如何? 我有神仙保佑,吕李二仙都将显灵,所有迹象都表明,英人将日暮而退,你别看英人如此猖狂,到头来,必然乖乖地给我退了回去。按照本官以往的经验,英人攻城仅仅是虚张声势而已,只要假以时日,危机自然会烟消云散。你给我先退下。乡试是本年广东最重大的事情,你不要再来打搅。你要再来打搅,我必拿你是问。"

那官员灰溜溜地退了下去。

叶名琛继续正襟危坐地观看乡试。舞大刀项目已经结束,接下来是举石墩子,石墩子就是专为考试而备的石块,长方形,两边各有可以用手指头扣住的地方,分为三种型号:头号三百斤,二号二百五十斤,三号二百斤。应试者石号自选,要求将石墩提至胸腹之间,越高越好,再借助腹力,将石墩底部左右各反转一次,所有动作,一次完成方为及格。

一阵大风吹过,几面旌旗被风吹倒。

前面来报告的那名官员和两名监试官匆匆跑上了台,这次,广东巡抚柏贵也起来了,四人一排站在叶名琛的边上。柏贵说:"大人,起风了,秀才们无法真正发挥才能,乡试已无法正常进行,为国家选贤择能确实是最大的事情,但大风之下,未必能真正挑出武艺最高强的后进之生。为保证乡试的公平和公正,还是恳求大人指示,暂停乡试,明天视情形再继续。"

风刮得如此之大,吹得叶名琛眼睛都无法睁开。他想想也是,无奈地说:"好吧,既然如此,就依了你们。明天如不再刮风,我们继续。"

监试官宣布乡试暂停。叶名琛先退了席。

戴沃伦在宾客席中,看着前后官员匆匆上台向叶名琛报告的样子,又见乡试提前结束,心中暗想,一定有什么事情正在发生。

英国公使巴夏礼率领着一千多名英国正规军,乘坐三艘军舰沿珠江一路向上,沿途未遇到任何实质性的抵抗和攻击,他们在黄埔港上了岸,同岸上由中国苦力组成的运输队会合。查尔斯也带了一批人加入了英国人的队伍。上岸之后,巴夏礼将队伍兵分两路,一支队伍迅速往北穿插过去,包围并占领了广州城北的高地。英国军队带来了最新式的步枪和火炮,他们在北面高地上布置好火炮之后,就从上往下朝广州城内放炮。炮声过后,广州城里冒起了白烟,几处民宅被炮弹打中,着起了大火。

另一支队伍由巴夏礼亲自带领,直扑广州南门。刚上岸时,巴夏礼让人快马给叶名琛送去一封信,信中要求叶名琛投降。途中,巴夏礼收到叶名琛的回复,表示决不投降。所以巴夏礼预计这一路一定会遇到清兵的狙击。但是,完全出乎巴夏礼的意料,这一路过来,没有遇到任何抵抗,他们甚至连一发子弹都没有打过,沿途反而遇到不少广东民众沿街贩卖水果土产之物。

在傍晚时分,英国军队抵达广州南门,巴夏礼惊讶地发现,广州南门洞开,吊桥也已放下,两位清朝高官骑着大马,立在南门前迎接。巴夏礼一见,认识他们,作为英国公使,他和清朝的高官们很熟,为首的那位是广东巡抚柏贵,另一个是广东将军。

"欢迎巴公使回来。本官已等候多时。好久没见,不知巴公使去了哪里?"柏贵在马上双手抱拳,微微欠身。

"柏大人好,大概有几个月没见了吧? 我去了趟伦敦和印度,路上花了些时间。"

"巴公使这次这么大的动作,占领了我北面的高台,又往城里放炮,有什么主要诉求?"

"清英双方签署协议已有很长时间,但是贵方坚不执行协议条例,视协议为无物。我屡次抗议,甚至带兵进城以示警告,贵方依然阳奉阴违。这次我带了威力巨大的援兵过来,就是为了让贵方遵循我们以前签署的协议。"

巴夏礼、柏贵和广东将军并驾齐驱,后面的英国士兵排着整齐的队伍进入了广州城。

"本官和巴公使以前交流甚多,巴公使是清楚的,我曾多次请求叶大人遵循国际合约,应该允许洋人自由进入广州,在广州定居或者做生意,不过,叶大人有他自己的想法。其实,我也曾向皇上写过一次密奏,弹劾叶大人,但皇上非常看重叶大人,不愿意把叶大人调离两广。"

柏贵觊觎两广总督的位子已经很久,他向皇上密奏弹劾叶名琛其实不止一次,但是皇上每次都把密奏搁置一边,也不给他任何回复,这让柏贵有点心灰意冷。

"柏大人愿意和英国合作的态度,我都非常清楚。我个人对柏大人让我军进入城里表示感谢。"

311

"其实,即使我不开城门让你们进来,最终你们还是会用枪炮打进来的,这样徒增双方军人的伤亡,造成无谓的牺牲,到头来,倒霉的还是广州城里的老百姓,打仗嘛,哪有没有无辜者的伤亡的? 为广州城的百姓,我们之间的分歧,最好还是能够和平解决。北面凤凰台打下来的炮弹已经打死打伤不少民众,巴公使既然已经进城,还请下令停止炮击。"

"柏大人请放心,我已下令停止炮击。我们的军医带来了最新的药物,愿意为广州受伤的民众医治。柏大人,我有一事不明,既然叶大人不愿意投降,为什么不派兵攻击我们? 我们沿珠江上来,一路没有遇到任何实质性的抵抗,我无法理解。"

"叶大人迷信道术,喜欢算卦,称吕洞宾、李太白两大神仙多次显灵,说太阳落山的时候,你们就会撤走,所以叶大人下令,沿路兵将不得放一枪一箭,只是命令沿途乡民扰乱贵军。不过,乡民们似乎并没有遵循叶大人的命令。"

巴夏礼听闻,哈哈大笑,越发觉得不可思议。

"叶大人现在何处?"

"叶大人今天看了一整天的乡试,从乡试考场回来,就回去了两广总督府。"

"请柏大人包涵,我要去拜访一下叶大人,既然已经在广州城里,不去拜访,就不礼貌了。"

说完,巴夏礼带着一队英国士兵就往两广总督府去了。

在两广总督府灯火通明的大堂里,叶名琛又见到了他讨厌的巴夏礼公使。这次,巴公使的身后跟着的,是一队身着鲜艳英国军服的持枪士兵。

叶名琛正坐在太师椅里,穿着一品官官服,头戴花翎官帽,一脸茫然的样子,看着走进来的巴夏礼和他身后的士兵。叶名琛面前的案桌上,摆放着一个盛着细沙的木盘,上插一支 Y 形桃木做的木笔,这是扶乩的道具,木盘边上有一张纸,上面是用毛笔写成的乩语。边上靠墙处放有供桌,上置吕洞宾和李太白的木刻雕像,木像前供放着各类水果,香炉里还点着冒烟的供香。

"叶大人别来无恙? 我非常抱歉,用这种方式不请自来,有点失礼。"

巴夏礼依然那副彬彬有礼的英国绅士风度,一进门,就先脱了绅士帽,举在手上,对着叶名琛挥了挥,另一手按在腹部,身子对着叶名琛微微弯曲,作为对叶名琛的行礼。

"哼,既然你知道失礼,为什么还不请自来呢?"

叶名琛冷笑了一下,心中暗想,这帮鬼子都是道貌岸然的伪君子。

312

"兵荒马乱的,现在城里很乱,贼民到处在闹事,我们来叶大人处,主要是来保护叶大人的安全的。想请叶大人和我们走一趟。"

"去哪里？本官宁愿死在广州，不去任何别的地方。"

"我们会送你去英国。"巴夏礼回答。

"我不想去英国。"

"叶大人，请不要坚持。我们这是为大人好。"

两个持枪的英军士兵朝前跨了几步，咄咄逼人地看着叶名琛。

叶名琛见来者不善，连忙转换了口气：

"让我去英国，除非你答应我，可以让我见英国君主。"

"叶大人为何想见我国君主？"

"我想和你君主讨论中英两国的关系，我想当面和你君主理论，为何要派兵来攻打我毫无敌意的和平之国。"

"叶大人放心，一到英国，我会来安排你觐见我君主。"

两个士兵走到叶名琛的案桌边上，很有礼貌地做了个请的姿势。

叶名琛从太师椅上站了起来，挪动着双腿，把肥胖的身躯移到边上供桌前，对着吕洞宾和李太白的木刻雕像，满腔悲愤地说：

"二位大仙害我，我这一去，不知何日才回。"

两行老泪从叶名琛的胖脸上挂了下来。叶名琛转身对站在边上跟随自己多年的老仆人说："小狗子，你去准备一下，把这里所有能吃的东西都带上，再去请你的梅姨。"

小狗子转身去准备。梅姨是叶名琛的小妾，年龄其实比小狗子小得多，小狗子叫她梅姨。

"叶大人，不必准备吃的，我们那里吃的东西很多，我们有来自全世界的东西，大英帝国是世界上最富的国家，吃的，你不用担心。你只要带上仆人和夫人就可以了。"

巴公使心想：这叶大人还挺怪的，难道他不知道我们英国现在是世界上最富的国家吗？怎么可能没有吃的呢？

"本官只食我中华之粟米。"叶名琛说。

巴夏礼没有把叶名琛送到英国，而是送到了印度。叶名琛是英国人在中国捕获的最高级的官员，巴夏礼担心，中国人可能会不惜一切代价营救他，为了避免中国人的这种努力，英国人就把叶名琛送到了印度的加尔各答。在那里，叶名琛，他的小妾梅姨，还有仆人小狗子，被英国人软禁在郊外靠海的一栋独立单层院落里。院落里面和外面都有几个印度士兵把守。英国人对叶名琛还是非

常客气的，每次见到他都脱帽弯腰敬礼，英国人也要求印度士兵同样对叶名琛以礼相待，不得有任何羞辱。

英国人为叶名琛配备了一名翻译，对于日常生活中的各种需求，只要叶名琛提出来，英国人也会尽量满足。叶名琛提出，要买一座吕洞宾的雕像，英国人找遍整个加尔各答也没找到，只好找了一个木雕的印度神像给他，叶名琛见了那个龇牙咧嘴、青面黑肤的印度神像，只好苦笑着让英国人拿回去作罢。叶名琛平时活动的范围，就只有居住的院落这么大，除了仆人小狗子和小妾陪伴，那些看守他的印度士兵因为语言不通，相互之间基本也没有什么交流，他每天早中晚诵读《吕祖经》三遍，从不间断，还经常自己写字作画，赋诗吟词，用来打发时光。他的字画上署名"海上苏武"，自比汉朝被匈奴扣留在漠北牧羊的苏武。他还让印度士兵每天给他买来当地的报纸，让翻译译成中文，读到有关中国的新闻，他都要读上好几遍，每次看到有不利于中国的战况的消息，就击节叹息，如果看到中国获胜的消息，则喜形于色，一天就高兴得不得了。

有一天，巴夏礼出现在叶名琛被软禁的小院。叶名琛很惊讶这个以前的老对手来看他。叶名琛被俘，送到印度之后，就没再见到巴夏礼。虽然他以前讨厌甚至憎恨巴公使，但是在异国他乡被软禁的日子实在太枯燥了，见有人来看他，叶名琛还是很高兴，也许巴公使今天会给他带来有关中国的消息？也许英国政府终于同意他去伦敦见英国君主，让巴公使来通知他？也许巴公使会放他回中国？叶名琛禁不住胡思乱想。

"叶大人别来无恙？"

巴夏礼还是那样的绅士做派，一见叶名琛，就脱帽，弯腰致礼。

"巴公使怎么今天来这里？"

"我这次回伦敦汇报工作，路过这里，就特地来看看你。"

"难得巴公使还想得起我。"

"叶大人看上去好像瘦了许多。是不是他们对你有所照顾不周？"

叶名琛看上去确实瘦了许多，以前往外凸出来、鼓得圆圆的肚子，现在缩掉了好几圈，脸也没有以前那么胖，因为变瘦了，脸上的肉显得有点松垮，脖子上的皮打起了褶子。

"我只吃我从中国带来的东西，他们给我送来当地的东西，我不吃的。我已发过誓，绝不食异域粟米。再说了，年纪大了，还是瘦一点的好。"

"叶大人何必如此，只吃从中国带来的东西，难免单调，而且总有一天带来的东西要吃完的，到那个时候，不就要饿肚子了吗？加尔各答也有很多好的东西，吃习惯了，就会喜欢的。"

"我身为中国人,只食中国粟米。巴公使今天远道而来,一定有什么重要的事要告诉我?"

"我确实没有什么重要的事,这次来的目的,就是专门来看望叶大人。"

叶名琛非常失望。

"巴公使什么时候可以把我送到英国去?当初离开广州时,你答应过我,要送我去见英国女王,但你却未遵守诺言。我一直希望去英国,曾向贵方多次提出,多次写信给你们女王,让贵方代交,一直没见有答复。你这次来,我就当面再次向你提出。我想和英国女王当面开诚布公地谈一谈,阐明我大中华和平之意愿,告诉她实在不该派兵来打我中华文明古国,我中国人民和平友好,从未对其他国家武力相向。听说你们女王是个明理之人,她听了我的话,一定会答应我的要求,从中国撤兵,并且和我中华签署友好条约,永远结成为友好之邦。中英两国如能以礼相待,世界和平可期可望啊。"

巴夏礼微微一笑。

"其实,我当时就向英国外交部报告过,一直未获回复,让叶大人在加尔各答居住,实在是权宜之计。叶大人放心,我这次去伦敦一定去外交部一次,亲自把这事报告给外交部同事,他们会考虑你的要求,尽早给你答复。"

"或者,也可以让我早日回到祖国。我一个老朽之躯,在这里,对贵国实在是无用之人,徒增各方的麻烦,不如送我回国,尚能为我皇上效绵薄之力。巴公使,你说呢?"叶名琛迫切地望着巴夏礼。

巴夏礼略有犹豫,似乎在寻找什么词语。

"巴公使,请尽管说来,只要能让我回到祖国,我什么都可以。"叶名琛说。

"叶大人有所不知,你的皇上在得知你被俘之后,因为害怕我们会以你作为人质,来要挟贵方,立刻罢免了你的一切职务,柏贵取代了你成为两广总督。清朝皇帝让柏贵通知我方,说你已是一个草民和罪人,无足轻重,生死自取,无关乎中国的任何利益,不必用你来要挟中国。叶大人,你要是回国,说不定皇上会要了你的性命。至少在加尔各答,你还能好好地活着。"

叶名琛一脸惊讶。

"这是不可能的,我对皇上一片赤胆忠心,皇上是知道的。我对生死,早已置身度外,唯有考虑如何对我国有用。当时之所以没有以死明志,是因为你说要送我去英国,我欲得见英王,想当面理论,我要问她,既然我们已经签署了和好协议,为什么又无端起衅,到底这是谁的错。"

巴夏礼心中感叹,这实在是个迂腐之人,他叹了口气说:"我本不愿意说这些的,但既然这样,那我就全说了。你被俘之后,中国皇帝公开传谕各绅民,纠集团练和我军作战,在圣谕中说你是个不战、不和、不守、不死、不降、不走之'六不'总督,如此疆臣,古之所无,今也罕有。命令各团练,不要因为叶大人为我俘虏而致投鼠忌器之心,皇上圣谕里还说,叶大人已辱国殃民,生不如死,无足顾惜。可见如你要回国,皇上必定拿你是问。再说了,那么多清朝高官为了自保,肯定需要一个替罪羊,尤其是柏贵,他们最希望的是你不要回国,只要你不在中国,他们可以把一切责任推在你身上,如果你真的回国,他们一定会置你于死地,这样才会保得住他们的乌纱帽。叶大人,将你送回国,就是把一只绵羊送进虎口,我巴夏礼万万做不到啊!"

两行老泪从叶名琛脸上滚了下来。他在清朝官场里混了几十年,深知那里的游戏规则,别看那些京官同僚和部下平时都客客气气,对他尊敬有加,那都是因为他是两广总督,或者因为以前他剿匪有功,又能为北京输送许多税银。现在他已是洋人的一个阶下囚,那些京官同僚和部下,说不定个个都想在他身上踩上一脚,把所有的过失都推到他一人身上。没想到巴夏礼这么一个洋人,却对中国官场洞察得如此清楚,把他不愿意想,又不愿意说出来的东西,用大白话全部都说了出来。

叶名琛沉默片刻,唏嘘着说:"我对皇上忠心耿耿,愿为国家肝脑涂地,皇上岂能如此薄情寡义,弃我如敝屣? 其实我不怕死,只要能回国,即使皇上要我死,我也不敢苟且偷生。"

他停顿了一下,忽然狂笑起来。

"看来我要老死异域,成为阿三鬼了,想到我一孤魂野灵在一群黑皮阿三当中游荡,实在有点滑稽。"

"叶大人要是愿意,可以放弃做中国人,只要登报告示,表示愿意效忠我女王,我可以设法让你加入英国国籍,这样你就可以名正言顺地移居伦敦,你生活的一切都可以安排好,不用为日常琐事烦恼。"巴夏礼说。

叶名琛苦笑了一下。

"我怎么会这么做呢? 皇上可以对我薄情,但我无法对皇上不忠。我这具老朽之躯,被俘之时已经枯萎,死不足惜,当时没有自裁以殉国,实为留下一命,愿以三寸不烂之舌去和英国君主当面理论。今日至此,如不能去英国和女王一见,我当学不食周粟之伯夷、叔齐,以明我对皇上之忠,以示不失我大中华之民族气节。"

游说美国

戴沃伦站在祥云阁的院子里,痛心地看着眼前的一切。陈麦南站在他的边上,同样默默无语。

祥云阁里满地狼藉,断壁残垣,一片触目惊心的杂乱景象,地上到处是打碎了的瓷器和烧焦了的木头,里面所有房间的屋顶都已烧透,走进每个房间,抬头就能看见蓝天。烧焦了的吕洞宾雕像倒在地上,已经完全认不出那吕大仙的神仙模型,吕洞宾雕像边横七竖八躺着许多根烟枪,有的已经断裂破碎。

英军进城把叶名琛俘走之后,一部分清朝兵勇和民众试图抢回叶大人,开始袭击英军,双方在广州城内巷战,一些民众乘机到处打劫。等到战事结束,广州城恢复了秩序之后,戴沃伦和陈麦南立刻赶到了城里,他们所看到的祥云阁,已经面目全非了。

祥云阁看门的老头走了过来,一副伤心的样子。

"陈先生,那天英国人查尔斯带了一帮人来,他们破门而入,用刀逼住我,我拦不住。他们把能拿的都抢走了,然后就放了一把火。官府的人都不见了,没人管。我实在无能为力,能保住这条老命,已经是谢天谢地了。"

戴沃伦和陈麦南对视了一下。

"查尔斯意图控制整个广东的鸦片市场,视祥云阁如眼中钉肉中刺,非去之而后快,这次趁乱下手,手段卑鄙至极。"戴沃伦说。

"祥云阁花了我们那么多精力和钱财,如今被查尔斯搞成这样。我们一定要让他得到报应。"陈麦南恨恨地说。

祥云阁是戴沃伦和陈麦南最大的投资,好不容易生意步入正轨,现金像流水一样流了进来,现在流水一下子被卡断了。想要重建祥云阁,又需要一大笔投资,要拿出这么一笔钱没那么容易,再加上战后广东的官场生态变化太大,即使投下去,未来经营还有很大的不确定因素。

戴沃伦陷入沉默,他在院子里来回走了好几圈,狠命踢着挡道的烟枪,把它们踢得远远的。

"沃伦,这次损失非常惨,我们下一步怎么办?"陈麦南问。

戴沃伦没有回答,继续在院子里走着。

"要是重新建祥云阁,钱从哪里来? 沃伦?"陈麦南再次问道。

忽然,戴沃伦停住了,做了个微小的手势,手掌从上往下微微劈了一下。

"把我们的货打个三分的折扣。"

"你说什么? 这么大的折扣? 你想……"

还没等他说完,戴沃伦就打断了陈麦南:"中国市场广东最大,上海增长迅速,但和广东比,目前还是小了,加上朝廷和太平天国战事激烈,周边市场发展困难。要占中国市场,必须首先占领广东。我们做祥云阁,是试图绕过查尔斯,在广东站住脚跟,但即使这样,查尔斯依然不放过我们,把祥云阁烧成了这个样子。既然这样,那我们就必须和他玩真的。"

"我们和他面对面干上?"

"对,我们没有选择。我们去告诉所有广东的烟馆,可以提供价廉物美的烟土,在现有市场价的基础上,十分里便宜三分。唯有这样,我们才有可能把这些烟馆从查尔斯手里抢过来。"

"三分折扣太大了吧? 我们自己的利润要少许多,可能就没什么钱好挣了。"

"即使这样,我们还是有利可图。毕竟鸦片是个暴利生意,一旦在广东能把量做上去,我还可以去和土耳其方面谈,我们的进价还可以更便宜。这是个正面的循环,用低价促销量,以销量谈价格,低价格更进一步增加销量。"

"这个风险太大,但我们或许也没有其他办法,既然你想试,那我们就试试吧,就是不知道查尔斯会如何反应。"

查尔斯办公和居住的地方是一栋带花园的三层西式洋楼,在广州新城的中心地带玫瑰岗,这栋楼的产权以前是东印度公司的,当年查尔斯做东印度公司驻广州的首席代表的时候,就一直住在这里。东印度公司解散的时候,查尔斯趁机把这栋楼以很低的价格盘了下来,又加以重新装修,现在看起来,焕然一新。

洋楼的一层宴会厅里,虽然是大白天,却依然点着好几盏多层高台蜡烛。查尔斯一个人坐在主座上用午餐,老查尔斯的画像在他的背后,注视着宴会厅里的一切,老查尔斯画像下面,站着两个穿着整齐的保镖。空旷的宴会厅里,只有查尔斯一人用餐,几个仆人悄悄地来来去去,宴会厅里安静得出奇,有点阴森森的感觉。

仆人往查尔斯酒杯里斟上红酒。查尔斯手里握着酒杯,在桌上来回地晃动着。他今天的心情特别好,想到这几年在广州做的事,查尔斯对自己的成就非常满意,短短几年里,他已成了广州城里最富的外国人,估计要是伍浩官现在活着,也会对他聚敛的财富刮目相看。前段时间,陈麦南开的祥云阁让他好生烦恼了一阵,幸亏趁局势混乱,让人一把火给烧了,如今,英国人控制了广州老城,再没有任何其他人可以和他竞争。

管家进来,走到查尔斯边上弯下腰,在查尔斯的耳边轻轻地说:"重根来了,说有急事要见你。"

这重根以前是阿一的小跟班,后来被查尔斯提拔了,和阿一平级,当一个管片的头儿,阿一离开之后,重根接受了阿一的管片,鸦片合法后,重根变成了查尔斯主要的分销商。

查尔斯不喜欢吃饭的时候有人来打扰他,但既然有急事,他也只好把刀叉放下,用餐布把嘴抹了抹,让管家去把重根带了进来。

"老大,有麻烦事了。"重根一进门就开了口。

重根现在已经不是以前那个愣头小青年,而是一个有点发福的中年男人。虽然重根已经不再给查尔斯做事,但以前养成的习惯,还是称查尔斯为老大。

"你慢慢讲,有什么麻烦事?"查尔斯年龄上去后,说话变得越发慢条斯理,不紧不慢。经历的事情多了,已经没有什么能让他轻易变得冲动。

"戴沃伦的戴氏洋行现在提供打折的土耳其鸦片,价格是在目前市面价上打三分折。广州已经有些烟馆明确表示要进他们的货,我的货都卖不动了,我去找这些烟馆谈,他们说除非我也给他们打同样的折,否则就不进我的货。"

"有这样的事情? 这个戴沃伦简直是狗急跳墙了。好吧,既然这样,那我们也打三折,坚决不能让戴沃伦的鸦片进到广州的烟馆。我倒要看看到底是谁厉害。"查尔斯口气坚定地说。

"是的,戴沃伦要打价格战,我们就和他打。老大,你看,其他分销商委托我来找你,想问你,是不是也可以给我们个折扣?"

原来这家伙是来讨折扣的,而且还搬出其他分销商来压人,查尔斯心想,满是不爽。

"你作为我的分销商,我已经给你足够的折扣,你有很高的利润,为什么你不能从你的利润里扣出折扣呢?"

"老大,三分的折扣是个很大的数目,不光是我,其他的分销售也都会面临同样的情况。这个年头生意不好做,鸦片烟的渠道有很多,竞争也厉害,以前我们可以吓唬其他供货商,把他们的腿打断,或者去把他们的货给抢了,现在可不一样,鸦片是合法的,受到官府的保护,他们可以去官府告我们。老大,你就给个折扣吧?"

　　查尔斯听出了重根的话中之意，这家伙就是说，现在鸦片来源很多，如果不给折扣，他就可能去找其他的渠道，这是查尔斯最不愿意看到的。

　　"这样吧，我给你一折，你再打二折，这样，给烟馆的最终价格正好和戴氏洋行的一样。"

　　"老大，要不你给我二折，我再打一折。这样比较好一点。要是这样的话，我敢保证，我们所有分销商都不会让戴沃伦的烟土进到广州任何一个烟馆。"

　　查尔斯惊讶地看着重根，这家伙竟然敢和自己讨价还价了，这在以前是绝对不可能发生的事。看来，现在的情况确实和以前不一样，他心中暗暗浮起一丝忧虑。查尔斯真想把重根拒绝了，把他赶出去，但怕这样会得罪其他的分销商，查尔斯知道现在最重要的对手不是重根，而是戴沃伦，等到干掉戴沃伦，再来收拾重根不迟。

　　"我们对半分折扣，这样我们共同来对付戴沃伦。戴氏洋行给什么价格，我们就给同样的价格。"

　　重根似乎对这个提议还算满意，他对着查尔斯微微弓了下腰，双手抱拳："老大，我们就这样干吧，我保证戴沃伦的烟土进不了广州。"

　　"沃伦，你听说了吧？"

　　戴沃伦夹着当天的报纸刚跨进戴氏洋行办公室的门，陈麦南就冲着他喊。和许多洋人公司一样，戴氏洋行位于广州新城的玫瑰岗。每天一早，陈麦南总是第一个到公司，戴沃伦因为孩子还小，一般来得较晚。

　　"什么？"戴沃伦不解地问。

　　"刚有消息来，上海那边的三哥被人杀了，那条线断掉，我们丧失了一条销售渠道，本来那是条出货稳定的路，现在又要重新去建立。"

　　"我听说了，但我没有时间再去一趟。另外，太平天国许远那边最近也不稳定，已经有个把月没有进货了。"

　　"天京被清朝军队团团围住，太平军的地盘在收缩，送货的路越来越难走，成本越来越高。再这样下去，这个渠道迟早要完全失去。"陈麦南忧心地说。

　　"我估计也是。我们好不容易建立起来的北方市场，就这样没了。看来我们还是应该把注意力放在广东这里。"

　　"查尔斯决定和我们打价格战了，各烟馆已经收到通知，我们给什么价格，他们也以同样价格卖给烟馆。你听说了吗？"

　　"听说了。"戴沃伦依然平静地说。

320　　"你不着急？我们要是和查尔斯打价格战，我们是没有任何机会赢的。"

"我知道。那我们打更大的折扣。我们的折扣可以打到五分。"

"我说戴沃伦先生,你糊涂了?知道打不赢,还给折扣?"

"对,折扣还可以再大一点。"

戴沃伦把报纸扔到桌上,陈麦南疑惑地看着他。

"你看今天的报纸。美国南北战争进入僵持状态,南北双方伤亡惨重。我本来以为战争很快会结束,南方会迅速战败投降,现在看来不是这样。"戴沃伦指着那份报纸说。

陈麦南瞥了一眼桌上的报纸。

"这跟我们有什么关系?"

"我们和查尔斯狠狠地打价格战,然后悄悄地以很便宜的价格在市场上把查尔斯的烟土买回来,我们再把烟土运到美国去。"

"但是,鸦片在美国是非法的。你想走私进去?"

"我来想办法。打仗伤亡率那么高,也许我可以说服美国政府,允许鸦片合法进口。我今天晚上就启程去纽约。你要做的就是继续和查尔斯打价格战,同时在市场上悄悄地把他的鸦片收回来,记住,一定要悄悄地,绝对不能让他知道我们的目的。"

"你敢肯定,可以把鸦片卖进美国去?"

"我不敢肯定,但有这个可能。一旦这个做成了,我们的情况会完全改观。我想做一单很大很大的生意。我们赌一把。"

"要是赌不赢,我们会输得很惨。好吧,我会想办法悄悄地收的。不过,如果量大的话,我们可能没有那么多银两来付。"

"我已经把我在美国的住所爱阁娜抵押给了银行,银行会给我们放款。"

"看来你是想把所有赌注都押上去了?风险实在太大了。要不要别做鸦片生意了?你来和我一起做餐馆,我现在已经有三家餐馆,每一家的生意都很好,你可以来和我合伙,我们再多开几家餐馆,风险小一些,你看如何?"

"我答应过凯瑟琳尽快回纽约的,现在我们在广州一待就已经三年多,我必须做一单大的生意,这样才有可能让她们早日回家。要赌就赌大的,这次我是赌定了。"

见戴沃伦主意已定,一副不容改变的样子,陈麦南也只好作罢。

戴沃伦回到纽约的第一件事,是去看望楼爱波。楼爱波的公司刚搬进第五大道上的新楼,这是一栋五层楼的建筑。

走在第五大道上,戴沃伦发觉离开的这几年,纽约这个城市变化得如此之

快,以至于让他几乎无法相认,满大街都是来自世界各地的移民,他们说着相互听不懂的语言。纽约到处在大兴土木,大街两旁有好些新建好的五六层的高楼,也有好多很高很高的大楼正在建。在第五大道上,戴沃伦还看到了一栋八层楼的建筑,他从来没有看到过有如此之高的楼,那是纽约第一个百货公司,经过的时候,他好奇地到里面去逛了一圈。

见戴沃伦到来,楼爱波异常高兴。两人相互问候之后,楼爱波问道:"这次在中国见了哪些老朋友?"

"你可能不敢相信,我见到了洪香玫。"戴沃伦说。

"真的? 这真是出人意料,我以为她早死了。"楼爱波说。

"她现在是太平天国天王洪秀全的妃子。"

戴沃伦就把如何在洪仁玕的帮助下,冒充罗孝全神父混入天王宫的事和楼爱波说了,楼爱波全神贯注地听着,一边提着问题,一边不停地感叹。

"至少你又找到了香玫,也算是了却一桩心愿。"

"你猜猜,我还见了谁?"

"查尔斯?"

"不是,我还见到了王发丹和许远。世事真是造化无穷。许远成了太平天国的高级军官,王发丹为清朝守卫上海外面的嘉定县,许远攻下嘉定后,把王发丹杀了。"

戴沃伦没有跟楼爱波说,他在攻打嘉定城所起到的作用,他觉得没有必要说这些,反正楼爱波也不会关心。

"他们两个本来一起做事的时候就相互看不顺眼,以前许远一直在王发丹手下压着。只是,王发丹死在许远手里,也真是凑巧了。这个许远以前为清朝做事,没少给我们麻烦,现在却成了清朝的对头。真是世事轮回,难以想象啊。"

"还有更难想象的呢。我现在和许远一起做生意。"

"还有这样的事?"

"是啊,我把鸦片卖给许远,他能够控制太平天国所辖地区的分销渠道。"

"当然,我们做生意的,没有永远的敌人,生意就是生意,只要有利可图,敌人也可成为朋友。你在中国的鸦片生意做得怎么样?"

"不太好做,鸦片在那里已经合法,查尔斯又控制了广州烟土的渠道,现在比我们以前的利润低很多。做得很辛苦,不如以前啦。"

"我当时就劝你别回中国,跟我一起做航运,你看这几年中美贸易连年翻番,航船很难订得到。我最近又添了一条船,取名叫'广东号',加上'浩官号'和'罗素号',我现在有三条蒸汽机的船。这栋大楼有五层,都是我航运挣来的钱建的。你要是没去中国,在这里和我一起做航运,说不定也挣了不少钱。"

"我这次就是坐你的'罗素号'回纽约的,蒸汽船真是快多了,记得当年我们去广州要花大半年的时间,现在只要两个月不到。说到这儿,罗素先生最近怎样了?"戴沃伦不想聊做航运的事,就把话题扯开了。

"他一年前去世了。他把大部分的财产都捐了出来,耶鲁大学、威斯里安大学,连大豪宅都捐了,给了威斯里安大学。"

"罗素先生真了不起,是我们学习的榜样。"

"是的。我以后也要把钱捐给学校。对了,你这次回纽约来干什么?"

"我想把鸦片卖给美国政府。"

"你疯了?不可能,沃伦。我劝你打消了这个念头。你知道鸦片在这里是非法的,对吗?"楼爱波非常肯定地说。

"我当然知道。"

"那就是了。美国和清朝中国不一样,我们以前在中国,贿赂贿赂官员,很多犯法的事情,中国官员睁一眼闭一眼,我们把鸦片走私进去就行了,这在美国以前也许可以,但现在绝对做不到。这事,我帮不了你,我的所有一切都在这里,出了事情,我可不想进监狱,把我那么大的家产赔进去不值得。"

楼爱波不想介入在美国鸦片走私的事情,就先拒绝了戴沃伦,堵住他的口。

"爱波,我没有想让你帮我走私鸦片。我想合法地做,想接触一下政府方面的人,或许可以说服他们,合法地把鸦片卖到美国。"

"沃伦,你怎么竟想着做些不可能的事情?你知道,这是个非常保守的社会。要想改变政策,必须得到教会的同意,在这里,教会的势力太强大了,怎么可能让鸦片合法化?"

"你有认识的政府官员吗?"

"你知道我对政治不感兴趣,从来不和政客们打交道,可能要让你失望了。不过,倒是有一个人你应该去找他谈谈,也许他会帮到你。"

"谁?"

"你的老朋友,约翰·福布斯。"

"为什么你觉得应该去和他谈谈?"

"福布斯从中国回来后,一直在芝加哥地区做铁路的生意,成了铁路大王。他一直在政治上非常活跃,是林肯总统最大的金主之一,你知道,林肯来自伊利诺伊州,在芝加哥做过律师,他曾给约翰的公司做过法律方面的事情,很早两人就很熟。林肯自进入政界开始,福布斯就一直是他的大金主。林肯被选上总统之后,福布斯成了共和党全国委员会主席,控制了共和党的机器。他虽然不是

林肯总统的内阁成员,但是他可以直通天庭,随时可以见到林肯,他的话,林肯总统应该会听的。如果你能搞定福布斯,你的机会就很大了。不过,我和他一直没有联系,没办法给你引荐,你要自己去找他,反正你以前和他也很熟。"

戴沃伦觉得这个信息很重要,他想起当年在广州,约翰帮着伍绍光除掉伍绍荣的事,他还帮过忙,想不到,这么多年后,为了向美国卖鸦片,他会去求约翰。

"他在哪里?"戴沃伦问。

"他平时在共和党全国委员会办公,他的办公室就在离这里几个街区的地方。林肯选上总统之后,约翰从芝加哥搬来纽约住,不过他经常去华盛顿,要找到他,还不是那么容易的,你可以去他办公室试试。"

戴沃伦很幸运,去共和党全国委员会办公室时,福布斯正好在。助理带着戴沃伦进到福布斯的会客室里等待。进到会客室里,戴沃伦就被正中墙上挂的一幅巨大油画吸引住,这是一幅伍浩官的像,他穿着一身貂皮做的清朝三品官官服,官服非常华丽,画上的伍浩官,色彩鲜艳,胸前挂着两串朝珠,嘴唇上两片小胡子,溜光的前额,浓浓的眉毛下,是一双炯炯有神的眼睛,注视着会客厅里的一切。

戴沃伦走到油画跟前,端详起油画,他和伍浩官对视着,想着第一次在伍府见到伍浩官的情形。

门口一阵脚步声传来,有人进了会客厅。戴沃伦转过身来,看到一个五十岁左右、略显富态的高个子男人走了进来。戴沃伦有大概二十多年没见福布斯,他已经记不得他的模样,不过眼前这个男人,戴着领结,穿着笔挺的燕尾服,戴沃伦心想,那一定是约翰·福布斯了。

"戴沃伦先生,真是惊喜,自从我离开中国后,我们就没有再见过面,应该有二十年了吧? 很高兴你来这里见我。"福布斯一进门就朝戴沃伦喊起来。

"福布斯先生,我也很高兴能再次见到你。我去了趟楼爱波的公司,说你就在附近,就冒昧地来拜访你。"

"一点也没有冒昧,欢迎欢迎。能见到二十年前在广州的朋友,我当然高兴。你喜欢这幅画吗?"福布斯指着那幅油画说。

"当然,画得和浩官本人很像,那神情都一样,把浩官画活了。"

"我让人模仿浩官的另一幅画画的,按比例放大好几倍,这幅画是我客厅里最重要的物件。浩官先生对我这辈子影响最大,可以说,没有浩官,就没有我现在的一切。我对浩官要感恩一辈子。"

戴沃伦知道，福布斯回美国建铁路的第一笔钱，就是来自伍浩官，要是没有伍浩官的钱，福布斯就没法在芝加哥建成那里的第一条铁路。这条铁路的建成，让福布斯成为美国铁路界的名人，从此之后，美国很多跨州铁路，都有福布斯的投资。

　　"是的，浩官先生对当年我们在广州所有人的影响都非常深远，对我也是一样。我经常说，有两个人改变了我的人生轨迹，一个是罗素，另一个就是浩官先生。"戴沃伦说。

　　"浩官是我们这个时代最伟大的商人。有谁能做到浩官先生的百分之一，就已经非常了不起。"

　　福布斯和戴沃伦在软垫椅子上坐下，他们隔着小桌子互相打量着对方，想从各自的脸上找到逝去的时光。助理往两人茶杯里沏上茶之后退了出去。

　　"沃伦，我听说你就在纽约，可惜我从芝加哥搬来之后，我们还没有机会见过。"

　　"你搬来不久，我就又回广州去了。我们正好错过。"

　　"又去了广州？"

　　"对。我在金融危机当中赔了许多钱，就又跑回了广州，继续做生意。"

　　"还是卖鸦片？"

　　"茶叶，瓷器，很多东西，当然还有鸦片。"

　　"现在那里鸦片还好卖吗？"福布斯问道。

　　"不如以前，那里鸦片买卖都已合法，竞争太厉害，不太好卖。这也是我这次回纽约的原因。"

　　"哦？你想洗手不干了？"

　　"不是。这是我来找你的原因，想让你帮忙。"

　　"我如何能帮你？"

　　"我想把鸦片卖到美国来。"

　　"绝对不行。这里不是中国，你想怎么做就怎么做，美国不允许把鸦片走私进来，法律不允许，民众也不允许。这个，我无法帮你，否则，要是让小报记者知道，共和党全国委员会主席走私鸦片，这是很大的政治丑闻，我在美国还怎么混下去？"福布斯一口回绝了戴沃伦。

　　"约翰，你听我说，我不是想走私鸦片，而是要合法地把鸦片运进来。不是卖给市场上的老百姓，而是卖给军队。"戴沃伦恳切地望着福布斯。

　　"那更不行了。卖给军队？简直是异想天开。现在是南北方打仗正激烈的时候，让军队吸鸦片，怎么打仗？你想想，要是报纸上说，林肯的军队抽着鸦片

去打仗,民众会是什么反应?"

"军队打仗伤亡惨重,伤员病痛难耐,欲生不能,欲死不得。鸦片可以帮助伤病员减轻疼痛,让他们活得有一点尊严。"

"沃伦,你不用说了,在美国卖鸦片,无论你卖给谁,都是不合法律的。不合法律的事情,绝对做不到。"

戴沃伦心想,当年在广州除掉伍绍荣的事,也不合法律,福布斯不是照样参与了?现在说不合法律的事,绝对做不到,显然有点虚伪。但他能感觉到,房间里气氛顿时变得凝固起来,看来福布斯是个非常固执的人,还得想不同的方法来说服他。

"约翰,你还是考虑一下。如果你能帮我说服政府,购买鸦片用以帮助我们的军人减轻病痛,我保证为共和党全国委员会捐款。"

戴沃伦后面的话似乎引起了约翰的注意力。

"这里是一张一百美元的银行汇票,这是我捐款的一部分,如果你能帮我游说政府,以后会有更多捐款。"

戴沃伦从口袋里掏出一张汇票,交到福布斯的手里。福布斯朝那张纸扫了一眼,知道这是一笔很大的捐款,当时新英格兰地区人均年收入也就只有二百多美元,他迅速把那张汇票收了,说:"好吧,我来问一问。不过,我劝你不要给予太大的希望。"

后来,戴沃伦又去了约翰的办公室几次,每次问起,福布斯总是说卖鸦片给军方不可行,军方阻力太大。戴沃伦让福布斯去同林肯总统说,但都被他挡了回来。戴沃伦心里非常着急,在纽约的时间一拖再拖,让美国政府购买鸦片的事,一点都没有进展。陈麦南来信说,收购鸦片的钱快没了,只好把他三家餐馆拿到典当行去抵押,换来些银圆,如果时间再拖,就无法继续收购鸦片了。戴沃伦感觉到从没有过的压力,这种压力,让他胸闷气短,时不时有窒息的感觉。

终于,在戴沃伦再三恳求下,福布斯同意一起去一家教堂看看。这家教堂临时被用作医院,以安置和治疗伤员,纽约的各所医院人满为患,一床难求,就连走廊的地上都打满了地铺,战争中被打伤的士兵和平民,在纽约的医院住不下,就被安置到了这家教堂。戴沃伦来过这里,他觉得有必要让福布斯来看看,让福布斯亲眼看一看战争的惨样。

在庄严肃穆的礼拜堂里,密密麻麻地摆放着担架铺就的床,每个担架上都躺着伤病员,呻吟声、骂人声、护士的安慰声,混在一起,此起彼伏。礼拜堂正中墙上挂着一个巨大的十字架,十字架上钉着基督的雕像,他的双手撑开,头上戴着荆棘,低垂着,似乎在倾听着礼拜堂里人们的诉苦声。

福布斯跟在戴沃伦身后,在担架之间穿行。显然这是福布斯第一次看到这幅景象,他惊恐地睁大双眼。福布斯知道,联邦政府和南方的战争进行得并不顺利,在总统撤换了几个将军之后,北方的军事行动才获得了主动权,但是依然伤亡严重。现在亲眼看到战争的惨状,还是让他十分震撼。

"沃伦,我真没想到有那么多的伤员。"

福布斯忍不住用手捂住了鼻子,礼拜堂里弥漫着一股莫名难闻的味道,那么多人的汗味,伤口化脓的血腥味,鞋子和绑带的臭味,再加上衣服毯子的霉味,各种味道混杂在一起,让人闻了直恶心得想吐。

"这只是其中的一个教堂而已,还有好几个类似这样的教堂。纽约的医院都已经满了,只好借用教堂安放伤员。这里的很多伤员熬不过这个夏天,他们最终都会死去。"戴沃伦说。

福布斯用手在胸前画了下十字,他是个虔诚的基督徒。

忽然,一副担架上伸出一只手,一把揪住福布斯的裤腿,把他吓了一跳,本能地就想往后退去,但他无法摆脱那只手。他低头一看,这是一只带着斑斑血迹的手,它抓得如此之紧,以至于他无法把脚挪开。担架上的人,头上绑着带血的绷带,遮住了半边脸,另外半边脸上到处是血迹、汗水,再加上灰土。没有遮住的那只眼睛直直地盯着福布斯,嘴里喃喃地说着什么。

福布斯起了恻隐之心。他俯下身子,把脸凑近了那张脸,终于他听清楚了那人在说什么。

"求求你,杀了我吧,求求你,杀了我吧。"那人口里说道,一遍一遍重复着。

福布斯不知道如何回答,他只好用手轻轻拍了拍那人的手臂,安慰他说:"我的孩子,你会好起来的,上帝保佑你。"

那人依然抓住福布斯的裤腿不放,嘴里继续喃喃地说道:

"我半张脸被炸掉,一条腿断掉。活着还有什么意思,我每天都难受得要命,每天痛得无法睡觉,先生,求求你杀了我吧。"

护士走了过来,把那人的手从约翰的裤腿上拽了下来。

"抱歉,先生。这个年轻人被送来已经有几天了,他被炮弹炸伤,可怜的孩子,断腿和脸都已经开始腐烂。像他这样的,我们这里很多,看到他们痛不欲生的样子,我们也很心痛,但是无能为力,只能叫来神父给他们一些安慰。"护士说。

"约翰,你应该知道我为什么叫你来这里。你看这么多年轻人,他们为了美利坚和他们自己的同胞厮杀,受伤而到这里,人们称他们是幸运儿,因为他们没有在战场上被杀死,但是有谁知道,其实他们生不如死,最终他们当中的大部分

人还是会死于伤痛,而且是很痛苦地死去,任何医生,无论医术有多么高明,都无法改变这个现实。要是给他们鸦片,至少他们临死之前不会痛得那么撕心裂肺,至少他们肉体上没有太多的折磨,他们死得可以有些尊严。约翰,想一想,如果这是你的孩子,你会怎么做?为了这些孩子,请帮我把鸦片卖到美国,我替这些孩子求你了。"

福布斯环顾了一下礼拜堂四周,这是一幅让人无法忘怀的、十分震撼的景象,亲临这里的人,即使是铁石铸就的心肠,都无法不被眼前的一切触动。福布斯掏出一块手帕,擦着额头的汗珠,胸口就像有块沉沉的铅压着,肚子里翻江倒海,好几次差点吐了出来,他连忙转身往门口走去,他无法再在这里待下去,一边走,一边对戴沃伦说:"好吧,我去跟总统说说,不敢保证总统会怎么做。哦,这样吧,你跟我一起去趟华盛顿,我安排一下你见林肯总统,你亲自同总统去说。"

纽约到华盛顿的距离,大约四百公里,坐船需要一天的时间。戴沃伦一早赶到纽约港口,乘坐蒸汽汽船,然后再换乘马车到华盛顿城里,他到华盛顿的时候,已经是傍晚,他就先找了地方住下来。福布斯已经比他早几天到了这里。

第二天下午,戴沃伦来到白宫,门口警卫没他想象的那么严格,报上名字之后,他被带到一间以红色为主要基调的小房间,这个房间在白宫里称为红室,里面的窗帘和墙的颜色都呈红色,房间虽小,但有六扇门,一面墙上挂着国父华盛顿的油画。

在红室内等了几分钟之后,一扇门打开了,林肯总统进来了,跟在他后面的是福布斯。两人进来之后,在后面把门关上了。

林肯和所看到的画像一模一样,满脸的络腮胡子。见总统进来,戴沃伦连忙迎了上去:"总统先生好。"

"戴沃伦先生,欢迎。约翰已经同我汇报过你的情况。他说你们是老朋友了,你们以前都在中国做生意。"

"是的,总统先生。约翰没待太长时间就回了美国,我总共待了十几年。"

"等我们打完仗之后,我找你询问关于中国的事情,中国是远东的重要国家,我的内阁一直非常重视。听约翰说,你还是共和党的支持者,我在芝加哥时,参与组建了新共和党,约翰为共和党的发展壮大贡献很大。我们需要你这样的支持者。"

"总统先生,我一定尽力支持。"

"我知道你在做中美之间的贸易,共和党是支持贸易的,我们对南方禁运,封锁海岸，是为了让战事早日结束。一旦南方分裂分子被打败，南方还需要重建。你们做贸易的，可以起到作用。"

"总统先生，我期待着联邦政府打败叛军，也希望能在南方重建中有所助益。"

"戴沃伦先生，约翰告诉我，你有个非常异想天开的想法，他也简单跟我说了一下，你给我再说说。"

"总统先生，我想把鸦片卖给美国政府。这次南北打仗，联邦军人伤病的很多，很多都是在疼痛万分的情况下死去。鸦片虽然有很多的不是，但能缓解病痛，我们的军人为国战斗，出生入死，要是在他们去见上帝的时候，能够让他们走得有些尊严，这是我们为军人所能做的微小回馈。"

"我明白这个道理。我去很多医院看过我们的将士，他们确实需要药物来减轻痛苦。不过，美国的政治生态里，有很多反对声音，要想通过国会重新立法，困难重重，我需要动用很多政治资本，即使这样，也不能保证能在国会通过。至少短期内无法做到。"

戴沃伦心中着急，看来总统本人对使用鸦片的事并不反对，但对戴沃伦来说，时间是个关键。陈麦南又来信了，说囤积的鸦片已经占满仓库，必须要再租新的地方，银行放贷用于购买鸦片的资金已经不够用了，要是再无法把鸦片卖出去，资金周转就要出问题，到时候银行抽走银根，不光囤积的鸦片要被银行收走抛售，而且他们抵押的房产，包括爱阁娜庄园和三家杏花楼都要被银行拿去。陈麦南让他不管在美国的结果如何，尽快赶回广州，他们需要决定如何处理大量的鸦片存货和银行贷款问题。

"总统先生，我明白，想要改变法律，确实不是一件容易的事。但我们的军人痛不欲生，每天都有人在痛苦的呻吟中死去。从道义上讲，我们无法不尽快帮助我们的军人。在战争的特殊时期，或许总统的特别命令可以。"

"总统的行政命令，理论上是可以用，但对总统和共和党的政治影响则是非常深远的，所以总统行政命令，我一般不会轻易使用。"

"请为了我们的军人，总统先生，你就破例签署一下行政命令吧，这毕竟是战争时期。而且，时间拖得越久，我们军人受的痛苦越多。我请求你，总统先生。"

戴沃伦用了近乎绝望的、乞求的口吻。用鸦片减轻受伤军人的伤痛，当然是戴沃伦所希望看到的，但对戴沃伦来说，乞求林肯最主要的目的，是消化掉在广州囤积的大量鸦片存货。戴氏洋行的资金链现在已经绷得很紧，能否把鸦片卖个美国政府，关系到戴氏洋行的生存问题。当然，他不能把这些说出口。

"戴沃伦先生,我需要和我的幕僚讨论一下,这事不是那么简单,需要花些时间。你先回去等着,我一有消息,就会让人告诉你的。"

戴沃伦失望地离开了白宫,心里就像注了铅一样沉重,他知道美国的政治程序需要很多时间,即使总统真能签署行政命令,或许对戴氏洋行来说也是于事无补,到那个时候,银行可能已经把所有存货和一切抵押物拿走拍卖,他的爱阁娜庄园和陈麦南的三家杏花楼餐馆,即将成为别人的财产。

出白宫门的时候,他又叮嘱福布斯,让他继续催促总统,希望福布斯能够发挥总统大金主的作用。然后,他赶回纽约,再从那里坐船回广州。

还　愿

戴沃伦在黄埔港下船的时候,远远地看过去,他惊讶地发现,陈麦南来了。陈麦南是来接他的,还叫了一辆马车在码头等他。戴沃伦不知道该如何告诉陈麦南这个不好的消息,这次他去美国,虽然一直不停地努力,但其结果还是没有得到在美国销售鸦片的确切许可。他的这场赌博不但失败了,而且输得很惨,不光把他的爱阁娜输掉,而且还把陈麦南三家杏花楼餐馆赔了进去。他不知道如何向陈麦南开口。

陈麦南一见戴沃伦,却兴高采烈地给了他一个熊抱。陈麦南满脸堆笑,那副喜气洋洋的样子,让戴沃伦一头雾水。

"麦克,你怎么那么高兴? 我这趟去美国……"

还没等戴沃伦说完,陈麦南就打断了他:"沃伦,你真行,你去了趟美国,就把什么都搞定了。"

戴沃伦更糊涂了。

"你说什么?"

"你把鸦片卖给了美国人,大家都知道鸦片在美国非法,是被禁的,能够把鸦片合法地卖给美国人,在这个世界上,可能就只有你戴沃伦了。"

"我把鸦片卖给美国人了? 这是怎么回事?"

这下让陈麦南糊涂了。

"你没有? 我以为你是谈好之后才回来的。我们已经好几条船发出去了,满载着鸦片,三到四周以后,就会到达纽约港。美国政府的钱都已经打进来了。"

你不知道吗?"

"钱都进了我们账户? 我一点都不知道,难道美国政府同意了? 我简直不敢相信。"戴沃伦一下子来了精神。

"是啊,钱没进来,我是不会发货的。"

"你快跟我说说,这到底是怎么回事,我确实见了林肯总统,但是离开白宫时,林肯并没有答应我,只是说需要时间讨论。我以为我们完了,这下一定输得翻不了身的。"

"两周前,美国驻广州总领事来公司告诉我的,说林肯总统签署了特别行政命令,由美国军部出面购买我们的鸦片。那个时候,你正好还在海上。美国军部发出来的电报,先转到伦敦,再从伦敦转到加尔各答,然后再发到广州的,转了好几个弯。你们美国政府付钱很爽快,我们还没有发货,全额款项就汇了进来,要做生意,就要同美国政府做。我看钱进了账户,就马上发船去纽约。在海上,现在有好几条我们的船,正满载着鸦片往纽约去呢。"

戴沃伦听说过电报这种东西,但绝对没想到电报可以从华盛顿发到广州。戴沃伦不禁对技术的日新月异而感叹。当年他最初来中国的时候,坐的是靠风吹、人工摇的帆船,这次来中国坐的是烧煤的汽船,以前美国看不到铁路,出行基本靠马车,今天美国东海岸到处在建铁路,铁路不再是有钱人的专享,老百姓都能乘坐火车出行。现在,他人还没到,林肯总统签署行政命令的消息就已经由电报传到了广州。

看见戴沃伦愣在那里,陈麦南使劲推了他一下。

"沃伦,想什么呢? 我们有钱了,很多很多钱,而且现在钱就像流水那样流进我们的账户。有了钱,我们可以做好多事情,你也可以早日带家人回去美国。"

戴沃伦咧开嘴笑了,脸上泛出神采奕奕的光芒。他现在的心情,就像从深谷底层一下子上升到山峦顶峰,没有任何文字能够描述他兴奋的状态。

"是啊,终于可以回美国去了。不过,在这里还有些事没完成。"

戴沃伦回到广州一周之后,他的老对手查尔斯死了,是喝鱼翅汤时,一头扎在汤碗里死的,一碗滚烫的鱼翅汤洒了一地,一根鱼刺扎进了查尔斯的眼球。

这是陈麦南在戴氏洋行办公室里告诉戴沃伦的。听到这个消息的时候,戴沃伦正伏在办公桌上处理文件,他只是微微点了下头,眼睛依然没有离开过桌上的那些纸,手中的笔在纸上写着什么。

"死因是中风?"戴沃伦慢悠悠地问。

"家人是这么说的。"陈麦南回答。

"好,既然家人都这么说。大家都知道,查尔斯防人防得很紧,要给他下毒几乎不可能,没有人会想到这个,中风是最自然的解释。"

"是的,每样饭菜送上桌之前,都必须由保镖亲自尝一口,才能送到桌上。"

"那怎么能做到近他身的?"

"他可以防厨师,防餐馆的人,但他无法防备保镖啊。"

"你是说保镖下的毒?"

"保镖是查尔斯花钱雇来的,当然别人也可以把他们雇了去,只要有足够的银两,保镖甚至会把他老板干掉的。"

戴沃伦放下手中的笔,抬起头,看着陈麦南说:

"既然查尔斯已中风而死,我们打进广州的烟馆就有希望。应该找几家大的烟馆谈谈。"

"不用去找,有几家已经自己找上门来。我们和查尔斯打价格战,收了广州大部分的鸦片,这些鸦片都被运往美国去了,广州这边现在很缺货。查尔斯刚死,那里一片混乱,没有人能够短期内接手,查尔斯活着的时候,不放心别人,他让供应商只同他直接联系,所以,那些印度、阿富汗原产地的供应商,只认查尔斯一个人。烟馆现在找上门来向我们要货,这是个千载难逢的机会,我们可以乘机抬高价格。"

"好,那就拜托你同广州的烟馆谈,价格嘛,我看也不要抬得太高,毕竟我们需要以最短的时间迅速占领广州市场。我需要出去一趟,到北面去,要有一段时间。"戴沃伦说。

"北面哪里?"

"浙江湖州,靠近上海那个地方。"

"为什么要去那里? 为卖鸦片吗? 我们这里都做不完了。"陈麦南不解地问。

"王发丹是湖州人。我曾答应过他,要去看望他的家人。他房子造好后就邀请我去,我一直没有机会去,现在我们的生意有起色了,我有些时间。"

"北边现在局势很不稳定,朝廷的军队已经把天京围得水泄不通,整日往城里打炮,城内缺粮,已经靠挖野菜过活,城外太平军试图回援天京。大战在即,谁知道会打到什么程度,不安全啊。"

"但是要是现在不去,以后更没有时间。尤其是一旦回到美国之后,再去那里可能性会更小。既然已经答应了的事情,算是还个愿吧。只是……只是天京危急,我担忧香玫,不知道她是否能够从那里逃出来。"

戴沃伦露出忧心忡忡的样子,手指摸着胸前的那枚白玉十字架项链。

陈麦南心里明白,知道洪香玫这次一定凶多吉少,但又不愿意说出来,让戴沃伦伤心,就安慰他说:

"香玫是二十宫娘娘,有重兵保护,她又领兵打过仗,一定能化险为夷的。"

"我当时从天王宫里出来,心里就有一种不祥的预感,现在这种预感越发强烈。唉,我实在是无能为力啊,这种有力使不出的感觉,不知道有谁能够理解。"

戴沃伦重重地叹了口气。

洪仁玕清晨被噩梦惊醒,在他的梦里,天京城厚实坚固的高墙在一声巨响之后,轰然倒塌,清朝兵勇像潮水一样涌了进来,一剑刺来,他胸口被扎了一个大洞,鲜血喷薄而出,飙上了天空。惊醒过来之后,洪仁玕一骨碌坐了起来,在床上细细听着屋外的动静,外面寂静无声,没有听见枪炮声,他摸了一下胸口,发现那里完好无缺,又摸了下头部,发现满头大汗,身上衣服已经被汗水浸透。他忽然有一种不祥的感觉,凭着他在天京这几年和清军周旋的经验,他知道,最后的时刻要到了。他立刻穿衣披挂,带着卫队就往天王宫去了。

一个多月前,天王病逝。洪仁玕被委于辅佐幼天王洪天贵福。幼天王只有十四岁,长期生长在深宫,对外面的世界一无所知,所有事情都由叔叔洪仁玕决定。天京长期被清朝围困,城内缺食少粮,已经到了挖野菜吃树皮的地步,守军的战斗力越来越弱,但是援军迟迟不到。洪仁玕焦急万分,万般无奈之际,就乔装之后溜出城去,亲自去讨救兵。但是让洪仁玕失望的是,不管他如何恳求,这些平时对天国忠心耿耿的将军们,没有一个愿意发兵去解天京之围的。他们甚至试图说服洪仁玕,让他不要再回天京去。

洪仁玕没法做到一走了事,他是天国的干王,天王的族弟,兄长升天之时把幼天王托付给他的嘱托,使得他不能像其他天国之王那样自保。他拒绝了众将领要他留下的请求,毅然决然地又重新回到在重重包围之下的天京。

天京保卫战惨烈空前。清兵每天往城里轰大炮,又掘开长江之堤往城里放水,这些都被太平军抵挡回去,让清兵无法攻破天京坚固的高墙。后来清军挖了好几条地道,直通城墙下面,然后放上炸药,把城墙炸开一个缺口,幸亏太平军死命抵抗,奋勇厮杀,硬把闯进来的清兵赶了回去,补上了那个缺口。但是,洪仁玕心里明白,清兵打进来是迟早的事。

太阳升起的时候,洪仁玕一行人快马加鞭来到了天王宫。天王宫前的广场上,空空荡荡,没有了以前在这里晨练的人。他们在下马碑前没有下马,而是飞速闪过,跨过五龙桥,穿过外宫两道大门,直接到了内宫的大门口。洪仁玕命令 333

守门军官把门打开。

守门军官看到干王带着一队卫兵一大早骑马赶来,非常惊讶,不知道发生了什么事情。干王未经征召带兵骑马直奔天王宫,现在要带兵闯入内宫,这都是非常不合常规的做法。守门军官犹豫着,不知道是否应该服从干王的命令。洪仁玕见军官站在那里不动,从腰间拔出剑来,指着守门军官,说:

"特殊时期,无法按程序操作。时间紧迫,请立刻开门。"

守门军官见状,知道已无别的选择,当即下令打开宫门。

洪仁玕骑着马,带着卫兵疾速闯入宫中。这是他第二次进到宫里,上次进宫是一个多月前,洪秀全知道自己不久于人世,便颁布天王特别诏令,命洪仁玕入宫,在病榻前,洪秀全一手拉着儿子幼天王洪天贵福,另一手拉着洪仁玕,天王让洪仁玕的另一手拉住洪天贵福,把儿子托付给了弟弟。当时,洪仁玕满眼是泪,哭得上气不接下气,发誓虽肝脑涂地,也一定要辅佐幼天王到鞠躬尽瘁。洪秀全的一干娘娘们在病榻下齐刷刷地跪着,有的已经哭得死去活来,对她们来说,天王就是一切,没有天王的日子,她们不知道怎么个过法。在那一堆跪着的娘娘当中,洪仁玕看到了洪香玫,虽然那么多年没见,他还是认得出,岁月的流逝,似乎没有在她脸上留下什么痕迹,只是脸比以前圆了点,看上去比实际年龄要年轻许多,她穿着华丽的娘娘服,显得雍容华贵。洪香玫没有哭,她静静地跪在那里,腰板挺直,显得比其她娘娘高出一头,倔强的脸上毫无表情,默默地低头看着地上。

这是卫兵们第一次进到天王宫内。天王宫里的富丽堂皇让所有人都惊叹,不过,今天他们没有时间和心情去欣赏。看到干王带着一队持枪带刀的卫队闯入宫内,宫女们不知道怎么回事,吓得全都趴在了地上,不敢抬头看干王一眼。

一会儿,宫女请来了幼天王,一个十几岁的长得有点虚弱的少年,慌慌张张地来到洪仁玕前,见幼天王到来,骑着马的人赶紧从马上跳了下来,匍匐在地。

"王叔这么早就闯入宫里,有什么事?父王制度,任何人不得进入内宫。王叔有违父王制度。"幼天王睡眼惺忪地说。

"天王恕罪。现在是特别时期,形势危急,不容按程序禀报,还望天王恕罪。天王请赶紧收拾一下,我们即刻离城。"洪仁玕跪在幼天王脚下,头叩在地上。

"王叔请起。外面到处是清妖,还是宫里好,我哪里都不去。"

幼天王有点不悦,这么早就把他叫醒,懒觉没得睡,干王还擅闯天王宫,这可是死罪啊,但这是自己的叔叔,又是父亲升天前把自己托付给他的那个干王。

这时,远处传了一声剧烈的响声,如山崩地裂,幼天王吓得浑身直打哆嗦,他一把揪住洪仁玕的衣服,使劲拉着洪仁玕,想要往内宫里跑,洪仁玕紧紧搂住幼天王,手轻轻地拍着他的背部,安慰着幼天王。众人屏住呼吸,相互看着对方,全神贯注地听着。又连续传来几声闷闷的巨响,紧接着就是密集的炮声和枪声。

一个军官骑着马疾风而至,马还没有完全收住脚,军官就已滚下马鞍,跪倒在地。

"干王,清妖用炸药把城墙炸出一个大缺口,我军虽然神勇,但无法挡住潮水般涌入的清妖。清妖现在已经攻进城里,目前正在巷战,我军正已尽最大努力延缓清妖的推进。"军官伏地匆匆而说。

洪仁玕情急之下,拉着幼天王就往宫外走,一边走,一边急迫地说:

"天王,时不我待,已经没有时间收拾,我们立刻离开。"

这时,一大群洪秀全的嫔妃拥了过来,围住幼天王和洪仁玕,有几个还拉住幼天王的衣服,让幼天王动弹不得。她们哭哭啼啼,七嘴八舌。

"天王,不要丢下我们,带我们走。"

"天王,我们跟你一起去打清妖去。"

……

洪仁玕一下子焦急起来,情绪变得异常亢奋,他拔出佩剑,挥手一剑,刺中站在最前面拉住幼天王的那个嫔妃,嫔妃大叫一声,松开手,倒在了地上。洪仁玕命卫兵持剑逼着众嫔妃放开幼天王。众嫔妃吓得脸色苍白,推搡着往后退。

"给我退回去,谁都不要拦住天王,谁要来拦,这就是下场。天王和我出去看看情况就回,大家放心,一切都不会有问题的,我们有天父的保佑,清妖一定会被我们打回去。"

这时,一个高个子的女人,穿着两十宫娘娘官服,快步走入人群。洪仁玕认得,那是洪香玫。

洪香玫来到人群里,带有一种不容置疑的权威,对众嫔妃说:

"你们不要难为干王,干王有军国大事在身,要为太平天国的发展壮大而操劳。我们身为天王的女人,应该追随天王一起去天国面见天父,一同享受天上的荣华富贵。"

说完,香玫转过头来,对洪仁玕说:

"干王,天王升天时之托,千万不可忘记。幼天王是太平天国的未来,是中国的希望,请务必保护幼天王的安全。另外,请干王给我们留下些枪支弹药,我们姐妹们虽然体弱,无法驰马上阵去杀敌,但保卫天国杀清妖的信念和弟兄们

一样坚强。"

洪仁玕让卫兵给香玫留下了一些刀枪弹药，然后就拥着幼天王快速出了天王宫。出门之后，洪仁玕对守宫将领下达命令："封死宫门，死守王宫。不许任何人进出天王宫，不许对任何人说起幼天王已经离开。"

天京陷落之时，戴沃伦正在从上海去浙江湖州的路上，他从广州坐汽船到达上海后，没有停留就直接上路去王发丹的老家。这一路上，他时刻关注着天京的局势。从报纸上和同人交谈中，戴沃伦知道，清兵攻进天京之后，得到许可，放纵三日，在这三日里，任何烧杀淫掠，不受军纪处罚。清朝连年打仗，又向列强割地赔款，国库空虚，无银两支付军队酬金，就答应兵勇，一旦攻入城去，可以尽情掠夺，杀戮，奸淫，用掠来的钱财作为打仗的酬金，抢来的女人，可以带回去当老婆，不想带回去当老婆的女人，可以先奸后杀，不受军纪处罚。现在，清朝兵勇们在天京城里到处抢掠烧杀，天京城里黑烟弥漫，火光冲天，就连天王宫也着起了大火。

湖州在苏、浙、皖交界之处，因太湖而得名。王发丹老家在湖州西边三十里地的一个村里，这里是个水乡，家家临水，户户枕河，岸上街道的数目，没有这里的河流数目多，百姓出门以坐船作为主要交通方式。村民靠打鱼、种茶、纺丝和种稻为生，这里百姓自古就生活富足，衣食无忧。

王发丹的房子不难找，是村里最大的一栋房子，戴沃伦向人一打听，就有人自告奋勇，领着他到了王宅。这是一座在两条小河交界处建的院落，占地十亩，正门临街，青石板铺就的小道一直通到深棕色大门口。王宅三面临河，清清的河水倒映着黑瓦白墙，几树弯弯的杨柳点缀在白墙边，在河里的倒影，随着涟漪的水波婀娜飘舞。戴沃伦知道，这套院落就是当年王发丹担任粤海关主事时敛钱而建的，这里面，当然也有他不小的贡献。

王宅大门前有台阶二级，王发丹至死仍是一个知县小官，按清朝官制，六七品官员宅邸门前，台阶最高不能超过二级。大门下枕石为方形，因为王发丹是文官之故。双开的大门上方，贴有一块烫金的横匾，上书"忠勇之家"，领路的人告诉戴沃伦，这是皇上亲笔书写的，当时挂匾额的时候，有好多大官都到了，还有从京城里来的，个个戴着红顶官帽，敲锣打鼓，那阵势，大家一辈子都没有见到过，全村人都跑来看热闹。村里人人都知道，王知县为国尽忠，皇上钦赐横匾嘉奖，给了王发丹家人无上的荣耀，王家人在村里，个个都是抬头挺胸地走路。

敲门之后，出来一个六七岁的小孩，戴沃伦告知来意，小孩转身回去，一会儿,又跟着一个中年妇人走了出来。站在戴沃伦跟前的这个妇人,矮小的个子,小脚,头发整齐地盘在脑后,长相普通,慈眉善目,对襟的碎花小褂。这位就是王发丹的大老婆。

"我家老爷在的时候,经常说起过你,说你是他最好的美国朋友,帮过他很多忙。你能来看我们,我家老爷一定会很高兴。"王夫人说。

"王大人曾经告诉我,他家房子造得很漂亮,多次要求我来他家看一看,可惜,我以前一直没有找到时间。王大人去世前,我答应过他,一定要来看望王夫人。我不久就要回美国去,就想在回去之前来看看你们。这房子果真非常漂亮,王夫人能建成这么好的房子,真是眼光独特。"

戴沃伦递给王夫人一张银票作为礼物,王夫人推脱再三,在戴沃伦的坚持下,最后还是收了。

"这位是王大人的孩子?"

戴沃伦指着站在王夫人身边的小孩。王夫人看了看那孩子,用手轻轻地抚摸着他的头顶。

"是,他叫王容,是老爷最小的孩子,桂花生的,从小跟我长大,他叫我大娘。唉,老爷走后,他妈也不知所终,可怜的孩子,从小就没见他父母几次,现在父母都没了。我生的几个孩子都成了家,他们的孩子都要比王容大许多。我们一大家子都住在这里,虽然老爷不在了,但我们家还是非常热闹。"王夫人说。

"王大人要是在的话,他看到你们一家过得如此温馨,一定会非常高兴的。"

"我家可怜的老爷,虽然是为国尽忠,但如此死法,古今少有,可恨的发贼,我要是男儿,一定会去从军杀贼,为老爷报仇。"

"王大人面不改色,从容就义,实在是男儿中的英雄,令人钦佩。"

王夫人把戴沃伦领进王宅。王宅里面檐牙高啄,亭柱棕灰,长廊曲折,楼阁掩映,配有苍松翠竹,参差花木,风格别致、素雅,一条小溪从外面流入院内,把院外河水引入,流进前院鱼池。鱼池之中,荷花点缀,一座太湖石做的假山,由一座曲折的小桥和长廊相连。这是一座典型的江南院落。

戴沃伦禁不住为这么漂亮的院子连连赞叹。他去过伍浩官的私邸,伍府的院子要大气得多,也更加豪华,但是,能够把这么个不大的院子做得如此精致,戴沃伦还是第一次见到。他心想,难怪王发丹要拼命敛财呢。

王夫人非常客气,坚持要留戴沃伦住在王宅里,说要是王发丹还在的话,这一定是他的意愿。戴沃伦只好同意在王宅住一晚,打算第二天一早起床后启程回广州。

第二天一起床,戴沃伦就向王夫人告别,王夫人坚决不同意,一定要戴沃伦吃了早饭才上路,戴沃伦只好答应。吃早饭时,在外面玩的王容上气不接下气地跑了进来,一进门就冲着王夫人喊:"发贼来了,发贼来了。"

王夫人一把拉住王容。

"好好讲,发贼在哪里?"

"他们已经快到我们家。快到了,快到了。"王容喘着粗气说。

人们能够听到墙外传来马的嘶鸣声和人的脚步声。

吃早饭的众人扔下碗筷,站立起来,神情紧张地看着王夫人。

王夫人脸色大变,让仆人赶紧去前面关死大门,指挥着一家老小往后院去,想从水路坐船逃跑。他们来到后院,发现后门已经被太平军的水兵封住,正在那里焦急得不知如何是好,一队端枪持矛的太平军将士已经闯入后院,用刀枪指着王家的人,把所有人赶到了一间大屋关了起来。

戴沃伦就这样被稀里糊涂地和王家老小关在一起,他后悔当时没有坚持一早就走,要是没有吃早饭,说不定就不会碰到这支太平军部队,要是那样,现在可能已经在去上海的路上了。从这支太平军部队闯进来的那副蛮横的样子,看出他们来者不善,不知道要如何处置这一屋子的人。

门开了,进来两个端着长矛的太平军军人,他们用矛指了指戴沃伦。

"鬼佬,出来。"

戴沃伦心里咯噔一下,心一下子提了起来,有一种不祥的感觉。但军人用枪指着他,他只好顺从地走了出去。

那两个军人押着戴沃伦来到王宅的前院,进了一间屋子。那里已经站着一个太平军军官,戴沃伦一进去,两人一对视,都惊讶地叫了起来。

"戴先生,是你啊。"

"原来这是列王的部队。"

"兵士来报,被关起来的清妖王发丹家人当中,有个洋人,我就好奇,没想到是你。你怎么会来这里?"许远说。

"王大人毕竟是我的朋友,我答应过王发丹来看望他的家人,答应的事情,我一定会做到。本来吃完早饭就回广州,不想被列王关了起来。"

"清妖王发丹的房子已经被天国征用,作为临时指挥部。王家的人自然要全部关起来。"

"列王怎么到了这里?"

"天京陷落,我保护幼天王和干王来到这里。太平天国将以湖州作为基地,继续反抗打击清妖。"

"干王也在这里?"戴沃伦问。

"对,等会儿我让人带你去见干王。"

"列王将如何处置我?"

"处置你? 戴先生,你是美国人,我们和美国人没有恩怨。你随时都可以离开。"

"王家老小呢?"

"全部杀死,一个不留。"许远咬牙切齿地说。

戴沃伦全身打了寒战。

"但是这一家男女老少手无寸铁,也不会对你们有任何威胁,为什么要杀死她们? 既然王发丹已被列王处死,恳求列王开恩,不要滥杀无辜,放过王发丹的家属。"

"为什么要杀死她们? 满妖皇帝的忠勇之家,我们能让它有好结果吗? 满妖攻入天京,对手无寸铁的百姓大开杀戒,天京城内血流成河,女人被奸而后杀,小孩老人都不放过。天京百姓求天天不应,求地地不应,他们也是手无寸铁,对人毫无威胁,可没见有谁为他们开恩。今天满妖王发丹一家落在我手里,我能让这批满妖的走狗活着出去吗?"

许远说这话的时候,呼吸急促,红着眼,流出了一些鼻涕,眼中泛出凌厉的杀气。

戴沃伦知道无法说服许远,叹了口气,想了想,鼓起勇气说:

"列王真要杀了王发丹一家,我也没有办法,愿上帝慈悲。但我有一个小小的请求。能否把最小的孩子王容给我,我带他远走美国,让他做一个普普通通的美国人,以后决不让他介入你们中国人的恩怨情仇? 他是桂花的孩子,王知县以前有恩于我,也算帮他保留一点血脉。看在我为列王提供烟土的份儿上,不知列王可否网开一面?"

戴沃伦提到桂花,让许远动了恻隐之心。许远抢了王发丹小老婆桂花之后,本来只是为了满足男人的占有欲而已,就像一双破鞋那样,用完了就扔掉,哪想到,这个桂花温顺体贴,善解人意,小鸟依人的样子,融化了许远铁石般的心肠,许远把桂花藏在军营里,随军而走,打仗回来,最盼望的就是先和桂花云雨一番,然后躺在床上一同吸鸦片,对许远来说,没有什么比这更让他身心愉悦的。天京城被攻破的时候,许远要去打仗,知道顾不得桂花,只好让桂花自奔前程,估计桂花现在凶多吉少。别看许远平时杀人不眨眼,但桂花是他的软肋,戴沃伦一提桂花,他心里便一阵发酸。

"好吧,这事我做不了主,只要干王也同意,我就放了他。我现在带你去见

339

干王。"

许远把戴沃伦带到王宅前院的另一栋楼,楼前警戒严密,许多太平军士兵持枪站岗。许远让卫兵带着戴沃伦进去见洪仁玕。

洪仁玕见到戴沃伦很是惊讶。

"戴先生,真没想到会在这里又见到你。你怎么会来到这里的?"

洪仁玕显得苍老许多,眼袋变得又肿又大,胖胖的脸上肉有点往下垂,头发已经花白,显然天国的事没少让他操心。

"干王,我是来还愿的,答应过朋友要来这里看他的房子和家人,答应过的事情,一定要做到,所以就来了。没想到在这里见到干王,真是太巧了。"

"戴先生言而有信,实在令人钦佩。"

"这房子就是我朋友的,他为清朝守嘉定,被太平军处死,这事你是知道的。虽然他为满洲人而死,但是他忠于职守,不辱其名。我想,干王一定希望你的军官也是一样,能够为天国尽忠。他一家老小,手无寸铁,对天国毫无威胁。干王,你能放过他的家人吗?"

戴沃伦想做最后的努力,看有无可能,洪仁玕看在他的面子上,放过王发丹的一家。

"你说的是王发丹吧?"

"是的。"

"王发丹甘愿为满人之鹰犬,与我中华作对,死有余辜。我其实不愿意滥杀无辜,但是,这是一个清妖的忠勇之家,满洲妖皇表彰过的,我要是免她们一死,太平军将士不会同意,我也没法对得起天京城里被屠杀的父老百姓,这一窝妖孽,就当是用来祭奠天京父老百姓的吧。此事,戴先生不用多说。"

戴沃伦听后,知道王发丹一家的命运已经无法改变,只好重重地叹了口气,改变话题。

"天京已失,天国已败,干王有何打算?"

"天京虽失,天国未败,幼天王还在,天父的思想还在。中国现在犹如一堆干柴,有一颗火星,就足以燃起熊熊大火,把清朝朝廷烧成灰烬。我们将在这里建立根据地,从这里再出发,让天父的荣耀洒遍全中国。"

"干王可知道天京陷落后,天王宫里的情况?"

洪仁玕知道,戴沃伦想问的是洪香玫。

"有人从宫中逃出,告诉我那里发生的事情。我们将士为保卫天王宫死命抵抗,战斗到最后一人。清妖冲入宫内之后,见人非奸即杀,抢掠焚烧。香玫带着一队姐妹退入宫内教堂,锁死大门,在楼上拿枪同清妖互射,清妖一时无法攻入，就安放了炸药，倒上煤油，教堂被烧成灰烬，一直烧了三天三夜，火才灭掉。香玫，为天父成仁，为天王尽忠，她已去往天国，加入天父天王。你看，她在上面朝我们微笑。”

洪仁玕仰起头来，往天上看去，似乎香玫就在那里，一滴眼泪从他的眼角渗了出来。

戴沃伦抚摸着胸前的白玉十字架项链，他没有流泪，当他在宫内教堂和洪香玫告别的时候，他就知道，这是他的香玫姐唯一的归宿。

“戴先生，我有一事相托，不知是否可以帮我？”洪仁玕抹了下眼角。

“请讲，干王。”

“我的小儿子今年六岁，目前寄养在广州朋友家里。我想托你带到美国，学点有用的东西，比如，学点如何造桥造路、造船造炮，不要像我那样，只会背背《圣经》，没有真才实学，让他学好本领，以后建设新中国。”

“干王谦虚，你有的是经世济国的真才实学，那才是大学问。公子的事，就包在我身上好了，请干王放心，我一定让公子成为一个有用之人。”

“那就谢谢戴先生了。他是我此生唯一的牵挂。”

“干王，我也有一事求你。”

戴沃伦鼓起勇气，心想，或许这是个开口的好机会。

“哦？”

“干王能否免王发丹小儿子一死？他也只有六岁，王发丹临死前托付我照顾，同样为人之父，小儿子也是他的唯一牵挂。我可以带着孩子远走高飞，不让他再回中国，不再介入你们中国的事情，也算是对朋友临死之托的交代。”

洪仁玕没有任何表示，似乎微微点了点头，动作如此之轻微，以至于无人能够察觉。

告别洪仁玕之后，戴沃伦走出王宅。许远已经安排了一辆马车在门口等着，六岁的王容，满脸是泪，浑身颤抖地坐在车厢里。戴沃伦告别了许远，跳上马车，坐在王容的边上。

马车顺着河边青石板路，踢踏踢踏慢慢地走着。戴沃伦往小河里望去，昨天还是墨绿的河水现在变得暗红，几具尸体沿河漂了下来。他看到王夫人仰面朝天，安详地浮在水面上，随着微风，微微晃动，穿过忽暗忽明的杨柳倒影。

戴沃伦赶紧捂住王容的眼。

清晨，黄埔港口，“浩官号”汽船停泊在岸边，烟囱冒起了黑烟，一副马上要

341

起航的样子。凯瑟琳和孩子们已经上了船。戴沃伦站在船边，不安地来回走动，似乎在等候什么。两个留着辫子，前额头发剃光的中国小孩，在他边上玩耍，这两个小孩，一个是王发丹的小儿子王容，另一个是洪仁玕的小儿子洪干，两个男孩，都只有六岁。

一辆马车迅速驶到船边。从上面跳下了陈麦南。

"来晚了，来晚了，怕是再晚一点船就走了。"

戴沃伦笑了笑。

"洋行的事就全拜托你处理。我这次回美国，不知什么时候再回来。"

"我看你就别再回来吧。"

"为什么？"戴沃伦惊讶地问。

"你每次都是没钱了之后，才到中国来挣钱。我希望你这次回去，永远不需要再挣钱了。"

戴沃伦笑了。

"回来也可以来看你啊。"

陈麦南不说话了。他们四目相视。陈麦南赶紧把眼睛移开，看着"浩官号"，他觉得眼睛有点酸酸的，眼泪似乎就要滚了下来，他努力控制住自己，试图把注意力放到"浩官号"冒出的浓浓黑烟上去。

"你走吧。再不走，你就得留下了，到时候，别怪我不放你走。"陈麦南说。

戴沃伦从衣服口袋里掏出一个小信封，交到陈麦南的手里。

"好吧，我们走。船开了之后，你再打开这个信封。"

说完，戴沃伦领着王容和洪干，转身就往船上走去，在过桥的尽头，他转身朝陈麦南挥了挥手。陈麦南注视着他们，直到消失在船舱里。

"浩官号"连鸣两声汽笛，慢慢地离开了岸边。

陈麦南的眼睛湿润了，"浩官号"变得越来越模糊。他低下头，看了看那个信封，把它拆开，里面是一张纸。再仔细一看，才发现那是一张美国联合太平洋铁路公司的股票，总共一万二千股。陈麦南微微一笑，摇了摇头，收起那张股票，跳上马车，走了。

戴沃伦在黄埔港乘船离开广州的时候，洪仁玕正在南昌，五花大绑着被一队清兵押着去见江西巡抚沈葆桢。

洪仁玕带着太平军残军到达湖州之后不久，清军趁攻破天京之余威，就尾随而至。两军交战，惨烈空前，太平军虽然殊死搏斗，无奈伤亡过半，不敌蜂拥而至的清军。太平军队伍被打散，洪仁玕只好下令撤退。撤退之前，许远命令手下将王发丹的房子点着火,可怜王发丹一生敛财而建的豪宅,就这样在熊熊烈火中化为灰烬,那么多银子堆起来的房子,被整整烧了三天三夜。洪仁玕带着幼天王,在列王许远和十几个亲兵的保护下,装扮成百姓模样,往江西徒步逃窜而去。一路上他们翻山越岭,踏溪过河,吃野草,打野兽,辛苦万分,尽一切可能避开清朝兵勇。但在江西境内的一个村庄寻找食物时,他们被当地民团发现,民团围住他们,经过激烈厮杀,洪仁玕的亲兵全部战死。洪仁玕和幼天王被生擒。

民团打扫战场时,却没有发现列王许远。许远就这样消失得无影无踪。许多年之后,有人在南洋看到一个长得颇似许远的中国人,他是一家烟馆的老板,当地华人普遍留清朝的辫子,但这个烟馆的老板却拒绝留辫子,也不剃发,他身材魁梧,长发披肩,喜欢同客人讲太平军英勇作战的故事。曾有太平军的老兵问起这个老板,是否认识列王许远,老板往往笑而不答。

洪仁玕被带进沈葆桢衙门的时候,他看到幼天王被绑在衙门前广场中间的一根木头柱子上,全身一丝不挂,白白胖胖的身躯被绳子勒得很紧,勒住的肉鼓了出来,绳子似乎要嵌入肉里一样。幼天王垂着头,神智已经不再清楚,嘴里喃喃地不知在说着什么。

沈葆桢已经在屋里等候洪仁玕。沈葆桢四十出头,福建人,出身贫穷,幼好学,受舅舅林则徐的影响,向往功名,年轻时多次进京赶考不中,直到二十七岁才中举。沈葆桢娶林则徐次女为妻,成为舅舅林则徐的女婿,和林则徐亲上加亲。

见到洪仁玕披头散发地被推了进来,沈葆桢立刻从太师椅里站了起来,迎了上去,对着洪仁玕双手一拱作礼。

"洪先生今日至此,有何要说的?"

"死则死罢,其余无话。"

"不知洪先生是否清楚,太平天国何以为败?"

"天国永存,何败之有?"

"洪先生差矣,太平天国运动以洋教为本,与中华文化传统相抵触,这不光是和满人为仇,也不光是与汉人为敌,而是与整个中华作对。如此运动,岂有不败之理?"

"太平天国的宗旨是驱逐鞑虏,复兴中华。可惜时运不济命途多舛,致使太平天国遭到暂时的挫折。但是,太平天国的火种已经撒下,中华四万万人的觉醒只是一个时间问题,一旦中国百姓觉醒,清朝必被推翻,一个不被列强欺负的中国,一个扬眉吐气的中国,一个繁荣昌盛的中国,必将屹立东方,和世界列强平起平坐。那时候,天父的恩泽必将遍布中华大地。"

"洪先生学贯中西,是个难得的人才。我读过先生写的《资政新篇》,很受启发,中国要强大,不再受列强的欺负,先生书中有些观点,颇为中肯,若能实施,中国强大可期啊。"

见沈葆桢欣赏自己的著作,洪仁玕顿时高兴起来。

"沈先生不愧为林则徐先生的女婿,对世界有比较客观的认识,能对鄙人拙作认同,是鄙人最为高兴的事。"

"可惜,洪先生误入邪教,《资政新篇》里的观点无法落实。如果先生能够归顺朝廷,我一定保荐给皇上,先生定有机会大展宏图,施展先生的才华,为振兴中华而用。不知先生意下如何?"

"多谢沈先生好意。不过,满人占我中华两百年,气数已尽,我中华必起而攻之,赶走鞑子,鞑子走而我中华兴,总有一天《资政新篇》能够在中国实施,我虽死而无憾,我当追随天王而去。"

"洪先生中邪了。清朝入关两百年,已成为我中华一分子,满汉乃是一家,如同手心和手背的关系,岂有赶走我中华民族一分子之理?幼天王已经表达归顺之意,并亲笔上书皇上,愿效犬马之劳。洪先生难道要违幼天王之意?"

洪仁玕眼里露出一丝期望的光芒。

"既然幼天王已经这么说了,沈先生何不放了幼天王?他只是一个手无缚鸡之力的孩子。"

"洪先生错了,幼天王虽然是个黄毛小儿,但他是个符号,只要这个符号还在,各地叛军就有希望。所以,无论如何,幼天王必死无疑,这个符号一定要被抹去,即使幼天王愿意归顺朝廷,这也无法改变他必死的结局。"

洪仁玕眼里的一丝光芒一下子消失了。

"既然如此,我也无话可说。"

"但是,洪先生你不一样,你不必死,因为你不代表太平天国,你以前为太平天国服务,同样,你也可以为朝廷服务。洪先生才华横溢,知书达理,博学古今,通洋知夷,如若能为朝廷所用,实在是中国之福。怎么样,洪先生,你只需要表示一下就可以,其余之事,皆由我下官处理。"

"感谢沈先生的好意。当学宋文正公,留取丹心照汗青。只求速死。"

"洪先生自比文正公,将我大清比作元朝蒙古,想要成仁就义,死不悔改,我也只好成全先生。速死恐怕不得,我大清刑律,犯上作乱者剐一百二十刀而死。洪先生不惧吗?"

洪仁玕哈哈一笑。

"吾惧否?不惧也!耶稣为了拯救大众,头戴荆棘身钉十字架而死,以此唤醒万千民众,耶稣死后,复活升天,基督教才成为普天下广为传播的教义。今天我洪仁玕被剐而死,又何尝不是为了唤醒中华民众之努力?愿剐在我身上的每一刀,都是对民众的一声呐喊,等到我死之时,中国民众就醒了,清朝必被推翻,一个富强不受外国列强欺负的天国,将在中华大地上来临。我死,是为了让中国民众得救,一百二十刀,就是一百二十声的呐喊,即使一千刀,何惧之有?"

"洪先生真是个壮士。既如此,我当满足洪先生求仁之愿望。洪先生走之前还有什么要求?"

"我平日好酒,天堂虽好,但无人间美酒可喝。走之前,求赐葡萄酒灌之。"

沈葆桢取出两瓶从法国进口的葡萄酒,让人对着洪仁玕的嘴灌了下去。两瓶酒下肚,洪仁玕把头一甩,仰天大笑,大声吼道:

"大丈夫轰轰烈烈,此生足矣。走,新中国从此再生。"

卫兵把洪仁玕推到广场,绑在洪天贵福对面的柱子上。幼天王胸部、腿部和臂部上的肉都已剐光,露出了白骨,他的头耷拉着,人一动不动,不知是死了还是活着,地上到处是血。

刽子手提着小刀,小刀在太阳光下,泛着银光。刽子手的小刀左右划动了几下,就把洪仁玕的衣服割成碎片,然后用手使劲扯下,洪仁玕肥胖的身躯裸露在众人面前。

洪仁玕对着刽子手微微一笑,说:"兄弟,辛苦你了。"

刽子手被洪仁玕的气势所震慑,他垂下眼,不敢和洪仁玕对视,他的手颤抖着,朝洪仁玕胸前割了第一刀,一刀下去,洪仁玕右胸的乳头和周围的肉,被削了下来,血从肚子上沿双腿流到了脚上。

洪仁玕没感觉到痛,连哼都没哼一声。他默诵着《圣经》,眼前产生了一种幻觉,他看到了天国,那里一片鲜红,配着银色的光芒,一闪一闪,绚丽夺目,突然,他看到天父和天王并肩从远处走来,隐隐约约的轮廓,在远处朝他招手,轻声呼唤着他的名字。

周围所有观看的人,被洪仁玕所震撼,但见洪仁玕神色怡然,枭桀之气溢于颜面,凛然正气和坚强意志感染了所有人。刽子手一刀一刀慢慢地剐着,直到一百二十刀。

洪仁玕从始至终默默无声。

哥大楼氏纪念图书馆

哥伦比亚大学的楼氏纪念图书馆,位于曼哈顿岛的第 118 街,图书馆前有一片空地,也是用楼爱波名字命名的,叫楼氏纪念广场。楼爱波两年前去世,留下一大笔遗产,给了时任哥大校长的儿子楼塞思。为纪念父亲,楼塞思捐献了一百万美金,建造了这座图书馆和馆前的广场。哥大没有校园,118 街就起到了分隔校园内外的作用,街的一边是校外民房,另一边则是楼氏纪念广场,这个广场就相当于学校的前院。广场的另一头连着图书馆。

1895 年五月的一天,纽约阳光明媚,不热也不冷,楼氏纪念广场四周的各种树都开了花,绚丽多彩,芬芳争艳,空气中弥漫着淡淡的微甜的花香。

戴沃伦的马车在 118 街广场前停下,他的外孙罗斯福先下了车,绕到马车的另一边,打开车厢门,接过里面递过来的拐杖,然后扶着戴沃伦下了马车。戴沃伦在地上站定之后,朝广场那边望去。

映入他眼帘的是一座宏伟的罗马式宫殿建筑,远远望去,蓝天之下,绿树鲜花簇拥着的白色花岗岩建筑,显得特别突出,正面十根粗大的罗马柱,顶起一个巨大的圆形拱顶。戴沃伦心想,这一定是纪念老友楼爱波的图书馆了。

一个中年模样的中国人,穿着牧师的衣服,推着一辆轮椅来到戴沃伦边上。

"戴沃伦先生,这是您的轮椅。"

戴沃伦转过头来,是洪仁玕的小儿子洪干。洪干和王发丹的小儿子王容被戴沃伦带到美国之后,由戴沃伦抚养长大。洪干成了一名牧师,现在在纽约一家教堂里主事。

戴沃伦在轮椅上坐下,洪干推着他朝图书馆走去,少年罗斯福跟在后面,好奇地东张西望。广场上摆放了一排排椅子,都已坐满了人。

"王容最近有消息吗?"戴沃伦问洪干。

"王容去广州后加入兴中会,不久前参加了广州起义。广州起义失败后,他安全逃脱了清政府的追捕,现在躲在陈麦南伯伯那里。"

戴沃伦心里担心王容。王发丹死之前曾求他带王容去美国,希望让王容留在那里。所以在抚养王容长大的过程中,戴沃伦故意不让王容过多接触中国的东西,他希望王容在美国度过安逸的一生。可是王容长得越大,偏对中国的事

346

情越感兴趣。去年王容到爱阁娜庄园看望戴沃伦，向他告别，去中国投奔陈麦南，加入推翻清朝的革命活动。当时戴沃伦就不支持王容这么做，但是他也没有阻止，他知道，即使想阻止其实也没有用。现在听说王容安全逃脱，戴沃伦松了口气。

几个月之后的重阳节，兴中会在广州又搞了一场起义，这场起义虽然规模更大，准备更为充分，但同样被清朝军队镇压下去，王容在和清兵交战中被打死。十五年之后清朝被推翻，中华民国临时大总统孙中山还特别表彰王容，称之为革命烈士，王容遗骨被迁入黄花岗墓地。这是后话了。

在图书馆前的台阶下往上看，图书馆显得更加宏伟。图书馆前的台阶分为两层，下层台阶比较平缓，上层台阶故意建得比较陡，跨度更大，寓意知识的获取，越学习会变得越难。靠着下层台阶建了一个临时平台，搭建在观众席的正前方。洪干推着戴沃伦来到最前面的一排位子，那里中间留着几个空椅子，这是给戴沃伦他们保留的。

一个微胖的中年男子，来到轮椅前，弯下腰问候戴沃伦。

"戴沃伦先生，我很高兴，您今天能来参加庆祝图书馆建成仪式，我想，我父亲在天上看到，一定会很高兴的。"

这位男子正是楼塞思，楼爱波的儿子，哥伦比亚大学的校长，纽约市的前任市长。

"你父亲是我至交，他的图书馆建成典礼，我怎么能不参加呢？教育是千年大计，这座图书馆将为未来无数学子带来无穷福利。我没有受过什么教育，但我希望给我的孩子们有受教育的机会，而且是最好的教育。"

戴沃伦将手伸进胸前口袋里，从里面掏出一张银行汇票，交到楼塞思的手里。楼塞思低头一看，大惊失色，刚要喊出口来，被戴沃伦阻止。戴沃伦竖着食指，抵住嘴唇，意思让楼塞思保密。

"请不要提任何捐款人的信息，就说这是无名捐款。建一所顶级的大学，需要很多人力和财力，这是我的一点小心意，是对楼先生最好的纪念。"

戴沃伦指着边上的罗斯福，继续对楼塞思说：

"这是我的外孙罗斯福，也许未来有一天，他可以来这里享用这个图书馆。"

楼塞思同罗斯福握手。

"当然欢迎啊。"楼塞思说。真如戴沃伦所说的，八年之后，罗斯福果真在这所图书馆里阅读法律书籍。

"校长先生，我外公跟我说过楼先生的很多事情，他真是个了不起的人。我今天在这里见证这座伟大的图书馆的落成，我非常荣幸。"罗斯福说。

347

"你外公才是真正了不起的人。我父亲经常说,你外公是他这辈子受影响最大的人,要是没有他当年在广州领头做事,也就没有我父亲后来的一切,也不会有这里的这个宏伟的图书馆。所以,归根结底,还是因为你的外公。"楼塞思说。

戴沃伦微微一笑。

"应该说,是我们那个时代了不起,中国刚刚开放,那扇门就开了那么一点点,谁进去得早,谁就可以发大财,谁就可以做大事情。你父亲和我,还有其他在旗昌洋行做事的人,都是因为胆子大,愿意冒险,去中国去得早。中国人有句话,时势造英雄,一点不假,不是我们个人有什么了不起,实在是这个时代造就了我们这一代人,对我们来说,这是一个最好的时代。"

"戴沃伦先生,时代也是英雄造就的,如果没有个人英雄,也就没有那个英雄的年代。好了,等会儿我们再聊。我需要赶紧上台了,仪式马上就要开始,他们需要我去讲话。"

楼塞思上了台,手里拿着一张小纸,开始了他的演讲。

"女士们,先生们。今天我们在这里见证纽约的地标建筑,也是我们哥伦比亚大学地标建筑的落成,这栋建筑将成为我们学子和老师学习、研究、讨论和思索的神圣场所,它将让我们子孙万代受益无穷。

今天我们在这里,同样也是纪念一个伟大的人物,庆祝一个高尚的灵魂。楼爱波先生年轻时,远涉重洋,到一个完全陌生的国家——中国去做生意,他不辞辛劳,不畏风险,在那里积累的财富,成了这座楼氏纪念图书馆的基础……"

戴沃伦正襟危坐,左手握着拐杖,右手举在胸前,手指抚摸着胸前的白玉十字架项链。他那混浊的眼睛直视着前方的图书馆,他的目光,似乎要穿透那个宏伟建筑,看见过去的岁月,看到未来的时光。

三年后,戴沃伦在爱阁娜去世。

那天吃完晚饭,仆人推着戴沃伦进屋休息。卧室墙上,挂着一杆鸦片烟枪,还有一把中国军人的匕首。墙边的案桌上放着一架古筝,经过那儿的时候,戴沃伦看了一眼,那是洪香玫的古筝,当年在广州的沁云楼里,香玫曾用这古筝为他弹过曲子。后来古筝给了莎拉,莎拉在罗斯福出生之后就没有再弹过,这古筝就一直放在了那案桌上。仆人们不知道那是什么东西,也不知道有什么用处,只知道是一件来自中国的古董,老先生不许仆人碰它,所以上面积了不少灰尘。

戴沃伦上床睡觉之后，就再也没有醒来。他葬在了家族墓地，在凯瑟琳和小女儿劳拉的边上，入土的时候，他戴着那枚白玉十字架项链。

1901 年，戴沃伦去世三年之后，在香港的一个小屋里，陈麦南也走到了生命的尽头。他的小床边上聚集了许多人，让小屋显得特别拥挤，这些人，大多是兴中会的骨干，人群中有陈少白和孙中山。

陈麦南嘴里喃喃地说着什么，旁人都不知道老头想要表达什么意思，只有侄子陈少白能听懂。陈少白弯下腰，从床底拖出一个箱子，他用手抹了一下，一层灰尘飘了起来，他打开箱子，里面还有一个小箱子，打开那个小箱子之后，在小箱子的底部，发现那里有一本用布包着的《圣经》，在《圣经》的最后一页，他找到了一个牛皮做的小信封。陈少白把那个小信封递给陈麦南。

陈麦南的手剧烈地颤抖着，好像在用尽他一生的力气，好不容易从信封里夹出一张发黄的纸来，递给站在边上的孙中山。孙中山接过来一看，那是一张股票，是美国联合太平洋铁路公司的，总共一万两千股。孙中山不明白，见陈麦南的嘴动着，似乎在说什么，就看着陈少白。

陈少白俯下身子，把耳朵贴近陈麦南的嘴，好一会儿，他终于听清楚了。

"我三叔说，这是给兴中会干革命用的。"

孙中山紧紧抓住陈麦南的手。

陈麦南睁大眼睛，嘴里依然喃喃说着什么，似乎不想离去。陈少白再次贴近陈麦南的嘴，然后，他直起身子，对着满屋子的人说：

"三叔说，振兴中华，世界大同。"

陈麦南闭上了眼睛。终年 90 岁。

十年之后，也就是陈麦南诞生一百周年，武昌枪响，辛亥革命爆发，清朝被推翻，中华民国成立，孙中山被推举为临时大总统。

后　记

　　历史有一种无法解释的、莫名其妙的轮回。当年英美非法向中国走私鸦片，罗斯福总统的外公戴沃伦，哥大图书馆冠名者楼爱波，普林斯顿大学大金主格林，耶鲁和威斯里安大学大金主罗素家族、福布斯家族向中国贩毒，完成资本的原始积累，为美国的早期经济起飞和教育发展奠定了基础。今天，中南美洲和墨西哥的贩毒集团向美国走私毒品，墨西哥的大毒枭古兹曼，绰号"矮子（El Chapo）"，整合种植、收购、提炼、配送和销售为一体，形成集团化产业运作，成为墨西哥的亿万富翁，却让美国不堪忍受毒品之苦。近年来，美国面临着鸦片类药的泛滥危机，美国有接近 1200 万人滥用鸦片，每年死于过量鸦片的人数高达 47600 人，相当于每天死亡 130 人，而死于过量海洛因的人数每年也高达 15000 人，正是鸦片类药物的泛滥，导致了美国人均期望寿命连续两年下降，这在发达国家是绝无仅有的现象。虽然历史有相似之处，但有所不同的是，当年贩毒分子在和中国的反毒贩毒战争中获得了彻底的胜利，而今天，美国在禁毒战争中赢了第一个回合，古兹曼被抓获，关在美国等级最高的监狱，此生再无回到祖国的可能。我们不妨想象一下，假如古兹曼等在这场禁毒战争中获得彻底的胜利，两百年之后，世界第一流大学会不会在墨西哥出现？

主要人物表

戴沃伦(Warren Delano),1809—1898,美国商人,旗昌洋行首席运营官,美国总统罗斯福的外公

楼爱波(Abiel Abbot Low),1811—1893,美国商人,旗昌洋行高级合伙人,美国哥伦比亚大学图书馆冠名者

陈麦南,1811—1901,旗昌洋行职员,商人,牧师,兴中会创始人之一陈少白的三叔

罗素(Samuel Russel),1789—1862,旗昌洋行创始人

罗孝全(Issachar Jacox Roberts),1802—1871,神父

伍浩官(Howqua),1769—1843,怡和行掌门,世界首富

洪秀全,1814—1864,太平天国创始人,天王

洪仁玕,1822—1864,洪秀全族弟,太平天国总理,干王

洪香玫,1809—1864,洪秀全妃子

约翰·福布斯(John Murray Forbes),1813—1898,伍浩官行政助理,美国铁路大亨,共和党全国委员会主席,林肯总统的大金主

福布斯船长(Robert Bennet Forbes),1804—1889,旗昌洋行总裁

王发丹,1802—1861,粤海关主事,嘉定知县

许远,1815 年生,卒年不详,粤海关主事,太平天国列王

林则徐,1785—1850,清朝钦差大臣,一品

罗斯福(Franklin Delano Roosevelt),1882—1945,美国第 32 任总统

巴麦尊(Henry John Temple),1784—1865,英国首相

格兰德斯通(William Ewart Gladstone),1809—1898,英国首相

戴沃伦（Warren Delano，1809—1898）

楼爱波（Abiel Abbot Low，1811—1893）

哥伦比亚大学楼氏纪念图书馆

爱阁娜(戴沃伦庄园)

伍浩官(1769—1843)

福布斯故居（福布斯博物馆）

罗素故居（威斯里安大学罗素楼）

戴沃伦和他的孩子们